サービス・マーケティング原理

クリストファー・ラブロック＋ローレン・ライト【著】

小宮路雅博【監訳】
高畑　泰＋藤井大拙【訳】

Principles
of
Service Marketing and Management
Christopher Lovelock
Lauren Wright

Translated by
Masahiro Komiyaji
Yutaka Takahata
Daisetsu Fujii

東京　白桃書房　神田

Translation copyright © 2002 by Hakutou Shobo
Principles of SERVICE MARKETING AND MANAGEMENT
by
Christopher Lovelock, Lauren Wright
Copyright © 1999 by Prentice-Hall, Inc.
All Rights Reserved.
Published by arrangement with the original publisher, Pearson Education, Inc.
through Tuttle-Mori Agency, Inc., Tokyo

序　文

　サービス・ビジネスについての研究が最初に始まったのは1970年代のことである。しかし，サービスのマーケティングやマネジメントに関するさまざまな講座が世界中のビジネス・スクールで教えられるようになり，主要コースとなっていくのにはほぼ20年もの歳月を要した。サービス産業が半世紀以上に渡ってほとんどの先進工業国経済で主要な地位を占め続けており，この事情は途上国でもほぼ同じであること，サービス産業が雇用と国内総生産にもたらす貢献は今も急速に拡大しつつあること，これらの事実を考えるとサービスに関する講座がビジネス・スクールの主要コースになるのになぜそんなに長い時間がかかったのだろうかと驚きを覚えるだろう。けれども，マネジメント分野に関しては歴史的に見るとこれまで研究するときも教えるときも製造業にだけもっぱら焦点があてられてきたというのが現実なのである。

　この状況は今や正されてきている。学問と実務，両方の世界でますます多くの調査研究がなされており，サービス組織のマネジメントを内容とする講座にますます多くの学生が関心を寄せるようになっている。今やビジネス・スクールを修了する学生の多くがサービス産業で働くようになっており，この点でサービスに関する講座というのはキャリア形成の第一歩としても大いに意義がある。現職のマネジャーたちも製造業を基礎にしたビジネス・モデルがいつでも有効という訳ではないと主張している。

　ところで，経済セクターとしてのサービス分野は多様性が特徴となっている。規模の点で見ても，航空会社や銀行，保険，テレコミュニケーション，ホテル・チェーン，海運業といった巨大で国際的な企業群からレストランやクリーニング業，タクシー会社，検眼士，その他さまざまな事業所向けサービス業といったごく地域的な小事業まで，非常な広がりがある。これらの組織をたった一つの概念モデルで包括しようというのは無理なことである。この点，本書は，サービス・マネジャーに十分に役立つ内容となっている。マネジャーたちはさまざまな状況下で多様な問題に直面している。問題に最適に対処するためには，どんな枠組みと分析手続きをどのようにして適用すれ

ば良いか，本書はこのことを学ぶのに役立つ。とりわけ，サービス・デリバリーの基本プロセスを理解すること，また，新しい技術がこのプロセスにどんな影響を与えるかを理解すること，の重要性を強調したい。プロセスに基づき，サービスは4つのカテゴリーに分けられる。それぞれのカテゴリーでは顧客の果たす役割が異なり，それ故にまた，マネジメントのやり方もカテゴリー毎にそれぞれ異なるものとなる。

本書は，サービス研究の統合的アプローチを提示するものである。サービス・マーケティングをより広いマネジメントのコンテクストの中に位置づけていることが統合性の中味である。マネジャーはどんな種類の仕事に携わっていても，マーケティング，オペレーション，人的資源管理の3つの職能が互いに緊密に結び付いていることを認識し理解せねばならない。本書はこのことを念頭に置いて，サービス・マーケティングでもサービス・マネジメントでもどちらの観点でも学ぶことができるように工夫されている。

サービス組織は製造業とは多くの重要な点で違いがあり，それ故，マーケティング戦略の計画と実行には，異なるアプローチで臨まねばならない。これが本書のテーマである。もちろんサービス・マーケティングが物財のマーケティングとは全くかけ離れた独特なものだというのではない。そうだとすると固有のマネジメント職能としてのマーケティングそのものの価値がごく矮小なものとなってしまう。ここでは，まずサービス組織を理解し，この理解に基づいてマーケティングの目標と戦略とを設定することの重要性を強調したい。また，サービス組織には非営利のサービス組織も含め，同様に製造企業のサービス部門も対象とすることにしよう。

サービス業務では製造の業務に比して，マーケティング，オペレーション，人的資源管理がより緊密に結び付いている。本書で学んだことを議論し，実務的状況に当てはめることでマーケティング，オペレーション，人的資源管理のそれぞれの相互関係を理解するなど，サービス・マネジメントの持つ複雑さを理解することができるだろう。

サービス・セクターは多くのやりがいのある仕事をもたらしてくれる。このことは学ぶ上でも同様である。より多くの読者がサービスを学ぶ面白さを見い出してくれることを願ってやまない。

謝　　辞

　筆者たちは，研究とビジネスの2つの場面で，同僚たちからその著作，カンファレンスやセミナーでの討論を通じて，サービス・マーケティングやマネジメントについての価値ある洞察を多年に渡り得てきた。とりわけ，以下の各位に感謝の意を表したい（敬称略）。ジョン・ベートソン（ジェミニ・コンサルティング），レナード・ベリー（テキサスA＆M大学），バーナード・ブームス（ワシントン大学），スティーブン・ブラウン，メアリ・ジョー・ビトナー（共にアリゾナ州立大学），ピエール・エグリエ（マルセイユ第3大学），レイ・フィスク（ニュー・オリンズ大学），リアム・グリン（ダブリン大学），クリスチャン・グリョンロース（スウェデッシュ・エコノミック・スクール），スティーブン・グローヴ（セレムソン大学），エリック・ランジュアール（前マルセイユ第3大学），ジーン・クラウド・ラレッシェ，ジェームズ・ティボール（共にINSEAD），セオドア・レビット，ジェームズ・ヘスケット，アール・サッサー・ジュニア，レナード・シュレシンジャー（いずれもハーバード・ビジネス・スクール），「パスゥ」ことA.パラスラマン（マイアミ大学），ポール・パターソン（ニュー・サウス・ウェールズ大学），フレッド・レイヘルド（ベイン＆Co），サンドラ・ヴァンダーメーウ（ロンドン・インペリアル大学），レット・ウォーカー（タスマニア大学），チャールズ・ワインバーグ（ブリテッシュ・コロンビア大学），ジャクソン・ウィルツ（シンガポール国立大学），ヴァレリー・ザイタマル（ノースカロライナ大学）。

　本書の草稿を読み，有益なコメントを寄せてくれた次の方々にも感謝したい（敬称略）。エイリーン・ブリッジズ（ケント州立大学），トム・ブラウン（オクラホマ州立大学），ダグラス・ダルリンプル（インディアナ州立大学），ドーン・イアコブッチ（ノースウエスタン大学），シュレンドラN.シン（オクラホマ州立大学）。

　本書を世に送り出すに当たっては，プレンティス・ホール社のスタッフの皆さんにもたいへんお世話になった。ドン・ハル（エディター）を始め，ア

イリーン・メーソン（エディター），シェリル・アッシャーマン（カバー・デザイナー），ジュディ・アレン（レイアウト），マーク・ジャシン（カバー・デザイナー），バーバラ・コーナー（権利等管理）の各位。最後に情熱を注いでサポートしてくれたガブリエレ・ダドニック（エディター）に特別の謝意を表したい。

クリストファー・ラブロック
ローレン・ライト

《著者紹介》

クリストファー・ラブロック（Christopher H. Lovelock）
　サービス・マーケティング分野に早くから取り組んだ先駆者の一人。その活動は著述・教育・コンサルティングに渡る。ニュー・イングランドを活動拠点としているが，全米並びに世界中でセミナーやワークショップを開いている。ニュー・イングランド以外に英国，カナダ，フランス，スイスにも居を構え活動している。ハーバード・ビジネス・スクールで11年間教鞭をとった経歴を持つ。この他，スイスの国際経営開発研究所（IMD）での客員教授（2年間），カリフォルニア大学バークレイ校，スタンフォード大学，MITスローン・スクール，テセウス・インスティテュート，INSEADで短期講座を担当している。60に上る論文，100以上のケース，*Service Marketing* 3rd ed. (Prentice Hall, 1996) や *Product Plus : How Product + Service = Competitive Advantage* (McGraw-Hill, 1994) など20冊の著作がある。*Journal of Marketing* 誌の「Alpha Kappa Psi Award」受賞。また，サービス分野に対する貢献が認められ，アメリカ・マーケティング協会（AMA）賞を得ている。優れたケースにも数々の賞が与えられている。MAおよびBCom（エジンバラ大学），MBA（ハーバード大学），Ph. D.（スタンフォード大学）を取得している。

ローレン・ライト（Lauren K. Wright）
　カリフォルニア州立大学（CSU）チコ校教授。マーケティング学科主任教授を務めた。1998年はカンタベリー大学（ニュージーランド）の客員フェローとしてクライストチャーチ市に滞在。これまで優れた学部教育に対して贈られる賞を得ている。CSUチコ校では練達の教授として知られ，効果的教授法をアドバイスする立場にある。98年出版の全米教員 Who's Who にも登場。アメリカ・マーケティング協会（AMA）のサービス・マーケティングについての特別グループ（SERVSIG）議長を務め，SERVSIGコンソーシアムを設立。国際サービス・クオリティ学会のリサーチ・ディレクターも務めている。サービス・クオリティ，ニューサービス，ビジネス・プロセスの再デザイン，アクション・ラーニングについての多数の論文がある。BS（オレゴン大学），MBAおよびPh. D.（ペンシルベニア州立大学）を取得している。

《凡　　例》

1　原著には付されていない節・項番号を読み手の便宜のために付している。
2　原文中の" "は「　」で記した。同じく一種の引用・台詞的表現ないし強調，対比と思われるイタリック体部分も原則として「　」とした。
3　原文中では太字で記した用語について，欄外に短文で説明ないし定義が示されている。本書では，＊を付し原則として該当する頁の下部に置いた。
4　〔　〕内は訳注である。
5　原文中に誤植など疑問の余地なく誤りがある場合は，監訳者の責任で訂正して訳出してある。

目　　次

序　文
謝　辞
著者紹介
凡　例

第1部　サービスの理解 …………………………………… 1

第1章　なぜサービスを学ぶか ………………………… 2

1　現代社会におけるサービス（ 2 ）
2　サービスを取り巻く環境の変化（ 6 ）
3　サービス・マーケティングと
　　物財のマーケティング（ 16 ）
4　サービス・マネジメントへの統合的アプローチ（ 22 ）
5　結　　論（ 30 ）

第2章　サービス・プロセスの理解 ……………………… 32

1　サービスの分類（ 32 ）
2　プロセスとしてのサービス（ 38 ）
3　サービス・カテゴリー毎のマネジメント課題（ 45 ）
4　結　　論（ 54 ）

第3章　顧客コンタクト ………………………………… 55

1　顧客とサービス・オペレーション（ 55 ）
2　システムとしてのサービス（ 60 ）
3　サービス・エンカウンターのマネジメント（ 67 ）
4　共同生産者としての顧客（ 72 ）
5　結　　論（ 75 ）

第4章　顧客から見たサービス …… 77

1. 顧客はサービス・パフォーマンスをいかにして評価するか（77）
2. サービスの購買プロセス（86）
3. サービス・オファリング（92）
4. 顧客のサービス・エクスペリエンスのマッピング（96）
5. 結論（99）

第2部　サービスによる価値の創造 …… 101

第5章　生産性とクオリティ：同じコインの両面 …… 102

1. サービスの生産性とクオリティ（102）
2. 顧客の期待（104）
3. サービス・クオリティの理解（108）
4. 顧客満足（117）
5. サービス組織の生産性問題（127）
6. 結論（131）

第6章　リレーションシップ・マネジメントと顧客ロイヤルティの構築 …… 133

1. 適切な顧客をターゲットとして選ぶ（133）
2. 供給能力の効果的活用のためのセグメンテーション戦略（138）
3. 問題顧客とその対処（140）
4. 適切な顧客ポートフォリオを選択する（148）
5. 価値あるリレーションシップの形成と維持（149）
6. 結論（160）

第7章　苦情への対処とサービス・リカバリー …… 162

1. 顧客の苦情（162）
2. サービス・リカバリーの顧客ロイヤルティへの効果（172）
3. サービス・ギャランティー（176）
4. 結論（181）

第3部　サービス・マーケティング戦略 …………………183

第8章　サービスのポジショニングとデザイン ………184
1. サービス・リーダーシップ：集中の必要性（184）
2. 独自のサービス戦略を生み出す（187）
3. サービス・ポジショニング（189）
4. サービス・プロダクトを理解する（192）
5. 新サービスの開発（195）
6. 結　　論（200）

第9章　補足的サービス要素による価値の付加 ………202
1. コア・プロダクトと補足的サービス要素（202）
2. 補足的サービス要素の分類（205）
3. マネジメント上のインプリケーション（220）
4. 結　　論（222）

第10章　サービス・デリバリー・システムのデザイン …224
1. さまざまなデリバリー・チャネルの評価（224）
2. サービススケープのフィジカル・エビデンス（229）
3. 場所と時間についての意思決定（232）
4. サービス・デリバリーのプロセス（239）
5. 中間業者の役割（245）
6. 結　　論（247）

第11章　サービスの価格とコスト …………………………249
1. サービスに対する支払い（249）
2. 価格設定戦略の基礎（257）
3. サービスの価格設定のための価値戦略（262）
4. サービス価格設定戦略の実際（264）
5. 結　　論（272）

第12章 顧客エデュケーションと サービスのプロモーション……273

1 サービスにおけるマーケティング・コミュニケーションの役割（273）
2 マーケティング・コミュニケーション・ミックス（280）
3 マーケティング・コミュニケーションに対する新技術のインパクト（293）
4 結論（297）

第4部 マーケティングとオペレーション，人的資源管理の統合……299

第13章 サービス・マーケターのための諸ツール……300

1 成功のためのデザイン（300）
2 レストラン・エクスペリエンス：3幕からなる演劇（308）
3 科学としてのサービス（315）
4 新しいサービス・ドラマの創造（319）
5 結論（322）

第14章 需要と供給能力のマネジメント……323

1 需要の変動（323）
2 供給能力の測定とマネジメント（327）
3 需要の理解（332）
4 需要のマネジメント（334）
5 結論（342）

第15章 行列と予約のマネジメント……344

1 順番を待つ（344）
2 行列システム（345）
3 顧客の感じる待ち時間を最小化する（352）
4 待ち時間を計算する（356）
5 予約システム（359）
6 イールド・マネジメント（360）

7　結　論（364）

第16章　サービス従業員：リクルートから
　　　　　リテンションまで …………………………366
  1　人 的 資 源（366）
  2　ハイ・コンタクト・
　　　サービスにおけるエンカウンター（367）
  3　職務設計とリクルート（371）
  4　リレーションシップとしての雇用（378）
  5　多文化コンテクストにおける人的資源管理（389）
  6　結　論（390）

注　釈
用 語 集
監訳者あとがき

第1部
サービスの理解

第1章
なぜサービスを学ぶか

プロダクト要素	プロセス
場所と時間	生産性とクオリティ
プロモーションとエデュケーション	人的要素
サービスの価格とその他のコスト	フィジカル・エビデンス

本章の目標
- どんな種類のビジネスがサービスを提供しているかを理解する。
- 経済のサービス・セクターで生じている大きな変化を理解する。
- サービスと物財はどう違うのか。サービスの諸特性を理解する。
- 統合的サービス・マネジメントとは何か。統合的サービス・マネジメントの8Psを理解する。
- サービス・ビジネスにおいて,なぜマーケティング,オペレーション,人的資源管理の3つの職能を統合する必要があるのか。この理由を理解する。

1　現代社会におけるサービス

　顧客として,人々はサービスを毎日利用している。明かりを点ける,テレビを見る,電話で話す,バスに乗る,歯科医院に行く,手紙を出す,ヘアカットに行く,車にガソリンを入れる,小切手を切る,衣服をクリーニングしてもらう,これらは皆,個人レベルのサービス消費の例である。大学などはそれ自体,複雑なサービス組織である。教育サービスに加え,今日の大学は通常,図書館,カフェテリア,カウンセリング施設,書籍販売所,就職支援サービス,コピー・サービス,テレコム(テレコミュニケーション)施設な

どを備えており，銀行がある場合もある。寄宿舎充実型の大学なら，キャンパスでの提供サービスとして，学生寮，ヘルス・ケア，屋内屋外の各種運動施設，劇場などがあり，あるいは郵便局もあるかもしれない。

　ところが不幸なことに，顧客は提供されるサービスのクオリティや価値についていつも満足している訳ではない。配達が遅れるとか，係りの者が礼儀知らずとか無能とか，サービス提供時間が限られていて不便とか，望んだ水準のサービスが得られないとか，不必要に複雑な手続きとか，サービスのさまざまな問題について人々の不満がある。小売店では必要なときに店員がそばにこない。クレジット・カードの請求書が間違っているみたいだ。新しいセルフ・サービスの機械は使い方が分からない。どこかに出かければたいてい混んでいて行列して待たなければならない。こうしたことが不平不満の種になっている。

　一方，サービスの提供者は利用者とは異なる関心事を抱いているようである。利益を出すのは困難で，経験とやる気のある従業員を確保するのも難しい。顧客を喜ばせるのも困難である。提供者側にもこうしたさまざま不満がある。利益を出すのに最も確実な方法は要するにコスト・カットと「不要サービス」の簡略化・省略化だと考えているサービス組織も多い。訳の分からない要求をしたり混乱の元となる変な顧客連中さえいなければもっと効率的な運営ができるのにと考えているサービス組織もある。

　幸いなことに実際に日々努力しているサービス提供の現場では，有能で快活な従業員が生産的・効率的に働き，顧客の満足を得ているケースがさまざま見い出される。今日の経済では多様な種類のサービスが提供されている。成功ケースから学ぶことで，多様なサービス提供に共通する最も効果的なマネジメント方法について重要な知見が得られるだろう。

(1) サービスとは何か

　サービスはこれまで伝統的にその多様性から定義づけるのは難しいとされてきた。サービスがいかに生み出され，いかに顧客にデリバリーされるか。このプロセスを把握しようにもインプットとアウトプットの多くが無形のものである。このため，サービス・プロセスの把握はしばしば困難で，このこ

とも定義づけを一層難しくしている。ほとんどの人にとって製造業や農業は定義づけにはそれほど困難を感じないだろうが，サービス*の定義となると簡単にはいかない。ここではその本質を見極めるための2つのことがらを示そう。

■サービスとは一方から他方へと提供される行為やパフォーマンスである。このプロセスはおそらく物財の存在と結び付いている。しかし，パフォーマンスそのものは本質的に無形であり，パフォーマンスを生み出すさまざまファクターについても通常は所有権の移転が行われている訳ではない。

■サービスとは特定の時・場所において価値を創造し顧客にベネフィット*を与える経済活動である。これはサービスの受け手に対し——あるいは受け手に成り代わり——望ましい変化をもたらすことで実現される。

要するにサービスとは，これまで「売買の対象ではあるが，物理的実体はないもの」と表現されてきたものなのである。

(2) サービス・セクターの理解

サービスは今日の経済において大きな部分を形成している。アメリカでは国内総生産（GDP）の72%をサービスが占め，カナダでは67%を占めている。その他世界中の先進工業国の経済でも状況は同じである。サービス・セクター*は先進工業諸国において新しい仕事のほとんどを生み出しており，今や多くの人にとって，家業の工場や農業を継ぐことになっているのでなければ，サービスを生み出したりデリバリーするような会社（あるいは公共機関や非営利組織）で働くことになる確率の方が高いのである。

一国の経済が発展すると，農業や（製造業と鉱業を含めた）工業で働く人

---

*サービス（service）：顧客にベネフィットを与える行為やパフォーマンス。サービスの受け手に対し——あるいは受け手に成り代わり——望ましい変化をもたらすことで実現される。
*ベネフィット（benefit）：サービスや物財の使用・利用により顧客が得る利益・利得。
*サービス・セクター（service sector）：一国の経済のうちサービスにより構成される部分。サービスには公共機関や非営利組織によって提供されているものも含め，あらゆる種類のサービスが入る。

の割合とサービス業で働く人の割合は劇的に変化する。1人当り所得が高くなるにつれてサービス業に従事する人の割合が支配的になる。アメリカではサービスの仕事は今や賃金額ベースで76％になり，賃金の伸びも製造業のそれと比べるとより早いペースとなっている。ほとんどの国ではサービス・セクターはそれぞれ多様である。さまざまなサービス産業から構成され，世界的規模で運営される巨大企業から，町の事業家の小会社まで規模も広がりがある。

多くの人にとって驚きを覚えることだろうが，経済の中でサービス・セクターが優勢になっていることは何も先進諸国に限ったことではない。たとえば，世界銀行の統計によれば，ラテン・アメリカとカリブ海の多くの国々でサービス・セクターは国民総生産（GNP）並びに全雇用者数でみていずれも5割を超えている。さらにこれらの国々では公式の統計では捉えられない巨大な地下経済が存在する。メキシコでは，貿易や商業の40％がこのような「非公式」なものと推計されている。また，雇いのコックやハウスキーパー，庭師など家庭内の仕事を請け負う者や飲食業，洗濯業，下宿や間貸し，タクシーといった現金商売をしている零細業者もいる。これらの公式に把握できない大量のサービスが発生している。

サービス組織は規模がさまざまである。航空会社や銀行，保険会社，テレコム，ホテル・チェーン，海運業といった巨大な国際的企業からレストランやクリーニング業，タクシー会社，検眼士，その他のもろもろの事業所向けサービス業といったごく地域的な小事業まで，非常な広がりがある。サービスのフランチャイズ・チェーンは，ファースト・フードから会計事務所まで多様な領域で発達している。独立の経営者たちがそれぞれのサービス施設を運営しているが，全体としては標準化されたサービスを提供する一つの統一化されたチェーンを形成している。写真の現像や加工は時間に追われる仕事である。顧客に渡すのは現像された写真という物財であってもこのような仕事をする企業は自らをサービス業と位置づけている。付加価値の多くが作業のスピードやカスタマイゼーションや店舗立地の利便性から生み出されるからである。レジス・マッケンナ（Regis McKenna）は「競争力を維持し，顧客を繋ぎ止めて行くにはリアル・タイムを可能にするシステムが不可欠で

ある。21世紀に向けて最善の方策をとろうとする企業はこのようなシステムに投資することを考慮することになるだろう。」と述べている。[5]

　政府の統計上，製造業や農業，あるいは鉱業や林業，漁業などに分類されていても，大企業の多くは隠れたサービス・セクターを持っている。いわゆるインターナル・サービス[*]と呼ばれるもので，採用・雇用業務，社内報などの印刷，法務や経理業務，給与支払い，オフィスの清掃，建物や敷地のメンテナンス，配送業務など幅広い活動がこれに当たる。組織が巨大になるにつれて，企業はインターナル・サービスのうち専門の業者に任せた方が効率的なものをアウトソースするようになる。[6]こうした業務はアウトソースされていくと，それ自身やがて競争的な市場を形成するようになる。そうなると経済のサービス・セクターとして分類されるようになるのである。しかし，アウトソースされていなくとも，インターナル・サービス部門のマネジャーたちは言わば内部顧客(インターナル・カスタマー)に対し良きサービスを提供するよう努力するだろう。

　政府や非営利組織もまたサービス提供者である。サービス提供にどの程度関わっているかは，それぞれの国の伝統や政治的価値を反映しており，国毎に非常に異なる。大学，病院，博物館は多くの国々で公営ないし非営利ベースで運営されている。しかし，これらが営利ベースで運営されるケースも存在する。

2　サービスを取り巻く環境の変化

　サービス・セクターは革命的とも言える変化の直中にある。世界中で革新的な若い企業がサービスの新しいスタンダードを生み出し，既存企業では顧客を満足させられなかったような市場で成功を収めている。競争を妨げていた障壁の多くが取り払われ，意欲的な企業の参入が可能になっている。これにはインターネット上のささやかな取り組みから，豊富な資金にものを言わせ，すでに他国で開発され成功を収めているサービス・コンセプトを持ち込んでくる多国籍企業までさまざまなものが含まれる。新しい特性のサービ

＊インターナル・サービス（internal service）：企業・組織の最終アウトプットの産出を促進したり，最終アウトプットに価値を付加するサービス要素。

ス，より良いパフォーマンス，価格の引き下げ，より効果的なプロモーション，より便利で技術的に進んだデリバリー・システム——。こうした状況下では既存のやり方では顧客を維持し続けることは困難になるだろう。

　ケーブル・テレビ事業は変化の中で翻弄されるサービス産業の一例である。ケーブル・テレビは顧客がサービスについて最も不満を抱いてきたものの一つである。ところが多くの地域でケーブル・テレビ会社はサービス供給を独占しており，そのため顧客の強い不満を無視し続けることができたのである。ケーブル・テレビ会社の安寧はやがて市場への重大な参入を許すことになる。新しい競合者は顧客の家々に小型のパラボラ・アンテナを取り付け，マルチ・チャンネル衛星から電波を送信する方法でこの市場に参入してきた。しかし，ケーブル・テレビ会社も一方で自身の新ビジネスを開拓している。地域電話サービスへの参入の許可を求め，各家庭にあるテレビとケーブル回線を用いてインターネットへの簡単な接続を可能にする事業を進めてきた。けれども，この分野も競争は厳しく，既存のパソコン経由のインターネット・プロバイダーだけでなく急速に拡大するインターネット市場に目をつけ参入しようとしているテレコム会社まで競合者は多数いる。

　ケーブル・テレビ会社だけがますます厳しくなる環境下でもがき苦しんでいる訳ではない。世界中で多くのサービス産業が劇的な変化の直中にある。当該サービス企業がどの国のどんな産業でビジネスを行っているかによって，

図表1-1　サービス・マネジメントの変化事由

- ■政府規制の変化
- ■プロフェッショナル・サービスのマーケティング活動規制の緩和
- ■公共・非営利サービスの民営化
- ■技術イノベーション
- ■サービス分野のフランチャイズ・チェーン化やネットワーク化の進展
- ■国際化・グローバル化
- ■生産性向上の必要性
- ■サービス・クオリティ向上の動き
- ■リース・ビジネス，レンタル・ビジネスの伸張
- ■製造業者のサービス組織化
- ■公共・非営利組織の新収入源確保の必要性
- ■革新的マネジャーの雇用や昇進

変化の基本事由は，図表1-1に示される12のいずれかないし全部を含むものとなるだろう。どんな変革の場合もそうであるが，今日のサービス・セクターで生じている変革のいくつかはずっと以前にその発現を遡ることができるし，また他のいくつかはまさに進行しつつある最近の関連する出来事によるものである。以下，さらに詳しく見ていこう。

(1) 政府規制の変化

歴史的にみてサービス産業の多くは厳しく規制されてきた。政府機関による価格統制や事業の地理的制限があり，提供されるサービスの内容が細かく決められていることもあった。アメリカでは1970年代の末になり，主要サービス産業の多くで連邦レベルの規制緩和を部分的ないし全面的に行おうという気運が生まれた。FedEx (Federal Express) は盛んなロビー活動を行い，国内航空貨物輸送産業の分野で規制緩和を勝ち取った。規制的環境の変化は州レベルでも同じく生じた。

他の国々もアメリカの経験を観察し，それぞれ変化を始めた。EUではヨーロッパ経済の再構成に向け加盟国間のサービス貿易の規制緩和がすでに進行中であり，ラテン・アメリカ諸国では民主化と新しい政治潮流が以前とは比べものにならないほど自由な経済を生み出してきている。アメリカでは政府規制が削減されていき，航空輸送，鉄道，トラック輸送，銀行，警備保障，保険，テレコムといった産業分野で競争についての各種制限が撤廃されるか最小化されている。さらに規制緩和が進めば，アメリカ人は電力すらどの事業者から購入するか選ぶようになるだろう。新規参入に対する障壁は多くの場合，撤廃されてきており，サービス・デリバリーの地理的制限も削減され，価格競争もより自由に行うことができるようになっている。既存企業も新市場に進出したりビジネスの幅を広げたりしている。

しかし，規制削減は単純に喜べないものでもある。競争を勝ち抜いた企業が内部成長や買収により巨大になりすぎれば，結局は活発な競争がなされなくなる。逆に競争が激しく価格引き上げができない場合，短期的には低価格での競争がなされるから顧客にベネフィットを与える。しかし，これでは長期的な投資に必要な利益が得られない。この例としてはアメリカの国内航空

産業における厳しい価格競争が挙げられる。価格競争により航空産業の誰もが巨額の営業赤字に苦しみ，多くの航空会社が倒産の憂き目に会うこととなった。利益の上げられない航空会社は新しい航空機材を購入できず，サービス・クオリティと安全性に大変な問題を抱えることになった。[7]国際便では英国航空やシンガポール航空といった収益力の高い航空会社がアメリカの航空会社よりも良いサービスを提供しマーケット・シェアを獲得していった。もちろん，政府規制の緩和・削減が規制に関わる変更のすべてではない。多くの国で，消費者保護法が強化されており，この他に被雇用者の保護，健康と安全の推進，環境保護のための一層の規制の取り組みがなされている。

(2) プロフェッショナル・サービスのマーケティング活動規制の緩和

アメリカで進められているもう一つの規制緩和は，プロフェッショナル・サービス分野におけるものである。これは他の国々も追随している動きである。プロフェッショナル・サービスでは，業界団体が広告やプロモーション活動についての禁止措置を申し合わせていることがあり，政府や司法はこれらの禁止措置を撤廃したり緩和したりすることを求めている。会計士，建築士，医師，弁護士，検眼士などは以前と比較して今でははるかに活発な競争を行うことができるようになった。広告やプロモーション活動，販売活動が自由になったことで競争が激化し，見込み顧客を惹き付けるためには，革新的サービス，価格の引き下げ，新しいサービス・デリバリー・システムを実現することが不可欠となっている。しかしながら，上記についてはたとえば弁護士広告などの氾濫は，人々をますます多くの訴訟へと安直に駆り立てるだけであるという批判もある。

(3) 公共・非営利サービスの民営化

民営化*という言葉は，元々英国で国営会社が民営化された（投資家の所有下に置かれた）ことにはじまる。英国に続き，民営化が多くの国々で急速に進められた。民営化はヨーロッパの国々で顕著であり，他にカナダ，オース

＊民営化（privatization）：政府が所有する組織を投資家が所有する会社にすること。

トラリア，ニュージーランド，最近ではアジアやラテン・アメリカの諸国でも進められた。国営航空会社（たとえば英国航空など），テレコム会社，天然ガス会社などの民営化により，リストラクチャリング，コスト低下，市場志向がもたらされた。英国のテレコム産業のように民営化がそれまでの新規参入規制を緩和する措置を伴う場合は，マーケティングを行う意味は重大なものとなる。

　民営化は地方の公共組織にも適用できる。たとえば地方レベルではごみ収集が公共セクターから民間企業に移管されてきた。民営化の幾分異なった形態は非営利組織でみられる。アメリカでは病院が営利組織へと転換した。しかし，民営化が国民全員にとっての恩恵であると誰もが確信している訳ではない。公共組織によってサービスが供給される場合，大きな社会的目標を果たすため，しばしば内部補助がなされている。民営化により，効率と利益が追求されるようになり，サービスがカットされたり価格が上昇するおそれがある。値上げにより結果としてあまり富裕でない人々はサービスを利用できなくなるかもしれない。それ故，ヘルス・ケアやテレコムのような重要産業におけるサービスについて価格や提供機関を引き続き規制すべしという主張がなされているのである。

(4) 技術イノベーション

　さまざまな新技術によって，サービス組織の多くが，ビジネスのやり方を顧客から見える部分も見えない部分も急速に変えつつある。おそらく今日，変化をもたらす最もパワフルなものはコンピュータとテレコムの統合であろう。投資顧問のような情報に基づくサービスを行う企業は，国レベルないしグローバル・レベルでの電子的デリバリー・システム（インターネット）が登場し，これにより自身のビジネスのあり方と範囲が全く変化してしまったことを理解し始めている。インターネット上のワイン・ショップと街のワイン・ショップ，どちらもワインを販売している。しかし，組織のあり方や顧客の地理的範囲の点で両者は劇的なまでに異なった存在である。同じく，インターネット上のm-バンク（モントリオール銀行が設立したバーチャル銀行）とモントリオール銀行各支店とは完全に異なったやり方で金融取引を行

うのである。

　技術上の変化は，航空貨物輸送，ホテル業，小売店など他のさまざまなタイプのサービスにも影響を与える。FedExは，貨物についての情報が貨物の輸送業務そのものと同じように重要なものだと主張している。技術は新しいサービスを生み出したり既存サービスを改善するだけではない。新技術により情報のデリバリー，受注，支払いといった活動のリエンジニアリングを促進し，より安定したサービス水準を維持する能力を高め，顧客サービス部門の集中・集約化を可能にし，反復的業務を機械化し，セルフ・サービス技術を通じて顧客のオペレーションへの関与度合いを高めることができる。

(5)　サービス分野のフランチャイズ・チェーン化やネットワーク化の進展

　多くのサービスが国レベルないしグローバル・レベルでデリバリーされるようになっている。バーガー・キング，ザ・ボディショップ，シティコープ，ハーツ・レンタカー，マンダリン・オリエンタル・ホテルといったブランドは出身国を越えて広く知られている。これらのチェーンは完全に直営のこともあり，他の投資家とパートナーシップを組んでいることもある。フランチャイジング*とは，ブランド化されたサービスを厳密に定められた手順に従って生産し販売することについて，独立した事業者へライセンス供与を行うことである。フランチャイジングは，どこでも同じサービスを受けられるサービス・チェーンを複数拠点で展開する上で，その資金を得るポピュラーな方法となっている。会計事務所，レンタカー，ヘアカット，自動車修理，写真現像，配管工事，ファースト・フード，不動産仲介業など多様な領域で，小規模な独立サービス業者が巨大なフランチャイズ・チェーンに取って代わられ（あるいは吸収され）ている。フランチャイジングをうまくやるための要件には，ブランド名を国中（または世界中）に周知するためにマス・メディアによる広告キャンペーンを行うこと，サービス・オペレーションの標準化，訓練プログラムの定式化，新しいサービスの提供を常に追求し続けること，効率性の向上を常に追求し続けること，顧客とフランチャイジーの双方にそ

＊フランチャイジング（franchising）：ブランド化されたサービスを厳密に定められた手順に従って生産し販売することについて，独立事業者へライセンス供与を行うこと。

れぞれ合致したマーケティング・プログラムを実施すること，といったことがある。

(6) 国際化・グローバル化

海外旅行をしたり，海外出張をすると多くのサービス組織が国際化していることが簡単に分かる。航空会社は昔は国内だけであったが，今では幅広い海外路線ネットワークを持っている。銀行や広告代理店，ホテル・チェーン，ファースト・フード・チェーン，レンタカー会社，会計事務所などは多くが各国へ進出している。国際化戦略は，既存の顧客により良く奉仕するためであり，または新市場へ進出するためである（あるいは両方の目的による）。国際化の直接の影響は，競争の激化と，製品とプロセスの双方におけるイノベーションの国から国への移転の促進である。アメリカの多数の有名なサービス組織が今や外国の投資家により所有されているが（バーガー・キングは英国企業に所有されているし，フォー・シーズンズ・ホテル・チェーンはカナダ人の所有である），アメリカのサービス組織は銀行，ファースト・フード，コンサルティングといった分野で海外に進出しており，これらは言わば「見えない」貿易取引に貢献している。世界中の主だった都市を巡ってみると多数の有名なサービス組織の名前があちこち目につくだろう。これらは皆，元々は世界の他の地域で生まれたものである。フランチャイジングにより，ある国で生まれたサービス・コンセプトを他地域の投資家たちの所有するサービス・デリバリー・システムを通じて世界中に広めることが可能となっている。

モントリオール銀行のようなサービス業の国際化は，NAFTA（北米自由貿易協定），メルコスール（南米南部共同市場），アンデス共同市場，EUといった自由貿易協定により促進されたものである。しかし，自由貿易地域と地域外の国々との間や自由貿易地域間で，サービス貿易を制限するような障壁が生まれるおそれがあるだろう。多数の国をまたがって効率的に競争するための戦略を開発することが多くのサービス企業にとって主要なマーケティング課題となりつつある。

(7) 生産性向上の必要性

競争——しばしば価格ベースで行われる——が激しくなるにつれて，生産性向上へのプレッシャーもより大きいものとなる。投資家たちがさらに良いリターンを要求するため，サービス・デリバリー・コストを低減し利益を上げる新しい方法が模索される。いくつかのサービス分野では生産性向上の取り組みがあり，サービスのクオリティ面でも同時に向上が図られてきたが，歴史的にはサービス・セクターは製造業に比べて遅れをとってきた。作業を機械化（あるいはセルフ・サービス化）して従業員を減らすことは多くの産業で採用されてきたコスト・カットの方法の一つである。業務プロセスのリエンジニアリングは不要なステップをなくすことで業務を迅速化できる。しかし，マネジャーはコスト・カット手法の危険性をも理解する必要がある。財務部門や業務部門が顧客ニーズを考慮しないでコスト・カットに走れば，クオリティや利便性が目に見えて低下することになるだろう。

(8) サービス・クオリティ向上の動き

1980年代はますます多くの顧客が財とサービス，双方のクオリティに不満を表明するようになった時代である。物財に関しては，購買時点（小売店）でのサービスの悪さ，問題が生じたときの解決の困難さ，返品し返金してもらう困難さ，購入後に修理してもらう困難さ，などが不満の対象となっており，銀行，ホテル，レンタカー，レストラン，ケーブル・テレビなどのサービス産業に関しては，サービスの技術的側面そのものへの不満もあるが，従業員の態度や不手際に対しても同じように不満が寄せられている。

クオリティの向上がビジネス上有益で，効果的競争を行う上でも必要であるという理解がなされてくるにつれて，急激な考え方の変化が生じてきた。古い伝統的なクオリティ観（オペレーション・マネジャーが決めた基準に合致すること）は新しい顧客中心のクオリティ観へと否応なしに転換されることとなった。この転換はサービス・マーケティングの重要性と顧客調査の役割について多大な意義を持つこととなる。多くのサービス組織が，サービスのそれぞれの局面について顧客が何を求めているかを探るための調査研究，顧客の要望に合ったサービスをデリバリーするためのプログラム改善，サー

ビス・クオリティに顧客がどのくらい満足しているかの測定法開発に投資を行ってきている。FedExはサービス分野でボルドリッチ品質賞(クオリティ・アワード)を受賞した最初の企業であるが、クオリティの向上が生産性の向上と結び付くよう努力したことで広く知られている。

(9) リース・ビジネス，レンタル・ビジネスの伸張

リース・ビジネス，レンタル・ビジネスは、サービスと製造とが緊密に結び付いたものである。ますます多くの法人顧客、個人顧客が、物財は実際に所有せずとも使用できれば良いと考えるようになっている。長期リースは、プロダクト——たとえばトラック——の使用だけの場合もあるし、同時にさまざまなサービスが供給されることもある。トラック・リースの場合、フル・サービス・リースならほとんどすべて——車体の塗装、車体の清掃・メンテナンス、タイヤ、燃料、事業免許関連費用、故障時の出張修理・代わりのトラックの提供、さらに運転手すらも——付いてくる。従業員も同じで、別にフルタイムでの雇用をせずともレンタルすることができる。たとえば、秘書から警備員までレンタル可能で、人材派遣会社も急成長している（アメリカではこのような派遣警備員をしばしば冗談で「レンタル警官(コップ)」と呼んでいる）。

(10) 製造業者のサービス組織化

製造業のサービス部門がプロフィット・センター化することで、コンピュータ、自動車、電気設備、機械設備といった領域の多くの有名企業が変化してきている。付加的サービス——コンサルティング、信用販売、輸送・配送、設置・据付け、教育訓練、メンテナンスなど——はかつては設備を販売するためのものであった。しかし、今ではそれ自身、利益を追求できるサービスとなっており、競合製造業者から設備を購入する顧客企業に対しても提供されるものとなっている。

（GEやフォードを含む）多くの巨大な製造業者が、クレジット・ファイナンスやリース部門を持ち、金融サービス産業でも重要な存在となってきている。同じく、多数の製造業者が、自身の競争上の優位性を、世界的規模で

コンサルティング，メンテナンス，修理，その他の問題に応じたサービスを提供できる能力に置くことを求めるようになっている。実際のところ，プロフィット・センター化したサービス部門が，売上の相当部分を占めるようになっていることも多い。こうした例としては，IBM，GE，デュポン，ヒューレット・パッカード，GMといった有名な製造業者が挙げられる。

(11) 公共・非営利組織の新収入源確保の必要性

公共・非営利組織は，財務上のプレッシャーに直面し，コストをカットしたり，より効率的なオペレーションを行うようになり，さらに顧客のニーズや競合者の活動にもより注意を払うようになった。新しい収入源を求める中で，多くの「非ビジネス」組織が強いマーケティング志向を持つようになった。こうしたマーケティング志向により，製品ラインの見直し，売店設置やカタログ販売，レストラン運営，コンサルティング・サービスなど利益の見込めるサービスの追加，より現実的な価格設定の導入がなされるようになった。[9]

(12) 革新的マネジャーの雇用や昇進

伝統的に多くのサービス産業は人材の流動性が非常に低く，マネジャーはある一つのサービス産業——ときには一つのサービス組織——の中でその全ビジネス・キャリアを積んでいく傾向があった。それぞれのサービス産業は独特なものと考えられ，よそ者は歓迎されなかった。マネジャーたちは，ホテル・マネジメントとかヘルス・ケア運営管理といった特定産業分野の学位を持っていることはあっても，MBAのようなビジネスに関する上級の学位（修士号）を持っていることはまれであった。しかしながら，近年ではサービス組織も，厳しい競争状況や一層の利益追求の必要性から，より良い資格や経験をもったマネジャー——ビジネスのこれまでのやり方に疑問を持ち，他産業で得たビジネス経験を活かし新しいアイディアを適用できるようなマネジャー——を雇用するようになっている。多くの組織で，集中トレーニング・プログラムが実施されており，新しいツールやコンセプトが今ではどの職位の従業員たちにとっても身近なものとなっている。

サービス・セクターの産業のうち、上記の12の変化事由のどれにもさらされていないものは皆無だろう。多くの産業において——とりわけ輸送、金融サービスで顕著である——変化事由のいくつかが集中的に起きている。言わば激しい高波が起きており、経営者がひたすら現状維持をしようとするような組織は難破船のように翻弄されるばかりだろう。先を見通す目があるマネジャーたちは、むしろこの高波こそが成功への道であることを理解している。しかし、この高波はどこへ導くのか、サービス・セクターにおけるマーケティングの役割にどのような意味を持つのであろうか。サービス・マネジャーが直面する困難さは同時に機会でもある。サービス組織は変化する環境を利用して、新しいプロダクトを開発したり、競争上の地位を強化することができるのである。

3　サービス・マーケティングと物財のマーケティング

　サービスを取り巻く今日のダイナミックな環境は、効果的なマーケティングを要求している。効率的なオペレーションは依然として非常に重要であるが、それだけですべてうまくいくという訳ではなくなった。サービス・プロダクトは、顧客ニーズに合わせて供給され、現実に則して価格設定され、便利なチャネルを通じてデリバリーされ、顧客に積極的にプロモーションされねばならない。市場への新規参入者は、提供サービスをポジショニングし、価格設定、コミュニケーション、サービス・デリバリーを通じて、特定の市場セグメントに訴求する。しかし、製造業で発展してきたマーケティングの技能(スキル)をサービス組織に直接そのまま適用できるものであろうか。この問いかけの答えは多くの場合「否」である。マーケティング・マネジメントのタスクはサービス・セクターでは多くの重要な点で異なっているからである。

(1)　物財とサービスの基本的差異

　プロダクト*とはそれを購入したり使用したりする顧客にベネフィットをも

＊プロダクト（product）：企業により生み出されたコア・アウトプット（サービスと製造された物財の双方を含む）。

図表1-2　物財とサービスの基本的相違

- ■顧客はサービスの所有権を得ることはない。
- ■サービス・プロダクトとは無形のパフォーマンスである。
- ■顧客はサービスの生産プロセスに深く関与する。
- ■他の人々の存在がプロダクトを部分的に形成することがある。
- ■インプットとアウトプットには大きな変動性がある。
- ■サービスの多くは顧客による評価が困難である。
- ■通常は在庫が存在しない。
- ■時間の要素が相対的に重要である。
- ■デリバリー・システムには物理的チャネルと電子的チャネルがある。

たらすものである——本書ではプロダクトの語を産業のコア・アウトプットを記述する用語として用いる（産業はあらゆる産業を含んでいる）。物財＊の語は物理的な対象物を指すのに用いられる。サービスとはアクションやパフォーマンスを指す。サービスに関する初期の研究では、サービスと物財との区別は特に4つの包括的相違に着目することでなされてきた。すなわち、無形性、異質性ないし変動性、アウトプットの消滅性、生産と消費の同時性である。これら4つの特性は現在もよく引用されているが、同時に理論に傾斜しすぎであるとか、現実世界を簡略化しすぎであると批判が寄せられてきた。より実務的な観点では図表1-2が提示されるだろう。サービスのマーケティングやマネジメントにおけるタスクを物財のそれと区別するための9つの基本的相違が示されている。

　図表1-2の基本的相違は依然一般化されたものであり、すべてのサービスに等しく適用できるものではないことには留意されたい（サービスの分類は第2章で行う）。以下、それぞれを詳しく見ていこう。

　顧客は所有権を得ることはない　おそらく物財とサービスの間の重要な区分は、顧客は通常、サービスから価値を引き出すのに何らかの有形要素の所有権を得ることはない、という事実にある。多くの場合、サービス・マーケターは、顧客に対し、物理的対象物の使用の機会（たとえばレンタカーやホテルの部屋）、あるいは人間の持つ労働力や専門的技術を短い間利用する機会

＊物財（goods）：所有ないし利用により顧客にベネフィットを与える物理的対象物。

（たとえば外科手術やホテルのチェックイン）を提供している。サービスの購買者の立場では，もちろん，サービスの最終アウトプットに主たる関心があるだろう。けれども，サービス・デリバリーにおいて自分がどのように扱われるかも満足に大きな影響を与え得るのである。

無形のパフォーマンスとしてのサービス・プロダクト　サービスは有形要素――飛行機の座席，レストランの料理，修理サービスでは修理される物品など――を含むことも多いが，サービス・パフォーマンスそのものは基本的に無形[*]のものである。これに対し，物財を所有し使用することのベネフィットはその物理的特性から引き出される（ブランド・イメージもベネフィットをもたらす）。サービスを触ることも包装することも持ち帰ることもできない「無形のパフォーマンス」として捉えると，劇場（シアター）のアナロジーが導かれるだろう。ここではサービス・デリバリーは一場の劇のように視覚化される。サービス従業員は出演者であり，顧客は観客である（劇場のアナロジーのマネジメント上の意義は第13章で議論される）。レンタルのようなサービスでは，たとえば車両や機械類など物理的対象物が含まれる。しかし，レンタカーのマーケティングにおいては物理的対象物（車両）だけをマーケティングすることは非常に難しい。たとえば，顧客は車両の特定ブランドやモデルではなく，等級でレンタカーを予約するのが通常である。塗装色や内装について気にするよりも，価格，利用できる場所，保険の適用範囲，車両の清掃やメンテナンスの程度，空港からの無料シャトル・バス・サービスの有無，24時間予約受付，営業所の営業時間，担当者のサービスの質，といった要因に顧客の関心は集まる。これとは対照的に，物財を所有することから得られるコア・ベネフィットは――無形の要素からももたらされるものもあるけれども――通常は有形の要素から生み出される。ここで，物財とサービスとを区別する上で，興味深い方法を挙げておく。これは，図表1-3に示されるように有形，無形のどちらが優勢かの尺度に位置づける方法である。[12]

サービスの生産プロセスにおける顧客の関与　サービスを提供することは，物理的設備と人間の知的活動あるいは身体的活動のミックスとしてのアウト

＊無形の（intangible）：体験はできるが，触ったり保存できないこと。

第1章 なぜサービスを学ぶか　19

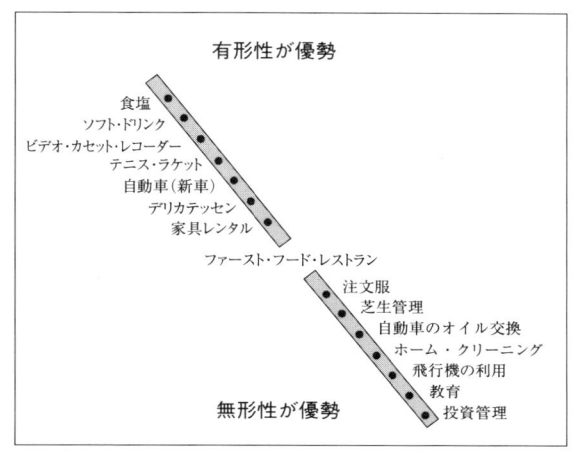

図表1-3　有形要素／無形要素尺度による物財・サービス

有形性が優勢

食塩
ソフト・ドリンク
ビデオ・カセット・レコーダー
テニス・ラケット
自動車（新車）
デリカテッセン
家具レンタル
ファースト・フード・レストラン
注文服
芝生管理
自動車のオイル交換
ホーム・クリーニング
飛行機の利用
教育
投資管理

無形性が優勢

G. Lynn Shostack, "Breaking Free From Product Marketing," *Journal of Marketing*, April 1977, 77 の図を参考にし作成。

プットを組み合わせデリバリーすることである。しばしば顧客はサービス・プロダクトを生み出すことに関して積極的な関与をすることがある——これには，顧客自らが主体となり行う場合（コインランドリーの利用や銀行のATMから預金を引き出すなど），サービス従業員と協働する場合（ヘアカット，ホテル，大学，病院など）がある。それ故，サービス企業は，サービス関与の能力を高めるよう顧客を教育（エデュケート）することから大きなメリットを得ることになる。第2章で見るように，サービスは顧客がサービス組織とコンタクトする程度に応じて分類される。生産プロセスにおける何らかの変更は顧客の果たす役割に影響を与えることが多い。

　プロダクトの一部としての他の人々の存在　ハイ・コンタクトなサービスの場合，顧客はサービス従業員とコンタクトするだけでなく，他の顧客ともごく近い関係になる（たとえば，ラッシュ時に地下鉄やバスに乗ると文字通り肩を摺り寄せる関係になるだろう）。サービス・ビジネス間の違いは，顧客にサービス提供する従業員の質に依存することが多いが，居合わせた他の顧客がどうであるかも，サービス・エクスペリエンスを決定づける要因となることがある。それ故，多くのサービスにおいて他の人々の存在がサービスの

一部となる。満足できるサービス・エクスペリエンスを確保しつつ，サービス・エンカウンターをマネジメントすることは，難しい課題なのである。

インプットとアウトプットにおけるより大きな変動性　サービスが提供される場合，サービス従業員と他の顧客たちが存在するので，サービスのインプット，アウトプットの双方を標準化し変動性*をコントロールすることは困難なものとなる。物財の場合は，コントロールされた状態の下で生産が進められ，生産性とクオリティの双方が最適化されるよう設計されているし，顧客の手元に届くはるか前にクオリティ要件を満たしているかがチェックされる——もちろん，顧客の使用は，ニーズや技能(スキル)，使用状況に応じて非常に多様になされる。これに対し，サービスは生産されたその瞬間に消費される。サービスの最終的な「組み立て」(アセンブリー)はリアル・タイムになされねばならず，そこでは「組み立て」が顧客毎に異なり，また行う度に異なる可能性がある。結果として，さまざまな手違い・遺漏が起こりやすく，これらはカバーできる水準のものではなくなる。このことは，サービス組織が生産性を上げ，サービス・クオリティをコントロールし，標準化されたプロダクトを提供することを困難にする。以下は，消費者向け製品のマーケターを経て，ホリディ・インに勤務するようになったあるマーケターの発言である。

「私たちは，提供するプロダクトのクオリティを，プロクター＆ギャンブルのエンジニアが生産ラインをコントロールするようには，コントロールできない。タイド洗濯石鹸を購入し洗濯すれば，衣服がきれいになるだろうことが99％以上合理的に確信できるが，ホリディ・インの1泊を購入した場合は，それが心地良い夜の眠りを与えてくれるかどうかはもっと低い確率でしか確信できない。夜中に誰かが騒ぐとか，壁を蹴る音がするとか，宿泊客の安眠を妨げるさまざまなことがらが生じ得る訳で，これらがホテルで絶対に起きないとは残念ながら言えないのだ。」[14]

しかしながら，サービス・デリバリーで生じる変動のすべてが，必ずしも悪しきものとして否定されるという訳ではない。現代のサービス・ビジネスでは，カスタマイゼーションの価値が理解され始めており，サービスの少な

---

*変動性（variability）：サービス生産プロセスにおいてインプットとアウトプットがいつでも同じものになるとは限らないこと。

くともいくつかの側面については個々の顧客のニーズや期待に合わせるようになっている。たとえば，ヘルス・ケアのような分野ではカスタマイゼーションは不可欠である。

顧客による評価の一層の困難さ　物財の多くは，比較的高い「探索属性」——顧客が購買前に色合い，デザイン，価格，適合性，フィーリング，堅さ，匂いといったプロダクトの特性を知ることができる——を持っていることが多い。これに対して，一部の物財やサービスでは「経験属性」が強調される。これは購買後とか消費の過程で初めてプロダクトの特性——味わい，着心地の良さ，取り扱いの容易さ，静かさ，手入れの容易さ，など——を知ることのできるものである。「信頼属性」は第3のもので，消費の後ですら顧客がプロダクトの特性を評価することが難しいものを指している。見ればすぐに分かるといったものではない外科手術とか技術的な修理サービスなどはこの例である。

サービスには在庫がない　サービスとは，顧客が保有することのできる有形物ではなく，行為ないしパフォーマンスである。それ故，サービスは「消滅」してしまい，在庫することは不可能である。もちろん，必要な設備，装置，人員はサービス提供のために待機させることができる。しかし，これらはサービスの生産能力であって，サービス・プロダクトそのものではない。サービス・ビジネスにおいては使用されない供給能力(キャパシティ)はちょうど水道の水が蛇口を締めずに流しっぱなしになっているようなものである。顧客（またはサービスを必要とする物品など）がサービスを受けるべく現にそこに存在しなければ，供給能力は無駄になる。需要が供給を超えてしまうときも，サービスには在庫がないため顧客を失望させたまま見送らねばならないことになる。それ故，サービス・マーケターにとって重要なタスクの一つは，供給能力に合致するように需要レベルを平準化する方法を見つけることである。

時間の重要性　多くのサービスはリアル・タイムでデリバリーされる。航空会社，病院，レストランといったサービス組織からサービスを受けるためには，顧客は物理的にその場にいなければならない。顧客がどの位の時間，待つかについても時間的限界がある。顧客に時間を浪費させないためにサービスはなるべく早くデリバリーされる必要がある。サービスがバックステー

ジで準備される場合も，顧客は特定のタスク——たとえば，機械を修理する，調査レポートを作成する，スーツをクリーニングする，法務文書を作成する，など——にはどの位の時間がかかるかについての期待をもっている。今日の顧客はますます時間に敏感になっており，スピードの速さがしばしば良いサービスの重要な要素となっている。

　流通チャネルの違い　製造業では，物財を工場から顧客の下に移動させるため，物理的な流通チャネルを必要とする。これとは異なり，サービス・ビジネスでは，電子的チャネル（放送サービスや電子振替サービスなど）を用いたり，あるいは，サービスの言わば生産，小売，消費を同一の地点で行うことができる。同一地点の場合は，サービス組織はサービス従業員のマネジメントに責任を負い，同じく，サービス生産に際しての顧客の行動もマネジメントする必要がある。顧客の行動をマネジメントするのは，オペレーションをスムースに進め，一人の顧客の無分別な行動が居合わせた他の顧客たちの不興・不快を誘うような状況を避けるためである。

4　サービス・マネジメントへの統合的アプローチ

　本書はサービス・マーケティングだけに終始するものではない。各章を通して，他の2つの重要な職能——サービスのオペレーションと人的資源管理——についても言及がある。今ここで，自分が小さな旅行代理業のマネジャーであると仮定してみよう。あるいは，もっと大きく，航空会社のCEOでも良い。どちらの場合でも，顧客は満足しているか，オペレーションはスムースかつ効率的に動いているか，従業員たちは生産的に働き，顧客にサービス提供を行い，あるいは他の従業員を支援する上で良い仕事をしているか，といったことに日々関心を寄せる必要がある。マーケティングやオペレーション，人的資源管理といった特定の部門を任されているマネジャーだとしても，他部門の役割を理解し，他部門の同僚たちと連絡を密にすることが，仕事をうまく進めることになる。つまり，マーケティング，オペレーション，人的資源管理における諸活動の統合が目標であって，この3つの分野のどこかで不都合があれば，結局は十分な収益が確保できない事態を招くことにな

るのである。

(1) 統合的サービス・マネジメントの8要素

物財に対するマーケティング戦略について議論するときは，マーケターは通常，4つの基本的戦略要素——製品(プロダクト)，価格(プライス)，場所(プレイス)（ないし流通），プロモーション（ないしコミュニケーション）——について言及することになる。[17] しかし，サービスに関しては，生産プロセスにおける顧客の関与とか時間要素の重要性といったサービスの特性から，他の戦略要素が必要になる。この課題に応えるため，統合的サービス・マネジメント*の8Psモデルを用いることにしよう（図表1-4）。このモデルは，サービス組織のマネジャーに8つの意思決定変数を示すものである。[18]

8Psは8人漕ぎの軽量ボートに喩えられるだろう。このボートはオックスフォード対ケンブリッジのボート・レースで有名であり，かれこれ150年間ロンドン近郊のテムズ川で毎年開催されてきた。今日では，同じようなレースが世界中で定期的に行われており，夏のオリンピックでも競技種目となっている。この種のボートでは，スピードは個々の漕ぎ手の力から生み出されるが，同時に全体の調和と力の結集に依存する。船尾のコックスの合図に従い，漕ぎ手はオールを一斉に漕がねばならない。こうすることで個々の力が最適に結集される。サービスにおいても同じことで，8Psの間の合力と統合が必要となる。コックス——ボートの舵取りをし，ペースを決め，漕ぎ手を励まし，レースの他のボートの動きにも絶え間なく目を配る——は，マネジメント層の役割の象徴(メタファー)である。

プロダクト要素* マネジャーは，コア・プロダクト（物財・サービス）と補足的サービス要素の双方を選択する。選択は，顧客の望むベネフィットの観点と競合プロダクトのパフォーマンスとの比較の観点からなされねばなら

---

*統合的サービス・マネジメント（integrated service management）：マーケティング，オペレーション，人的資源活動の3者の総合的計画を立て，実行すること。サービス組織の成功には不可欠である。

*プロダクト要素（product elements）：顧客にとっての価値を生み出すサービス・パフォーマンスの構成要素すべてを指す。

図表 1-4　統合的サービス・マネジメントの 8 要素（8Ps）

プロダクト要素	プロセス
場所と時間	生産性とクオリティ
プロモーションとエデュケーション	人的要素
サービスの価格とその他のコスト	フィジカル・エビデンス

ない。

場所と時間[*]　プロダクト要素は顧客にデリバリーされる。デリバリーの場所と時間に関する決定が必要であり，物理的または電子的な（あるいは双方の）デリバリー・チャネルが必要になる——これは供給されるサービスの性質による。サービス組織はサービスを顧客に対し直接デリバリーすることもあり，「サービスの小売」などを行う何らかの中間業者を介することもある。こうした中間業者は，販売，サービス・デリバリー，顧客コンタクトに関して何らかのタスクを遂行し，手数料やマージンを得ている。

プロセス[*]　プロダクト要素を生み出し，顧客にデリバリーする上で，効果的なプロセスをデザインし実行することが求められる。プロセスとは，サービス・オペレーション・システムがどのような方式と手順で機能するかを示すものである。きちんとデザインされていないプロセスは，官僚的で遅く，的外れなサービス・デリバリーとなり，顧客を不快な思いにさせることが多い。また，こうしたプロセスでは，顧客と直接に接するサービス従業員にとっても職務の適切な遂行が困難であり，低生産性とさまざまな失敗発生の原因となってしまう。

生産性とクオリティ　生産性とクオリティとは，しばしば別々に扱われるが，同じコインの表裏両面として捉えねばならない。サービス組織はどちらか一方を単独で追求できる訳ではない。コストをコントロールする上で生産性の向上は不可欠である。しかし，マネジャーはサービス・レベルを適切で

---

*場所と時間（place and time）：サービスを顧客にいつ，どこで，どのような方法で，デリバリーするか。これらのマネジメントに関わる決定。

*プロセス（process）：サービスのオペレーション方法ないしアクション手順を指す。通常は定められた順序で各ステップが進行することが要求される。

ない形でカットすると顧客から（おそらく従業員からも）必ずそれなりの反応があることに注意せねばならない。サービスのクオリティ*は，顧客によって判断されるべきもので，プロダクト要素を差別化し，顧客ロイヤルティを構築する上で不可欠の要素である。しかしながら，投入するコストと得られる利益とのトレード・オフを理解しないままにクオリティ向上に投資がなされていくと，サービス組織の収益性が大きく損なわれる危険性がある。

人的要素* （ヘアカット・サロンやレストランでの食事のように）多くのサービスが，顧客とサービス組織の従業員との人的インタラクションに直接に依拠している。こうしたインタラクションの特性が顧客のサービス・クオリティの知覚に強い影響を与える[19]。顧客は，サービスを供給する人間についての評価を拠り所にして自身が受けたサービスのクオリティを判断することがしばしばある。サービス分野で成功している組織は従業員――けっして限定はされないがとりわけ顧客と直接に接する従業員――に関して，リクルート，訓練，モティベーションに非常に大きな努力を払っている。

プロモーションとエデュケーション* どんなマーケティング・プログラムもプロモーションとエデュケーションを与える効果的なコミュニケーション・プログラムを欠いてはうまくいかない。この要素は，次の3つの不可欠とも言える役割を果たす。必要な情報とアドバイスを提供する役割，特定のプロダクトの持つメリットについてターゲット顧客を説得する役割，顧客に特定の時間とタイミングでアクションを起こさせるように促す役割である。サービス・マーケティングでは，コミュニケーションの多くが，――とりわけ新規の顧客に対して――本質的にエデュケーションの側面を持っている。サービス組織は，顧客に対し当該サービスのベネフィットについて知らせ，サー

---

*生産性（productivity）：サービス・インプットをいかに効率的に，顧客に価値のあるアウトプットへと転換するかを指す。
*クオリティ（quality）：あるサービスが，顧客のニーズ，ウォンツ，期待に合致することで，顧客をどの程度満足させるか。クオリティはこの満足の度合いを指す。
*人的要素（people）：サービス生産に関わる従業員（としばしば他の顧客）を指す。
*プロモーションとエデュケーション（promotion and education）：特定のサービスないしサービス組織に対する顧客の選好を構築することを目的とする，コミュニケーション活動とインセンティブのすべてを指す。

ビスをいつどこで入手でき，サービス・プロセスにどのようにして参加するのかを教える必要がある。コミュニケーションは，販売員やトレーナーといった人を介して伝達し得るし，テレビ，ラジオ，新聞，雑誌，掲示板，パンフレット，ウェブ・サイトといったメディアを通じても伝達できる。

フィジカル・エビデンス[*]　店舗や社屋などの建物，植栽など建物周り，用いられている車両，インテリア，設備・備品，働いている従業員，看板，印刷物。これらの見た目やその他の視覚上の手がかり（キュー）が，サービス組織の提供するサービスのクオリティについて感知可能な証拠（エビデンス）を与える。サービス組織は，フィジカル・エビデンスを注意深くマネジメントする必要がある。これらが顧客の抱く印象に深いインパクトを与えるからである。保険など有形の要素のほとんどないサービスにおいては，広告は，意味深いシンボルを用いることが多い。たとえば，「傘のマーク」は，防護，守りの砦，安全を象徴する。

サービスの価格とその他のコスト[*]　この要素は，サービス・プロダクトからベネフィットを得るために顧客が支出するさまざまなコストのマネジメントに関わる。これは，顧客への販売価格の設定，マージン幅の設定，信用販売に関する決定といった従来の価格設定のタスクに限定されない。サービス・マネジャーは，顧客がサービスの購買や利用に際し，負わねばならない他のコスト——時間，心理的・身体的労力，不快感を伴うエクスペリエンスが含まれる——を十分に認識し，可能ならばこれらを最小化するように努力する必要がある。

(2) サービス・マーケティング，オペレーション，人的資源管理の連結

8Psモデルの各構成要素に示されるように，サービス組織をうまく運営していく上でマーケティングは他の職能領域と孤立して遂行されている訳ではない。マーケティング，オペレーション，人的資源管理の3つの職能が，相

---

[*]フィジカル・エビデンス（physical evidence）：サービス・クオリティの証拠となる視覚または他の感覚で感知できる手がかりを指す。

[*]サービスの価格とその他のコスト（price and other costs of service）：顧客がサービスの購買・消費に際し支出する金銭，時間，労力を指す。

互に連携し合いながら顧客のニーズに応える中核的役割を果たす。図表1-5は3者の相互依存関係を示している。本書の後の方の章で，マーケターはどのようにして他の職能領域の同僚たちをマーケティング戦略の計画と実行に関係づけ，参加させて行くのかという課題を扱おう。

　サービス組織は，統合的サービス・マネジメントの8要素の意味を良く理解し，効果的な戦略を開発せねばならない。マネジャーたちが統合的な戦略をうまく開発できるサービス組織は，今後も存続し繁栄していく可能性が高くなる。対照的に，8要素の意味をきちんと把握できない組織は，サービス経済を左右する劇的な変化によりうまく適合する競合組織群のはるか後塵を拝することになるだろう。

　8Psの枠組みは本書を通して用いられる。章によっては，8つの要素の1つだけ（ないし2，3）を強調する場合もある。しかし，1つの全体戦略をまとめ上げていく際には，各章で議論されている要素と残りの要素群とを統合していくことの重要性が常に念頭に置かれるべきである。続く各章において，8つの要素のどれに主要な焦点があてられているかを章の最初に示そう。太字で示されているものはその章で重点的に取り上げられている要素であり，通常の文字で示されているものは当該の章では補助的な役割を演じる要素で

図表1-5　サービス・マネジメントにおけるマーケティング，オペレーション，人的資源管理の相互依存

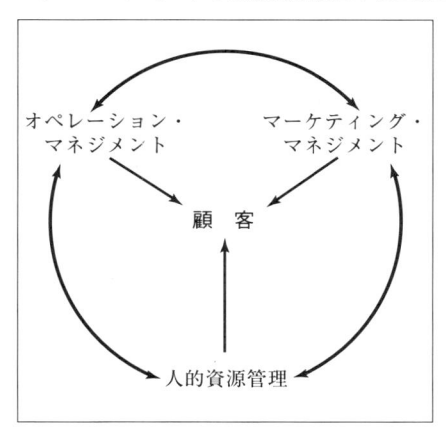

ある。また，その章の主題に関わりの薄い要素はブランクとなっている。

(3) 価値の創造

　マネジャーは顧客に対して十分な価値*を提供し，8Ps のすべての要素の決定に際し顧客を適切に扱うことに関心を持つ必要がある。サービス組織は，顧客が求めるサービスを準備し，供給能力を正確に伝達し，適正な価格で心地良く円滑な方法によってサービスをデリバリーすることで価値を創造する。一方，サービス組織も顧客から価値——第一義には当該サービスの購入・利用に顧客が支払う金銭——を受け取る。こうした価値の相互移転はマーケティングにおける最も基本的な概念の一つを示している。これは，交換*であって，交換は，一方の側が他方の側から他の価値と引き換えにある価値を得るときに生じる。こうした交換は売買に限定されない。価値の交換は従業員がサービス組織で働くときにも生じる。雇用者は従業員の働きからベネフィットを得るし，従業員は給料や各種手当，またおそらくは職能訓練，OJT，同僚たちとの協働といった価値ある経験を得る。

　顧客の立場に立って考えると，自身が求める特定のベネフィットを約束するサービスを得るために時間，金銭，労力を支払うか否かを決定することを日常的に行っている。こうしたサービスはたとえば，ヘアカットをしてもらう，ピザを食べる，バイクや車の修理，映画館やその他の娯楽施設で楽しんで時間を過ごすなどおそらくその場そのときでのニーズを満たすものである。しかし，これらとは違い何かの教育を受けるときなどは支払いに見合う結果が実現するまでには長い期間がかかることを覚悟することもある。予定よりも多く費用がかかったり，期待よりも少ないベネフィットしか得られなかったりする場合もあり，騙されたように感じることもあるだろう。少なくとも，「お粗末な価値（プア・バリュー）」についてぼやいたりするだろう（それよりも不満を声高にあれこれと言い立てることの方が多いだろうが…）。顧客はサービス・デリ

---

*価値（value）：特定のアクションないし対象物がある時点における個人のニーズに関して持つ価値を指す。

*交換（exchange）：別の価値あるものと引き換えに，価値あるものを与えたり受け取ったりする行為を指す。

バリーにおいて正当に扱われなかったと感じると，サービスそのものが望ましいベネフィットを提供するにしても，こうした悪い扱いが受け取る価値を減じてしまうだろう。また，読者の中には，給与を正当に算出しないとか，あらかじめ約束した職務に関連するベネフィットをデリバリーすることに失敗するとか，従業員を粗略にしか扱わないサービス組織に勤めている方々もあるだろう。あるいはそのような人を知っている場合もあるだろう。こうした組織のやり方は，従業員に企業に対するコミットメントを持たせたり，顧客へのサービスに対する献身的取り組みを行わせる上で，マネジメントの良い方法ではない。

　顧客と従業員の双方と長期的なリレーションシップを形成しようとするサービス組織は，いつまでもこうした適切でない扱いとか「お粗末な価値」を提供している訳には行かない。このようなやり方は悪しきビジネスであるし，反倫理的である。顧客や従業員をごまかしたり適切でない取り扱いをしていると遅かれ早かれ，サービス組織自身が不利な立場へと追いやられることになる。不幸なことに，組織，従業員，さらに顧客のいずれもが，他者にとってどうすれば最善なのかを意識していない。製造業よりもサービス業の場合の方が，顧客が悪態をつくような行動の可能性はおそらくより高くなる。これは，サービスが，事前の（また時には事後ですらも）評価が困難であること，サービス生産とデリバリーに多くの場合顧客自身が関与すること，顧客がサービス従業員や他の顧客としばしば対面のエンカウンターを持つことを反映している。サービス組織には，道徳的かつ法的に望ましい価値群——行動をガイドし，従業員との価値交換や顧客との価値交換を形づくる一連の価値セット——が必要である。可能な限りにおいて，マネジャーは，従業員をリクルートし動機づける上でこれらの価値群を基準として用いるようにすべきである。マネジャーはまた，サービス組織の持つ価値群を明確にしてどんな顧客との取引を望むかを明確にせねばならないし，同じ価値群を共有する顧客を惹き付け，リテンションする努力をせねばならない。

　今日では企業・組織やビジネス・スクールは，倫理的行動を構成するものは何かについての議論に，より多くの関心を払っている。しかしながら，今までのところ，ビジネスにおける倫理的行動についてとりわけ新しい見解は

何も出されなかったし，善き価値群の持つ利点についても新たな認識は生まれなかったと言えるだろう。30年以上も前に，S.G. ウォーバーグ投資銀行（現 SBC Warburg）のジグムンド・ウォーバーグ（Siegmund Warburg）は次のように述べている。「どんな財務上の項目よりも，誠実さ，寛容の心，完璧なサービス提供についての企業の評判が，最も重要な資産である。しかしながら，企業の評判は簡単にダメージを受ける。評判は非常にデリケートな生き物のようである。絶え間なくケアされる必要がある。これは評判が主に人間行動と人の道徳的水準の問題であるからである。[21]」

今日，企業や組織のビジネス倫理[*]についてより関心が寄せられ，顧客と従業員の双方を適切でない扱いから保護することを目的とするより厳しい規制が行われるようになっている。ビジネス倫理はサービス・マネジメントのさまざまな側面に関連するので，本書では折りに触れ，倫理的な問題を取り上げる。また，顧客もサービス組織や他の顧客に対して，思慮ある振る舞いをする責任があるだろう。第6章では，反倫理的ないし適切でない方法で振る舞う顧客をマネジャーがどのように扱うべきかについて議論しよう。

5 結 論

なぜ，サービスを学ぶか。それは，現代の経済が，大小さまざまのサービス・ビジネスによって推進されているからである。サービスは，世界中で，熟練・非熟練を問わず新規雇用の大多数を創造している。サービス・セクターは，さまざまな産業分野に驚くべき多様さを持って広がっている。広がりは公共・非営利組織にも及ぶ。ほとんどの発展途上国において，サービス・セクターは経済の半数以上に達し，先進国経済では，70％を超えている。

本章で見たように，サービス組織は，多くの重要な点で製造業の組織とは異なっている。マーケティングや他の多くのマネジメント職能においても明確に異なるアプローチが必要である。それ故，マネジャーは，製造業のセクターで発展してきたツールや概念にのみ依拠し続けることはできない。本書

---

[*]ビジネス倫理（business ethics）：ビジネスの世界において，行動をガイドする道徳的な原則を指す。

の残りの部分では，サービス・ビジネスが直面する固有の課題や機会についてより詳細に議論しよう。サービス・ビジネスの従業員ないしマネジャーとして，またさまざまなタイプのサービス・ビジネスにおける顧客としての今後の経験に本書で展開される内容がうまく役立てられることを希望したい。

第2章
サービス・プロセスの理解

…………… 場所と時間 …………… ……………	プロセス …………… 人的要素 フィジカル・エビデンス

本章の目標
■ サービス・マーケティングにおける分類の価値を理解する。
■ さまざまなタイプのサービスをどうすればうまく分類できるか。有用な分類方法を理解する。
■ サービス・プロセスの定義を理解する。
■ サービスの4つのタイプとは。4タイプの持つマネジメントや戦略上の意義を理解する。
■ 4タイプ毎に顧客とサービスのコンタクト状況が変化することを理解する。

1　サービスの分類

　サービス・セクターは驚くほど多様である。1人の顧客が1日に出会うさまざまなサービスも多様な個人向けサービスの一部でしかない。また，法人顧客向けのサービスも非常に多く存在する。サービス・ビジネスに従事する多くのマネジャーは，自身の属するサービス産業を独特なものと——他とは明白に違うと——考えているようである。明らかにそれぞれ相違点がある。しかしながら，サービス産業はすべてが多様であって互いに共通点はないのだと考えるのは誤りである。

第1章では，サービスが物財とどのように異なるかについていくつかの点を見た。サービスは，マネジメント上適切な特性を共有する——特にマーケティング戦略に関係のある——数カテゴリーに分類されるべきである。本章では，このための有用な方法を創り出すことに焦点をあてる。多様なサービス産業間に類似性を見い出すことによって貴重な洞察を得ることができるだろう。サービス・マネジャーが，自身のサービス組織の状況と意味ある類似点を見い出すことができればできるほど，他産業から良いアイディアを得ることができ，競争に打ち勝つより良いチャンスが生まれる。革新的なサービス組織の際立った特質は，マネジャーたちが自身の組織で試すことのできる有用なアイディアを求めて，自身の産業の外を見つめることを進んで行っていることにある。有用なカテゴリー化の枠組みを探すために，まず，物財がこれまで伝統的にどのように分類されてきたかについて検討しよう。

(1) 分類枠組みの価値

マーケティングの実務家たちは，物財を分類し，分類毎にマーケティング戦略を開発する価値についてこれまでずっと認識してきた。最も有名な分類枠組みの一つは，顧客の購買頻度と比較購買努力の2基準に基づき，物財を最寄品，買回品，専門品の3つのカテゴリーに分けるものである。この枠組みは，マネジャーが顧客の期待，行動について，より良い理解を得るのに役立つ。また，小売流通システムのマネジメントについても洞察を与える。同様の分類が，投資銀行からヘアカット・サロンまで，さまざまなサービスにも適用可能である。

もう一つの大きな分類は，耐久財と非耐久財の区分である。耐久性は，購買頻度と密接に結び付いており，購買頻度は，流通とコミュニケーション戦略の開発に重要なインプリケーションを持っている。サービスのパフォーマンスは，無形なので，ベネフィットの耐久性はどのくらいの頻度で再購買するかに関係がある。たとえば，ごく普通の人ならばヘアカットに行くより，カフェでコーヒーやお茶を飲む方が頻度は高いだろう。

さらに挙げられるのは，消費財（個人や家計により購買される財）と産業財（企業や他の組織によって購買される財）の分類である。この分類は，購

買される財のタイプだけでなく——財のタイプとオーバーラップするが——，競合財の評価方式や購買手順，1回の購買数量，使用状況にも関係する。この分類は，サービスにも適用可能である。たとえば，個人としては自分のコンピュータについて，AOLにするか他のインターネット・プロバイダーにするかを選ぶことができるだろう。しかし，従業員に対しどのオンライン・サービスを選択するかについての企業の決定には，多くの部門のマネジャーや技術者が参加するだろう。BtoB (business to business) サービスは，名称が示す通り，法人顧客をターゲットにした非常に多数のサービスからなる。役員クラスの人材紹介サービス，警備・保安サービス，給与支払いマネジメント・サービスなど多岐に渡る。

　上記の物財の分類に由来する分類枠組みは有用ではあるが，重要な戦略課題を浮かび上がらせるには不十分である。サービスは，さまざまな産業でそれぞれ多様ではあるが，それでも類似性を見い出して，マーケティングに即したグループに分けられる必要がある。しかし，特定のサービス状況に適合したマーケティング戦略に焦点をあてる上で，上記の分類から得られる洞察はそれなりに有用なものとなり得る。

(2)　**サービスはいかに分類されるか**[2]

　サービス分類の伝統的な方法は，産業によるものである。サービス・マネジャーは，たとえば，「輸送ビジネスです。」（あるいは，「ホスピタリティ・ビジネス」，「金融ビジネス」，「テレコム・ビジネス」，「修理・保全ビジネス」など）というような表現をするだろう。こうした分類は，サービス組織から提供されるコア・プロダクトを定義し，顧客ニーズと競合状況の双方を理解するのに有用である。しかしながら，産業に基づく分類は，産業内の個々のビジネスの性質を十分に捉えている訳ではない。つまり，サービス・デリバリーには1つのカテゴリー内でも幅広い多様性がある（たとえば，同じ外食産業でも，ファースト・フードから3つ星レストランまでいろいろある）。サービスの分類については，多様な提言がこれまでなされてきた。図表2-1はサービスのグループ化ないし分類について示したものである。これらについて以下に議論しよう。

図表 2-1　サービスの分類

- ■サービス・プロセスの有形／無形の度合い
- ■サービス・プロセスの直接の受け手
- ■サービス・デリバリーの場所・時間
- ■カスタマイゼーションか標準化か
- ■顧客とのリレーションシップのあり方
- ■需要と供給がバランスされる程度
- ■施設・設備・人がサービス・エクスペリエンスを構成する度合い

サービス・プロセスの有形／無形の度合い　サービス・プロセスは物理的で有形*のものを伴うか，あるいは無形性*をより多く伴うか。サービス・プロセスの違いが，サービス・デリバリー・システムの性質を形成し，同時に従業員の役割や顧客のエクスペリエンスに影響を与える。

サービス・プロセスの直接の受け手　ヘアカットや公共輸送のようなサービスは，顧客自身に向けられる。一方，顧客が自身の持ち物について回復したり改善したりするサービスを求めることもある（たとえば，ドライ・クリーニング）。この場合，顧客は，サービス・デリバリーのプロセスそのものに関わることはないし，ベネフィット自体を後になって始めて消費することもある。サービス組織と顧客との間の，サービス・エンカウンターの性質は，たとえば，ヘアカットの場合と郵便をポストに投函する場合とに対比されるように，サービス・プロセスに顧客が統合的にどの程度関わるかの度合いに応じてさまざま変化する。

サービス・デリバリーの場所・時間　デリバリー・システムをデザインする際，サービス・マーケターは，顧客がサービス組織に来るのか（たとえば，大学やヘアカット・サロン，クリーニング店），サービスが顧客のところに行くべきなのか（たとえば，宅配ピザ）を自問する必要がある。あるいは，インタラクションは，郵便といった物理的チャネルや他の電子的チャネルを通じて行われることもある。これらのマネジメント上の決定は，サービスそのものの性質，顧客の居場所（自宅や職場），購買や利用の際の時間につい

＊有形の（tangible）：触れること，持つこと，あるいは物理的に保存ができること。
＊無形性（intangibility）：サービスの持つ明白な性質の一つ。サービスそのものは物財のように触れたり，つかんだりすることは不可能である。

ての顧客の選好，さまざまな代替財との相対的コスト，さらに——いくつかの場合は——季節的要因を考慮することを伴う。

カスタマイゼーションか標準化か　サービスは，サービス・デリバリーの際のカスタマイゼーション*か標準化*かの度合いで分類される。一つの重要なマーケティング上の決定は，顧客全員が同じサービスを受け取るのか，あるいはサービスの特質（と基礎となるプロセス）が顧客各人のニーズに応じて適応されるか，である。個人向けの保険サービスは，いくつかの標準オプションから一つを選ぶものであることが多い。路線バスは，（タクシーとは異なり）固定されたルートとスケジュールによって標準化されているが，乗客は，いつ利用し，どの停留所で乗り，降りるかを選択できる。大学の授業では，教授からの一方的な講義か学生に討論やディベートをさせるかの点で，カスタマイズの程度が異なる。ヘアカットは，カスタマイズされている（もちろん同じヘアスタイルの人も他にいるだろうが）。コンタクト・レンズをつくる際の視力の検査も将来は完全にカスタマイズされるようになるだろう。

顧客とのリレーションシップのあり方　サービスには，公式のリレーションシップを伴うものもある。この場合，サービスを提供する組織は個々の顧客が誰であるかを把握し，すべての取引はどの顧客とのものか個々に記録される（銀行や検眼サービス）。しかし，サービスには，誰かは分からない顧客がつかの間の取引をして，サービス組織の前から去っていくものもある（たとえば，電話会社は公衆電話を誰が利用したかは分からないし，テレビ局は天気予報を誰が見たかを分からない）。第6章で見るように，ある種のサービスは本質的に「メンバーシップ」のリレーションシップを伴う。ここでは，顧客は，一種の「クラブ」に加わることを受け入れ，そこでのパフォーマンスはずっとモニターされる（たとえば，保険サービス加入や大学への入学など）。路線バス，ヘアカット・サロン，ドライ・クリーニング，レストラン，といったサービスは，継続的なリレーションシップを生み出すために積極的

＊カスタマイゼーション（customization）：個々の顧客の固有のニーズや選好に合わせて，サービスの特性をあつらえること。

＊標準化（standardization）：サービス・オペレーションとデリバリーにおいて，変動を削減すること。

な努力をする必要がある。バス会社は個々の乗客の乗降状況を記録してはいないが，定期券客の記録は保持しているので，定期券更新のお知らせやサービスの向上，ルートやスケジュール変更についてのお知らせを送付することができる。サービス組織は，ロイヤルな顧客に酬いるため特別なメンバーシップ・クラブやフリークエント・ユーザーのためのプログラムを創ったりすることも多い。たとえば，ヘアカット・サロンもドライ・クリーニングも，顧客の名前と住所を記録して，頻繁に利用する顧客には何らかの特典を提供する場合がある。

需要と供給がバランスされる程度　あるサービス産業では，サービスに対する定常的な需要を確保しているが，他のサービス産業では，需要のかなりの変動に直面している。第14章では，サービスに対する需要が時間帯や季節によって大きく変動する場合，マーケターがどのような問題に直面するかについて議論する。変動する状況においては，需要レベルを満たすように供給能力(キャパシティ)を適応させるか，さもなければマーケティング戦略によって，需要レベルを予測しマネジメントし，供給能力とバランスするように需要を平準化するようにせねばならない。

施設・設備・人がサービス・エクスペリエンスを構成する度合い　顧客のサービス・エクスペリエンスは部分的には，サービス・デリバリー・システムにおいて顧客が有形の要素と出会う度合いによって形成される（路線バスは非常に有形の度合いが大きい。大学では，たとえば，教室，学生食堂の椅子やテーブル，語学センターのビデオ装置が有形要素である）。対照的に，保険会社の有形要素は，折々のお知らせの手紙に限定されている。銀行の場合は，月々のカード利用明細の他にATMの利用など保険よりも少し多い有形要素がある。

　路線バスで，陽気な運転手は，乗客を和ませる。運転手もまた有形要素である。大学では，学生はメリハリのある授業をする教授の方が，退屈で平板な授業をする教授よりも良いと感じている。顧客にとって，おしゃれなヘアカット・サロンで，気さくな美容師にヘアカットをしてもらうのは好ましい。逆にドライ・クリーニング店で，クリーニングの質がいくら良くとも，店内が薬品臭く，無愛想な店員では顧客に好まれない。こうしたクリーニング店

の場合，何かしらちょっとした不都合があれば，顧客は値引きクーポンのある競合店に喜んで乗り換えてしまうだろう。

　ここで議論してきたサービスの分類を踏まえ，マネジャーは次の問いかけに進むことになるだろう。サービス・オペレーションは実際のところ何を行っているか。顧客に提供されるコア・プロダクトはいかなる種類のプロセスにおいて創造されるか。顧客はオペレーションのどの部分に登場しプロセスに関わるのか。これらの問いかけに対する答えは特定のサービスが創造され，デリバリーされるのに必要な基礎的なサービス・プロセスがどんなものかに応じてさまざまである。ここで，統合的サービス・マネジメントの基礎をなす8Psに戻ろう。8Psの「プロセス」によって，サービス・プロダクトは創造されデリバリーされている。

2　プロセスとしてのサービス

　マーケターは，通常は物財がいかにして製造されるかの詳細を知っている必要はない。それは，工場を動かす人々の責任である。しかしながら，サービスにおいては状況は異なる。顧客はサービスの生産にしばしば関与するので，マーケターは顧客の目の前で展開されるプロセスがどんなものかを理解している必要がある。「プロセス」とは，サービスのオペレーション方法ないしアクション手順を指す。通常は定められた順序で各ステップが進行することが要求される。ヘアカット・サロンに行く場合の各ステップを考えてみよう。前もって電話をかけ，予約する。店に行く，順番を待つ，美容師とカットについて話し合う，シャンプーをしてもらう，髪をカットしてもらい，ヘアスタイルを整えてもらう，支払いをする，最後に店を出る…。

　サービス・プロセスには，相対的に単純な手続き（ガソリン・スタンドで給油する）から非常に複雑な活動（国際線で空の旅をする）まで幅がある。後の方の章（第4章）で，サービス・プロセスがフローチャートで表現されることを示そう。図示することは，プロセスがどのように進行するのか（またプロセスをいかにして改善するのか）を理解するのに役立つものである。

第2章 サービス・プロセスの理解　39

(1) プロセスによるサービスの分類

　プロセスは，インプットをアウトプットに変化させることを伴う。しかし，個々のサービス組織で実際に何がプロセスの対象となるのであろうか。また，このタスクがいかにして遂行されるのか。まず第1に，人とモノという2つの大きなカテゴリーがサービスにおけるプロセスの対象となる。多くの場合，乗客の輸送から教育サービスに至るまで顧客自身が，サービス・プロセスの重要なインプットである（ヘアカットもそうである）。そうでない場合は，モノが重要なインプットになる。たとえば，故障したコンピュータや財務データである。いくつかのサービスにおいては，製造と同じく，プロセスは物理的なものであり，有形のことがらが行われる。しかし，情報に基づくサービスの場合は，プロセスは無形となる。

　純粋にオペレーションの見地から見ると，サービスは，4つの大きなカテゴリーに分けられる。「人の身体に対する有形の行為」，「物理的な所有物に対する有形の行為」，「人の心・精神・頭脳に対する無形の行為」，「無形の財産に対する無形の行為」である。図表2-2は，分類の枠組みを示している。

　これら4つのカテゴリーのそれぞれは，基本的に異なる形態のプロセスを伴う。これは，マーケティング，オペレーション，人的資源管理の各マネジャーにとって大きな意味を持っている。ここでサービスの4つのカテゴリーを「人を対象とするサービス」，「所有物を対象とするサービス」，「メンタルな刺激を与えるサービス」，「情報を対象とするサービス」と呼ぶことにしよう。さまざまなサービス産業は，一見するとそれぞれ非常に異なるものに思えるだろう。しかし，分析をすれば，サービス産業は実際のところ，カテゴリー毎にプロセスについて重要な特性を共有していることが分かる。あるサービス産業に属するマネジャーは，同じカテゴリーの他の産業から有益な洞察を得て，これにより，自身のサービス組織に価値あるイノベーションを生み出すことができるかもしれない。

　①「人を対象とするサービス*」では，人の身体に対する有形の行為が行われる。このカテゴリーのサービスの例としては，旅客輸送，ヘアカット，歯

＊人を対象とするサービス（people processing services）：人の身体に対する有形の行為が行われるサービス。

図表 2-2 サービス行為の本質の理解

サービス行為の本質	サービスの直接の受け手	
	人	所有物
有形の行為	（人を対象とするサービス）	（所有物を対象とするサービス）
	人の身体に向けられるサービス	**物理的な所有物に向けられるサービス**
	旅客輸送	貨物輸送
	ヘルス・ケア	修理・保全
	宿　泊	倉庫・保管
	ビューティ・サロン	建物・施設管理サービス
	ボディ・セラピー	小売流通
	フィットネス・センター	クリーニング
	レストラン／バー	給　油
	ヘアカット	植栽／芝の手入れ
	葬祭サービス	廃棄／リサイクル
無形の行為	（メンタルな刺激を与えるサービス）	（情報を対象とするサービス）
	人の心・精神・頭脳に向けられるサービス	**無形の財産に向けられるサービス**
	広告／PR	会　計
	芸術や娯楽	銀　行
	放送・有線放送	データ処理
	経営コンサルティング	データ変換
	教　育	保　険
	情報サービス	法務サービス
	コンサート	プログラミング
	サイコセラピー	調　査
	宗　教	債券投資
	電　話	ソフトウェア・コンサルティング

科治療が挙げられる。顧客は，求めるベネフィットを受け取るには，サービス・デリバリーの間，物理的にその場にいる必要がある。

　②「所有物を対象とするサービス*」では，顧客の所有する物財や他の物理

＊所有物を対象とするサービス（possession processing services）：顧客の所有する物財や他の物理的所有物に対する有形の行為が行われるサービス。

的所有物に対する有形の行為が行われる。このカテゴリーのサービスの例としては，貨物輸送，芝の手入れ，ドライ・クリーニングが挙げられる。サービスの対象となるモノは，物理的にその場に存在する必要があるが，顧客はその場にいる必要はない。

③「メンタルな刺激を与えるサービス*」では人の心・精神・頭脳に対する無形の行為が行われる。このカテゴリーのサービスには，エンターテインメント，スポーツ観戦，観劇，教育が含まれる。このサービスでは，顧客は，メンタルな意味でその場にいる必要がある。しかし，特定のサービス施設に物理的に行っても良いし，放送や他のテレコム手段により結び付けられる別の場所にいても良い。

④「情報を対象とするサービス*」では，顧客の財産に対する無形の行為が行われる。このカテゴリーのサービスの例には，保険，銀行，コンサルティングが挙げられる。この種のサービスでは，サービスが一度開始されると，顧客との直接の関わりをほとんど必要としない場合もある。

サービスがどのタイプかによって，マーケティング，オペレーション，人的資源の各戦略は大きく左右される。以下，この理由について検討していこう。

(2) 人を対象とするサービス

はるかな昔から，人は，自分自身に向けられるサービスを求めてきた（たとえば，移動する，食べる，休息する，身体をリフレッシュする，より美しくなる，等）。この種のサービスを受けるためには，顧客はそのサービス・システムの中に物理的に入る必要がある。顧客は，プロセスの統合的部分となるので，サービス組織との遠隔的な取引では，顧客の望むベネフィットは得られない。顧客は，サービス・ファクトリー*に入る必要がある。サービ

---

*メンタルな刺激を与えるサービス（mental stimulus processing services）：人の心・精神・頭脳に対する無形の行為が行われるサービス。
*情報を対象とするサービス（information processing services）：顧客の財産に対する無形の行為が行われるサービス。
*サービス・ファクトリー（service factory）：サービス・オペレーションが行われる物理的な場所。

ス・ファクトリーは，物理的な場所であり（路線バスのように移動するものである場合も多い），人ないし機械（あるいは両方）が，サービス・ベネフィットを創造し顧客にデリバリーする。もちろん，サービス組織の側が，顧客の下を訪れることも多い。この場合，顧客の望む場所で，必要なベネフィットを創造するために必要なツールを持って行くことになる。

　もし，顧客が，人を対象とするサービスによって提供されるベネフィットを望むなら，当該のサービス組織との積極的な協働をする必要がある。路線バスに5分間乗るにせよ病院に入院し長々とした愉快ではない治療を受けるにせよ，必ず顧客の関与が求められる。路線バスと入院の両極端の間に，食事，ヘアカット，ホテルでの1泊などさまざまの活動が入る。これらのサービスのアウトプットは（その期間は数分から数ヵ月とさまざまであるが），顧客自身——目的地に着いた，空腹が満たされた，清潔で格好の良い髪形，良い宿泊をした，身体的により健康になった，という顧客自身——である。ヘアカット・サロンでは，顧客は美容師に協力して，おとなしく座って言われる通りにする。検眼士の下を訪れたときも同じである。この場合も顧客はプロセスの一部になる。

　マネジャーにとっては，顧客の身に何が起こるのかの観点でプロセスとアウトプットを考えることが重要である。そうすることでどんなベネフィットが創り出されるかが明確にされる。サービス・プロセスそのものについて良く考えることによって，顧客がベネフィットを得るのに負わねばならない金銭以外のさまざまのコスト——たとえば，時間，心理的・身体的労力，さらに恐怖心や痛みなど——を明確にできる。

(3) 所有物を対象とするサービス

　顧客は，しばしばサービス組織に物理的な所有物——たとえば，家屋，生垣，自動車，コンピュータ，洋服，飼い犬，といったもの——に対するサービスを求める。この種のサービス活動は多くの場合，生産と消費とが同時に起きる訳ではない点で生産オペレーションに近似している。所有物を対象とするサービスには，顧客の所有する物理的な所有物を——それが生き物であろうとモノであろうと——，清潔にする，維持管理する，保管する，改善す

る，修理する，ことが含まれる。これらは皆，所有物の効用を向上させるために行われる。また，物財の輸送や貯蔵，卸売・小売の流通，設置・据付け，移動，廃棄も含まれる——要するに，当該対象物のライフタイムの中で生じる付加価値チェーンを構成する諸活動も含んでいる。

　このタイプのサービスでは，人を対象とするサービスとは異なり顧客が物理的にサービスに関わる必要性は小さい。旅客の輸送と小包の輸送との違いを考えてみれば良い。旅客輸送では，顧客は，ある場所から別の場所に行くために乗り物に乗る必要がある。しかし，小包の場合は，郵便局に出して（あるいは自宅や職場に宅配便業者に来てもらって），後は配達証明が来るのを待てば良い。所有物を対象とするサービスのほとんどにおいては，「対象物を持ち込み，問題を説明し，サービスを依頼し，置いて行く，後で取りに来て，代金を支払う…」というように，顧客の関わりは通常は限定的である。植栽とか，インストールされているソフトウェアとか，大きく重い設備品とか，建物の一部とか，対象物の持ち運びが困難とか不可能であれば，仕事をその場で行うために必要なツールや材料を持ってサービス従業員がやって来る。つまり，サービス・ファクトリーの方が顧客のところに来ることになる。たとえば，もし，住宅の水道管が壊れれば，修理業者が直しに来るだろう。

　所有物を対象とするサービスには他に，殺虫剤の散布，生垣の剪定，自動車修理，ソフトウェアのインストール作業，上着のクリーニング，飼い犬の予防注射，といったサービスが含まれる。これらの例のアウトプットは，顧客の持つ問題の満足行く解決や当該対象物の物理的な状態改善である。

(4) メンタルな刺激を与えるサービス

　メンタルな刺激を与えるサービスには，教育，ニュースや情報，専門的なアドバイス，サイコセラピー，エンターテインメント，宗教活動といったサービスが含まれる。人の心・精神・頭脳に関わるものはすべて，態度を形成し行動に影響を与えるパワーを持つ。それ故，顧客が依存状況にある場合や操作される可能性が存在する場合は，強力な倫理基準を持ち注意深く見守ることが必要である。

　メンタルな刺激を与えるサービスを得るときには，顧客の側に時間の投資

が必要になる。しかしながら，サービスの受け手はサービス・ファクトリーのその場に物理的に存在する必要はなく，ただ単に精神的に必要となる情報に接していれば良い。ここには，人を対象とするサービスとの興味深い対比がある。たとえば，乗客は移動中に目的地に着くまで寝ることもできるが，大学の授業や教育的な内容を持つテレビ番組の間，居眠りしてしまえば，結局得るものは何もない。

エンターテインメントや教育のようなサービスは，どこかの場所で創られ，テレビやラジオによって，遠くはなれた場所の顧客の下に届けられることも多い。しかしながら，この種のサービスは，サービスの創られるその場所で——劇場や講義室のような設備において——，一群の顧客に向けてデリバリーされることも可能である。ここで，自宅に居ながらにしてライブ・コンサートをテレビで観るのは，実際にコンサート・ホールに行って他の多くの観客と共にコンサートを観るのとは違うことを良く理解する必要がある。コンサート・ホールのマネジャーは，人を対象とするサービスにおいてマネジャーが直面するのと同じ難しい課題に突き当たるだろう。また，双方向ケーブル・テレビを介して，討論するのは，同じ部屋で顔を合わせて討論する密度の濃さを欠いている。

このカテゴリーにおけるサービスのコア・プロダクトは，すべて（音楽，音声，映像といった）情報に基づくものである。それ故，サービスは，デジタル信号なり，アナログ信号なりに容易に変換可能である。後々の世まで記録が可能であり，コンパクト・ディスクやビデオ・テープ，オーディオ・カセットといった工業製品に移しかえられ，他の物財と同じく包装され，マーケティングされる。こうしたサービスはそれ故に「貯蔵」が可能である。創造されたときよりもずっと後になって消費が可能である。たとえば，大学の語学センターにある語学ビデオは学生によって繰り返し何度でも利用されている。

(5) 情報を対象とするサービス

「情報処理」は，現代の専門語の一つで，コンピュータと共に目覚しい進歩を遂げてきた。しかし，すべての情報が機械で処理されている訳ではない。

非常に多様な分野で専門家たちが，自分の頭脳によって情報を扱っている。情報は，サービス・アウトプットの中で最も無形の形態である。しかし，手紙やレポート，本，テープ，フロッピー・ディスクといったより堅牢で有形の形態に移しかえることもできる。情報の効果的な収集と処理に大きく依存するサービスには，会計，法務，市場調査，ソフトウェア・コンサルティング，医療診断といった専門的なサービスが含まれる。

　メンタルな刺激を与えるサービスや情報を対象とするサービスにおいて，顧客がどの程度の関わりを持つかは，オペレーション・プロセス上の必要性があるかどうかよりも，習慣やサービス組織側と実際に顔を合わないと嫌だという顧客の個人的な要望によって，しばしば決定づけられる。厳密に言えば，銀行や保険のような産業においては，個人的なコンタクトは不要であると言えるかもしれない。しかし，同一のコア・プロダクトを遠隔的な取引によってデリバリー可能であるのに，わざわざ対面的なサービスを行っている場合がある。顧客の側も，行く必要は必ずしもないのに，サービス・ファクトリーに出かけていくことがある。一方で，銀行との取引においてはセルフ・サービスのATMを用い，保険会社からは手紙でのお知らせを受け取るというように，遠隔的な取引を快適に行っている顧客もいる。

　習慣や慣例が，サービス・デリバリー・システムとサービスの利用パターンの基盤部分に根強く残っている場合がある。何らかの専門家とその顧客との間では，相手のニーズ，能力，人柄についてより理解できるように，実際にきちんと会う方が良いと言われる。しかしながら，筆者たちの経験によれば，電話やeメールでのコンタクトだけでも信頼感を生み出し，良い関係をうまく続けていくことは可能であると言える。

3　サービス・カテゴリー毎のマネジメント課題

　マネジャーが直面する課題とタスクは，4つのカテゴリー毎に，大きく異なったものとなろう。先に示した分類枠組みは，カテゴリー毎の課題やタスクの違いを理解し，効果的なサービス戦略を創り出す上で非常に重要である。枠組みは，個々の状況においてサービスのベネフィットがどのようなものと

なるかについて洞察を与えるばかりでなく，顧客に求められる行動を理解することにも資する。また，チャネル戦略の開発やサービス・デリバリー・システムのデザインと配置，情報技術の適切な使用にも役立つ。

(1) サービス・ベネフィットの明確化

マネジャーは，オペレーション・プロセスがいかに重要であろうとも，基本的にはそれ自体は手段に過ぎないことを理解する必要がある。より重要なのは，サービスが顧客にもたらす特定のベネフィットを理解することである。多くのサービス組織が，良いサービスを供給するために，多数の多様な諸活動を一つにまとめ上げている。しかし，サービス・デリバリーにおいて，イノベーションは，コア・プロダクト——宿泊に関わる産業なら良い一夜の眠り，航空産業なら迅速な人の輸送，クリーニング業では衣服の洗濯とプレス——の基礎をなすプロセスに継続的に焦点が合わされることを要求する。新しい技術によってしばしば，サービス組織は，それまでとは全く異なるプロセスで顧客に同一の（あるいは改善された）ベネフィットを提供することができるようになる。顧客は，多くの場合より迅速・単純・簡便な手順でサービスを受けられることを嬉しく思うものである。しかしながら，他方でオペレーション・マネジャーは，現行のアプローチを依然として好ましく思っている顧客に対しても効率性の名の下に新しいプロセスを押し付けていることも認識すべきである（特に新しいアプローチが技術に基づくものであって，設備機械によって従業員による人的サービスを置き換えている場合が問題である）。オペレーションを設計する際には，マーケティングに関わる従業員と共に取り組むことで，ユーザー・フレンドリーな方法で顧客が望むようなベネフィットをデリバリーできる新プロセスをデザインすることができるようになる。

(2) サービス・ファクトリーのデザイン

すべてのサービスには顧客がいる（少なくともそうあろうとしている）。しかし，すべてが皆，同じやり方で顧客とインタラクションを行っている訳ではない。コアとなる活動に顧客がどの程度関わるかは，サービスの4つの

カテゴリー毎に明確な差異がある。人を対象とするサービスにおいては，顧客がサービス・ファクトリーの場所に物理的に居なければならないという事実は誰にも変えられない。もし，今日ニューヨークに居る人が，明日はロンドンに居なければならないとしたら，国際線に搭乗して，大西洋の高空を越えていく時間を過ごすこと以外に絶対に方法はない。もし，ヘアカットをしてもらうなら，顧客は他の誰かに代わってもらうことはできない――必ず顧客自身がヘアカット・サロンの椅子に座る必要がある。もし，不幸にして足を骨折してしまえば，骨折した当の本人が，X線写真をとってもらい，外科手術を受け，何週間もギプスの生活をしなければならない。

顧客がサービス・ファクトリーを訪れた場合，顧客の満足は以下に挙げるような要因によって左右される。

■サービス従業員とのエンカウンター。
■サービス施設の外観と内装――エクステリアとインテリアの双方について。
■セルフ・サービス機械・設備とのインタラクション。
■他の顧客の特性と行動。

顧客は，サービス・デリバリーの間ずっと物理的にその場に居なければならない。顧客がサービス・ファクトリーに到着したその瞬間から，プロセスが顧客を巡って発動するようにデザインされなければならない。顧客はまず第1に駐車場を必要とするだろう（あるいは，他の誰かにサービス施設に送り迎えしてもらう）。顧客がサービス施設に長時間居れば居るほど，他の種類のサービスの必要性が高まる。たとえば，食事，飲み物，トイレなどの基本的な提供物(ホスピタリティ)が含まれる。多くの場合，顧客は，サービスの創造とデリバリーにおいて，能動的な役割を果たす必要があるだろう。きちんとマネジメントされているサービス組織は，顧客にサービス・オペレーションにいかにして効果的に参加するかを上手に教えている。

顧客に対しサービス・デリバリーが行われる施設は，顧客が便利だと思う所に配置され，便利だと思うような形状にデザインされねばならない。もし，サービス・ファクトリーが不便なところにあり，うるさく，不快な臭いがして，内部も分かりにくいレイアウトになっているとすれば，顧客は非常に否

定的な印象を持つだろう。マーケティング・マネジャーは，オペレーション・マネジャーと緊密に協働して，顧客にとって快適であり，しかもオペレーション上効率的であるように，サービス施設をデザインする必要がある。サービス施設のインテリアはサービス・パフォーマンスがデリバリーされる一種の「舞台装置」と考えられる。一方，サービス施設の建物の外観も，最初の印象を形成するために重要である。顧客がサービス・ファクトリーに長時間居れば居るほど，あるいは長時間居ると予想されればされるほど，快適で魅力的なサービス施設を提供することが重要となる。この点で，ヘアカット・サロンのインテリアは顧客にアピールすることが求められる。しかし，クリーニング店のインテリアは顧客にはさほどアピールする必要はない。

マーケティング・マネジャーは，人的資源管理のマネジャーとも協働する必要がある。ここでのタスクは，顧客とのコンタクトをとるサービス従業員について，適切な身だしなみをし，必要なパフォーマンスを達成するのに必要な対人的技能(スキル)と技術の両方を備えるようにすることである。もし，サービス・デリバリーが顧客とサービス従業員とのインタラクションを必要とするならば，顧客とサービス従業員の双方が，最善の結果を得るためにいかにして協働するかについて，基本的なトレーニングやガイダンスを受けることが必要となろう。もし，顧客がサービスのある部分を自分自身で行うこと——セルフ・サービス——を求められているなら，サービス施設や設備はユーザー・フレンドリーなものでなければならない。

(3) **サービス・デリバリーのさまざまなチャネルを見つける**

人を対象とするサービスとは異なり，他の3つのサービス——所有物を対象とするサービス，メンタルな刺激を与えるサービス，情報を対象とするサービス——の場合は，顧客がサービス・ファクトリーを訪れる必要は必ずしもない。マネジャーは，いくつかのデリバリー・チャネルを選択肢として提供することができるだろう。選択肢には，顧客にサービス・ファクトリーに来てもらう，サービス・ファクトリーとは別の小さなリテール・オフィスでのコンタクトに限定する，顧客の自宅や職場に出かけて行く，遠隔的な取引を行う，がある。

所有物を対象とするサービスの例として，衣服の洗濯とプレスについてここで考えてみよう。一つのやり方は，家で洗濯するというものである。もし，洗濯機がないなら，コインランドリーを利用することもできる。コインランドリーは本質的には，洗濯のセルフ・サービス・ファクトリーである。もし，プロの仕事に任せることを選択するならば，クリーニング店に行くことになるだろう。ここでは，汚れた衣服を預け，後できれいになった衣服を取りに来ることになる。クリーニング作業は店の奥で行われることも多いが，預けられた衣服がどこか別の場所に送られクリーニングされる場合もある。いくつかの都市では，家にまで衣服を取りに来てもらえ，でき上がり後には配達してもらうこともできる。しかし，このサービスは，その分のコストがかかるため割高である。サービス・デリバリーにおけるイノベーションは，伝統的なやり方を，顧客により大きな簡便性を提供するためのロケーション戦略に変えるという形態をとることがしばしばある。

物理的なチャネルでも電子的なチャネルでも，顧客とサービス組織が遠隔的なサービス取引を行うことが可能になる。たとえば，実際の店舗で買物をする代わりに，印刷されたカタログを見て電話で注文することができるし，インターネットのウェブ・サイト上で電子的に注文をすることもできる。ソフトウェアや調査報告書，不動産物件一覧表といった情報に基づくアイテムの場合，インターネットを使えば，コンピュータにその場でダウンロードすることもできる。

今日のマネジャーは，クリエイティブである必要がある。情報技術と（FedExのような）進んだ小口輸送サービスの連繋によって，サービス・デリバリーの「場所」と「時間」とを再考する多くのチャンスがもたらされたからである。小型の機器類を生産するメーカーのいくつかは，製品が修理を要する場合も顧客が小売店を通さずにすむようにしている。その代わり，係員が故障した製品を取りに来て（きちんと包装し），修理に送り，数日後には修理して戻してくれる。電子的な流通チャネルの場合は，もっと簡便である。輸送時間を削減することができるからである。たとえば，インターネットを用いれば，中央施設に居るエンジニア（地球の裏側に居るかもしれない）が，遠くの顧客のところにある不具合を起こしたコンピュータやソフ

ウェアについて診断し、問題を解決する電気信号を送ることが可能である。

　第1章で示したように、テレコムとユーザー・フレンドリーな端末の発達は、新サービスの創造や既存サービスの新しいデリバリー・チャネルの創造に重要な役割を果たしている。本書の後の方（第10章）で、商業銀行の伝統的なあり方を変えてきている重要な発展のいくつかについてより詳しく述べよう。

　人を対象とするサービスは別であるが、他の3つのサービスに関しては、サービス・デリバリー手順を再考することで、企業は、顧客がサービス・ファクトリーに来る必要をなくしたり、ハイ・コンタクトなサービスをロー・コンタクトなものに代えることが可能となる。プロセスのあり方そのものが、サービス・デリバリーを遠隔的なものとすることを可能にするのであれば、サービス・ファクトリーのデザインと配置は単純にオペレーション上の必要性に従ってなされ得るだろう。21世紀のごく早い時期に、伝統的な形態の銀行支店はなくても良くなるだろうという産業ウォッチャーの予測もある。やがて、金融機関との取引は、ATMや電話、パソコンとモデムを介してほとんどが行われるようになるかもしれない（もちろん、皆がこの予測に賛同している訳ではない）。新しいやり方がユーザー・フレンドリーなものとなり、顧客により大きな利便性が提供されるとき、こうした新しい試みは成功する可能性が高まることだろう。

(4) 需要と供給のバランスをとる

　需要が大きく変動することは、多くのマネジャーにとって苦労の種である。メーカーならば、需要の変動に対応して製品の在庫を持つことができ、安定した生産水準を保つことで経済性を得ることができる。しかし、サービス・ビジネスの場合は、このような方法で需要変動に対応することはほとんどできない。たとえば、旅客機の座席が空いたまま離陸してしまえば、そこから得られる収入は永遠に失われてしまう。ホテルの空き部屋も同じことである。自動車修理ショップのある1日の供給能力も、その日に誰も修理に来なければ、無駄に消尽されてしまう。対照的に、サービス需要が供給を超える場合も、満たされない需要はビジネスとしては失われてしまう。もし、空席がな

く航空会社の予約をできなければ，顧客は他の航空会社を利用することになるか，旅そのものを断念するだろう。他の状況では，供給能力が需要に追いつくまで，顧客は行列に並んで待つことを余儀なくされるだろう。

　一般的には，人や所有物を対象とするサービスの場合は，メンタルな刺激を与えるサービスよりも供給能力の限界に直面する傾向がある。メンタルな刺激を与えるサービスについては，たとえば，ラジオやテレビ番組の場合，受信エリア内やケーブル・ネットワークの範囲内であれば，いくらでも各家庭に放送できる。近年では，コンピュータの能力が上がり，デジタル化が進み，同軸ケーブルが光ファイバー・ケーブルによって置き換えられてきたことにより，情報処理と通信能力が，大きく向上している。しかし，人や所有物を対象とするサービスについては，大きくコストを上げずにサービス組織の供給能力を向上させるような技術は未だ生まれていない。それ故，有形の行為を伴うような人や所有物を対象とするサービスにおいては，需要のマネジメントが生産性を高める上で不可欠となる。顧客は，サービスをピーク時以外のときに利用するようにインセンティブを与えられるか，予約を通じて供給能力が前もって調整されねばならない。たとえば，ゴルフ場は，オフピーク時には割引を，ピーク時には前もっての予約を，という2つの戦略を用いている。

　人を対象とするサービスにおいては，顧客を行列に待たせることについて時間上の限界があるという問題がある。顧客は他にもすることがあるだろうし，だんだん疲れて空腹にもなり怒りっぽくなってくる。こうした状況で他に選択肢があれば，容易にそちらに行ってしまうだろう。待たねばならない状況を減少させたり，なくす一つの戦略は，予約システムを構築することである。対照的に，所有物を対象とするサービスの場合は，（所有物が高い消滅性を持っていないという条件下で）待たねばならない状況そのものによって問題が生じることは余りない。顧客にとって重要なのは，待つことによる遅れがどの程度のコストと不便さをもたらすかである（たとえば，就職の面接に行くのに，クリーニング店に頼んでおいたスーツが期日通りに戻ってこないとすればどうだろうか）。需要と供給能力のマネジメントは，資産を生産的に利用する上で最も重要なものである（それ故に生産性を左右する）。

これについては，第14章で改めて十分に議論しよう。予約や行列のマネジメント問題については，第15章で扱う。

(5) 情報技術の十分な活用

情報に基づくサービス*（この用語は，メンタルな刺激を与えるサービス，情報を対象とするサービスの双方を含む）は，情報技術の進歩に大きく依存している。情報技術によって，顧客と物理的に離れた場所でのオペレーションが可能になる。現代のテレコムとコンピュータ技術は，顧客が自身のコンピュータ（ないし他の端末・装置）を他の場所にあるサービス組織のシステムと連結することを可能としている。たとえば，チャールズ・シュワブやeトレードのような証券会社の顧客は，自宅やオフィスでコンピュータを介して証券の売買を指示することで，自身のポートフォリオを管理することができる。

技術*を使って，コア・プロダクトとそのデリバリー・システムの性質を変えることについて，多くの例がラジオとテレビに見出される。スタジオでの交響楽団の演奏から，電子教会，ガーデニング電話相談番組まで，放送——現在では双方向ケーブル・テレビも含め——は，娯楽や文化，宗教上の教化，アドバイスを広範囲に分散したオーディエンスに届ける新しい方法を生み出してきた。多くの国で，教育は，物理的な教室における対面的プレゼンテーションという伝統的な方式に代えて電子的なチャネルを介して提供されるようになっている。この種の最大の取り組みは，英国におけるオープン・ユニバーシティである。この大学は，30年以上も続けられてきたもので，BBC放送の電子キャンパスによって国中の学生に学位の取れるプログラムを提供してきた。放送そのものは誰でも視聴できるが，学生には，印刷教材が郵送される。また，チューターと手紙，電話，eメールで連絡を取り合わ

＊情報に基づくサービス（information-based services）：主たる価値が顧客にデータを伝達することから得られるサービスを指す（メンタルな刺激を与えるサービス，情報を対象とするサービスの双方を含む）。

＊技術（technology）：実用的な目的を達成するために，手順，素材，設備，施設に対し，科学的に設計されたシステムを適用すること。

ねばならない。

(6) 人をプロダクトの一部として見ること

　顧客がサービス・デリバリー・プロセスに関わり合いを持てば持つほど，顧客はサービス従業員（8Psの「人的要素」）と関わり合いを持つようになる。人を対象とするサービスの多くにおいて，顧客は多くの従業員に出会い，しばしば長時間に渡ってインタラクションを行う。また，顧客は，他の多くの顧客にも出会うことになる。サービス施設の多くは，多数の顧客に同時にサービスを供給することによって，オペレーションの経済性を達成しているものである。路線バスに乗る，大学の授業に出る，外食をする，ヘアカットをしてもらう。これらにはすべて他の顧客との出会いがある。他の顧客が，サービス・エクスペリエンスの一部を形成する場合，他の顧客は，サービス・エクスペリエンスの価値を高めもするし，損ないもする。活発な討論が行われる授業では，他の学生たちのコメントも授業の価値を高める。フード・コートで，前の顧客がだらしなくテーブルを汚しっぱなしにして席を立てば，この行為によって次に来る顧客のサービス・エクスペリエンスはその分だけ損なわれる。

　サービスの生産に直接に関わることは，顧客が，従業員の技術上の技能（スキル）だけではなく，身なりや社会的技能（スキル）の質についても評価していることを意味する。顧客は他の顧客についても判断を下すので，マネジャーは，顧客の行動をもマネジメントせねばならない。人を対象とするサービスは，人の要因が関わるが故に，マネジメントすることはより困難である。マネジャーの課題は，従業員と他の顧客の行動をどのようにしてマネジメントするかにある。たとえば。従業員にもっと愛想良くしてもらうにはどうしたら良いのか。バスの運転手全員が，乗り込んでくる乗客ににこやかにあいさつできるようにするにはどうしたら良いのか。あるいは，フード・コートで席を立つ前にテーブルをきれいにすることを顧客にしてもらうにはどうしたら良いのか。

4 結　論

　本章では，すべてのサービスは同一ではないものの，多くの場合，いくつかの重要特性において共通していることを見てきた。この段階では，物財とサービスがどう違うかといった幅広い観点での違いに焦点をあてるよりも，サービスのさまざまなカテゴリーを明確化し，カテゴリー毎に生起するマーケティング，オペレーション，人的資源管理の各課題について検討することの方がより有用である。

　本章では，サービスの4分類の枠組みを示した。これはサービス・プロセスの各タイプに焦点をあてたものであった。サービス・プロセスにより，サービスは4つ——人（人の身体）を対象とするサービス（たとえば，ヘアカットや旅客輸送），所有物を対象とするサービス（たとえば，クリーニングや貨物輸送），メンタルな刺激を与えるサービス（たとえば，教育やエンターテインメント），情報を対象とするサービス（たとえば，会計や保険）——に分けられる。あらゆるサービスがサービス・プロセスに基づき創造されデリバリーされている。それ故，サービス・プロセスがマーケティングや人的資源管理に対して，大きなインパクトを持っていることがここで十分理解できるであろう。サービス・プロセスのデザイン（ないし再デザイン）は，単にオペレーション開発上のタスクではない。サービス・ビジネスを効率的かつユーザー・フレンドリーに行うためには，マネジャーと従業員の双方が，サービスの基礎をなすサービス・プロセスがどんなものかを理解する必要がある。

第3章
顧客コンタクト

プロダクト要素　　　　　　　　　　プロセス
場所と時間　　　　　　　　　　　　生産性とクオリティ
プロモーションとエデュケーション　　**人的要素**
……………　　　　　　　　　　　　フィジカル・エビデンス

本章の目標
- サービス・プロセスが，当該サービスに対する顧客コンタクトの程度を決定づけることを確認する。
- サービス・ビジネスのマネジメントは，顧客コンタクトのレベルに応じて大きく異なることを理解する。
- オペレーションのバックステージとフロントステージとは。両者の違いを理解する。
- サービス・エンカウンターを理解する。特に，他の人々がサービス・プロダクトの一部となる状況でのサービス・エンカウンターを理解する。
- クリティカルな出来事を理解する。また，それが顧客の満足と不満足に与える意義を理解する。
- サービスの「共同生産者」としての顧客の潜在的役割を理解する。

1　顧客とサービス・オペレーション

　英国の銀行の中には伝統的な支店を構えず，利便性のある場所に置かれた多数のATMにおいて顧客と物理的なコンタクトをとっているものがある。
　銀行の支店を構えることは，多様でより時間のかかる顧客コンタクトを伴う。顧客は，支店の営業時間内に訪れることになるが，支店まで多かれ少な

かれ移動せねばならない。顧客は，支店の外観やインテリアを目にするだろうし，他の顧客と共に並んで待ち，銀行員とも顔を合わせねばならない。しかし，他方で支店を訪れることで顔見知りの銀行員との社会的インタラクションを楽しむ顧客も多いし，ATMという機械相手では何となく信頼できないという顧客も多い。アメリカで行われた最近のある調査でも，回答者の73％がきちんと人間のいる銀行支店を好むと答えているし，63％が取引の種類によってはATMを使うのは避けたいと答えている。

(1) サービス組織とのコンタクト

　顧客とサービス組織とのハイ・コンタクト・エンカウンターは，ロー・コンタクト・エンカウンターとは全く異なる。これが本章の重要テーマである。第2章では，サービスはサービス・プロセスに基づいて4つのカテゴリーに分けられた。各カテゴリーでは，サービスに必要な顧客コンタクトが最低限どの程度になるかが示された。しかしながら，多くのサービス組織では，現在，サービスをデザインするのに理論的に必要となるレベルよりもはるかに高いレベルのコンタクトを提供している。これらの高いコンタクト・レベルは，顧客がサービス従業員との人的コンタクトを伴うサービスを選好することによる——こうしたサービス従業員はCCP*とも呼ばれる。しかしながら，多くの場合，これは，マネジャーの意思決定が，現行のサービス・プロセスのリエンジニアリングを行い，革新的でロー・コンタクトのアプローチを新たに工夫し創り出すのではなく，相変わらず伝統的なアプローチに依拠していることによるだろう。

　同じ産業内においても，タスクがどんなものかによって，コンタクト・レベルが異なってくる。たとえば，コンサルティング業務において，事前に細かく手順が決められているようなタスクの場合，顧客とサービス従業員とのインタラクションは必要最小限にしか要求されない。しかし，対照的に，顧客とサービス従業員との活発な議論が必要な業務で，これが顧客の問題を明確にし，議論によって始めて解決策が導かれる場合もある。

＊CCP（customer contact personnel）：個々の顧客と対面的にあるいは郵便や電話を用いて直接にインタラクションを行うサービス従業員。

顧客が非常に多様であって，サービス従業員が顧客と1対1でインタラクションを行わねばならない状況下では，変動性が当然のように生じる。顧客がサービス・デリバリー・プロセスに長時間，より積極的に関わりを持てば持つほど，個々の顧客のエクスペリエンスが他の顧客のエクスペリエンスと（また，同一顧客の過去のエクスペリエンスと）異なるものとなる可能性が高まる。

変動性があることはすべて悪いという訳ではない。実際のところ，多くの顧客が別々のニーズを持った個人として認識してもらうことを求めている。サービス従業員に求められている課題は，個々の顧客をクローンのように皆同じものとして扱うのではなく，一人ひとり別々の個人として柔軟に扱うことである。

多くの問題が顧客とサービス従業員間の不満足な出来事(インシデント)を巡って起きてくる。サービス・デリバリーを単純化する，生産性を向上させる，サービス・クオリティを確保する。これらの努力のために，いくつかの企業では，技術の助けを借りて，顧客と従業員間のインタラクションを最小化したり，あるいは全くなくしたりしている。対面的なエンカウンターは，電話でのエンカウンターに取って代わられ，人によるサービスはセルフ・サービスに置き換えられる。セルフ・サービスは，しばしばコンピュータや他の操作の簡単な機械・設備を顧客自身が操作するものである。また，いくつかの種類の取引では，ウェブ・サイトが電話でのコンタクトに代わって用いられ始めている。

本章は，第2章で展開されたサービス・プロセスについての議論を基礎としている。以下では，サービス組織に対する顧客コンタクトがハイからローまでの連続体をなしているという概念(ノーション)を導入しよう。顧客コンタクトがどの程度になるかが，サービス・エンカウンターの特性を左右する。また，生産性とクオリティ向上の戦略も左右されることが示されるだろう。また，顧客コンタクト・レベルに関わる戦略（コンタクトを削減するあるいは増加させる戦略）がどんなものになるかが，8Psのプロダクト要素，場所と時間，人的要素，フィジカル・エビデンスの各要素についての意思決定を左右することになる。

(2) サービス・エンカウンター：顧客コンタクトの3つのレベル

サービス・エンカウンター[*]は，顧客と当該サービスとの直接のインタラクションが行われるひと区切り毎の時間単位を指す[3]。ある場合には，サービス・エクスペリエンスは，1回限りのサービス・エンカウンターに圧縮され得る。この場合，注文，支払い，サービス・デリバリーの実行が一度に行われる。他の場合は，顧客のサービス・エクスペリエンスは，複数のサービス・エンカウンターの一連の流れから構成される。時間は長く，さまざまな従業員が関与し，エンカウンターがいくつかの場所で行われる（たとえば，国際線の旅客機に乗客として乗るときのことを考えてみれば良い）。研究者の幾人かは，「エンカウンター」を単に顧客と従業員間のインタラクションを指す用語として用いているが[4]，現実的には，顧客とセルフ・サービス機械・設備とのインタラクションをも含めて考える必要がある。サービス・オペレーションとの顧客コンタクトのレベルが上がると，サービス・エンカウンターはより多く，より長いものとなる。ここで，サービスは，顧客がサービス従業員や物理的なサービス要素，あるいは双方とどの程度インタラクションするかという顧客コンタクトのレベル[*]によって3つにグループ分けされるだろう（図表3-1を参照）。図表3-1では，伝統的な形態の銀行取引（リテール・バンキング），電話による銀行取引（テレホン・バンキング），在宅での銀行取引（ホーム・バンキング）がそれぞれ異なる位置にあることに注目されたい。

ハイ・コンタクト・サービス[*]は，通常，顧客がサービス施設を本人自ら訪れるようなサービスである。顧客は，サービス・デリバリーの間中，サービス組織やサービス従業員と積極的な関わり合いを持つ。「人を対象とするサービス」は（自宅にデリバリーされるものを除いて），すべてハイ・コンタクト・サービスである。他の3つのカテゴリー（「所有物を対象とするサー

＊サービス・エンカウンター（service encounter）：顧客と当該サービスとの直接のインタラクションが行われるひと区切り毎の時間単位を指す。

＊顧客コンタクトのレベル（levels of customer contact）：顧客がサービス組織の各要素と直接にインタラクトする程度を指す。

＊ハイ・コンタクト・サービス（high-contact services）：顧客とサービス従業員，サービス施設・設備との間で緊密なコンタクトが行われるサービスを指す。

第3章　顧客コンタクト　59

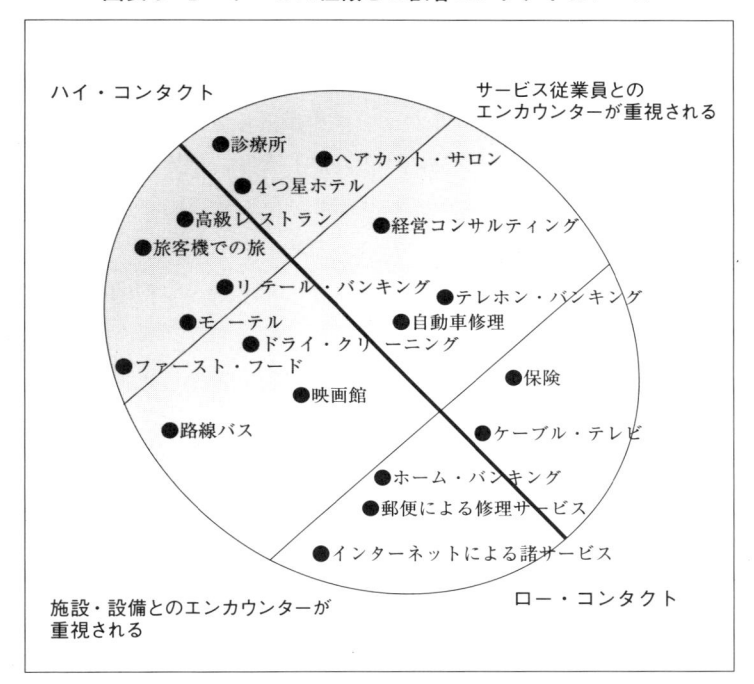

図表 3-1　サービス組織との顧客コンタクトのレベル

ハイ・コンタクト／サービス従業員とのエンカウンターが重視される
- 診療所
- ヘアカット・サロン
- 4つ星ホテル
- 高級レストラン
- 経営コンサルティング
- 旅客機での旅
- リテール・バンキング
- テレホン・バンキング
- モーテル
- 自動車修理
- ドライ・クリーニング
- ファースト・フード
- 映画館
- 保険
- 路線バス
- ケーブル・テレビ
- ホーム・バンキング
- 郵便による修理サービス
- インターネットによる諸サービス

施設・設備とのエンカウンターが重視される／ロー・コンタクト

ビス」,「メンタルな刺激を与えるサービス」,「情報を対象とするサービス」)についても高いレベルの顧客コンタクトを伴うことがある。これは，伝統的にそうだとか，顧客の選好，他の方法がない，などの理由で，顧客がサービス施設に出向き，サービス・デリバリーが完了するまでその場にいることによる。伝統的にハイ・コンタクトとされてきたが，今日では技術がロー・コンタクトを可能にしているサービスもある。例としては，リテール・バンキング，物品の購入，高等教育が挙げられる。

　ミディアム・コンタクト・サービス*は，サービス組織との関わりがより少ないサービスである。顧客はサービス・デリバリー施設を訪れるが（あるいは自宅にデリバリーを受けることもある），サービス・デリバリーの間中，

＊ミディアム・コンタクト・サービス（medium-contact services）：顧客とサービス・オペレーションの各要素との間で，限定的なコンタクトが行われるサービスを指す。

居続ける訳ではないし、あるいはサービス従業員ともごく控えめのコンタクトしか持たない。コンタクトの目的が次の目的のいずれかに限られていることも多い。①リレーションシップを確立し、サービスへのニーズを明確化するため（たとえば、経営コンサルティングや個人投資助言サービスにおいて、顧客は、最初にサービス組織を訪問するが、しかし、限定的なインタラクションしか行わない場合）。②サービスの対象となる物理的な所有物の引渡しと引き取りのため。③何らかの問題解決のため。

ロー・コンタクト・サービス*は、顧客とサービス組織との間の直接コンタクトが存在しないか、たとえあっても非常に少ないコンタクトを伴うものである。コンタクトは、電子的なチャネルか物理的な流通チャネルを通じて遠隔的な形で行われる――これは今日の利便性を求める社会で急速に成長しつつあるトレンドである。メンタルな刺激を与えるサービス（たとえば、ラジオやテレビ）と情報を対象とするサービス（たとえば、保険）は両方ともごく自然にロー・コンタクト・サービスのカテゴリーに入るだろう。所有物を対象とするサービスも、サービスの対象となるモノがサービス施設に郵送できる場合やソフトウェアのように電子的に遠隔的な修正を行うことのできる場合（これはソフトウェアの問題発生の解決方法としてますます採用されるようになっている）には、このカテゴリーに含められる。顧客が、ホーム・ショッピングを行うようになり、テレホン・バンキングを利用し、インターネットを使って商品を調べたり購入したりするようになってきたので、多くのハイ・コンタクト・サービスがロー・コンタクト・サービスに形を変えてきている。

2　システムとしてのサービス

サービス組織と顧客とのコンタクト・レベルは、トータル・サービス・システムを決定づける大きな要因となる。トータル・サービス・システムは3

---

*ロー・コンタクト・サービス（low-contact services）：顧客とサービス・オペレーションの各要素との間で、最小限のコンタクトが行われるサービス、あるいは全く直接のコンタクトの行われないサービスを指す。

図表3-2　システムとしてのサービス・ビジネス

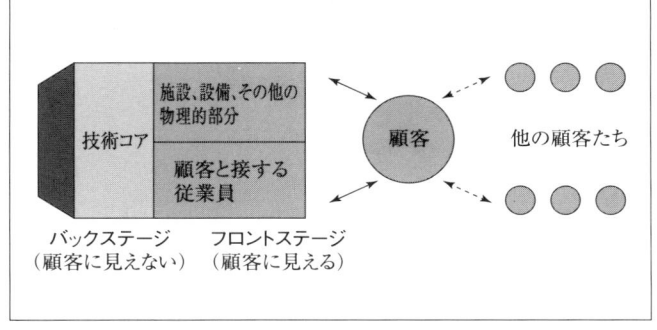

```
        施設、設備、その他の
        物理的部分
技術コア                        顧客        他の顧客たち
        顧客と接する
        従業員

バックステージ      フロントステージ
（顧客に見えない）   （顧客に見える）
```

Eric Langeard, John E.G. Bateson, Christopher H. Lovelock, and Pierre Eiglier, *Services Marketing : New Insights from Consumers and Managers* (Cambridge, MA : Marketing Science Institute, 1981) より掲載。

つのオーバーラップするサブシステムを持つ。①サービス・オペレーション*（インプットが処理され，サービス・プロダクトの各要素が生み出される）。②サービス・デリバリー*（サービス・デリバリーにおいて，各要素の最終「組み立て（アセンブリー）」がなされ，プロダクトが顧客にデリバリーされる）。③サービス・マーケティング*（広告，支払請求，市場調査など顧客とのすべての領域でのコンタクトを含む）。図表3-2を見ていただきたい。

サービス・システムのある部分は，顧客に見えるが，他の部分（しばしば技術コアとも呼ばれる）は顧客には隠されており，その存在すらも顧客は知らない場合もある。論者によっては，見える部分を「フロント・オフィス」，見えない部分を「バック・オフィス」と呼ぶこともある。また，フロントス

＊サービス・オペレーション（service operations）：トータル・サービス・システムの一部。インプットが処理され，サービス・プロダクトの各要素が生み出される。
＊サービス・デリバリー（service delivery）：トータル・サービス・システムの一部。サービス・プロダクトの各要素の最終「組み立て」がなされ，プロダクトが顧客にデリバリーされる。サービス・デリバリーには，サービス・オペレーションの有形要素も含まれる。
＊サービス・マーケティング（service marketing）：トータル・サービス・システムの一部。サービス組織は広告から支払請求まで，顧客とさまざまな形でコンタクトを持つ。サービス・マーケティングには，デリバリー時になされるコンタクトも含まれる。

テージ，バックステージという表現は，サービスを演劇にたとえ，劇場のアナロジー（シアター）として表現するものだと述べる論者もいる[6]。この劇場のアナロジーはなかなか良く，本書を通して使われる。

(1) サービス・オペレーション・システム

　劇場での演劇と同じく，サービス・オペレーションの見える部分は，次の2つに分割される。役者（つまりサービス従業員）に関わる部分と舞台セット（つまりサービスの物理的な施設，設備，その他の有形物）に関わる部分である。劇場では，観客は，舞台上の演劇を観に来ているので，バックステージで何が進行しているかにはほとんど興味はない。同じように顧客は，サービス・デリバリーの間に実際に経験するサービスの各要素と知覚されたサービス・アウトカムによって，当該サービスを評価する。バックステージで何がどうなっていたかはサービスの評価にほとんど組み入れられない。しかし，バックステージの従業員の活動や注文とり，請求書作成，会計といったサポート・システムがきちんとタスクを果たしていないならば，フロントステージの諸活動のクオリティに影響を与えるので，顧客もこれらがうまく機能していないことにすぐに気づくだろう。

　サービス・オペレーションのうち，どの位の部分が顧客に見えるのかは，顧客コンタクト・レベルによって決まる。ハイ・コンタクト・サービスの場合は，顧客という物理的な存在を直接に伴うことを必要とする。顧客は，サービス・ファクトリー内に入る必要があり（この場合も，顧客の目の届かないバックステージの諸活動が存在する），あるいはサービス従業員と必要なツールが顧客の所に来なければならない。ミディアム・コンタクト・サービスの場合は，対照的にサービス・デリバリーにおける顧客の関わりはそれほど多くはない。結果として，サービス・オペレーションの顧客の目に触れる部分はより小さなものとなる。ロー・コンタクト・サービスは，普通はサービス組織と顧客とのコンタクトを最小化する戦略をとっている。サービス・オペレーション・システムのほとんどが距離的にも離れた地点に位置する（しばしば技術コアとも呼ばれる）バックステージ内に留められる。フロントステージの各要素は，通常は，郵便か電話によるコンタクトに限られる。

この場合，実際の取引はどこで行われるのか。たとえば，クレジット・カードを使った場合，使用者の居住地とは離れたどこか遠い場所で決済が処理されることになるだろう。

(2) サービス・デリバリー・システム

サービス・デリバリーとは，サービス・プロダクトが顧客にいつ，どこで，どのようにしてデリバリーされるかに関わることがらである。サービス・デリバリー・システムには，図表3-2に示されるように，サービス・オペレーション・システムのフロントステージ——顧客の目に見える部分，つまり施設や設備，サービス従業員——が含まれ，さらに他の顧客たちの存在も含まれる。

伝統的に，サービス組織は，顧客と直接にインタラクションを行ってきた。しかし，コスト削減，生産性向上，より大きな顧客の利便性確保，といった目標を達成するためには，サービス・ファクトリーに顧客が物理的に存在せずとも良いようなサービスでは，直接の顧客コンタクトをいかにして削減するかが求められるようになっている。サービス・オペレーション・システムの目に見える部分は，多くの産業で削減されてきている。これは，電子技術や新しい物流方式が，サービス・デリバリーをハイ・コンタクトからロー・コンタクトに変化させてきているからである。

セルフ・サービス・デリバリーは，対面のコンタクトよりも大きな利便性を顧客に与えることも多い。セルフ式自動給油装置，ATM，食品や飲料の自動販売機，といった機械は，さまざまな場所に設置され，24時間無休で稼働させることが可能である。カフェテリアでは，顧客は注文を決める前にどんな料理があるのかをあらかじめいろいろ見ることができる。博物館で，一人用の携帯ガイド機があれば，自分のペースでゆっくりと観て回ることができる。しかしながら，セルフ・サービス・デリバリーには問題が起きる可能性もある。人によるサービス（しばしば「ハイ・タッチ」と呼ばれる）からセルフ・サービス（「ハイ・テク」）へと移行することは，顧客を不安に陥れることがある。従業員を機械や他のセルフ・サービス方式に置き換える戦略は，新しいやり方のベネフィットを顧客に教え，利用を促進するような「お

知らせキャンペーン」が必要となる。ユーザー・フレンドリーな装置の開発は有効であろうし，無料電話サービスにより顧客の質問に答えたり問題解決をすることも必要である。セルフ・サービス機械・装置は必ずしも街中に配置されるばかりではない。博物館の一人用携帯ガイド機やカフェテリアは，サービス従業員が行うタスクを顧客が自ら行っている例である。本章の後の方で，サービス組織と協働するサービスの共同生産者(コ・プロデューサー)としての顧客の役割について議論したい。

　劇場のアナロジーを用いれば，ハイ・コンタクトとロー・コンタクトとの違いは，舞台上で生で繰り広げられる演劇とラジオ・ドラマの違いに結び付けられるだろう。ロー・コンタクト・サービスでは顧客は，通常はサービス・ファクトリーそのものを目にすることはない。顧客がサービス組織と電話でやりとりをすることもあるかもしれないが，この場合も有形の手がかりとしての建物，設備，従業員を直接に見る訳ではない。顧客のサービス・クオリティに対する判断は，電話のかかりやすさ，相手の声の感じや責任ある対応に基づくものとなる。

　サービスが，セルフ・サービス機械・装置や電話，コンピュータといった非人的チャネルを通じてデリバリーされる場合，そこには，パフォーマンスのための伝統的な「劇場(シアター)」の余地はほとんど残されていない。サービス組織の中には，機械・装置に愛称をつける，音楽をかける，動きのあるグラフィックスを入れる，効果音を入れる，双方向的な能力を持たせる，といった工夫をして，なるべく人間的な感じを出そうとしているものもある。

　サービス・デリバリー・システムをデザインし，マネジメントする責任は，伝統的にオペレーション・マネジャーにあるものとされてきた。しかし，顧客のニーズや関心を理解することが，デリバリー・システムを良好に機能させる上で重要であるので，マーケティングもこのタスクに関わるべきである。さらに，顧客が他の顧客ともインタラクションを行うようなサービス施設の場合，顧客の行動はサービス組織の戦略と合致し，他の顧客の快適さと安全を損なわないように，慎重にマネジメントされるべきである。

(3) サービス・マーケティング・システム

　他の各要素も，顧客のサービス・ビジネスに対する全般的な見方を左右する。これにはさまざまなコミュニケーションが含まれる。まず，広告，販売，サービス従業員からのお知らせの電話や案内の手紙といったコミュニケーション努力が含まれ，また，請求書の発送，サービス従業員やサービス施設を顧客がたまたま目にすること，マス・メディアでのニュースや記事，現在のあるいは以前の顧客による口コミ，さらには市場調査への被調査者としての参加，等が含まれる。

　ここで挙げた各要素は――サービス・デリバリー・システムの各要素と共に――総合的に足し上げられ，サービス・マーケティング・システムと呼ばれるものを形成する。サービス・マーケティング・システムは，本質的に顧客が，さまざまな形で当該サービス組織と出会いあるいはサービス組織について学習することを示している。サービスは経験的なものである。それ故，要素のそれぞれが，サービス・プロダクトがどんなものか，どんなクオリティかについての判断の手がかりを与える。さまざまな要素間の不一致は，顧客の目から見たサービス組織の信頼性を損なう結果となる。

　誰もが自身の経験から分かるように，サービス・マーケティング・システムの範囲と構造は，サービス組織――たとえば，ハイ・コンタクトなサービスを提供する組織とロー・コンタクトなサービスを提供する組織――によってしばしば非常に多様なものとなる。サービスの創造とデリバリーとを概念化して捉えようとするアプローチの意義は，それが内部のオペレーションの観点ではなく，顧客の視点からサービス・ビジネスを捉えることを示しているところにある。

(4) フィジカル・エビデンス

　多くのサービス・パフォーマンスは，本質的に無形のものであるから，直接に評価することが困難であることが多い。その結果，顧客はしばしばサービスがどんなものかを指し示す有形の手がかりを探し求めることになる。一方，サービスとの出会いが，事前に計画されたものではなく偶然に生じることも多い。たとえば，配送サービス会社のトラックが，故障して道端で立ち

往生しているのをたまたま見かけたとしよう。そのとき一体いかなる印象が生じるだろうか。あるいは，航空会社の客室乗務員を空港近辺で偶然見かけたとしよう。ところが，疲れた顔をして薄汚れた制服をだらしなく着崩していた…。これとは対照的に，たとえば友人の入院している病院にお見舞いに行ったとしよう。建物も敷地内もきれいに整備・維持され，病院内も明るい雰囲気の内装が施され，スマートで清潔な制服を着たスタッフが親切に対応

図表3-3　サービス・マーケティング・システムにおける有形要素とコミュニケーション要素

1　**サービス従業員**
　　サービス従業員は，顧客と直接にコンタクトを行う。コンタクトは，テレコム（電話，ファックス，eメール，等），郵便，宅配サービスによってもなされる。
　　サービス従業員には以下が含まれる。
　a　販売員
　b　顧客サービス・スタッフ
　c　支払い・会計スタッフ
　d　オペレーション・スタッフ：ただし，通常は直接，顧客にはサービスを提供しない（例：エンジニア，守衛・門衛）。
　e　サービス組織の指定する中間業者：顧客はこの中間業者をサービス組織を直接に代理するとみなしている。

2　**サービス施設・設備**
　a　建物の外観，パーキング・エリア，植栽
　b　建物の内装・インテリア，調度品
　c　乗り物
　d　セルフ・サービス機械・装置
　e　その他の設備

3　**非人的コミュニケーション**
　a　案内などの手紙
　b　パンフレット・カタログ・操作マニュアル
　c　広告
　d　標識・標示類
　e　マス・メディアでのニュースや記事

4　**他の人々**
　a　サービス・デリバリーにおいて出会う他の顧客
　b　友人，知人，その他の人々の口コミや意見・コメント・感想

してくれた…。

　サービスのパフォーマンスそのものは，無形である。フィジカル・エビデンスは，サービス・クオリティについての手がかりを与え，しばしば，顧客（特にそのサービスをまだ経験していない未来の顧客）が当該サービスをどのように判断するかを大きく左右する。それ故に，マネジャーは，サービス・マーケティング・システムによって顧客に示されるフィジカル・エビデンスがどんなものであるのかを十分に考える必要がある。もちろん，顧客の目に触れる要素がどの位のものになるのかは，当該サービス・デリバリーがハイ・コンタクトなものかロー・コンタクトなものかによる。ロー・コンタクト・サービスにおいては，付加的なフィジカル・エビデンスが，広告，テレビでの紹介，新聞・雑誌・パンフレットでの図示といった形で，伝達されることもある。このことについては，第10章と第12章でさらに詳しく議論することになるが，図表3-3をここで示しておこう。図表3-3は顧客に示される主要な有形要素とコミュニケーション要素のチェック・リストである。

3　サービス・エンカウンターのマネジメント

　多くのサービスで（特にハイ・コンタクトなサービスでは），顧客と従業員間の多くのエンカウンターを伴う。サービス・エンカウンターは，顧客と物理的な施設ないし設備との間においても生じる。ロー・コンタクト・サービスでは，顧客は，自動化された機械・装置類とのエンカウンターがますます多くなっている。これらはサービス従業員を代替することを目的に開発されたものである。

　サービス・エンカウンターに伴うリスクと機会を明確にするために，リチャード・ノーマン（Richard Normann）は闘牛の喩え（メタファー）を用いて「真実の瞬間*」と表現している。

「知覚されたクオリティは，真実の瞬間において明らかになると言うこと

＊真実の瞬間（moment of truth）：サービス・デリバリーにおいて，顧客がサービス従業員ないしセルフ・サービス機械・装置とインタラクトしている時点をさす。真実の瞬間の結果がサービス・クオリティの知覚を左右する。

ができる。真実の瞬間とは，言わば闘牛場でサービス提供者と顧客とが出会う瞬間である。この瞬間において，サービス提供者も顧客も誰の助けもなく共に自分独りきりになる。提供者側の技能（スキル），モティベーション，さまざまなツールと顧客の期待と行動，これらが合わさって，サービス・デリバリー・プロセスを創り出す。」[7]

闘牛においては，（闘牛士が命を落とすこともない訳ではないが）牛の命が失われる。「真実の瞬間」とは，闘牛士が牛に剣を突き刺し止めを刺す瞬間を言う。つまり，この喩えは，顧客と長期間に渡るリレーションシップを形成しようと努力しているサービス組織の側からすれば，全くもって愉快とは言えないものである。もちろん，ノーマンの論点は，リレーションシップがどうなるかが決定づけられる瞬間という意味合いにある。闘牛とは逆に，リレーションシップ・マーケティング——これについては第6章で詳しく扱う——の目標は，不幸なエンカウンター（ミス・エンカウンター）を防ぎ，サービス組織と顧客の双方にとって価値ある（将来のあるいは既存の）長期的リレーションシップが破壊されることを回避することにある。

ヤン・カールソン（Jan Carlzon）は，スカンジナビア航空（SAS）のCEOを勤めた人物であるが，SASをオペレーション中心の航空会社から顧客中心の航空会社に組み替える上で，やはり真実の瞬間の喩えを用いてその考えを表現している。カールソンは，SASについて次のようにコメントしている。

「過去1年間で，1,000万人の顧客がSASを利用したが，顧客は平均して5名のSAS従業員と1回当り平均15秒間のコンタクトを持っている。SASは1回15秒のコンタクトを1年間で5,000万回行っていることになる。これら5,000万回の「真実の瞬間」が，SASが企業として成功するか失敗するかを根本のところで決定づけており，毎回の瞬間毎にSASが最良の選択肢であったことを顧客に証明していかねばならないのである。」[8]

(1) サービス・エンカウンターにおける人のマネジメント

カールソンの言葉からすぐに分かることは，サービス組織においては，マーケティングと人的資源管理とがリンクしているということである。人が

サービスの一部となっている場合は，どんなサービス・ビジネスであっても顧客コンタクトを行う従業員をサービス組織のマーケティング戦略から切り離すことはできない。サービス・デリバリーに従事するが，販売のための顧客コンタクトを行わない職種であると伝統的に考えられてきたものであっても，今日では顧客とのハイ・コンタクトを行う従業員の場合は，販売の役割を果たすことが期待されるようになっている。この役割の変化は，これらの従業員たちにサービスの生産者とマーケターの両方の役割を果たすことを求めている。レストランのウェーターや銀行の窓口係も，顧客に対して，新サービスを推奨したり，追加的なサービスを購入するように働きかけたり，あるいは販売担当者にうまく引き継ぐことを求められるようになっている。

　サービス組織にとって問題をより複雑にしているのは，サービス組織の成功に主に責任を負っているのがしばしば顧客コンタクトにおいて相対的に下位レベルのサービス従業員であることである。たとえば，バスの運転手，小売店の店員，電話サービス担当者であり，プロフェッショナル・サービス（建築事務所や弁護士事務所，経営コンサルティングなど）では窓口の受付係であり，レンタカー・サービスでは代理店の担当者がこれに当たる。これらのサービス従業員は，しばしば年齢も若く，経験も少なく，顧客よりも学歴が低いことが多い。しかし，きちんと仕事をするためには，技術的技能（スキル）と対人的技能（スキル）の双方が必要である。職務の技術的側面については，迅速かつ正確に遂行する必要があるが，それだけではなく，仕事をする間も顧客と良い関係を保たねばならない。第16章では，従業員のリクルート，訓練，継続的な指導を注意深く行うことが，サービスの生産性とクオリティを向上させるのにどれほど役に立つかを考察している。

　マネジャーは，従業員に対し，サービス組織が市場で達成しようとしているのは一体何であるのかについて要点をまとめうまく指示しなければならない。しかしながら，従業員が良いサービスを継続的にデリバリーできるようにするには，ポリシー・マニュアルや他のコントロール手順では十分とは言えない。サービス従業員は，訓練と職務権限，マネジャーのサポートを必要としており，これらによって，彼らの重要だがしばしばごく簡潔なものとなる顧客とのエンカウンターを満足行くものとすることができる。カールソン

はSASで，組織階層を減らすことで，組織をフラット化し，サービス従業員により大きな権限を与えている。カールソンの主張によると，マネジャーは，従業員の行動をコントロールすることを追い求めるよりも，従業員たちのコーチとして行動し，模範となる役目を果たして，従業員たちが顧客により良いサービスを提供することができるようにするべきであるという。[10]

(2) サービス・エンカウンターにおけるクリティカルな出来事

クリティカルな出来事(インシデント)*とは，顧客，サービス組織のいずれかあるいは双方の満足・不満足をとりわけ決定づけるような顧客・サービス従業員間の特定のエンカウンターを言う。

CIT*は，さまざまなサービス・エンカウンターの中からこうした出来事を集め，分析し，カテゴリー化する方法論(メソドロジー)をいう。クリティカルな出来事を分析することで，サービス・デリバリーにおいて顧客の満足・不満足を決定づける上で，どんな種類の出来事がとりわけ重要なのかが明確になってくることがある。

顧客の視点 CITに関する調査研究から得られる知見は，サービス・デリバリー・プロセスのどこを改善すれば良いのかを明確化するのに非常に役立つ。サービス・エンカウンターのどこに「失敗ポイント」——顧客を憤慨させるリスクが大きいポイント——があるのかを明確にすることは，改善のためのアクションの第1歩である。同じく，CITによって，顧客はどんな出来事について非常に満足に感じるかが明らかになることもある。マネジャーはそのような状況を再現し反復するべく，従業員を訓練することができるかもしれない。

負の意味合いを持つクリティカルな出来事が生じても，これをきちんと解決することで顧客がかえって満足し，サービス組織に対するロイヤルティを

---

* クリティカルな出来事（critical incidents）：顧客，サービス組織のいずれかあるいは双方の満足・不満足をとりわけ決定づけるような顧客とサービス組織間の特定のエンカウンターを指す。
* CIT（critical incident technique）：生起したクリティカルな出来事を集め，分析し，カテゴリー化する方法論を指す。

高めることがある。これは，きちんとした対応と解決が，サービス組織が当該顧客を本当に気遣いケアしていることを示すためである。もちろん，そうはならない状況もある。顧客が競合者に乗り換えてしまう結果を招いた838のクリティカルな出来事を調査したところ，乗り換え理由としては，サービス・エンカウンターの不満足はサービスの失敗に続いて第2位であった（それぞれ，34％，44％）。他の主要な理由は，価格が高すぎる，価格に疑念がある，アンフェアな価格であるといった価格上の理由（30％），営業時間，営業場所の不便さやサービスの遅れ（21％），サービスの失敗に対する対応のまずさ（17％）であった。多くの調査対象者がなぜ競合者に乗り換えたかの理由は関連する複数の出来事（インシデント）の結果だと述べている。たとえば，まずサービスに何らかの不手際があり，問題を指摘したのにやはり満足行く反応が得られなかったといったことである。ここであらためて，「サービスは全員の仕事である」という表明の重要性が強調されるべきだろう。サービスは，誰か一人の仕事だとかどこかの部門だけの担当だということではないのである。

　従業員の視点　サービス・エンカウンターについて考える場合，顧客と従業員間のコンタクトが双方向であることも認識する必要がある。つまり，従業員の視点を理解することも実際には重要となる。たとえば，思慮の浅いあるいは不適切な行動をとる顧客は，しばしばサービス従業員にとって本来不要とも言える問題を引き起こす。良心的なサービス従業員ほどこうした顧客にもきちんと対応しようと努力するが，この種の負の意味合いを持つ出来事が続けば，従業員も不満が溜まり，結局は離職してしまうかもしれない。

　CITの他の調査研究では，数百に上るクリティカルな出来事を従業員の視点から分析している。この研究によると，不満足に繋がる出来事の20％以上が，問題行動をとる特定の顧客に原因が帰せられるという。問題行動には，泥酔，放言・暴言，度を越した無作法，法令違反，サービス組織の定めるポリシー違反，サービス従業員との協働の失敗，が挙げられる。要するに「顧客は常に正しい」というのは，実際には真実とは言えない訳である。問題顧客については，どのように対処するかも含め，第6章で詳しく扱おう。

4　共同生産者としての顧客

　特定のサービス状況下では，顧客が消極的な役割しか果たさない場合も多い。この場合，顧客の役割は，サービスが供されるのを単に待つことにある。顧客がニーズを明確に表明でき，請求がなされれば直ちに支払うのであれば，サービス・デリバリー・プロセスにおいては，顧客は最小限の役割しか果たさない（たとえば，クリーニング店を利用する場合）。しかしながら，他の場合では，サービス生産のプロセスに顧客が積極的に関与することが求められる——顧客の関与はサービスの持つ際立った特性の一つであって，これは第1章で見た通りである。顧客の関与は2つの形態をとる。まず，顧客は自身でサービスを生産するためのツールや設備を与えられる場合がある（たとえば，コインランドリーを利用する）。もう一つは，健康改善プログラムにおいて，顧客がサービスの共同生産者（コ・プロデューサー）として健康管理の専門家と共にサービスを生産するような場合である。

(1)　エデュケーターとしてのサービス組織

　顧客の役割が大きくなるにつれて，どのようにすれば最も良い結果が得られるのかの情報に対する顧客のニーズが高まる。サービス組織は，不慣れな顧客に対してエデュケーションを与える責任がある。知識を欠くことは，サービス・デリバリー・プロセスについて苛立ちの気持ちをつのらせるし，不満足な結果をもたらし，ときには顧客を危険にさらすことにもなる。たとえば，セルフ・サービス方式のガソリン・スタンドで，車に給油中，顧客が危険性を認識できずくわえタバコのままであったなら一体どんな惨事が起きるだろうか。それ故，サービス・ビジネスでは，プロモーションと同時にエデュケーションもマーケティング・コミュニケーション戦略の重要な活動となる。

　必要なエデュケーションは，非常に多様な方法でなされ得る。パンフレットや掲示物による説明が最もよく用いられる方法である。自動化された機械・設備類には，しばしば詳細な操作マニュアルや手順表が備えられている

（不幸なことに，マニュアルを書いた専門家本人にだけ分かりやすいものであることも多い）。銀行の中には，ATMの隣に電話を設置して，ATMのスクリーン上の説明だけでは分からないときに生身の人間に助けを求められるようにしているところもある。多くのビジネスで，顧客はサービス従業員を助言と手助けを与えてくれる存在と見ている。もし，従業員がこれに応えられないのであれば，顧客は非常に不満に感じる。したがって，販売員，顧客サービス係はもとより，客室乗務員から看護師に至るまで，エデュケーションの技能(スキル)を訓練されるべきである。顧客が他の顧客に助けを求めるのは最後の拠り所でなければならない。

ベンジャミン・シュナイダー（Benjamin Schneider）とデビッド・ボーエン（David Bowen）は，サービス・デリバリーに先立って，リアルなサービス・プレビュー＊を顧客に与えるべきことを示唆している。これにより，サービスの共同生産において，顧客が果たすことになる役割についてあらかじめ明確に示す訳である。たとえば，ある企業では，顧客にビデオを観せて，サービス・エンカウンターで顧客が果たす役割を理解させている。この方法は，いくつかの歯科医院でも用いられており，患者にこれから受けることになる治療手順について理解してもらい，痛みも少なくスムースに治療が行われるにはどう協力すれば良いのかを示すためのビデオが用いられている。

(2) 顧客が共同生産者である場合の生産性とクオリティの向上

顧客が，サービス生産に関与すればするほど，顧客がサービス・プロセスに影響を与える可能性が大きくなる。幾人かの研究者は，サービス企業は，サービス・プロセスとアウトプットについて生産性とクオリティを左右し得る以上，顧客を「部分的従業員(パーシャル・エンプロイイー)」と考えるべきであると主張している[14]。この観点は，マネジャーの思考様式(マインド・セット)を変えることになるだろう。シュナイダーとボーエンは以下のように明確に述べている。

「もし，顧客を部分的従業員と捉えるならば，顧客がサービス・エンカウ

＊サービス・プレビュー（service preview）：サービスがどのようなものであるかを示すデモンストレーション。これにより，サービス・デリバリーにおいて果たすべき役割について顧客にエデュケーションを与えている。

ンターにおいてどんな役割を果たすかについて，マネジャーの期待はこれまでとは全く異なるものとなるだろう。今や，顧客は，期待とニーズとを持つだけでなく，適切なサービス生産能力をも持たねばならない――この能力により，顧客は，部分的従業員としての役割を果たすことができる。このことは，サービス・マネジメントをさらに難しいものとするだろう。」[15]

シュナイダーとボーエンによれば，積極的なレベルでの参加機会を与えられた顧客は――実際に積極的な役割を果たすことを顧客が選ぶか否かに関係なく――満足感を覚えることが多いという。これは，選択の機会が与えられたことに満足していると考えられる。顧客を部分的従業員としてマネジメントすることについては，サービス組織の通常の従業員をマネジメントするのと同じ人的資源ロジックが適用される。これは以下の4つのステップに従うべきである。

①顧客が現在果たしている役割について，「職務分析（ジョブ・アナリシス）」を実施し，サービス組織が顧客に果たして欲しいと考える役割と比較する。

②顧客は自身が期待されている役割について理解しているか否か，また，顧客は必要な技能（スキル）を持っているのか否かをはっきりさせる。

③役割をうまく果たすことに対して酬いることで顧客を動機づける（たとえば，クオリティが向上することからくる満足感，より自分に合ったサービス・アウトプットを得られる，実際のプロセスへの参加を楽しむ，あるいは，顧客に役割を適切に果たすことでプロセスが迅速化され，コストも押えられると考えてもらう，など）。

④顧客のパフォーマンスを評価する。もし，不満足な結果なら，顧客の役割や顧客の参加する手順を変えてみる。あるいは，このカテゴリーの顧客の参加を「取り止める」（もちろん，丁重にお断りする）か別の顧客を探してみる。

効果的な人的資源管理は，リクルートと選抜から始まる。同じアプローチが，部分的従業員についても当てはまるかもしれない。もしも，共同生産が特別な技能を要するのであれば，サービス組織は，必要なタスクを遂行できる能力を持った顧客を探すことにマーケティング努力を集中すべきである。[16]このことは，多くの大学が学生の選抜プロセスにおいて行っていることがら

である。

5 結　　論

　サービス・ビジネスは，3つのオーバーラップするシステムに分けられる。まず，オペレーション・システムは，従業員，施設，設備等からなる。これらは，サービス・オペレーションを動かし，サービス・プロダクトを創り出すのに必要である。このシステムのうち，顧客から見える部分は「フロントステージ」として表現される。次にデリバリー・システムは，顧客から見えるオペレーション要素と顧客自身とを含む（ときには他の顧客たちの存在も含まれる）。顧客は，セルフ・サービスのオペレーションでは，サービス・プロダクトを創り出す上で積極的な役割を果たす。一方，対照的に受身で待っているだけの役割の場合もある。最後にマーケティング・システムは，デリバリー・システム――本質的には伝統的なマーケティング・ミックスの製品と流通の要素に該当する――だけでなく，追加的な各要素も含む。これらには，請求・支払いに関するシステム，広告や販売員との出会い，他の人々の口コミ，等々が含まれる。

　どんなタイプのサービスでも，顧客とサービス従業員とのサービス・エンカウンターを理解しマネジメントすることは，顧客を満足させる上で中心的な課題である。満足した顧客は，当該サービス組織と長期に渡るリレーションシップを進んで持つようになるだろう。しかしながら，サービス・エンカウンターには幅広い多様性がある。たとえば，ハイ・コンタクト・サービスでは，顧客は有形の手がかりとエクスペリエンスに（ミディアム・コンタクト・サービスやロー・コンタクト・サービスと比較して）より多く出会うことになる。クリティカルな出来事は，サービス・エンカウンターのある局面が，非常に満足行くものである（または，非常に不満足なものである）ことを指している。セルフ・サービスの場合を含め，いくつかの状況では，顧客は，サービスの創造とデリバリーのプロセスに参加することになる。この場合，部分的従業員として，効果的に協働し，そのパフォーマンスがアウトプットの生産性とクオリティとを左右することがある。それ故，サービス・マ

ネジャーは，顧客にエデュケーションと訓練とを確実に施し，必要な技能(スキル)を持つようにする必要がある。

第4章
顧客から見たサービス

プロダクト要素
場所と時間
プロモーションとエデュケーション
サービスの価格とその他のコスト

プロセス
生産性とクオリティ
人的要素
フィジカル・エビデンス

本章の目標
■顧客がサービスを評価する際に用いる3つの異なる属性とは何か。また，これらの属性がサービス・オファリングにどのように関係するかを理解する。
■無形性などのサービスの諸特性が顧客の評価プロセスを左右する理由を理解する。
■サービスの購買プロセスを理解する。
■サービスのコア・プロダクトと補足的サービス要素の違いを理解する。
■顧客視点からのサービス・プロセスを表現するフローチャートを理解する。

1 顧客はサービス・パフォーマンスをいかにして評価するか

　不幸にして交通事故にあってしまっても，保険会社が予想以上の対応をしてくれることもあるだろう。しかし，保険サービスを受ける顧客の多くにとってはそうではない事態の方が多いかもしれない。実際，保険業界に対して，顧客はしばしば非常にさめた感情を抱いている。残念ながら，保険業界だけでなく多くのサービス・ビジネスで顧客は楽しいとは言えない経験をしてい

る。アメリカの120の病院における患者の調査によると，患者の25％超が，冷淡で非人間的な扱いを受け，満足行く診察・治療・処置をしてもらえなかったと感じていることが明らかになっている。1998年のACSI（American Customer Satisfaction Index：アメリカ顧客満足度指標）によると，過去4年間低下し続けてきた満足度スコアが総合では若干上昇したという。しかし，保険業では満足度が少し改善されたが，郵便・小包配達，映画館，ファースト・フード，病院，銀行，放送を含む多くのサービス・カテゴリーにおいて，満足度スコアは前年調査より低下していた。ACSIは5万人を超える消費者に対する電話インタビューに基づく——現在の満足レベル，知覚価値，期待，7分野200社の企業およびブランドに対するロイヤルティが調査される。ここ数年間のACSIは，顧客の期待レベルが上昇していることを示しているが，この変化に十分に対応する戦略を実施している企業・組織はほとんどないようである。

(1) さまざまなサービス・タイプの評価

　顧客の不満足については，サービス組織が適切とは言えない行動をとっている場合があるだろうし，あるいは，サービス組織が，顧客の期待に応えることに十分な関心を持っていないこともあるだろう。しかしながら，顧客の知覚そのものも，サービス——とりわけ無形性の高いもの——は，顧客にとって評価をすることが非常に込み入ったものとなるという事実によって，悪い方にバイアスを受けることがある。物財とは異なり，どんなサービスかは，購買前には簡単に決定づけられない——あるいは，購買後であってもそうである。また，サービスが悪いサービスかどうかは，しばしば非常に個人的な感覚に基づくものとなる。特に，顧客がサービスの生産に直接に関わる場合はそうである。

　物財については，顧客は，不満足な選択をやり直すことがしばしば可能である。たとえば，購入したCDプレイヤーの調子が悪ければ，返品することもできるし，保証に基づく修理を求めることもできる。しかしながら，サービスについてはこうしたことはそう簡単にはできない。「所有物を対象とするサービス」はこの点で物財に最も類似している。顧客の所有物については，

しばしば最初のサービスが適切ではないならやり直すことが可能である。たとえば，ビル清掃サービスについて，顧客が仕事の質について苦情を申し立てれば，もう一度掃除させることが可能である。これとは対照的に，「人を対象とするサービス」（人の身体に向けられるサービス）の場合は，やり直すことはとりわけ困難となることも多い。下手なヘアカットは髪が伸びるまで我慢せねばならないし，上手とは言えない外科手術の痕が不幸にしてずっと後々まで残ることがある。

　教育やエンターテインメントといった「メンタルな刺激を与えるサービス」の場合（たとえば，劇場での上演やスタジアムでのフット・ボール・ゲームの観戦），もしもサービス・クオリティが顧客の期待に沿わないものであったとしても，他のものに置き換えることは困難である。たとえば，大学は通常，クオリティの低い授業について学生に補償することはない。仮に学生に対し他の講師による同一内容の授業を無料で受けることができるようにしたとしても，こうした救済は，学生に大きな時間的コストと心理的コストを課するものとなってしまうだろう（こうしたコストについては第11章で詳しく議論する）。

　最後に，「情報を対象とするサービス」については，サービス・クオリティが満足行かない場合，顧客にとってどうするかが大きな問題となる。保険，銀行，会計といったサービスについて，満足行かないとしても，顧客は潜在的な時間・心理的・金銭的コスト故に，サービス組織を替えることについてはなかなか積極的になれない。たとえば，保険会社を替えようとすると，新しい申込書類を書くのに時間と労力が必要となる。また，長年利用してきた保険会社の場合，長期間のロイヤルティに対する報奨として「グッド・カスタマー割引」といったものがある。保険会社を替えることは，こうしたメリットを失うことを意味している。

(2) 連続体としてのプロダクトの属性

　第1章で，物財とサービスの基本的な差異の一つは，顧客にとってサービスは物財よりも評価が困難である点にあることを述べた。また，探索，経験，信頼の3つの異なる属性カテゴリーがあることも簡単に紹介した。これらの

図表4-1 プロダクト属性と評価の容易性

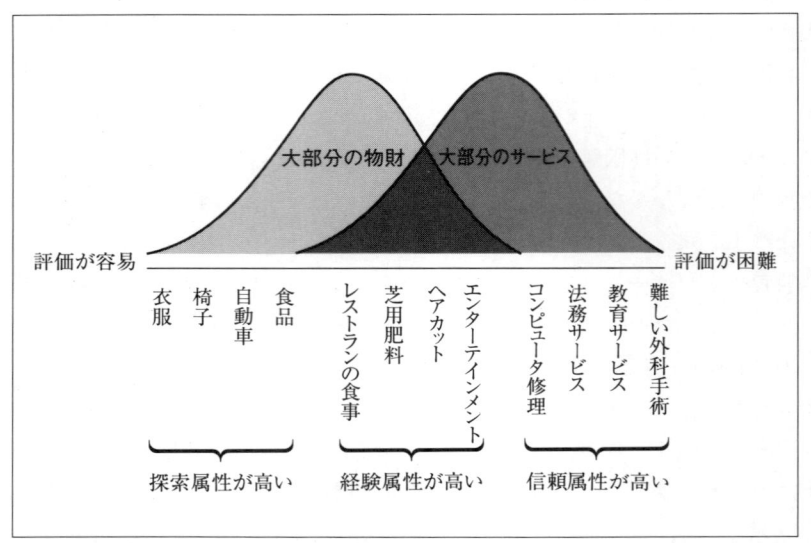

評価が容易 ← → 評価が困難

大部分の物財 / 大部分のサービス

衣服／椅子／自動車／食品／レストランの食事／芝用肥料／ヘアカット／エンターテインメント／コンピュータ修理／法務サービス／教育サービス／難しい外科手術

- 探索属性が高い
- 経験属性が高い
- 信頼属性が高い

Valarie A. Zeithaml, "How Consumer Evaluation Processes Differ between Goods and Services," in J.H. Donnelly and W.R. George, *Marketing of Services* (Chicago: American Marketing Association, 1981) に依拠する。

　プロダクトの属性*は，さまざまなタイプの市場オファリングについて顧客がどのようにして評価するのかを理解する上で有用な枠組みとなるので，ここでより詳しく述べることにする。

　どんなプロダクトでも，属性の連続体のどこかに位置づけられる。図表4-1に示されるように，ほとんどの物財は，探索属性*――購買する前に顧客はそのプロダクトの特性を評価できる――を持っている。物財の場合，デザインや色合い，手触り，味，音質，価格について，顧客は，購買に先立ち，眺めたり，試したり，試食したり，動かしてみたりすることができる。このステップにより，顧客は，購入対象の理解と評価を行い，購買に伴う不確実

---

*プロダクトの属性（product attributes）：顧客によって評価され得る物財ないしサービスの（有形・無形に関わりなく）すべての特性を指す。
*探索属性（search attributes）：顧客が購買に先立ち容易に評価できるプロダクトの特性。

性とリスクとを削減することができる。衣服，家具，自動車，電気製品，食品といった物財は，高い探索属性を持っている。

経験属性*は，購買前には評価ができないことをいう。顧客はどんなプロダクトなのかを「経験」せねばならない。観光地でのんびり過ごす，劇や芝居を観に行く，スポーツ観戦，レストランで食事をする，といったプロダクトはこのカテゴリーに入る。旅行をするのにいくらカラー印刷のパンフレットや紹介ビデオを見たりしても，あるいは新聞や雑誌の紹介記事を読んでみても，実際には現実に経験してみなければ，たとえばスイス・アルプスの壮大な美しさやベリーズでのスキューバ・ダイビングの素晴らしさはけっして評価（あるいは感じる）ことはできないだろう。この種のプロダクトの評価に際しては，友人や家族，その他の人々からの情報も必ずしも当てになるものでもない。たとえば，複数の友人がある映画について「観にいったら素晴らしかったよ！」と口を揃えて誉めていても，実際に自分で「経験」してみると期待の割にはがっかりだったということはある得ることであろう。

信頼属性*は，購買や消費の後ですら，顧客が自信を持って評価することができない特性をいう。たとえば，投資したファンドが本当にファイナンシャル・プランナーの言うように一番良いリターンを生むのかどうか。これを判断するに足る市場情報を得られる顧客はほとんどいないだろう。歯科治療の場合，複雑な治療手順を歯科医がきちんと行ったのかどうかを患者は通常は判断できない。大学では，ほとんどの学生は担当教授が価値ある教育をしてくれているのだろうと信じるしかない。

ほとんどの物財は，探索属性が強いので，図表 4-1 の連続体の左側に位置するだろう。サービスの多くは右側に位置づけられる。第 1 章では，物財とサービスとでは 9 つの基本的相違があることを示した（図表 1-2）。サービスの多くが右側に位置するのは，9 つの基本的相違のうち，サービス・パフォーマンスの無形性，インプットとアウトプットの変動性——これはクオ

---

*経験属性（experience attributes）：顧客がサービス・デリバリーによってのみ評価できるプロダクトの特性。
*信頼属性（credence attributes）：購買や消費の後ですら，顧客が評価できないプロダクトの特性。

リティ・コントロール上の問題を引き起こす——という2つを反映している。サービスは、ほとんどの物財と比較して、経験属性と信頼属性において強く、探索属性は弱い。この特性は、サービス・マネジャーにとって、特別な問題解決を要求するものである。

サービス・パフォーマンスの無形性 サービス・パフォーマンスが本質的に無形であることは、顧客がサービスの基本ベネフィットがどんなものか、あるいはそのクオリティがどうかについて判断するのに五感に頼ることができないということを意味している。有形要素が多くあるようなサービス（レストランやホテルなど）でも、購買に先立ちサービス・パッケージを物理的に顧客にデモンストレーションすることは困難である。経験属性が高いプロダクトを扱うマーケターは、顧客に対し、より多くの探索属性を提供するように努めることが多い。この方法の一つは、サービスの無料体験を顧客に提供することである。インターネット・プロバイダーはこの方法の良い例である。AOLは、見込み顧客にソフトウェアを提供し、制限時間内の無料体験をしてもらっている。顧客は当該サービスを全く経験する機会もないまま、正式の会員になることに不安を抱いている。この方法は、こうした不安を取り除くものである。もちろん、AOLは、顧客は無料期間が終わった後も、それで終わりではなくインターネット接続サービスを引き続き求めるだろうと期待している訳であるが…。

サービス組織は、探索属性がほとんどない場合、広告を用いて、顧客がベネフィットについて視覚化しやすくすることもある。たとえば、マスターカードのカード・オーナーにとって唯一の有形物は、小さなプラスチック製カードである。カードそのものでは、提供されるサービスがどんなものかは明確にはならない。クレジット・カードの広告を思い起こしてみよう。おそらく、広告には、素晴らしい品物の数々とか魅力的な外国の町並みが出ているだろう。これらは皆カードを使って買ったり、行ったりできるという訳である。広告は、顧客がクレジット・カードを使うことのベネフィットを有形の形で視覚化するように（そして、わくわくした気分になるように）設計されている。サービス組織は、自分たちのプロダクトが無形のものであることをよく理解している。それ故、広告キャンペーンの中で、こうした視覚化がう

まくなされるように工夫しているのである。

　信頼属性が高いサービスを提供するサービス組織の場合はより大きな課題がある。この場合，サービスのベネフィットは無形性が極めて強いので，——マーケターは，顧客に対し，何とかして有形の手(キ)がかりを与えようと努力するけれども——顧客は，購買し消費した後ですら，サービスの内容を評価できない。たとえば，ハイ・コンタクト・サービスの場合は，サービス施設について，サービス・クオリティのフィジカル・エビデンスとなるように慎重にデザインし維持管理されていることがある。医師，建築家，弁護士といったプロフェッショナル・サービスの場合，学位や資格証明書をオフィスに飾ってあることも多い。これは，自分たちが提供するサービスの基盤をなす信頼の証(あかし)を顧客に「見える」ようにしたいと考えているためである。ファイナンシャル・サービスの場合は，ロゴマークなどに防護，力，安全を示すようなデザインを用いていることも多い。

　プロフェッショナル・サービスについては，ほとんどのサービス分野で，広告を行えるように業界の規制が緩和されてきている（第1章を参照）。顧客に対し提供サービスを有形の形で見せることができるようになり，多くの専門家たちが新しいマーケティング競争の場へと歩を進めつつある。たとえば，弁護士は，自身のサービスのプロモーションを行うために，イエロー・ページ，印刷物，テレビで広告を行うことができるようになった。

　上記ではサービスに専ら焦点をあてて述べてきた。サービスは，図表4-1の連続体で，経験属性と信頼属性の部分に位置づけられるが，探索属性が主になるようなプロダクトを提供する企業・組織もまた興味深い課題に直面している。物財のマーケターは，しばしば顧客へのアピール度を上げるために，物財に無形の特性を付加し，訴求することがある。物財に価値を付加するために，無形のサービス属性を強調する戦略は，広告キャンペーンにおいてのみ用いられる訳ではない。無形の特性が，プロダクトそのものの統合的部分を成していることも多い。たとえば，トヨタは，「レクサスを買う人は，単に車を買っているのではない。」と主張している。もちろん，高品質の自動車がコア・プロダクトであるが，レクサスの際立つ特徴はより無形の部分にある。レクサスは，非常に特別なサービスを用いることで，顧客にプレス

テージと豪華さを感じさせるようにしている。ショールームは上品な感じに統一され，販売員は，売り付けようというような態度もなく，整備工場は明るい照明の下，ゴミ一つない。さらに，すべての従業員の給与が顧客満足度に連動するものとなっている。この戦略は，トヨタにとって十分にリターンのあるものであった。J.D. パワー・アンド・アソシエーツによって実施された1997年顧客満足度指標調査によると，レクサスは小売サービス部門で満足度第1位であったし，製品の信頼性，クオリティの高さでも第1位であった（第1位になったのはこれで6回目である）。こうした栄誉にも関わらず，トヨタは次のように述べている。「私たちの追求は続きます。顧客の皆さんには満足して頂いているかもしれませんが，私たちはもっと高い満足を実現できると考えているからです。[3]」

変動性とクオリティ・コントロール問題 図表4-1のプロダクト属性の連続体は，サービスの持つもう一つの特性――サービス・プロセスへの顧客の関与の度合い――をも示している。探索属性が高いプロダクトは，通常は顧客の関与のないまま工場で製造される物財である。この場合，クオリティは非常に容易にコントロールされる。生産の各要素は十分な監視下に置かれ，問題があるようなプロダクトは，顧客の下に届けられる前にどこかの時点で見つけ出すことが可能である。実際のところ，モトローラのようなメーカーは，プロダクトについていわゆるシックス・シグマ――つまり，99.999％――の品質保証が可能であると主張している。しかしながら，経験属性や信頼属性が高いサービスについては，クオリティ・コントロールはより難しいものとなる。これは，サービス生産に顧客の関与が伴うからである。

サービスについての顧客の評価は，インタラクション――顧客と当該サービス・ビジネスの物理的部分，従業員，他の顧客たちとのインタラクション――によって大きく左右される。たとえば，ヘアカットというサービスについての顧客のエクスペリエンスは，以下のことがらの複合によるものである。ヘアカット・サロンの全体的印象，顧客が美容師に自身の要望をきちんと伝えられるか，美容師が顧客の要望をきちんと理解し実現できるか，他の顧客たちの様子や態度，美容師の身だしなみや態度。さらに，美容師の側から言えば，サービス・デリバリーの間，顧客が協力的か否かがサービス・クオリ

ティを左右するだろう。

　信頼属性が高いプロダクトの場合は，状況はさらに複雑になる。この種のプロダクトは，純粋なサービスであって，有形部分はほとんどなく，高いクオリティを実現する上で専門家(プロフェッショナル)の専門的技能(エクスパータイズ)に依存している。この場合，満足行くサービスを生産するためには，サービス組織は顧客と効果的にインタラクションを行うことが可能でなければならない。たとえサービス組織の側に落ち度がなくとも，インタラクションは顧客の期待に沿うものとはならず，問題が生じることもある。

　たとえば，建築事務所が，顧客の要望にきちんと応えた（と信ずる）建物を設計したとしよう。しかし，顧客は建物ができ上がったときに必ずしも満足するとは限らない。顧客が自身のニーズについて正確に伝えるだけの能力がなかったとか，建築家が提示したプランを十分に理解することができなかったということもあるだろう。あるいは，施工段階で，プランを正確に実現できなかったとか，現場でコスト・カットが行われ，建物の外観や統一感が損なわれてしまったということもあるだろう。今日では，コンピュータ技術は，建築家にとってデザインのテクニカルな側面だけでなく，建設前に顧客にシミュレーション体験を提供できるので，非常に有用なものとなる。たとえば，バーチャル・リアリティ装置を用いたウォーク・スルーによって，顧客は建物の周りをぐるりと廻り，内部の各部屋にも入り込む体験ができる。また，寸法，レイアウト，材質，デザイン，装飾を替えて，デモンストレーションすることも可能である。

　サービス組織は，プロダクトのクオリティがいつでも一定に保たれるように努める必要がある。サービス生産がサービス従業員との直接のインタラクションを伴う場合，クオリティの一定化はより困難なものとなる。従業員のパフォーマンスは日々変動があるからである。しかし，顧客はクオリティの変動を好まない。たとえば，公演日によって舞台のでき栄えが大きく異なるようでは顧客は満足しない。顧客は自分が観る舞台がいつでも最高のものであることを求めているし，これにきちんと応えるからこそ，プロのバレエ団や演奏家は名声を勝ち得，拍手喝采を浴びることができるのである。

2　サービスの購買プロセス

　顧客は特定のニーズ*に合わせてプロダクトを購入している。購買の結果は，期待に沿うものが得られたか否かで評価される。顧客ニーズについての知識は，サービス組織が，顧客のサービス・デリバリーに対する反応を理解する上での助けとなるだろう。ニーズは，人の意識の奥底に深く根ざすものであり，長期に渡る自己の存在とアイデンティティに関わるものである。人は，ニーズを感じるとき，これを満たす何らかの種類のアクションをとるように動機づけられる。アブラハム・マズロー（Abraham Maslow）は，ニーズについて，生理的，安全，愛情，尊敬，自己実現の5つのカテゴリーを示し，食事や住居のような基本的ニーズが他のニーズの満足に先駆けてまず満足されねばならないと述べている。依然として貧困と収奪が世界の大きな問題ではあるが，多くの人にとって生理的ニーズだけが唯一の問題という訳ではなくなっている。経済的な繁栄の存在は，ますます多くの人々が愛情・尊敬といった社会的なニーズや自己実現のニーズを満足させることを求めるようになっていることを示しており，こうしたニーズはより複雑なもので，一層洗練された物財やサービスに対する需要を生み出している。

　アメリカでは，他の多くの先進工業国と同じように，多くの消費者がすべての必要な物財をすでに所有している。未だ満たされていないニーズは今やサービスによって充足されようとしている。たとえば，アメリカ人はクリスマスの時期に多額の支出を行うが，ある調査によれば，多くの人が，もう物財は必要なものも欲しいものもすでに持っているので，クリスマスのプレゼントをあげるにせよ貰うにせよ物財以外が良いと考えているとのことであった。つまり，アメリカン・エキスプレスのダニエル・ベサミー（Daniel Bethamy）の言に従えば，顧客は「モノより，思い出に残る体験」を求めている。顧客の行動と態度が変化したことで，サービス組織が顧客ニーズを十分に理解し，ニーズに応えることがますます必要となっている。

＊ニーズ（needs）：潜在意識ないし意識の深い部分で感じられる欲望。長期に渡る自己の存在とアイデンティティに関わるものである。

図表4-2　購買プロセス：サービスを選択，利用，評価する顧客の活動

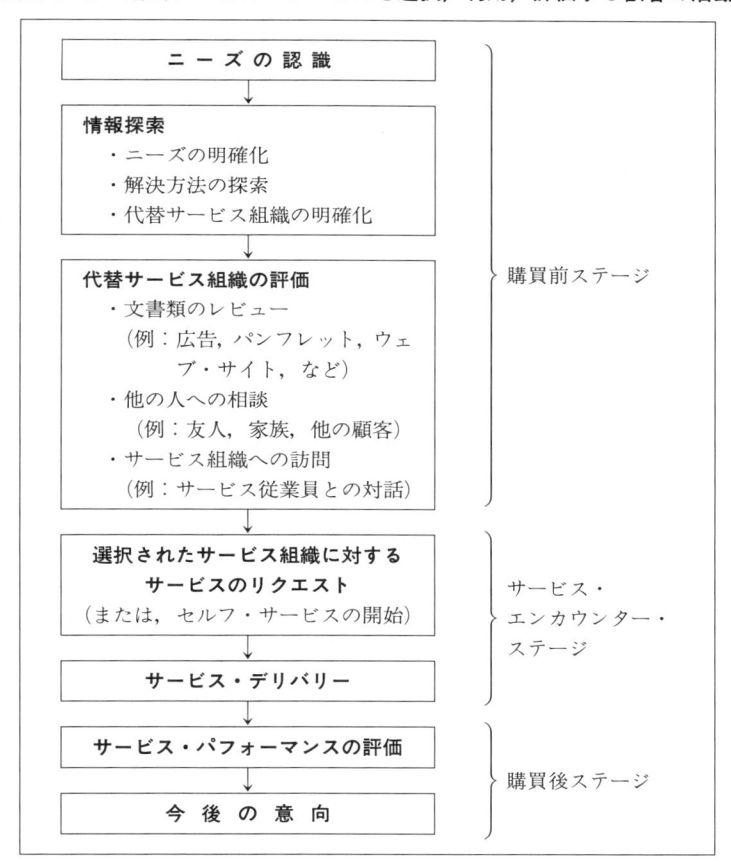

```
┌─────────────────────────────────┐
│         ニーズの認識              │
│            ↓                    │
│  ┌──────────────────────┐       │
│  │ 情報探索              │       │
│  │  ・ニーズの明確化      │       │
│  │  ・解決方法の探索      │       │
│  │  ・代替サービス組織の明確化│     │
│  └──────────────────────┘       │  購買前ステージ
│  ┌──────────────────────┐       │
│  │ 代替サービス組織の評価  │       │
│  │  ・文書類のレビュー    │       │
│  │   (例：広告，パンフレット，ウェ│  │
│  │    ブ・サイト，など)  │       │
│  │  ・他の人への相談      │       │
│  │   (例：友人，家族，他の顧客)│   │
│  │  ・サービス組織への訪問 │       │
│  │   (例：サービス従業員との対話)│  │
│  └──────────────────────┘       │
│  ┌──────────────────────┐       │
│  │ 選択されたサービス組織に対する│   │
│  │    サービスのリクエスト │       │  サービス・
│  │ (または，セルフ・サービスの開始)│  エンカウンター・
│  └──────────────────────┘       │  ステージ
│       サービス・デリバリー         │
│  ┌──────────────────────┐       │
│  │ サービス・パフォーマンスの評価│    │  購買後ステージ
│  └──────────────────────┘       │
│         今後の意向               │
└─────────────────────────────────┘
```

　顧客がサービスを購入する決定を行うとき，顧客は通常，物財の購入決定よりも複雑な購買プロセス*をたどる。サービスの持つ無形性と変動性の特性故に，顧客がサービスの購買前にいろいろと代替案を評価することは，物財の場合に比してより困難なものとなる。さらに，顧客は，サービスを受けている間も，また，受けた後ですらも，自身のサービス・エクスペリエンスのクオリティについて実際のところ判断できないかもしれない。顧客にとって，

＊購買プロセス（purchase process）：顧客が，サービスを選び，消費し，評価する際に，通過する各ステージからなる。

購買プロセスは以下の3つのステージからなるだろう。購買前ステージ，サービス・エンカウンター・ステージ，購買後ステージである（図表4-2参照）。

(1) 購買前ステージ

サービスを購入し，利用する決定は，購買前ステージ*においてなされる。このステージでは，顧客個人のニーズや期待が非常に重要である。ニーズと期待によって，どんな代替案が考慮されるかが左右されるからである。ある場合には——たとえば，購買が常軌化(ルーティン)しているとか，ロー・リスクの場合——，顧客は特定のサービス提供者を即座に選び出し利用するだろうし，他の場合には——たとえば，よりリスクの高い場合，そのサービスを初めて利用する場合——，十分な情報探索が行われることになる。これは，いつもの宅配ピザを注文する場合とどの大学に入学するかを決める場合とを対比すれば分かりやすいだろう。顧客の行う情報探索はごく簡単なこともあるし，広範で徹底的な場合もある。情報探索を経て，顧客はいくつかの代替サービス組織を明確化し，それぞれのベネフィットとリスクとを購買決定に先立ち評価することになる。

知覚リスクの要素は，サービスに特に関係のあるものである。サービスは経験属性ないし信頼属性が高いので，購入・消費に先立ち評価することがより困難なものとなることが多い。とりわけ，当該サービスを初めて利用する場合は，顧客は大きな不確実性に直面するし，知覚リスクを警戒するだろう。リスクをどのように知覚するかは，顧客がマイナスの結果が起こるかもしれない可能性と結果の重大性をどのように判断するかによる。図表4-3には，知覚リスクの各タイプが示されている。

顧客がリスクについて心配に感じるとき，購買前ステージにおいて，以下のようなリスクを削減するさまざまな方策がとられる。

■友人や知り合いなどの信頼できる人からの情報を探索する。

＊購買前ステージ（prepurchase stage）：サービスの購買プロセスの第1ステージ。顧客は代替案を明確化し，それぞれのベネフィットとリスクを評価し，その後に購買決定を行う。

図表4-3　サービスの購買と利用における知覚リスク
（リスクのタイプと顧客の心配例）

機能面のリスク（パフォーマンスが不満足に終わるかもしれないリスク）
- この職業訓練コースで，より良い職を得るのに必要な技能を本当に得られるのだろうか？
- このクレジット・カードは本当にいつでもどこでも必要なときに使えるのだろうか？　使えない店もあるのでは？
- このドライ・クリーニング店で，この上着の染みを落とすことが本当にできるのだろうか？

金銭面のリスク（金銭的な損失や予期せぬ出費があるかもしれないリスク）
- この投資会社の推奨に従った結果，結局，損をするのではないだろうか？
- 休暇で旅行に行っても，いろいろ予期せぬ出費があって，結局高いものにつくのではないだろうか？
- 車の修理を頼んでも，最初の見積りよりもコストがかかることになるのではないだろうか？

時間面のリスク（時間のロスやデリバリーの遅れがあるかもしれないリスク）
- 行列ができているけれども，この展覧会場に入場できるまでに一体どれだけの時間がかかるのだろうか？
- このレストランに入ってもサービスが遅いかもしれない。そうすれば，午後からの会議に遅れてしまうのではないだろうか？
- 友人一家が泊まりに来るまでに，浴室の改装工事がきちんと終わるのだろうか？

身体面・物理面のリスク（身体や持ち物にダメージを受けるかもしれないリスク）
- スキーに行きたいけれど，ここのコースだと自分の技術ではけがをすることになるのではないだろうか？
- この小包を郵便で送ったら，中味が壊れてしまうのではないだろうか？
- 海外旅行に行きたいけれど，もしも旅先で病気になってしまったら一体どうすれば良いのだろうか？

心理面のリスク（個人的な恐れや他の良くない感情が起きるかもしれないリスク）
- もしも万一この旅客機が墜ちたとしたら，自分は生き残れるだろうか？　こう考えたらとても怖くなってしまった。
- コンサルタントに相談しても，自分が愚かで惨めな思いになるだけではないだろうか？
- 医師の診断結果が不安だ。自分はすごく取り乱してしまうのではないだろうか？

社会面のリスク（他の人の考えや反応が否定的なものになるかもしれないリスク）
- この安モーテルに泊まったことが知れたら，友人たちはあらぬことを疑うのではないだろうか？
- 一族が一堂に会する夕食会のためにレストランを予約したが，この店でよかったのだろうか？　親戚連中はどう評価するだろうか？
- 全く新しい法律事務所を指名したけれども，同僚たちは反対するのではないだろうか？

感覚面のリスク（五感のいずれかに望まぬ感覚を受けるかもしれないリスク）
- リゾート・ホテルに泊まっても，ビーチは観えずに駐車場ばかり観えるような部屋かもしれない…。
- リゾート・ホテルに泊まっても，ベッドの寝心地が悪いかもしれない…。
- リゾート・ホテルに泊まっても，隣の部屋の客が騒いで，安眠できないかもしれない…。
- リゾート・ホテルに泊まっても，部屋にタバコの嫌な匂いが染み付いているかもしれない…。
- リゾート・ホテルに泊まっても，朝食のコーヒーが煮詰まっていてひどくまずいかもしれない…。

■サービスを提供する組織の評判を探索する。
■クオリティの保証を求める。
■購入前に当該サービスを試す機会を求める。
■サービスを提供する組織の従業員に競合サービスについて尋ねてみる。
■有形の手がかりや他のフィジカル・エビデンスを吟味する。
■インターネットを用いてさまざまなサービスを比較する。

(2) サービス・エンカウンター・ステージ

　顧客が特定のサービスを購入することを決定した後，顧客はサービス組織とのサービス・エンカウンターに入ることになる（サービス組織が最終的に選ばれる前の，購買前ステージの評価段階で，いくらかのエンカウンターがある場合もある）。サービス・エンカウンターは，選択されたサービス組織に対するサービスのリクエスト――申込書や予約，あるいは単純に注文を出すといったリクエスト――で始まることが多い。第3章ですでに見たように，サービス・エンカウンターは，顧客とサービス従業員との人的なやりとりやあるいは機械・装置，電話，コンピュータとの非人的インタラクションの形をとる。レストランやヘルス・ケア，公共交通機関といったハイ・コンタクト・サービスの場合，顧客はサービス・デリバリーにおいてさまざまなサービス・エンカウンターにさらされることになる。

　顧客はサービス・クオリティについての判断を，多数の要因において下すが，これらの要因はサービス・エンカウンター・ステージ[*]がどのようなものとなるかも左右するものである。要因にはサービス環境，サービス従業員，サポート・サービスといったものが含まれる。以下，簡単に議論しよう。

　「サービス環境」は，サービス・デリバリーが行われる環境の有形的な特性のすべてを含む。サービスの施設や設備，サービス組織の雰囲気（清潔さ，臭いの有無，騒がしさの程度，など），他の顧客たち，これらはすべて，顧客がサービス・エンカウンターに何を期待するか，サービス・クオリティを

---

[*]サービス・エンカウンター・ステージ（service encounter stage）：サービスの購買プロセスの第2ステージ。顧客とサービス組織とのインタラクションにおいて，サービス・デリバリーが行われる。

どのように知覚するかを左右する。このことについては，第10章と第12章で再び検討する。

「サービス従業員」は，ハイ・コンタクトのサービス・エンカウンターにおいて，最も重要な要因である。この種のエンカウンターでは，サービス従業員は，顧客との直接の対面的インタラクションを行う。また，サービス従業員はロー・コンタクト状況においてもサービス・デリバリーを左右し得る。顧客は，サービス従業員がサービス・エンカウンター中は特定のスクリプト（行動の流れ）に従うと期待している。スクリプトに沿わない行動は，顧客の満足低下をもたらすことがある。サービス従業員は，注意深く選ばれ，訓練されねばならず，サービス・エンカウンターを効果的に行う従業員は相応に酬いられねばならない。優秀なサービス従業員のリクルートと保持については，第16章で議論しよう。

「サポート・サービス」は，用具類(マテリアルズ)と設備，およびすべてのバックステージ・プロセスからなる。サポート・サービスによって，フロントステージの従業員は適切に働けるようになる。サポート・サービスは，非常に重要なものである。バックステージからのハイ・クオリティなインターナル・サービスを欠いては，フロントステージの従業員は顧客のための職務をうまく遂行できない。スクリプトとサポート・プロセスにおける各ステップについては，第13章でより詳細に扱われることになる。

(3) 購買後ステージ

購買後ステージ*において，顧客はサービス・クオリティとサービス・エクスペリエンスについての自身の満足・不満足を評価する——評価プロセスはサービス・エンカウンター・ステージにおいて始まっているとも言える。評価プロセスは，顧客の今後の意向を左右する。サービス組織に対するロイヤルティを保持するか否か，家族や職場の同僚たちに肯定的（あるいは否定的）な推奨を行うか否かも左右される。

＊購買後ステージ（postpurchase stage）：サービスの購買プロセスの最終ステージ。顧客はサービス・クオリティを評価し，サービス・エクスペリエンスについての満足・不満足を評価する。

顧客は，サービス・クオリティを評価する際に，サービスについて「期待したもの」と「実際に受け取ったと知覚するもの」との比較を行う。もし，期待に合致するとか期待以上ということであれば，顧客はハイ・クオリティのサービスを受けたと考える。こうした顧客は満足し，反復購買者すなわちロイヤルな顧客となるだろう。しかし，もしサービス・エクスペリエンスが顧客の期待を裏切ると，顧客はサービス・クオリティはひどいものであったと感じるだろう。この場合，顧客は苦情を申し立てるか，黙って我慢するか，他のサービス組織に乗り換えてしまう。サービス・マネジャーは，顧客の期待に効果的に対処する方法を見つけ，サービスに対する満足を高めるようにせねばならない。第5章ではこの問題——顧客満足とサービス・クオリティ問題——についてより詳細に論じよう。

3 サービス・オファリング

顧客のサービス評価や購買プロセスは複雑なものである。それ故，マネジャーは顧客がサービス・オファリングをどのように捉えるかについて理解することがとりわけ重要になる。顧客視点からのサービス・オファリング[*]の最も良い定義は，FedExに見い出すことができる。FedExのシニア・マネジャーは，サービスについて次のようにシンプルに定義している。サービスとは，「顧客が支払っていると感じているアクションとリアクションのすべて」である。この表現は，他のいかなるビジネスについても適用可能であり，「サービス」とはコア・プロダクトと補足的サービス要素群の束(バンドル)であることを改めて明確にするものである。

(1) コア・プロダクトと補足的サービス要素

いかなるサービスであれ，サービス組織は「顧客が支払っていると感じているアクションとリアクションのすべて」についてうまく遂行することを考えねばならない。また，これらのインタラクションのうちどの部分がコア・

---

[*]サービス・オファリング (service offering)：顧客に価値を与えるためにサービス・エクスペリエンスに盛り込まれる要素すべてを指す。

プロダクト*を構成し、どの部分が補足的サービス要素*なのかが明確にされる必要がある。コア・プロダクトは、特定の顧客ニーズに向けた中心的ベネフィットを与える。コア・プロダクトは当該組織のビジネスが本質的に何であるのかを定義づける。補足的サービス要素は、追加的ベネフィットを顧客に与えるものである。これにより、コア・プロダクトの価値を高め、競合者の提供サービスとの差別化を行う。

サービス業であろうと製造業であろうと、ほとんどのビジネスにおいて、コア・プロダクトは、競争が進み、産業が成熟化するにつれて、コモディティとなって行く。原油や鉱石のような天然資源、農産物の分野においては、プロダクトはコモディティの側面が強い。革新的なプロダクトであっても競合者の模倣から防衛することは、非常に困難である。特許で防衛される製造の分野でも、プロダクトのリーダーシップを維持することはますます困難になってきている。革新的でハイ・テクなプロダクトが模倣され、特許が迂回され無力化するスピードが速まっていることを理解せねばならない。

(2) 補足的サービス要素における競争

市場リーダーシップをとろうと考えるビジネスはすべて、既存のプロダクトの力を高めるかあるいは新しいプロダクトを開発するように努めねばならない。しかし、コア・プロダクトの部分で大きなイノベーションを生み出すことは、かなりの時間と費用がかかるのが普通であり、開発投資も莫大なものとなることが多い。成熟分野の場合、この種の大きなイノベーションはごくまれにしか生じない。たとえば、航空サービス、自動車、ホテル、銀行サービスといった分野で成功した大きなイノベーションについて一番最近のものを想起してみれば良い。一体、どんなものが挙げられるだろうか。

コア・プロダクトにおける大きなイノベーションは多くの産業でそう頻繁

---

*コア・プロダクト (core product)：特定の顧客ニーズに向けてサービス組織が供給する中心的ベネフィット。
*補足的サービス要素 (supplementary service elements)：サービス組織が供給する追加的ベネフィット。補足的サービス要素によって、コア・プロダクトに価値を追加し、さらにコア・プロダクトを差別化する。

には起きることのない出来事である。イノベーションの多くは，補足的サービス要素において生じており，特に成熟産業では，顧客の価値認識を高めるのに大きく役立っている。こうした観察は，特段に新しいものではない。20年以上も前にセオドア・レビット（Theodore Levitt）は，次のように述べている。「われわれの生きる時代においては，何が製品でありサービスであるかの考えが以前とは全く異なってしまった。基本的で普遍的で中心をなすことがらが重要な訳ではない。そうしたことがらを取り囲む満足群の全体クラスターが重要なのだ[6]。」

電子レンジのような工業製品でも，ケーブル・テレビのようなサービスでも，顧客はコア・プロダクトについては当然に満足できることを企業・組織に求めている。これができない企業・組織は遅かれ早かれビジネスから退場せねばならなくなるだろう。

(3) 競争手段にはどんなものがあるか[7]

成熟産業の顧客にとっては，差別化や付加価値は，補足的サービス要素の全体の束（バンドル）からもたらされるのが通常である。コア・プロダクトのパフォーマンスは，言わば「生き死に（ドゥー・オア・ダイ　やらねば生き残れない）」に関わる問題である（図表4-4）。一方，補足的サービス要素は多様であり，重要性や役割の点

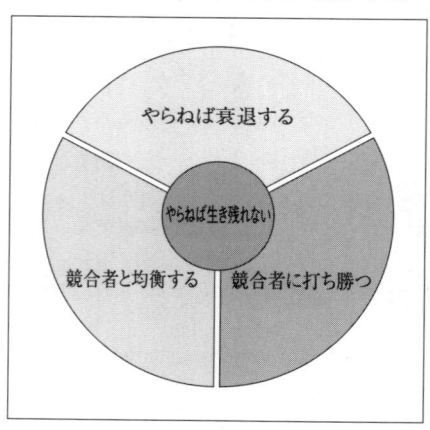

図表4-4　サービス要素と競争手段

（やらねば衰退する／やらねば生き残れない／競合者と均衡する／競合者に打ち勝つ）

でいくつかのパターンがある。

やらねば衰退する　図表4－4の上側にあるのは，「やらねば衰退する」(ドゥー・オア・ディクライン)補足的サービス要素である。サービス組織は，情報提供，注文とり，支払請求，問題解決といったことがらがこのカテゴリーに入ることを良く理解するようになってきている。もしサービス組織がこれらのことがらをきちんと遂行できないのであれば，無能であるとか，まともにやる気がないと思われ，衰退の途へと落ち込んでいくだろう。この要素は，サービス・ビジネス毎にさまざま多様である。しかし，サービス組織はこの要素について，ビジネスに留まることのできるだけのレベルを十分に保つことが必要である。たとえば，アメリカの銀行業は規制緩和以前，ほとんどの銀行がユーザー・フレンドリーではなかった。営業時間は短く，銀行とのコンタクトは窓口係のサービス従業員との人的インタラクションに限られていた。しかしながら，規制緩和後は，競争圧力が銀行のこうしたやり方を変えた。銀行は顧客を惹き付け，利益を確保していかねばならなくなった。今や，長い営業時間，ATMの配置や24時間の電話サービスといったことがらが，「やらねば衰退する」要素となったのである。

「競合者に打ち勝つ」と「競合者と均衡する」　他の補足的サービス要素は，「競合者に打ち勝つ」(ビート・ゼム)要素と「競合者と均衡する」(マッチ・ゼム)要素の2つに分割される。サービス組織は，自身の競争戦略の基盤をどうするのかを決定すべきである。ここで2つの問いかけがあるだろう。まず，「特定の市場セグメントをターゲットとするとき，どの属性で優れたパフォーマンスを発揮すれば，競争優位に立てるのか？」（競合者に打ち勝つ）である。もう一つは，「所与のサービス要素において，どの程度のパフォーマンスなら十分に標準的とみなされるのか？」（競合者と均衡する）である。これらの問いかけに答えるためには，顧客がサービス組織のプロダクトと競合組織のプロダクトについて，それぞれのサービス属性で，どう考えているかを見つけ出すことがおそらく必要になろう。

　さらなる問いかけは，「「競合者に打ち勝つ」要素が競合の中で模倣されていき，「競合者と均衡する」要素の状態になるには，どれくらいの時間を要するか？」ということである。もちろん，最良のアプローチは，競合者による

模倣が困難な補足的サービス要素を創り出すことである。

　マネジャーは，優れた補足的サービス要素を追加できる機会をどこに見い出すべきかと基本的なパフォーマンスを向上させるにはどの要素に焦点をあてるべきか，について決定せねばならない。補足的サービス要素は特定の産業やサービスに特有のものもあるが，そうではなく共通のものもある。補足的サービス要素については，第9章でより詳細に扱おう。顧客に対する追加的価値の提供という補足的サービス要素の役割が検討されるだろう。

4　顧客のサービス・エクスペリエンスのマッピング

　顧客の期待に合致しあるいは期待を上回るサービスをデザインするためには，サービス組織は，顧客がサービス・エンカウンターにおいて実際に体験するエクスペリエンスは何であるのかを考えねばならない。これを行う最も効果的な方法の一つは，サービスの生産において顧客と従業員とがたどる各ステップの描写を行うことである。ステップは，フローチャート*と呼ばれる方法で視覚的に示すことができる。フローチャートでは，サービス・エンカウンターのすべてや顧客とサービス組織間に生じるコンタクト（第3章を参照）の各場面を描写していく。こうすることで，サービス・デリバリー・プロセスにおける問題と機会とが明確になる。フローチャートは，顧客とサービス組織の従業員，物理的な施設や設備とのインタラクションのすべてをカバーする。それ故，ハイ・コンタクト・サービスでもロー・コンタクト・サービスでも，フローチャートによって，サービスがいかに産み出され，デリバリーされるかを顧客の視点からより良く理解することができる。

　フローチャートを作成する上で最初に必要なのは，まず，特定タイプの顧客がサービスを利用する際に行う個々のインタラクションを明確化することである。次に必要なのは，これらのインタラクション群を生起する順に線で繋ぎ，一連の流れ（シークエンス）として並べることである。サービス・デリバリー・プロセスは一つの河のようなものである。いくつかの活動は「上流」に位置づけら

＊フローチャート（flowchart）：顧客へのサービス・デリバリーに関わる各ステップを視覚的に表現する方法。

第4章 顧客から見たサービス 97

れ，他の活動は「下流」に位置する。マネジャーは，フローチャートの作成において，次の疑問を投げかける必要がある。「顧客が本当に望んでいるのは何か？（顧客は特定のステップをスピード・アップするとか，あるいは全く省略してしまうことを望んでいるかもしれない）」，「サービス・デリバリー・プロセスのどの部分に不都合が生じる可能性が潜んでいるのか？」

フローチャートに描かれるステップの多くは，フロントステージに関わるものである。つまり，顧客の目に触れる部分や範囲である。しかし，フロントステージ活動*のほぼすべてが，裏側で行われているバックステージの各ステップによってサポートされている。しかし，フローチャートを不必要に複雑なものとしないためには，バックステージ活動*について必要最小限に留めることもあるだろう。

フローチャートでは，各ステップが流れで示される。フローチャートによって，サービス・オペレーションの全体プロセスが感覚的につかめるし，サービス施設や設備の面で何が必要か，どの時点でどんなサービス従業員が顧客とインタラクションを行うか，を理解することができる。

もし必要なら，フローチャートに個々のステップの所要時間を組み込むこともできる。また，フローチャートにおいて，フィジカル・エビデンスを位置づけることも考えられる。フィジカル・エビデンスは，顧客がサービス・クオリティをよりはっきりと感じられるようにするためにコア・プロダクトに付加されるものである（補足的サービス要素の形をとることもある）。

効果的なフローチャートを作るためのアドバイスが図表4-5に示されている。マネジャーは，サービス・エクスペリエンスを顧客視点から十分に理解できないのであれば，サービス・クオリティと生産性を向上させることが困難になることを理解せねばならない。デリバリー・プロセスを改善し，不要なステップを除去することで，時間と労力の無駄を省くことができる。これは，サービス・クオリティに対する顧客の評価を向上させる重要な方法で

＊フロントステージ活動（front-stage activities）：サービス・オペレーションのうち，顧客によって直接に体験される部分のすべてを指す。
＊バックステージ活動（backstage activities）：サービス・オペレーションのうち，通常のサービス・デリバリーにおいては，顧客の目には触れることのない部分のすべてを指す。

図表4-5 サービス・エクスペリエンスのフローチャート化についての基本的アドバイス

主要ステップ

1. フローチャートの目的を明確に定義する。どんなタイプのサービスについて, 何を（なぜ）明らかにしたいのかを定義する必要がある。また, どんな種類の顧客が, どんな状況下で当該サービスを利用するのか, も定義づけねばならない。
2. 顧客のエクスペリエンスを構成する諸活動のリストを作る。最初は, 活動を大きなくくりのままにしておく（たとえば,「飛行機に搭乗する」を「搭乗券を係員に見せる」,「飛行機まで通路を歩く」,「機内に入る」,「自分の席を見つける」,「手荷物をしまう」,「シートに座る」というように分解してはならない）。
3. 顧客のエクスペリエンスの各ステップを通常のエンカウンターに従って, 順番に図示する（異なる順のエンカウンターがあるならばその分のフローチャートも必要になる。これは, 異なるニーズを持つセグメントがあるとか, 当該サービスに別のパターンがあることを示している）。
4. フロントステージの諸活動すべてについて, サポートするバックステージ活動を図示する（この作業は, サービス・クオリティ問題を検討する上で, また, バックステージの従業員に対するインターナル・マーケティング・プログラムを開発する上でも特別の価値がある）。
5. 上記の確認をする。顧客からの情報や関係するサービス従業員によって確認をする（各人はプロセスについてそれぞれの理解をしている。オープンに議論することで共通の理解に到達できる）。
6. 各活動や相互関係についての簡潔な説明をフローチャートの必要部分に付ける。異なる役割を果たすサービス従業員は明確に区分し表現する。

基本的アドバイス

- フローチャートを描く唯一の正しい方法はないことを忘れてはならない。もしも2種類の異なるフローチャートが描かれても, どちらも目的に同じように役立つ場合がある。
- プロセスの特定ポイントにおける問題についての顧客ないしサービス従業員からの苦情は銘記されるべきである。指摘される問題は, 詳細に検討したり, 大きなステップを小さな構成部分に分けるときに良い手がかりとなるからである。
- もしも, 情報プロセスが重要な問題であるなら, その流れをパラレル・フローとして描くようにしても良い。このフローでは, 情報の収集ポイント, 記録やデータベース化のポイント, 記録やデータベースへのアクセスやアップデートについても示されるようにする。

Christopher H. Lovelock, *Product Plus : How Product + Service = Competitive Advantage* (New York : McGraw-Hill, 1994), 155（表10.1）より掲載。

もある。

5　結　論

　サービスは（とりわけ無形性やクオリティ・コントロール面で）多くの固有の特性を持っている。それ故，顧客のサービスに対する評価プロセスは，物財のそれとはしばしば異なるものとなる。これは，サービス・マネジメントに特有の課題となっている。顧客は，購買プロセスにおいて3つのステージをたどる。購買前ステージ（ニーズの認識，情報探索，代替案の評価），サービス・エンカウンター・ステージ（サービスのリクエスト，サービス・デリバリー），購買後ステージ（サービス・パフォーマンスの評価，今後の意向）である。

　サービス・エンカウンターは，しばしば顧客にとって一連の出来事の複雑な流れとして進行する。それ故，サービス・マネジャーは，顧客がサービス・オファリングをどのように捉えるかについて理解することが特に重要である。コア・プロダクトと補足的サービス要素は価値とクオリティとをもたらすように注意深くデザインされる必要がある。サービス・マネジャーは，市場における競争優位を創り出すために，どの要素において，競合者に打ち勝つ，あるいは競合者と均衡するかを決める必要がある。

　顧客視点からのサービスを視覚的に表現するためには，フローチャートと呼ばれる流れ図が用いられる。これは，サービス・プロセスのステップ毎の分析に役立つ。サービス・デリバリーにおける問題点と機会の分析にも役立てられる。

　本章の焦点は全体として顧客にあてられていた。顧客がサービスをいかにして選び，評価するかの理解は，良きサービスのデザインとデリバリーの核心部分をなすものである。

第2部
サービスによる価値の創造

第5章
生産性とクオリティ：同じコインの両面

………………	プロセス
………………	**生産性とクオリティ**
プロモーションとエデュケーション	人的要素
………………	フィジカル・エビデンス

本章の目標
- ■サービスにおける生産性とクオリティの意味を理解する。
- ■顧客の期待，サービス・クオリティ，顧客満足。これら3者の関係を理解する。
- ■サービス・クオリティのギャップ・モデルを理解する。
- ■サービスの失敗の原因を明確化する手法について理解する。
- ■生産性とクオリティとを測定する手法について理解する。
- ■サービス・クオリティ情報システムの構成要素を理解する。

1　サービスの生産性とクオリティ

　すでに見てきたように，サービスの生産性とクオリティとは，本書では統合的サービス・マネジメントの8Psの一つとして，一緒に扱われる。これは両者がしばしば同じコインの表裏両面をなしているとの考えによるものである。この考えは本書だけでなく他でも受け入れられている。実際のところ，FedExでは，社内スローガンとして，「Q=P（クオリティ＝生産性）」をかねてより用いている。もし，生産性とクオリティとを全く別々に捉えてしまうと，サービス組織は生産性向上を求める余り顧客を無視してしまうし，一

方，クオリティのみを求めると収益性向上に結び付かないコスト・アップだけがもたらされる危険がある。生産性とクオリティとを戦略的に統合することは，顧客にもサービス組織にも大きな価値をもたらし得る。とりわけ「顧客視点」から生産性とクオリティとを捉えることは，財務面でもサービス組織にとって長期的な成功に極めて重要なことである。[2]

　生産性とクオリティは，歴史的にはオペレーション・マネジャーの職務とみられてきた。それ故，サービス組織は生産性とクオリティの「改善」プロセスを組織内部の問題と捉え，顧客のサービス評価には必ずしも結び付けて考えてこなかった。しかしながら，クオリティの理解と改善の努力が継続的に続けられる中で，クオリティは顧客の問題との認識が生じてきた。特に，製造業の分野と比較して，サービス・クオリティについての研究は，顧客視点で行われてきた。これは，部分的には，（特に「人を対象とするサービス」の）サービス・デリバリー・システムにおいて顧客の関与が製造業と比較して格段に大きいことも反映している。

　サービスに限定して定義すると，クオリティの定義は顧客満足と同じものと捉えられる。顧客満足は，以下の式で定義される。

$$顧客満足 = \frac{知覚されたサービス}{期待されたサービス}$$

　理屈はシンプルなものである。サービス・クオリティとは，サービスが顧客の期待に合致する（あるいはそれを上回る）程度である。もし，顧客が実際のサービス・デリバリーを期待以上と知覚すれば，顧客は嬉しい気持ちになる。もし，期待を下回れば，腹立たしく思う。顧客は，当該サービスに対する満足の知覚レベルに従って，サービス・クオリティを判断するだろう。第4章でみたように，顧客の期待は，サービスの購買プロセスの全ステージ（購買前ステージ，サービス・エンカウンター・ステージ，購買後ステージの3つのステージ）で重要な役割を果たす。では，顧客の期待とは何であり，どのように形成されるのだろうか。

104　第2部　サービスによる価値の創造

2　顧客の期待

　顧客がサービスに何を期待するかは単純には答えられない。さまざまな種類のサービス毎に，やはりさまざまな種類の期待があるからである。たとえば，経理上の問題について会計士に相談する際に期待することと，ペットの病気治療を獣医師にお願いする際に期待することとは全く別のことである。顧客はまた，同じコア・プロダクトを提供していてもサービス組織毎にさまざまな期待を抱くだろう。サウスウエスト航空には実質本位のサービスを期待する人も，もしサンフランシスコから香港へのシンガポール航空の旅で同じレベルのサービスを受けたとしたら間違いなく非常に不満に思うことだろう。顧客の期待はサービス毎に多様なものであり，サービス組織は，自身の提供サービスに対する顧客の期待を良く理解する必要がある。

(1)　期待はいかにして形成されるか

　顧客は，サービス・エクスペリエンスに先立つ何らかの内的基準(インターナル・スタンダード)を持っている。顧客はこの内的基準に照らしてサービス・クオリティを判断する。サービス・クオリティの判断に用いられる内的基準が顧客の期待*を主に構成する。[3]サービスへの期待は，顧客としてこれまで受けてきたサービス・エクスペリエンスによって大きく影響を受ける。サービス・エクスペリエンスとは，特定のサービス組織，同じ種類のサービスを提供する競合サービス組織，関連する他のサービスを提供するサービス組織について，サービスを受けた経験である。もし，全く初めてのサービスであれば，期待は広告や口コミといった要因に基づいて形成されることになる。

　時間と共に，特定のサービス分野のさまざまなサービス組織について顧客が何を期待するかについて一定の規範(ノーム)ができ上がってくる。規範は，顧客のサービス・エクスペリエンスによって，また広告，価格設定，サービス施設や従業員といったサービス組織がコントロールする各要因によって強化され

＊期待（expectations）：顧客がサービス・エクスペリエンスのクオリティを判断するのに用いる内的基準。

ていく。規範は，たとえば次のようなものである。顧客は，モーテルではドアマンや駐車案内係がいて笑顔で応対してくれることは期待しないだろう。一方，ヒルトン・ホテルではこれらは当然，期待される。アメリカでは，ほとんどの顧客は電気，水道，ガスといった公益事業について，高い信頼性を期待している。しかし，ケーブル・テレビ会社からは，これまで完全なパフォーマンスが得られたことは全くなかった。期待は，デモグラフィックな要因においても大きな多様性がある。たとえば，性別，年齢，職業によって期待は多様なものとなる。さらに，期待の在り様は国毎にも大きく異なる。たとえば，ギリシャでは電車が数時間遅れて到着しても容認されるのに対し，スイスでは正確さが強く求められ，遅れがある場合も秒単位で表示される程である。

(2) 顧客の期待の各レベル

　顧客の期待には，いくつかの異なるレベルがある。希望サービス，下限サービス，予測サービスの各レベルである。希望サービスと下限サービスの間が容認範囲である。[4] 以下にこれらを簡単に説明しよう。また，図表5-1ではこれらの期待モデルが示されている。

　希望サービス，下限サービス　希望サービス[*]とは，顧客が本来受けたいと望むレベルのサービスをいう。これは要望されるサービスとも表現できる。このレベルのサービスは，顧客のニーズについてデリバリー可能であることとデリバリーされるべきこととが組み合わさったものである。一方，顧客はもちろん理想的なサービスであるのが望ましいけれども，通常は根拠のない過度の期待を抱くことはない。顧客は，サービス組織からいつでも最善のサービスをデリバリーされる訳ではないことも良く理解している。この理由から，顧客はサービス・クオリティを受容できるより低いレベルの期待をも持って

---

[*] 希望サービス (desired service)：サービス・クオリティについて要望されるレベルのサービス。顧客は本来このレベルのサービスを受けることが可能であるしまた受けるべきとも考えている。

[*] 下限サービス (adequate service)：顧客が不満足をかろうじて感じないで受け入れられるぎりぎりの最低限度のサービス。

図表5-1　サービスの期待に関わる要因

```
┌─────────────────────────────────────────────────────────────┐
│  ┌──────────┐                                                │
│  │個人のニーズ│─────┐        ┌──────────────────────────┐    │
│  └──────────┘      │        │サービス組織からの提供サービスに│    │
│                    ▼        │ついての明示的・非明示的約束│    │
│               ┌────────┐    │口コミ                    │    │
│               │希望サービス│◄──│これまでのサービス・エクスペリエンス│
│  ┌──────────┐ └────────┘    └──────────────────────────┘    │
│  │提供可能と考える│─┘                                          │
│  │サービス    │                                              │
│  └──────────┘                                                │
│                 容認範囲                                      │
│                                                              │
│  ┌──────────┐                                                │
│  │他のサービス│─────┐                                         │
│  └──────────┘      ▼                                         │
│               ┌────────┐    ┌──────────┐                    │
│               │下限サービス│◄──│予測サービス│                    │
│  ┌──────────┐ └────────┘    └──────────┘                    │
│  │状況要因  │──┘                                             │
│  └──────────┘                                                │
└─────────────────────────────────────────────────────────────┘
```

Valarie A. Zeithaml, Leonard L. Berry, and A. Parasuraman, "The Nature and Determinants of Customer Expectations of Services," *Journal of the Academy of Marketing Science* 21. no. 1 (1993) : 1-12. より掲載。

いる。これは，下限サービス*と呼ばれる。下限サービスは，顧客が不満足をかろうじて感じないで受け入れられるぎりぎりの最低限度のサービスを指している。

期待に関わる要因には，他サービスの予想パフォーマンスやサービス利用の際の状況要因が含まれる。希望サービス，下限サービスはいずれも，サービス組織からの提供サービスについての明示的・非明示的な約束，顧客が口コミで得た情報，当該サービス組織を過去に利用した経験，によって影響を受ける。

顧客は，ある特定のサービス産業について，産業内のサブ・カテゴリー毎にさまざまなレベルの期待を持っている。たとえば，レストランについて考えると，顧客は，高級レストランとファースト・フードとでは異なることを期待する。ファースト・フード・チェーンのタコ・ベルの顧客調査では，顧

客は清潔な店舗で注文通りの品が素早く正確に，適正な温度で提供されることを望んでいた。もう少し大型店舗のレストラン・チェーンについても顧客は同じことを基本として求めているが，さらに雰囲気の良さが求められるし，サービス従業員の立ち振る舞い，料理の盛り付けや出され方についてもおそらく追加的な期待を抱いているだろう。同じサブ・カテゴリー内であっても，下限サービスはサービス組織毎に異なる。もしも，マクドナルドをいつも利用していて一貫したサービスを経験していれば，そうした顧客のマクドナルドに対する下限サービスは他のチェーン（たとえば，同じハンバーガー・チェーンのジャック・イン・ザ・ボックス）に対するよりも高いものとなろう。

予測サービス 予測サービス*は，特定のサービス・エンカウンターにおいて，当該サービス組織から実際に得られると期待するレベルのサービスである。予測サービスは，顧客の下限サービスを直接に左右するものである。良いサービスが予測される場合，悪いサービスが予測される場合に比して，下限サービスはより高いものとなろう。たとえば，もしも大学生が冬場に学生健康センターに行く場合，時期的に風邪など流行っているときなので，混んでいることが予想される。この場合，たとえ長く待たされても下限サービスを下回ることはないかもしれない。一方，同じことが気候の良い暖かい季節に起こったら，長く待つことは我慢できないかもしれない。健康センターはそれ程込んでいないのですぐに診てもらえるはずだという予測があるからである。

容認範囲 第1章で議論したように，サービスの固有の性質は，同じサービス組織でも一貫したサービス・デリバリーを確保することが困難なところにある。これは，多様な従業員がいるためであるし，たとえ同じ従業員でも日によって変動があるからである。顧客がサービスの変動を受け入れる範囲は，容認範囲*と呼ばれる。図表5-1に示されるように，下限サービスは，顧客が容認できる最低レベルのサービスをいう。下限サービスを下回るサー

＊予測サービス（predicted service）：サービス組織が実際にデリバリーすると顧客が考えるサービス・クオリティを指す。
＊容認範囲（zone of tolerance）：サービス・デリバリーにおける変動を顧客がそのまま受け入れる範囲。

ビスは不満の気持ちと不満足を引き起こすことになる。また，希望サービスを上回るサービスが提供されると，顧客は嬉しく感じ，良い意味での驚きを覚えるだろう。容認範囲は別の見方をすると，顧客がサービス・パフォーマンスについて明確な注意を払わない範囲とも考えられる。この範囲をサービスが逸脱すると，顧客は肯定的または否定的なリアクションを起こすことになる。

個々の顧客にとって，容認範囲は広がったり狭まったりする。これは競合状況や価格，サービスのどの属性が重要かと言った要因による。これらの要因は，下限サービスに影響を与えることが非常に多い。また，下限サービスは提供時の状況要因によっても上下するだろう（一方，希望サービスはサービス・エクスペリエンスが累積されていくのに従い，非常にゆっくりと上昇する傾向がある）。たとえば，ある顧客の航空会社に対する希望サービスは，目的地に最も早く直行便で行けることであったとしよう。この顧客がマイレージを貯めて手に入れた「無料チケット」で旅をする場合，希望サービス自体はおそらく変化しないだろうが，「無料の旅」であるが故に，この旅に限り所要時間やトランジットについての容認範囲は拡大するかもしれない。航空会社も，こうした状況における顧客は下限サービスについてより低い水準であっても構わないと考えており，必ずしも最も早い直行便にはこだわらないことを知っている。

3 サービス・クオリティの理解

第3章でもみたように，サービスの購買プロセスの購買後ステージにおいて，顧客は期待したサービスと実際に得られたサービスとを比較対照している。顧客はサービス・デリバリーとアウトカムについてどの程度満足の行くものであったかを考え，サービス・クオリティについての判断を下している。サービス・クオリティ*と顧客満足*とは，相互に関連する概念であるが，両者は同じものではない。多くの研究者が，クオリティについての顧客の知覚は，企業のサービス・デリバリーの長期的な認識(コグニティブ・エバリュエーション)による評価に基づいており，顧客満足は特定のサービス・パフォーマンスに対する短期的かつ情緒的(エモーショナル)な

反応と考えている。[5]

　顧客は個々のエンカウンター後に満足ないし不満足のレベルの評価を行い，この情報を用いてサービス・クオリティについての認識を新たなものとする。しかし，クオリティに対する態度は，必ずしもサービス・エクスペリエンスだけに基づくものではない。顧客は，経験したことのないサービスであっても，そのクオリティ評価を知り合いからの口コミやサービス組織の広告キャンペーンに基づいてしばしば行う。しかしながら，特定のサービスのアウトカムについて満足か不満足かは，顧客は実際の経験をした上でないと判断することはできない。図表5-2は，期待，顧客満足，サービス・クオリティの相互関係を示すものである。

(1) 顧客はいかにしてサービス・クオリティを評価するか

　顧客はサービスの購買に先立ち，サービス・クオリティについての期待を抱く。期待は，個人のニーズ，過去の経験，口コミ，サービス組織の広告に基づく。サービスを購買し消費した後，顧客は期待したクオリティと実際に受けたクオリティとを比較する（図表5-2参照）。サービスが希望サービスを超えるもので，顧客を喜ばせ，良い意味で驚かせるならば，クオリティは優れているとみなされるだろう。もし，サービス・デリバリーが容認範囲に収まるのであれば，クオリティは受容できるものと感じられる。しかし，実際のクオリティが顧客の期待する下限サービスを下回るものであると，サービス組織のパフォーマンスと顧客の期待との間に食い違い——クオリティ・ギャップ[*]——が生まれることになる。ギャップはサービス・パフォーマンスのさまざまな局面で生まれてくる。これは図表5-3に示される。[6]

　顧客は，期待したサービスと実際に受けたサービスを比較して，サービ

＊サービス・クオリティ（service quality）：あるサービス組織のサービス・デリバリーについて顧客が長期的な認識に基づいて下す評価。

＊顧客満足（customer satisfaction）：特定のサービス・パフォーマンスに対する顧客の短期的かつ情緒的な反応。

＊クオリティ・ギャップ（quality gap）：サービス組織のサービス・パフォーマンスと顧客の抱く期待との食い違い。

図表5-2 期待，顧客満足，知覚されたサービス・クオリティの関係

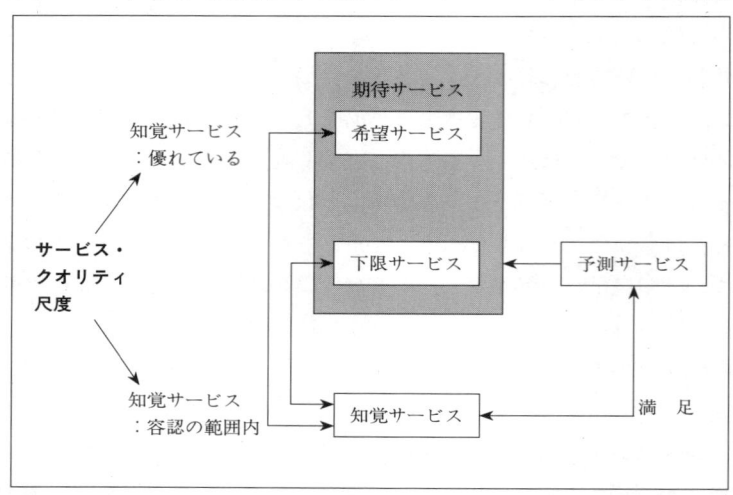

Valarie A. Zeithaml, Leonard L. Berry, and A. Parasuraman, "The Nature and Determinants of Customer Expectations of Services," *Journal of the Academy of Marketing Science* 21. no. 1 (1993): 1-12. より掲載。

ス・クオリティに対する全般的評価を行う。それ故，サービス・ギャップは，最も重要なものである。サービス・クオリティの向上の究極の目標は，サービス・ギャップを可能な限り最小化することである。サービス組織は，図表5-3に示されるように，サービス・ギャップに到る他の6つのギャップを小さくするようにせねばならない。サービス・クオリティについて，生じ得る7つのギャップとは以下に示されるものである。

①知識ギャップ：顧客が実際に抱いているニーズ・期待とサービス組織が考える顧客のニーズ・期待とのギャップ。

②スタンダード・ギャップ：サービス組織が考える顧客のニーズ・期待とデリバリーされるべくデザインされたサービス内容とのギャップ。

③デリバリー・ギャップ：デリバリーされるべくデザインされたサービス内容とサービス組織が実際にデリバリーできるサービス内容とのギャップ。

④インターナル・コミュニケーション・ギャップ：サービス組織が広告や従業員を通じ伝えるサービス・プロダクトの特徴，パフォーマンス，クオリティと，サービス組織が実際にデリバリーできるサービス内容とのギャップ。

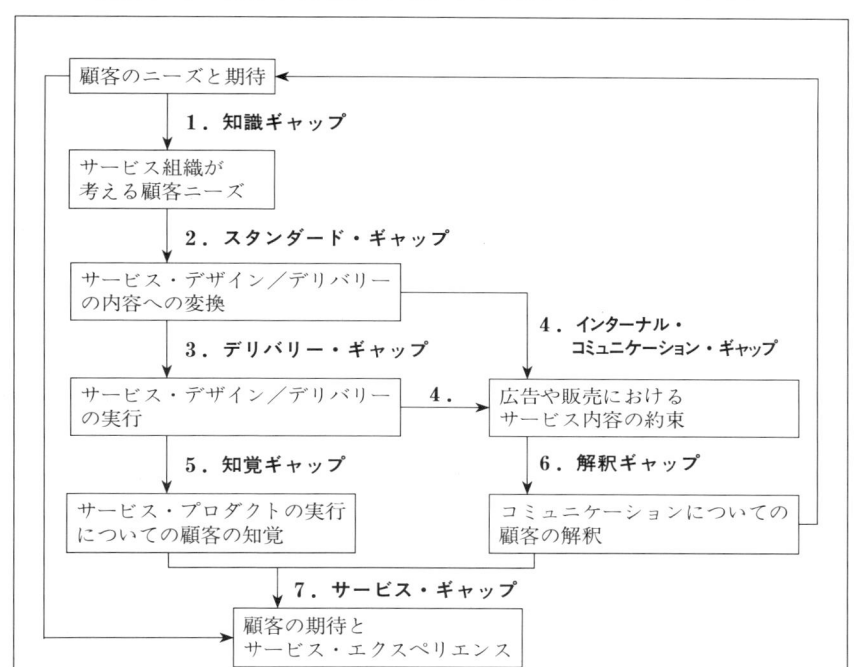

第5章 生産性とクオリティ:同じコインの両面

図表5-3　顧客の不満足につながる7つのクオリティ・ギャップ

```
顧客のニーズと期待 ←─────────────────────────────┐
      ↓  1．知識ギャップ                              │
┌──────────────┐                                   │
│サービス組織が │                                   │
│考える顧客ニーズ│                                  │
└──────────────┘                                   │
      ↓  2．スタンダード・ギャップ                   │
┌──────────────────────┐                           │
│サービス・デザイン／デリバリー│                    │
│の内容への変換        │                            │
└──────────────────────┘     4．インターナル・      │
      ↓  3．デリバリー・ギャップ  コミュニケーション・ギャップ│
┌──────────────────────┐   ┌──────────────┐        │
│サービス・デザイン／デリバリー│4．│広告や販売における│     │
│の実行                │──→│サービス内容の約束│    │
└──────────────────────┘   └──────────────┘        │
      ↓  5．知覚ギャップ        ↓ 6．解釈ギャップ   │
┌──────────────────────┐   ┌──────────────┐        │
│サービス・プロダクトの実行│   │コミュニケーションについての│ │
│についての顧客の知覚  │   │顧客の解釈    │        │
└──────────────────────┘   └──────────────┘        │
      ↓  7．サービス・ギャップ                       │
┌──────────────────────┐                           │
│顧客の期待と          │───────────────────────────┘
│サービス・エクスペリエンス│
└──────────────────────┘
```

Christopher H. Lovelock, *Product Plus : How Product + Service = Competitive Advantage* (New York : McGraw-Hill, 1994), 112 より掲載。

　⑤知覚ギャップ：実際にデリバリーされたサービス内容と顧客が受けたと知覚するサービス内容とのギャップ（顧客は，必ずしもサービス・クオリティを正確に評価することはできない）。

　⑥解釈ギャップ：サービス組織の行うコミュニケーションが約束するサービス内容と顧客がこれらのコミュニケーションを受け取り解釈するサービス内容とのギャップ。

　⑦サービス・ギャップ：顧客が期待するサービス内容と実際にデリバリーされ顧客によって知覚されるサービス内容とのギャップ。

　7つのギャップのいずれもが，顧客とのリレーションシップにダメージをもたらし得る。サービス・クオリティは，顧客のサービス・デリバリーに対

する全般的な態度であることを忘れてはならない。こうした態度は，満足・不満足のサービス・エクスペリエンスが積み重ねられて行って構成されるものである。サービス・エンカウンター毎に上記のサービス・ギャップを生じさせないようにしていくことは，サービス組織がサービス・クオリティについて良い評判を得るのに役立つだろう。

(2)　5つのクオリティ次元

サービス・ギャップだけが，サービス・クオリティについての顧客の判断を左右している訳ではない。顧客は他に5つの大きな次元を基準として用いている。[7]

■信頼性：約束したサービスをいつでも同じように供給することについてこのサービス組織は当てにできるだろうか。

■有形要素：サービス組織の物理的な施設・設備，従業員，パンフレットなどのコミュニケーション用具（マテリアル）は，サービスに相応しいものだろうか。

■反応性：サービス従業員は，良く気が付き，適時のサービスを提供することができるだろうか。

■確実性：サービス従業員は，知識豊富で礼儀正しく，信頼に足る存在であるだろうか。

■共感性：サービス組織は顧客への気遣いや顧客毎の注意を払っているだろうか。

5つの次元のうち，信頼性は，アメリカの顧客のサービス・クオリティの判断の最も重要なファクターであると一貫して考えられている。[8]信頼性はサービス・クオリティの中心である。これは他の4つの次元で良好であっても信頼性を欠くサービスは結局，劣ったサービスであるからである。もし，コア・プロダクトが信頼性を欠くままに行われるならば，顧客は当該サービス組織はサービス提供の能力に欠けると考えるだろうし，他のサービス組織に移ってしまうだろう。

信頼性はサービス組織に対しいくつかの大きな課題をもたらすものでもある。顧客がサービス・ファクトリーに加わりサービス生産に関与することも多い。それ故，顧客は不出来のサービスを――サービス組織側が修復する機

第5章　生産性とクオリティ：同じコインの両面　113

会もしばしばないまま——ダイレクトに経験する。また，サービスの多くは労働集約的である。それ故，従業員はサービス生産プロセスにサービス組織にとって容易にはコントロールできないような大きな変動性を与える。サービス組織の従業員は，それぞれパーソナリティ，技能(スキル)，態度の点で異なっている。同じ一人の従業員をとってみても，顧客側の態度とかそのときのタスクの複雑性といった状況要因によって，顧客毎に全く異なるサービスを提供することになるかもしれない。

　どんなサービス組織でもサービスの誤りは起こり得る。サービス組織の多くは誤りを最小限に抑え，顧客に信頼性あるサービスを提供することを追求している。レナード・ベリー（Leonard Berry）は，ハードロックカフェ・オーランドがサービスの信頼性にどのようにして取り組んでいるかを以下のように描写している。

　「ハードロックカフェ・オーランドは非常な成功を収めているレストラン兼小売店である。サービスを始めから正しく行うことがハードロックカフェ・オーランドの価値原則である。ハードロックカフェでは，誤りを最小化するために「ダブル・チェック」を強調している。ダブル・チェックの慎重さは，「誤りを回避するためにサービスを注意深く遂行せよ。もし，誤りが起きてしまったら，顧客に及ぶ前に正しいものとせよ。」というメッセージの表れでもある。ハードロックカフェでは，キッチンの2名の「特別」要員によってダブル・チェックを行っている。1人は，キッチン内に詰め，もう1人はキッチン・カウンターのところにいる。キッチン内の要員は全体の流れを見守り，料理の調理の仕方や野菜の新鮮さなど料理の質やその他のパフォーマンスに目を配る。キッチン・カウンターの要員は「チェック係」で，テーブルに運ばれる前に注文と料理とをもう一度照らし合わせ，必要な指示を出している。」[9]

　顧客はサービス・エクスペリエンスの後に信頼性を判断するので，信頼性は，サービス・アウトカムの尺度である。サービスは約束の通りにデリバリーされたかあるいはされなかったか。他の4つの次元——有形要素，反応性，確実性，共感性——は，プロセスに関わる次元である。顧客はサービス・デリバリーの間にもこれらを評価できるからである。顧客は，従業員やサービ

ス環境とのインタラクションにおいて、自身の期待を上回ると嬉しい気持ちになる。5つのクオリティ次元を理解することで、サービス組織は顧客の期待を超えるサービスを提供する機会を得ることになる。

(3) サービスの失敗から学ぶ

すべてのサービス組織が、効果的なサービス・リカバリーを実施するための手順を整えるべきである（これについては第7章で議論する）。しかし、「サービスを最初からきちんと行うこと」に勝るものはない。実際のところ、優れたサービス・リカバリー手順の整備をサービスの信頼性追求の代替物として容認することは本当に危険なことである。もしも問題が、何らかのコントロール可能な内部的要因で生じているのであれば、それが再三生じることは顧客の観点からもサービス組織の観点からも許されるものではない。サービスの失敗が繰り返し起こることは、顧客のサービス・クオリティに対する知覚を左右するし、サービス組織の生産性にも悪影響を与える。このことを良く理解するために、サービス・クオリティをモニターし、サービスの失敗の根本原因を明らかにするためのシンプルだが強力な手法（ツール）を以下にいくつか見て行こう。

クオリティ・コントロールの専門家にとってはもちろん数多くの手法があるが、次の4つはマネジャーがサービスの失敗を明確にし、効果的なサービス・リカバリー戦略をデザインするのにとりわけ役立つものである。

フローチャート 第4章でも紹介されたフローチャートは、サービス・デリバリー・プロセスを全体として吟味するのに有用な方法である。マネジャーがプロセス全体を理解すれば、潜在的な失敗ポイントがプロセスのどこにあるかをより簡単に見つけ出せる。どこで何が起こり得るかを知ることは、サービス・クオリティ上の問題を回避し、生産性を上げるための最初の重要なステップである。

コントロール・チャート コントロール・チャート[*]は、シンプルな方法で、特定のクオリティ基準についてのパフォーマンスを時間の流れでグラフ化す

---

[*] コントロール・チャート (control charts)：サービス・パフォーマンスの特定の変数があらかじめ決められた基準に対してどのように動くか、数量的な変化をグラフ化した図。

図表5-4 コントロール・チャート（旅客機の離陸時刻：15分までの遅れで離陸できた割合）

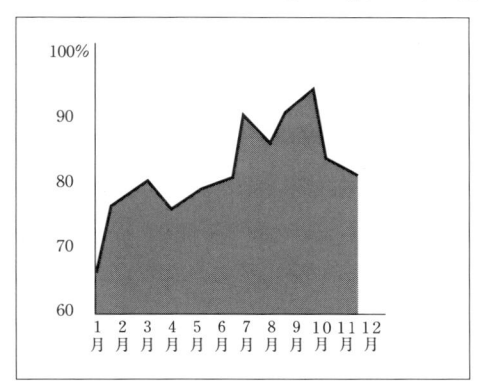

るものである。チャートは，グラフなので傾向が容易に明らかになる。図表5-4は，ある航空会社のパフォーマンスを定刻通りの離陸という最も重要な基準で図示したものである。図示される通り，パフォーマンスは不規則であり，満足行くものとはとても言えない。これはマネジャーにとって原因を解明すべき問題である。

フィッシュボーン・ダイアグラム　フィッシュボーン・ダイアグラム[*]（原因・結果チャート）は，元々は日本でメーカー向けに考案されたものである〔わが国では特性要因図と呼んでいる。特性は結果，要因は原因の意である〕。フィッシュボーン・ダイアグラムを作成するためには，まず，マネジャーと従業員とが特定の問題の原因をなすであろうファクターについてブレーンストーミングを行う。これにより得られたファクター群は，5つのグループ——設備，人員，原材料，手順，その他——のうちのいずれかにカテゴリー化される。もちろん，問題の発生はしばしば連続的であり，ある問題が別のカテゴリーの問題を引き起こすことを理解することも重要である。

図表5-5に示されるフィッシュボーン・ダイアグラムでは，5つではな

---

[*] フィッシュボーン・ダイアグラム（fishbone diagram）：チャートに基づく手法。原因・結果チャートとして知られる。特定の問題がさまざまな原因カテゴリーに分けて図示される。

図表5-5　原因・結果チャート（旅客機の離陸の遅れ）

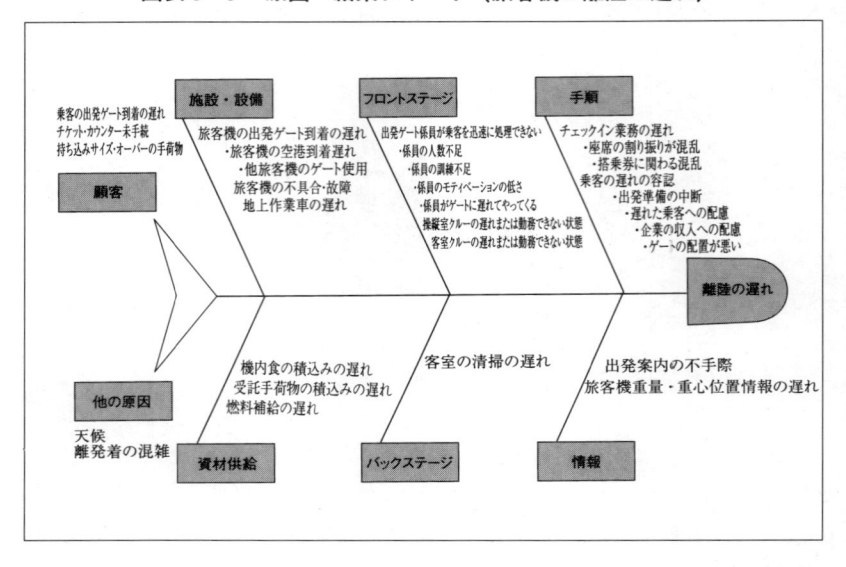

顧客
- 乗客の出発ゲート到着の遅れ
- チケット・カウンター未手続
- 持ち込みサイズ・オーバーの手荷物

施設・設備
- 旅客機の発着ゲート到着の遅れ
- 旅客機の空港到着遅れ
- 他旅客機のゲート使用
- 旅客機の不具合・故障
- 地上作業車の遅れ

フロントステージ
- 出発ゲート係員が乗客を迅速に処理できない
- 係員の人数不足
- 係員の訓練不足
- 係員のモティベーションの低さ
- 係員がゲートに遅れてやってくる
- 操縦室クルーの遅れまたは勤務できない状態
- 客室クルーの遅れまたは勤務できない状態

手順
- チェックイン業務の遅れ
- 座席の割り振りが混乱
- 搭乗券に関わる混乱
- 乗客の遅れの容認
- 出発準備の中断
- 遅れた乗客への配慮
- 企業の収入への配慮
- ゲートの配置が悪い

他の原因
- 天候
- 離発着の混雑

資材供給
- 機内食の積込みの遅れ
- 受託手荷物の積込みの遅れ
- 燃料補給の遅れ

バックステージ
- 客室の清掃の遅れ

情報
- 出発案内の不手際
- 旅客機重量・重心位置情報の遅れ

→ 離陸の遅れ

く8つのカテゴリー化がなされている。3カテゴリーは，サービス組織向けに工夫されたものである。たとえば，人員のカテゴリーは，フロントステージの従業員とバックステージの従業員とに分割される。分割は，フロントステージでのサービス問題が顧客によって直接に経験されることが多いのに対し，バックステージでの問題はより間接的にしか感知されないことを反映するものである。「情報」のグループは，「手順」から派生したものである。これはサービス問題の多くが情報関連の失敗から生じることによる。たとえば，航空会社では，旅客機の出発時刻についての適切ではない情報提供が，乗客の出発ゲートへの集まりを悪くしている。サービス用の拡張されたフィッシュボーン・ダイアグラムは，顧客という新しいカテゴリーを設けている。これは，顧客のサービス生産とデリバリーへの関与度合いの大きさを認めるが故である。

第3章でも述べたように，ハイ・コンタクト・サービスにおいて顧客は，フロントステージでのオペレーションにしばしば大きく関与している。もしも，顧客が求められる役割を正しく果たさないならば，サービスの生産性を

低下させる原因にもなるし，顧客自身や他の顧客たちにとっても問題を引き起こすことにもなる。たとえば，数百人乗りの旅客機の場合，たった1人の乗客の遅れやルール無視が出発時刻を遅らせる原因にもなり得る。図表5-5は，旅客機の離陸の遅れについて27の生じ得る原因を示している。

パレート分析　パレート分析[*]（この名称は，この分析手法を最初に開発したイタリアの経済学者の名前に由来する）は，観察された結果の主要原因を明確化するのに有用である。この分析手法では，ある変数（たとえば，サービスの失敗の数）のおおよそ80％が，原因変数の20％によって引き起こされることがしばしば示される。この現象は，80／20の法則(ルール)とも呼ばれる。先の旅客機の離陸の遅れについて実際に調べたところでは，遅れの88％が27の起こり得る原因のうちたった4つ（原因の15％）によって引き起こされていることが分かった。ここから，マネジャーは，すべての起こり得る原因に同時に等しく取り組むのではなく，これら4つの原因に集中的に対処すべきことが明らかになる。このことは，とりわけ時間や他の資源が限られている中では意義あることである。

4　顧客満足

顧客は個々のサービス・エクスペリエンスについて，さまざまなレベルの満足ないし不満足を経験する。満足・不満足のレベルは，サービス・エクスペリエンスが顧客自身の期待にどの程度合致したかあるいは期待を超えるものであったかに応じる。満足は情緒に関わる状態であるが故に，顧客の購買後のリアクションは，怒り，不満足，苛立ち，どちらでもない，喜びなどさまざまなものとなり得る。

(1)　満足，ディライト，ロイヤルティ

怒りや不満足を感じる顧客は他のサービス組織に移ったり，マイナスの口

＊パレート分析（Pareto analysis）：生じている問題と考えられる原因ファクターについて，問題のうちどれだけの割合が，どのファクターによってそれぞれ生じているのかを分析する手法。

コミを広めたりする。こうした顧客は，明らかに扱いの難しい存在である。では，顧客を満足させればそれで十分であろうか。結局，プロダクトについて完璧であるということはないし，人というものはいつでもそう簡単に喜ぶものでもない。満足さえさせれば良いというアプローチをとるサービス組織は，問題に直面することになるだろう。単に満足した顧客では十分ではないという多くの証拠もある。[12] ようやくの所で満足している顧客やどちらでもない中立顧客は，競合者からの働きかけに簡単に乗ってしまうことがある。しかしながら，完全な満足を得ている顧客は，魅力的な競合サービスに直面してもロイヤルティを保持し続ける傾向がある。顧客満足は，競争の激しい産業で特に重要な役割を果たす。しかし，単に満足している顧客と完全に満足している──この状態は「ディライト」と表現される──顧客とではロイヤルティに非常に大きな差異がある（図表5-6を参照）。たとえば，銀行の個人顧客に対するある調査では，完全な満足を感じている顧客は，単に満足している顧客よりも当該銀行に対しかなり高いロイヤルティを持っていた。

　顧客の満足レベルを上げるためには，サービス組織はまず，現在の顧客が実際のところどの程度の満足ないし不満足を感じているのかを明らかにせねばならない。満足の測定の最も一般的な方法は，顧客への質問によるものである。この方法では，まずどのファクターが顧客の満足に重要であるかを明らかにし，次にこれらのファクターについて当該サービス組織と競合組織群についてパフォーマンスを評価してもらう。顧客満足の測定で，多くのサービス組織で用いられているのは，次の5点尺度である。

　レベル1＝非常に不満足である。
　レベル2＝やや不満足である。
　レベル3＝どちらでもない。
　レベル4＝やや満足である。
　レベル5＝非常に満足である。

　顧客満足調査を行うことで，サービス組織にはロイヤルな顧客がどれだけいるのかや顧客の離反のリスクはどの程度かが推計される。

　顧客満足レベルが1～3の顧客は，離反の可能性が高いだろう。レベル4の顧客は，幾分こだわりがなく，競合サービスからの誘いによって離反する

第5章 生産性とクオリティ：同じコインの両面　119

図表5-6　競争環境と満足−ロイヤルティ関係

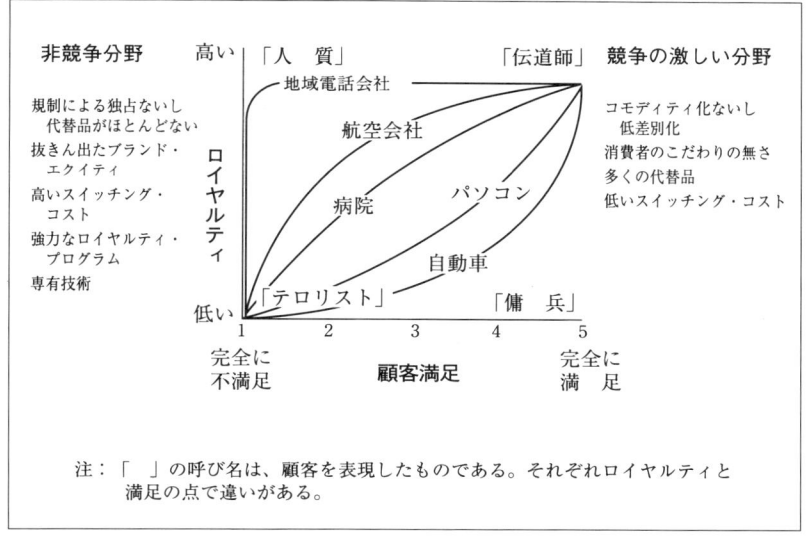

```
非競争分野          高い  「人　質」        「伝道師」   競争の激しい分野

規制による独占ないし        地域電話会社                   コモディティ化ないし
代替品がほとんどない                                       低差別化
抜きん出たブランド・         航空会社                      消費者のこだわりの無さ
エクイティ          ロ                                    多くの代替品
高いスイッチング・   イ     病院      パソコン            低いスイッチング・
コスト              ヤ                                    コスト
強力なロイヤルティ・ ル
プログラム          テ               自動車
専有技術            ィ
                    低い 「テロリスト」     「傭　兵」
                        1    2    3    4    5
                     完全に         顧客満足        完全に
                     不満足                         満　足

注：「　」の呼び名は，顧客を表現したものである。それぞれロイヤルティと
　　満足の点で違いがある。
```

Thomas O. Jones and W. Earl Sasser, Jr., "Why Satisfied Customers Defect," November-December 1995, 91. の図。*Harvard Business Review* の許可を得て転載。(copyright © 1995 by the President and Fellows of Harvard College ; all rights reserved.)

可能性がある。満足レベルが5の顧客だけが，ロイヤルであると言い切ることができる。図表5-6にみる顧客満足尺度の両端の顧客グループ——「テロリスト」と「伝道師」——は，サービス組織にとって特に重要な意義を持っている。テロリストはすべてのサービス組織にとっての悪夢である。テロリストは単に離反するばかりではない。彼らは自身の怒りや不満の気持ちを他の誰かれなく共有しようとする。彼らの得た悪いサービス・エクスペリエンスは，当該サービス組織によって修復されることは絶対にない。彼らは可能な限りマイナスの口コミを広めることに専心する。これとは対照的に，伝道師はすべてのサービス組織にとって理想の顧客である。伝道師は，サービス・エクスペリエンスに非常に満足している顧客であって——これはサービス・エクスペリエンスが期待を大きく上回ったことによる——，自身の熱狂的支持を他の人々に伝え，共有したいという強い想いを持っている。彼らは非常にロイヤルであり，その明白な満足ぶりは他の顧客をも惹き付ける。す

べてのサービス組織にとって、伝道師を育てる一方でテロリストの発生を回避することは、重要な目標である。[13]

(2) 顧客満足についての情報を使う

サービス組織が顧客から満足データを集めると、次のステップは、満足レベルを上げるのに最も適切な戦略とはどんなものかを決定することである。もしも、ほとんどの顧客の満足レベルが1～2にあれば、サービス組織のコア・プロダクトのデリバリーにおそらく問題があるのだろう。コア・プロダクトは、当該産業におけるサービス提供者であれば供給可能であると顧客が期待するベネフィットの基本パッケージを指す。コア・プロダクトのデリバリーは、第4章ですでに議論した「やらねば生き残れない」ファクターである。このファクターは、顧客の期待レベルの上昇、競合サービスの変化、新規競合者の参入によって、しばしば変化する。ここでの問題解決は、サービス組織の基本プロダクトを顧客が考える当該産業のスタンダードに確実に合致するようにすることである。満足・不満足どちらでもない顧客（満足レベル3）とやや満足顧客（レベル4）は、コア・プロダクトについてはおそらく満足している顧客であろう。しかし、基本プロダクトをより効果的にし、使いやすくする補足的サービス要素については、もっと首尾一貫したものであることを求めている。ここでは、第4章で述べた「やらねば衰退する」や「競合者と均衡する」の要素が関わってくるだろう。何らかの問題が生じた場合、サービス組織はサービス・リカバリーを責任を持って行わねばならない。そうすれば顧客が不満足のカテゴリーに移行することは避けられるだろう。満足レベル3, 4の顧客の割合が高いサービス組織は、サポート・サービスの幅を広げ、サービス・デリバリーにおいて生じた問題を修復するための積極的なリカバリー戦略を開発せねばならない。

満足レベル5の顧客は、当該サービス組織が顧客毎の好み、ニーズ、期待、抱える問題を良く理解し対応してくれていると考えている。レベル5の顧客を多く抱えるサービス組織は、これまで顧客に目を向け、顧客の言い分に注意深く耳を傾けてきた。結果として、十分に多くの「競合者に打ち勝つ」要素（第4章参照）をサービスに組み込んできた。しかし、「競合者に打ち勝

つ」要素は，競合者によって模倣されて，「競合者と均衡する」要素に転化することがある。それ故，サービス組織は，引き続き顧客に目を向け，耳を傾けて，顧客を十分に満足させる新しい方法を見つけていく必要がある。

(3) 顧客満足のベネフィット

サービス組織はいずれもが，顧客を満足させるようなサービスを供給したいと考えているだろう。しかし，これだけが目標ではない。サービス組織は，競争優位の構築や収益確保といった他の基本的ビジネス目標をも忘れるべきではない。顧客満足は，サービス組織に多くのベネフィットをもたらす。顧客満足がより高いレベルになればなるほど，より大きな顧客ロイヤルティが生まれる。長期的には，顧客が次々入れ替わりいつでも新規顧客を惹き付ける努力をしているよりも，良い顧客を保持し続ける方が，よほど収益に貢献する。高い満足度の顧客は，良い口コミを広め，実際のところサービス組織にとって歩き，話す「広告塔」の役目を果たしてくれる。これにより，サービス組織は新規の顧客を低コストで集めることができる。高い満足度の顧客の存在は，特にプロフェッショナル・サービス（たとえば，歯科医，弁護士，会計士など）の場合，重要である。これらのサービスでは，評判の良さや口コミが新規の顧客にとって重要な情報源となるからである。[14]

サービス生産に伴う変動性故に，何らかの意味での問題は不可避的に生じる。高いレベルの満足は，こうした際の一種の保険でもある。長期的顧客は，こうした状況にはより寛容である。ときに生じる余り良くないサービス・エクスペリエンスもこれまでの良好なエクスペリエンスによって相殺されるからである。また，高い満足度の顧客は，競合サービスにも容易に影響されることがない。顧客満足は，顧客リテンション，マーケット・シェア，収益に直接に結び付く。各サービス組織が，顧客満足の向上に熱心に取り組むことは無理からぬことである。

(4) リターン・オン・クオリティ（ROQ）

顧客満足を向上させるための戦略をデザインし実行することは，コストがかかることが多い。それ故，サービス組織はどのようなサービス・クオリテ

ィ向上の努力が最も大きな財務上のリターンを生むかを決定せねばならない。こうした投資に関わるアプローチは，サービス・クオリティへの投資収益率，すなわちリターン・オン・クオリティ*（ROQ）と呼ばれる。サービス組織に対する調査や顧客の苦情調査によれば，サービス・クオリティ上の問題の中には，顧客にとってとりわけ重要な問題があり，修復にもコストがかかるものとそれ程でもないものとがあるという。さらにクオリティ向上の努力のすべてがいつも酬われる訳ではない。ROQアプローチは，サービス組織が問題修復に投資する際の優先順位を決めるのを手助けする。最も良い財務上のリターンを産むような投資のあり方は何か。予想される財務リターンに従い，クオリティ向上努力を順序立て，優先順位を決める。ROQアプローチの目標は，これらを体系だったやり方を進めることにある。

(5) クオリティ情報システムの構築

優れたサービス・クオリティで知られているサービス組織は，顧客と第一線で働く従業員の双方から上手に情報を得ている。情報収集を効果的に行い，マネジャーに有用でタイムリーなデータを供給するためには，サービス組織はサービスの調査システムを創り上げる必要がある。このことについて，レナード・ベリーは *On Great Service : A Framework for Action* の中で次のように述べている。「企業は，サービス・クオリティ情報システムを構築する必要がある。これは調査のためだけではない。サービス・クオリティ調査は，言わばある一時点でのスナップショットのようなものである。より深い洞察や変化の大きなパターンの理解は，数多くの観点から多様な問題領域を取り上げて継続的な調査をしていくことから生まれるのである。」

ベリーによれば，継続的調査は，各調査手法の組み合わせの形で実施されるべきことが推奨される。調査手法は組み合わせられ，サービス組織のサービス・クオリティ情報システム*を構成する。

＊リターン・オン・クオリティ（ROQ: return on quality）：サービス・クオリティの向上に投資することで得られる財務上のリターン。

＊サービス・クオリティ情報システム（service quality information system）：サービスの継続的調査システム。顧客の満足，期待，クオリティの知覚について，マネジャーに有用でタイムリーなデータを供給する。

サービス・クオリティ情報システムを構成する内容としては，以下の調査が挙げられるだろう。

■購買調査。
■トータル・マーケット調査。
■ミステリー・ショッピング調査。
■新規の顧客，購買頻度の低下した顧客，以前の顧客に対する調査。
■フォーカス・グループ・インタビュー。
■従業員のフィールド・レポート。

購買調査　購買調査は，顧客満足やサービス・エクスペリエンスへの知覚を測定するものである。これは，顧客の心に鮮やかなうちに実施される。調査は，サービス・エンカウンターの直後ないし数日内に行われる。[17] ホテルやレストランといったサービス組織は，顧客に書き込んでもらう方式のアンケート用紙を部屋やテーブルに置いている。顧客がアンケートに答えることに次回のディスカウント・クーポンなど何らかのインセンティブを準備する場合もある。調査が，店舗に置かれたタッチ・パネル式のスクリーンを備えた機械を顧客が操作することで行われることもある。

トータル・マーケット調査　トータル・マーケット調査の目的は，顧客のサービス・クオリティに対する全般的評価を測定するものである。全般的評価は，顧客の経時的なサービス・エクスペリエンスの累積の結果であるので（また，この種のデータの収集は大きなコストがかかるので），トータル・マーケット調査は，購買調査に比較して実施されることが少ない。この調査では幅広い範囲の情報が集められる必要がある。集められる情報には，顧客の期待，知覚，先に議論した5つのクオリティ次元，顧客の再購買意向，他顧客への推奨意向などが含まれる。サービス組織は，トータル・マーケット調査を競合者のサービス・クオリティの測定にも用いることができる。しかしながら，この場合，サービス組織は，まず自身の競合ポジションを正確に知るために顧客および非顧客の双方からサンプルをとる必要がある。

サービス組織は，SERVQUAL[18*]と呼ばれる手法を用いて，上記の情報を顧

---

* SERVQUAL：標準化された21の尺度からなる。サービスの重要なクオリティ次元について期待と知覚とを測定する。

客から集めることがある（SERVQUAL 尺度についてはコラム 5-1 を参照されたい）。SERVQUAL ではまず顧客は各尺度に答えることを求められる。各尺度は，サービス組織に対する顧客の期待を測定するもので，5 つのクオリティ次元のさまざまなサービス特性に関するものとなっている。次に，実際のサービス・パフォーマンスについての知覚を同じ尺度で調べる。受けたと知覚するパフォーマンスが期待よりも下回る場合には，サービス・クオリティが劣ったものであることを示す。逆の場合は，優れたクオリティであることを示している。

ミステリー・ショッピング調査　ミステリー・ショッパーは，サービス組織に雇われ普通の顧客として振る舞う。予告なく現れ，物理的なサービス環境と顧客・従業員間のインタラクションとを観察する。この手法の利点の一つは，個々のサービス従業員のパフォーマンスをチェックできるところにある。訓練不足の従業員を見つけ出したり，あるいは優れたパフォーマンスの従業員に酬いるための情報を与える。セーフウェイのような小売業では，顧客サービスを向上させるためにミステリー・ショッピングの調査手法を日常的に用いている。

しかしながら，サービス組織は，この手法を用いるときはサービス従業員の感情に敏感であるべきである。これは従業員にとってミステリー・ショッパーは彼らをスパイする存在であるように感じられることがしばしばあるからである。ミステリー・ショッピング調査をうまく行うためには，どんな基準で評価されるのかやミステリー・ショッパーとの 1 回限りでのエンカウンターではなく複数回のエンカウンターによってサービス・クオリティが判断されることを従業員に十分に周知する必要がある。店舗毎にサービス・クオリティ基準とミステリー・ショッパーから良い評価を受けた従業員の名前リストを掲示しているサービス組織もある。

新規の顧客，購買頻度の低下した顧客，以前の顧客に対する調査　利用を止めてしまった以前の顧客に対し，サービス・クオリティのどの部分に不備があったのかを尋ねることは——冷静な情報が得られるとすれば——有用なことである。だんだんと利用の減ってきている顧客を把握する調査も，なぜ顧客がサービスを利用しなくなっているのかを明らかにすることができる。また，

コラム5-1　SERVQUALの尺度

SERVQUAL尺度には，5つのクオリティ次元（有形要素，信頼性，反応性，確実性，共感性）が含まれる。各次元には，いくつかの項目がある。それぞれ「全くそう思う」から「全くそう思わない」に至る7点尺度で計測される。項目は合計で21項目ある。

SERVQUALの内容（期待の測定）

実際の調査対象者には，インストラクション文が示される。個々の項目には「全くそう思う」＝7から「全くそう思わない」＝1に至る7点尺度が付けられる。尺度の両端（1と7）だけに「全く…」の説明文がある。他の2から6については何も説明は付かない。

有形要素（TANGIBLES）
- 優れた銀行（この部分にはケーブル・テレビ会社，病院，その他のサービス・ビジネスを入れることもできる。以下同じ）ならば，最新の設備を備えている。
- 優れた銀行ならば，物理的な施設は，外見上も魅力的である。
- 優れた銀行ならば，従業員は身なりや態度も洗練されている。
- 優れた銀行ならば，サービスに関連する各種用具（パンフレットや説明書など）は，良く工夫され見栄えが良い。

信頼性（RELIABILITY）
- 優れた銀行ならば，特定の期日・時間までに行うと約束したことは，必ずその通りに遂行する。
- 優れた銀行ならば，顧客が何か問題を抱えたときは，心からの関心を持って解決を手助けしてくれる。
- 優れた銀行ならば，最初からサービスをきちんと遂行できる。
- 優れた銀行ならば，約束した時間通りにサービスを供給できる。
- 優れた銀行ならば，これまで記録上の間違いは1度もないことを表明できる。

反応性（RESPONSIVENESS）
- 優れた銀行ならば，従業員はいつサービスが行われるか顧客に正確に表明できる。
- 優れた銀行ならば，従業員は顧客に適時のサービスを提供できる。
- 優れた銀行ならば，従業員はいつでも進んで顧客の手助けを行うことができる。
- 優れた銀行ならば，従業員は忙しさにかまけて顧客の要望に応えられないということはあり得ない。

確実性（ASSURANCE）
- 優れた銀行ならば，従業員の行動は顧客に信頼感を与えるものである。
- 優れた銀行ならば，利用顧客は取引に安心感を持つものである。
- 優れた銀行ならば，従業員は顧客に対しどんなときでも礼儀正しく接する。
- 優れた銀行ならば，従業員は顧客からの質問に答えることのできる十分な知識を持っている。

共感性（EMPATHY）
- 優れた銀行ならば，顧客にそれぞれ個別の目配りをするものである。
- 優れた銀行ならば，すべての顧客にとって便利な営業時間を採用している。
- 優れた銀行ならば，従業員は顧客に直接の人的な目配りをすることができる。
- 優れた銀行ならば，従業員は顧客毎のさまざまなニーズを理解することができる。

A. Parasuraman, Valarie A. Zeithamal, and Leonard Berry, "SERVQUAL : A Multiple Item Scale for Measuring Consumer Perceptions of Service Quality," *Journal of Retailing* 64 (1998) ; 12-40. より掲載。

いずれ顧客が完全に離反してしまうのかどうかも予測できるかもしれない。新規顧客に対する調査も，何によって当該サービス組織を利用するようになったのかの情報を与える。この情報には，サービス組織の評判やマーケティング・コミュニケーションがどの程度影響力を持つのかの情報も含まれる。上記の各調査を行えば，サービス・クオリティの持つ財務上の効果が一層明白なものとなるだろう。

顧客が規則的にサービスを利用するとか，サービスの利用が顧客単位できちんと記録されるようなサービス・ビジネスにおいては，新規の顧客，購買頻度の低下した顧客，あるいは以前の顧客に対する調査は，より容易なものとなろう。たとえば，セーフウェイでは，最近新しく導入した「メンバーシップ・カード」によって，個々の顧客の買物を継続的に記録することが可能になるので，この種の調査を容易に行えるようになるはずである。顧客の連絡先もカード作成の際に訊くので，セーフウェイは，顧客にコンタクトをとることもできる。また，セーフウェイは，ロイヤルな顧客に対して特別割引やキャッシュ・バックを行う上でもメンバーシップ・カードを活用することができるだろう。

フォーカス・グループ・インタビュー　フォーカス・グループ・インタビューは，特定のテーマや問題について代表すると思われる顧客を集めさまざま意見を述べてもらうことをいう。このサーベイは，通常は数時間をかけ，訓練を受けた司会者によって進められる。司会者は参加者たち——典型的には6名から10名まで——がテーマを逸脱しないように方向づける。フォーカス・グループ・インタビューは，サービス問題について深い情報を得たり，解決法を明確化するのに特に有用な方法である。また，顧客がサービス・クオリティを評価する上でどんな点を基準にしているかを明らかにするのにも役立つし，これを新しいサービスのアイディアに反映させることもできる。しかしながら，フォーカス・グループ・インタビューの情報は，そのまま当該市場セグメント全体には当てはめるべきではない。さらなる量的な調査が必要である。

フォーカス・グループ・インタビューは，参加者と対面して行われるが，これを遠隔的に行う企業も現れている。たとえば，ケーブル・テレビ・ネッ

トワークのニコロデオンは，同社のテレビ番組とマーケティングに対する反応を調べるために8歳から12歳の視聴者を対象にオンラインによるフォーカス・グループ・インタビューを行っている。ニコロデオンは，「オンライン・インタビューは，従来の方法よりも情報を低コストで迅速に得ることができる。しかし，もちろん他の市場調査手法も併用されるべきである。」と述べている[19]。

従業員のフィールド・レポート　サービス・クオリティについてのデータのほとんどは顧客から収集されるが，サービス組織の従業員もまた，貴重な質的情報源となり得る。従業員によるフィールド・レポートは，従業員が顧客とのインタラクションや顧客の行動の直接の観察の中でどんなことを見て取ったかを明らかにする調査方法である。データは，質問紙による調査，電話インタビュー，フォーカス・グループ・インタビューの形で集められる。従業員はまた，サービス・エンカウンターにおいて生じたクリティカルな出来事（インシデント）についても記録することが可能である（クリティカルな出来事とCITについては第3章で議論した）。

5　サービス組織の生産性問題

本章の最初で述べたように，あらゆるサービス・ビジネスにとって重要な課題は，コストと両立させつつサービス・クオリティを向上させることにある。別の言い方をすれば，サービス組織は，顧客満足やサービス・クオリティにマイナスの影響を及ぼさないようなやり方で生産性を向上させるよう努力する必要がある。ごく簡単に定義すれば，生産性は，サービス組織がインプット*をアウトプット*にどれだけ効率的に転換できるかを指している。インプットはビジネスがどんなものかによってさまざまであるが，いずれにしても労働（肉体労働，頭脳労働の双方），原材料，エネルギー，資本（土地，

＊インプット（inputs）：サービスを創り出すのに必要なすべての資源（労働，原材料，エネルギー，資本）を指す。
＊アウトプット（outputs）：サービス・デリバリー・プロセスの最終アウトカム。顧客は最終アウトカムを受け取り，評価する。

建物，設備，情報システム，金融資産）が含まれるだろう。一方，サービス・アウトプットは，サービス・デリバリー・プロセスの最終アウトカムを指している。

(1) サービス生産性の測定

　サービス・パフォーマンスは無形のものである。それ故，サービス産業において生産性の測定はしばしば難しいものとなる。測定は，「所有物を対象とするサービス」において最も容易なものとなろう。多くの場合，インプットとアウトプットが容易に測定できる常軌的(ルーティン)なタスクが遂行されており，組織も製造業のそれに近似しているからである。たとえば，自動車のエンジン・オイル交換やタイヤ交換を行う簡易整備サービスや少数のメニューに絞り込んだファースト・フード・レストランがこれに当たる。もちろん，自動車のエンジンの故障修理といった技術を要求されるサービスの場合や豊富なメニューを誇る外国料理レストランの場合は，生産性はそう簡単には測定できなくなる。

　病院のような「人を対象とするサービス」の場合は，1年間にどれだけの患者を治療したかを知ることができるし，比較のため医療センサスを利用することもできる。しかし，さまざまな処置や治療がなされていること――たとえば，腫瘍切除手術，糖尿病治療，骨折治療など――や患者毎の多様性はどのように考えれば良いのだろうか。また，サービス・アウトカムの違いをどう評価すれば良いのか。回復に向かう場合，合併症を引き起こす場合，残念ながら手遅れになる場合，サービス・アウトカムはさまざまである。医療では，所有物を対象とするサービスと比較すれば，アウトカムの予測可能性は低くなり，手順を標準化することは難しくなるだろう。

　「情報を対象とするサービス」について考えてみよう。たとえば，銀行やコンサルティング会社のアウトプットをどのように定義できるだろうか。建築家のアウトプットは弁護士のアウトプットとどのように比較可能か。弁護士の中には時間当たりの報酬が高いことを自慢する者もいるようである。しかし，時間内に弁護士が実際のところ何をしているか，報酬に見合ったアウトプットなのかどうかを測定するにはどうしたら良いであろうか。弁護士サ

ービスの生産性の正確な指標はあるだろうか。

　教育といった「メンタルな刺激を与えるサービス」においても生産性の測定は難しい問題である。今日では，多くの大学が，アウトプットをきちんと裏付け，文書化することを求められている。教授は授業の準備や学生の指導にどれだけの時間を費やしたか，大学や地域社会，教授自身の研究分野への貢献はどうか。これらについて大学は，どのようにして測定するかの方法に取り組んできた。また，大学（あるいは卒業生）は学位の持つ価値をどんな方法で評価できるのか。あるいは，優れた教授と凡庸な教授の差とその価値についてはどのようにして評価可能なのか。

　変動性は，サービス生産性を測定する際の大きな問題である。しかし，伝統的なサービス・アウトプットの測定ではサービスのクオリティや価値の差異は無視されてきた。たとえば，貨物輸送では，輸送の遅れた場合も時間通りの場合もいずれもアウトプットはトンマイルで表現される。[20]また，サービスのスピードは早いが，顧客の知覚クオリティが犠牲となっている場合を考えてみよう。たとえば，ある美容師が顧客と一言も言葉を交さず，すべてのプロセスを手早く急いで機械的にすませることにより，時間当たりの扱い顧客数を増やしたとしよう。この場合，ヘアカット自体が良いものであっても，顧客は全体としてのサービス・エクスペリエンスには良い評価を下さないだろう。さまざまな次元で，顧客が期待するサービスの下限レベルを下回っているからである。

(2) 生産性と顧客満足[21]

　上の「生産性の高い」美容師の例は，サービス組織にとっての重要な問題を指し示すものである。多くのサービス組織が生産性とクオリティの双方を向上させることを望んでいるが，両者は常に両立する訳ではない。マネジャーは，量（生産性）と質（クオリティ）のトレード・オフを考える必要があるだろう。これは，とりわけ，サービスが顧客毎にカスタマイズされることが顧客満足につながる場合はそうである。一方，十分に標準化された方法で物財とサービスとが混合物として提供される場合——たとえば，通信販売業，衣料品店，ファースト・フード・レストランなど——は，高レベルの生産性

と顧客満足の両立が可能である。たとえば、タコ・ベルは、顧客満足につながる生産性の向上を非常にうまく行っており、これは収益性向上にも大きく貢献している。

しかしながら、航空会社、銀行、旅行会社といったアウトプットがより無形のサービス組織の場合、最大の収益は、より高い顧客満足と相対的に低い生産性に結び付いているものである。それ故、よりカスタマイズされたサービスを提供するのであれば、顧客満足の向上が確保されるものでなければならない。ここでは顧客のサービス・クオリティの知覚にマイナスの影響を及ぼさない限りにおいて、生産性の向上が図られねばならない。

不幸にして、サービスの生産性向上の努力は、人的コストの削減に集中する傾向がある。フロントステージの従業員を削減することは、残った従業員でより忙しく早く働かねばならなくなり、しかもピーク時には顧客に迅速にサービスを提供するのが困難となることを意味する。従業員は一時は忙しく早く働くことはできるだろうが、こうしたペースが何時までも続けられる訳ではない。従業員はやがて疲れ果て、ミスも多くなり、顧客にも無関心で冷淡に接するようになる。また、一度に2つとか3つのタスクを課されると——たとえば、接客をしながら電話にも出て、書類も整理する——どのタスクもおろそかになる。生産性向上の過度のプレッシャーは、従業員全体に不平不満の気持ちを育てる。とりわけフロントステージの従業員は、個々の顧客ニーズに応えるよう努力を求められる一方で、生産性目標の達成にも努力せねばならないので、難しい立場に置かれる。

しばしばサービス組織は、技術の助けを得て、コストを削減すると同時に顧客満足も高めるようなサービス・プロセスの簡素化を行うことができる。たとえば、タコ・ベルにとっては、高品質だが低価格のファースト・フードを顧客に提供することが戦略の基本であり、コスト削減が非常に重要な問題である。同社の「バリュー・メニュー」の価格設定はマージンをも削減していることを意味している。コスト削減は至上命題だが、ではどの部分を削減するのか。タコ・ベルでは、「Kマイナス」（Kはキッチンの K）と呼ばれるアプローチを採用している。食材の下ごしらえについて機械を導入し人に頼る部分を削減し、また最も時間のかかる下ごしらえ作業についてはアウト

ソースすることにより，店舗のキッチン面積を40％削減することが可能となった。これにより店舗を広く使えるようになり，従業員も顧客対応に回れるようになった。この変化により，オペレーション・コストが削減され，顧客の平均待ち時間も70％以上短くなった。

生産性を向上させる他の追加的アプローチもいくつかある。たとえば，サービス生産に顧客をもっと積極的に関与させること，顧客の需要時間帯をシフトさせること，予約・請求・支払いのようなタスクについて代理業者を利用すること，である。これらについては後の章で扱おう。

6　結　論

サービス組織は，生産性向上とサービス・クオリティ向上とを分離することはできない。もし，両者を全く分離してしまえば，オペレーション・マネジャーの行う生産性向上努力は，顧客の受け取るサービス価値を落とすものとなってしまうだろうし，マーケティング・マネジャーの導入するサービス・クオリティ・プログラムは，オペレーションを複雑にし，コストを上げ，収益を悪化させるものとなってしまうだろう。成功しているサービス組織は，さまざまなクオリティ次元における顧客の期待を理解し，不満足につながるサービス・クオリティ・ギャップの分析を行って，サービス・クオリティ向上の努力を行っている。こうした組織では，もし問題が発生すれば，本質的な原因を探ることで再発を回避している。また，こうした組織のイノベーションへの努力は，生産性とクオリティとを同時に高めるような新しいアプローチに向けられていることも多い。

高いサービス・クオリティを実現しているサービス組織は，顧客と従業員——とりわけ顧客と直接に接するフロントステージの従業員——，双方の言に良く耳を傾けている。こうした組織は，さまざまな調査手法からなるサービス・クオリティ情報システムを構築している。これにより，顧客満足とサービス・クオリティとを測定している。しかしながら，生産性の測定は，サービス・パフォーマンスの無形性故に困難なものとなり得る。残念ながら，これまで伝統的に行われてきたサービス・アウトプットの測定では，サービ

ス・クオリティや顧客の知覚価値の変動性は無視されてきたと言える。

第6章
リレーションシップ・マネジメントと顧客ロイヤルティの構築

プロダクト要素	………………
場所と時間	生産性とクオリティ
プロモーションとエデュケーション	**人的要素**
サービスの価格とその他のコスト	………………

本章の目標
- マーケット・セグメンテーションの原理とは何か。特に顧客行動との関係においてマーケット・セグメンテーションを理解する。
- 特定のセグメント群をターゲットとして選択する際に、どんな基準に基づき優先順位を決めるかを理解する。
- 供給能力に限りのあるサービス組織が、複数の市場セグメントをターゲットとする必要性を理解する。
- サービス組織にとってすべての顧客が魅力的な訳ではない。顧客の適切ではない行動をどのように扱うかの戦略を理解する。
- ロイヤルであり続ける顧客の価値を算出する。財務上の成功を決定づけるロイヤルティの役割を理解する。
- 顧客のロイヤルティを育てるためのプログラムを理解する。

1　適切な顧客をターゲットとして選ぶ

　「マス・マーケティング」の語を聞くことは今日ではますます少なくなってきている。代わりに語られるのが、「フォーカス」、「ターゲッティング」、「マス・カスタマイゼーション*」の語である。これらは、マーケット・セグメンテーション*の考えを基礎に置いている。顧客全員に何もかも提供しよう

とするのではなく，どんなタイプの顧客に十分に奉仕でき，ロイヤルティを育てることができるのかを，ますます多くのサービス組織が良く考えるようになっている。マーケット・セグメンテーションはマーケティングにおいて最重要の概念である。マーケット・セグメンテーションの重要側面についてはコラム6-1にまとめてあるので参照されたい。

単一のセグメント*だけを相手にすることで生き残れるサービス・ビジネスはごく少ない。本章では，いくつかのターゲット・セグメント*をミックスないしポートフォリオとして注意深く選び，各セグメントで顧客のロイヤルティを確保し維持していくことの重要性を強調したい。すべてのセグメントがサービスの提供に値する訳ではないし，すべてのセグメントを維持しようと努力することは現実的ではないことにも留意されたい。ある研究者は，銀行についての議論の中で，このことについて以下のように的確に述べている。

「銀行の顧客を構成する人々を全体としてみると，当該銀行が提供できるサービス・レベルでは満足させることのできない人や，銀行の提供する諸資源の利用はするものの得られる収入からみてけっして引き合わない人を含んでいる。どんな銀行も，ニーズについて競合者よりもより良くしかも収益の確保できる形で応えることのできる顧客をターゲットとして，サービスを提供することが賢明である。ターゲットとなる顧客は，当該銀行と長期間取引を継続する可能性の最も高い顧客であり，また，銀行のさまざまなサービスを利用し，友人や親族に当該銀行の利用を勧め，銀行の株主にとっても優れたリターンを生む源泉となる顧客であるべきである。」

顧客がターゲットとして望ましいプロファイルに合致したとしても，何か

---

*マス・カスタマイゼーション（mass customization）：顧客毎のプロダクト要素を持つサービスを比較的低価格で多くの顧客に提供すること。

*マーケット・セグメンテーション（market segmentation）：ある市場をさまざまなグループに分割するプロセス。グループ内の顧客すべてが他のグループの顧客とは区別される特性を持っている。

*セグメント（segment）：市場セグメント。同じ特性，ニーズ，購買行動，消費パターンを持つ顕在顧客と潜在顧客の集まり。

*ターゲット・セグメント（target segment）：ニーズや他の特性が当該サービス組織の目標と能力に良く合致する市場セグメントが選ばれる。選ばれたセグメントをターゲット・セグメントという。

コラム6-1　マーケット・セグメンテーションの原理

　マーケット・セグメンテーションは，マーケティング・プログラムの中核をなすことがらであり，きちんと専門的に計画され実施されるマーケティング・プログラムでは，ほとんどすべての場合において，マーケット・セグメンテーションが重要なものとなっている。セグメンテーションの概念によれば，市場を構成する顧客は多くの次元で多様であり，すべてのセグメントが当該企業・組織のマーケティング努力の望ましいターゲットになる訳ではない，ことが理解される。

市場セグメント
　セグメントは，同じ特性，ニーズ，購買行動，消費パターンを持つ顕在顧客と潜在顧客の集まりから構成される。効果的なセグメンテーションとは，所与の特性について，個々のセグメント内ではでき得る限り同じに，かつ個々のセグメント間では特性ができ得る限り異なるように，市場を分割することである。セグメンテーションの変数を「顧客特性」と「購買・消費行動」という2つの大きなカテゴリーに分けることが，セグメント間の差異を描写するのに役立つだろう。
　「顧客特性」は，人はそれぞれ多様なものであることに基づく。これは各人のデモグラフィック特性（たとえば，年齢，収入水準，教育水準，など），地理的特性（居住地・居場所），サイコグラフィック特性（たとえば，態度，価値，ライフスタイル，など）を反映している。他の重要な変数には，各人が特定の物財ないしサービスに対して求めるベネフィットの差異がある。
　顧客の「購買・消費行動」特性は，プロダクトがどのように購入され，使われるかに関わる。これには，以下のようなものが含まれる。購買と消費の時と場所，消費される数量（マーケターにとってヘビー・ユーザーはいつも特別な関心の対象である），購買と消費の頻度と目的，消費が行われる状況（しばしば状況別セグメンテーションと呼ばれる），広告や価格設定といったマーケティング活動への感応度。

ターゲット・セグメント（ターゲット市場）
　所与の市場において，各セグメントの評価を行ったら，企業・組織は，自身の能力や目標に十分に合致した1つないし複数のセグメントをターゲット・セグメントとして選び，マーケティング努力を集中する必要がある。ターゲット・セグメントは，いくつかの変数を組み合わせて選択されることが多い。この段階でターゲット・セグメントはターゲット市場となる。

マーケターにとっての課題
　マーケット・セグメンテーションについて考えるとき，マーケターは，以下の問いかけに対する答えを探し求める必要がある。
- ■市場を効果的にセグメンテーションする方法は何か。
- ■識別された各セグメントのニーズは何か。
- ■どのセグメントが，（マーケター自身の）企業・組織の目的や現在のオペレーション能力に最も良く合致するか。
- ■セグメントの顧客は，企業・組織の競争優位と競争劣位とをどのようにみているか。とりわけ，後者（競争劣位）について顧客の認識は正しいか。
- ■マーケット・セグメンテーションの分析に照らして，どの特定セグメント（群）がターゲットとして選ばれるべきであるか。
- ■企業・組織は，自身のマーケティング努力を競合者のマーケティング努力とどのようにして差別化し，ターゲットとするタイプの顧客を惹き付け，保持することができるか。
- ■各セグメントにおいて，1人のロイヤルな顧客が企業・組織にもたらす長期的な財務的価値は何か。
- ■ターゲット・セグメント（ターゲット市場）の顧客とどのようにして長期的なリレーションシップを構築するべきであるか。また，長期的な顧客ロイヤルティを創り上げるにはどんな戦略が必要であるのか。

問題行為をする顧客かもしれない。この場合，当該顧客は，リテンションの対象ではなく，即座に取引を止めるべき対象であろう。「顧客は常に正しい」というスローガンがいつも主張されるけれども，これはいかなる場合でも真実という訳ではない。本章ではこのテーマについても詳細に扱おう。

(1) 価値の探索：顧客の数だけを求めてはならない

未だに多くのサービス組織が，個々の顧客の価値に十分な注意を払わないまま，サービスを提供する顧客の数にだけ焦点をあてている。確かに顧客数の多寡は，オペレーションや人的資源面で重要なことがらではある。しかしながら，一般論としては，より頻繁に大量に購入するヘビー・ユーザーは，そうでないユーザーと比べてより利益をもたらすものである。おそらくサービス組織はヘビー・ユーザーに対し，一度きりの顧客と比べてより多くの関心を寄せるだろう。ヘビー・ユーザーの購買が生み出す収益は，たとえば，1年間で大きな額となるはずである。しばしば，サービス組織は，こうした顧客の価値を十分に認識し評価している。そのために，ヘビー・ユーザーに対して，サービス・デリバリーのスケジュールや価格面で優遇したり，要求に応えたりして，ユーザーのロイヤルティを維持しようとする。しかしながら，別の場合では，ヘビー・ユーザーであるのに，サービス組織がそれを知らずあるいは気にも留めない場合もある。顧客自身は自分は価値ある顧客であるはずと感じているのに，それに見合った扱いを受けていないと感じていることもある。

顧客をサービス組織の能力と合致させることは，極めて重要である。マネジャーは，顧客のニーズとオペレーション上の各要素――提供できるサービスのスピード，クオリティ，提供時間，同時に対応できる顧客の数，サービス施設の物理的特性や外観といった各要素――との関係について注意深く考える必要がある。マネジャーは，サービス従業員が，特定タイプの顧客の抱く期待に人間的にも技能的にもうまく応えることができるのかを良く考える必要がある。また，マネジャーは次のように自問する必要もあるだろう。「われわれは，同じタイプの顧客をターゲットとする競合サービスに打ち勝つか，あるいは十分に伍していけるのだろうか？」。

(2) リレーションシップ・マーケティング

　伝統的にマーケティングにおいては，新規顧客の獲得が過剰に強調されてきた。しかし，良くマネジメントされた組織は，既存の顧客を維持し，より一層取引してもらえるように努力を重ねているものである。よく言われる表現に，既存顧客を維持するリテンション戦略に比較して，新規顧客の獲得は5倍から6倍ものコストがかかるというものがある。

　リレーションシップ・マーケティング*は，組織と顧客間の長期に渡るコスト面でも有効なリンクを双方の相互的なベネフィットのために築くことを目的とする諸活動である。サービス組織は，リレーションシップを維持し，さらに密なものとするためにさまざまな戦略を用いることができる。たとえば，顧客を公平に扱うという基本的な戦略から，サービスを拡張(オーギュメント)する戦略，個々の顧客一人ひとりを1セグメントのように扱う戦略——これは，マス・カスタマイゼーションの基本スタンスである——といったものである。サービスを追加し拡張する戦略は，産業財の分野では売り手企業・買い手企業間のリレーションシップの構築と維持に，特に重要な役割を果たしている。

　セオドア・レビットは，プロフェッショナル・サービス企業のリレーションシップ・マネジメントについて以下のように述べている。

　「法律事務所，病院，建築事務所，コンサルティング，投資銀行，広告業といったパートナーシップ経営では，各人はどれだけ顧客リレーションシップをコントロールしているかで評価され，報酬も決まる。これは特に驚くことではない。顧客リレーションシップは，他の資産と同じく，価値の多寡を評価し得る…。リレーションシップ・マネジメントは，企業全体での取り組みを要する。リレーションシップは，維持，投資，改善の対象であり，ときには他のリレーションシップに取って代わられるべき対象となる。」

　顧客リレーションシップのすべてが，保持に値する訳ではない。顧客の中には，もはやサービス組織の戦略には合致しなくなっているものもいる。これは組織の戦略が変わってしまったとか，顧客の行動のあり方やニーズが変

＊リレーションシップ・マーケティング（relationship marketing）：組織と顧客間に長期的なリンクを構築することを目的とする諸活動。このリンクは，組織と顧客の双方にベネフィットをもたらし，コスト面でも有効なものでなければならない。

わってしまったためである。注意深く分析すれば，多くの顧客リレーションシップが，維持コストが得られる売上を上回るために，サービス組織にもはや利益をもたらさないことになっているのが判明するかもしれない。投資家が，見込みのない投資先をいつまでも抱えていないで整理するのと同じように，各サービス組織も定期的に自身の顧客ポートフォリオを評価し，状態の悪いリレーションシップを取り止めることを考える必要がある。もちろん，取り止めのアクションが適切か否かは，法律面および倫理面での検討を伴わねばならない。少なくとも，サービス組織は，広告やプロモーションがターゲット・セグメント（ターゲット市場）の見込み顧客に到達するように戦略を考えねばならないし，望ましい特性には合致しないような他の顧客を誘引してしまうことを避けねばならない。デビッド・マイスター（David Maister）が強調するように，マーケティングとは単により多くのビジネスを行うことではなく，より良いビジネスを行うことに関することがらである。この意味でサービス組織は，単に取引の数量ではなく，質の面を評価し，目配りを行うべきである。[6]

2 供給能力の効果的活用のためのセグメンテーション戦略

供給能力(キャパシティ)に制約があるサービス・ビジネスの場合，供給能力を最良の形で用いるようにする必要がある。問題は，所与の時間と場所において，当該サービスを利用する顧客を十分確保できるかである。マネジャーは，供給能力を顧客の数の面だけで満たそうと努力することのリスクを理解せねばならない。つまり，マネジャーは，適切な場所，時間帯，価格において適切な種類の顧客をきちんと集めているのか否かを自問するべきである。「人を対象とするサービス」では，顧客自身がサービス・プロダクトの一部をなしているので，同じサービス施設に明確に異なるセグメントの顧客が同時に押しかけるとコンフリクトが生じることになる。たとえば，いつもは静かで雰囲気の良いバーに，試合観戦帰りの興奮冷めやらぬスポーツ・ファンの一団がやってきて大声で騒いでいたとしたら，元々の常連客はどれほど不快に思うであろうか。

(1) プロダクト要素としての顧客

　ほとんどのビジネスには，ピークとオフピークという需要の経時的変動があるものである。サービス組織が本来のターゲットとしているセグメントの顧客が不在の時期・時間帯においては，マーケターは，低需要期間に供給能力を満たす他のセグメントの顧客を惹き付けることをしばしば追求する。一般的に言って，この方法では，顧客間のコンフリクトのリスクはほとんどない。異なるセグメントの顧客がそれぞれ別の時間にサービス施設を利用するからである。オフピーク時に他のセグメントの顧客を誘引することは，コスト面で引き合い，きちんと効果的に対応でき，サービス組織のイメージを損なわないのであれば，行うだけの価値が十分にある。たとえば，もしもビジネス客が少なくなる時期・時間帯にチャーター機を飛ばしても，航空会社のポジショニング*戦略を損なうことはほとんどないだろう。

　ホテルやレストラン，小売店，旅客機のようにサービスの受け手が，共通のサービス施設を同時に利用する場合，他の顧客たちもプロダクトの一部を構成する。結果として，顧客の人数やどんな顧客の構成であるかが，サービス組織のイメージやサービス・エクスペリエンスのあり方に重要な意味を持つことになる。もし，ハイ・コンタクトで他の顧客もいる（はずの）サービスを利用する場合，当該サービスが皆に歓迎され繁盛しているのか，あるいは逆に閑散として誰もいないのかは即座に分かるだろう。また，他の顧客がどんな人たちかも見て取ることができるだろう。たとえば，外見，年齢層，見た目の所得階層，服装（フォーマルかカジュアルか），ひとりで来ているかあるいはカップルないしグループか。他に見て取れるのは，これら他の顧客がいかに振る舞うかである。たとえば，物静かか騒がしいか。ゆったりと行動するかせせこましいか。陽気で楽しそうかあるいは陰気か。他人に対し遠慮深いかあるいはずうずうしいか。

(2) さまざまなセグメントのミックスと分離

　ハイ・コンタクト・サービスの雰囲気がどのようなものとなるか。これは，

＊ポジショニング（positioning）：マーケティング・ツールの一つ。競合プロダクトとの関係で，明確で際立った望ましいイメージをターゲット顧客の心に創り上げること。

顧客によって大きく左右される。それ故，サービス組織は最も適切な市場セグメントの顧客を惹き付け，保持するよう努力するべきである。マネジャーはまた，見込み顧客がどんな服装や行動なら適切なのかを知っているようにする必要がある。たとえば，もしもカジュアルな服装をした大学生たちでにぎわっているレストランを経営しているとしよう。この場合，ビジネス・スーツを着た中年客をも何とかして惹き付けようと努力するのは賢明とは言えないだろう。

　しかし，単一の顧客層が常に実現可能である訳ではないし，また多くのサービス組織にとって望ましいという訳でもない。2つないしそれ以上の市場セグメントが——これらは混ざり合うことはないが——それぞれサービス組織の成功に重要な貢献をしていることもある。理想的には，コンフリクトを起こすセグメント群は，場所と時間において分離されるべきである。場所の分離の例としては，旅客機の座席（ファースト・クラス，ビジネス・クラス，エコノミー・クラスの座席の分離）などが挙げられる。時間の分離は，同一サービス施設の利用時間帯を異なるセグメント毎に別々にすることが挙げられる。こうすることで，ある顧客グループは別の顧客グループとは顔を合わせることがないようになる。

　多くの人が経験から知っているように，他の顧客の行動はそのサービスを楽しめるか否かを左右することがある。もしも，クラシックのコンサートに行ったならば，演奏中に他の聴衆が静かに聴いてくれることを望むだろう。話し声がしたり咳をずっとしている人がいれば演奏は台無しになってしまう。逆に，聴衆や観客が一緒になって楽しむはずのロック・コンサートやスポーツ・イベントで，客席の乗りが悪く静まり返っていたらどうであろうか。

3　問題顧客とその対処

　物財のマーケターと比べた場合，サービスのマーケターは，誤った行動をとる顧客により大きな関心を抱いている。こうした顧客は，どんなサービス組織であっても問題を引き起こすが，とりわけ，サービス・ファクトリーに顧客が関わるようなサービス・ビジネスにおいては災いの種となる大きな危

険性を持っている。こうした顧客は，サービス従業員や他の顧客と直接の関わり合いを持つが，彼らの誤った行動がときとして従業員を危険にさらし，他の顧客のサービス・エクスペリエンスを損うことになる。顧客がサービス・ファクトリーに関わるとき，顧客による盗みや破壊行為の危険性も生じるだろう。また，適切でない行為をする顧客は，サービス組織の生産性とサービス・クオリティ向上の努力を台無しにしてしまうかもしれない。

(1) ジェイカスタマー問題への取り組み[7]

　北アメリカに初めて来る人は，「ジェイウォーカー（jaywalker）」の意味が分からず困惑することが多いようである。これは，アメリカ英語の独特の単語で，渡ってはいけないところであるいは危険なやり方で道路を横断する人を指す言葉である。接頭辞の「ジェイ（jay）」は，愚か者を意味する19世紀のスラングである。動詞や名詞に接頭辞ジェイを付けることで，新しい単語を創ることが可能である。「ジェイカスタマー*」は，してはならない方法や危険なやり方，愚かしい方法でサービスや物財を消費する人を表現したものである。この用法によれば，顧客をいい加減に扱い，ろくでもないサービスしかデリバリーできないようなサービス従業員は「ジェイエンプロイイー（jayemployee）」ということになる。では，「ジェイマネジャー（jaymanager）」は…。

　どんなサービスであっても，ジェイカスタマーに出会う局面が必ずあるものである。しかしながら，ジェイカスタマーに関する意見には両極端があるようでもある。一方の極は，ジェイカスタマーの存在そのものを否定するものである。つまり，顧客は王様であり，いつでも正しいのだという意見である。もう一方の極は，市場は，下劣な連中（一般消費者も買い手企業も）であふれかえっており，彼らは真っ当な売り手が期待し求めるようなやり方で行動することなどけっしてあり得ないのだ，という意見である。前者の意見は，マネジメントについて熱っぽく語る書物で幅広く見られるものであろうし，後者の意見は，これまでの経験の中でさんざん思い知らされてきたシニ

＊ジェイカスタマー（jaycustomer）：思慮に欠け，問題行動をとる顧客。サービス組織，
　従業員，他の顧客たちにとって問題を引き起こす。

カルな現役マネジャーたちから広く支持を集めるものかもしれない。世の中には，さまざま対立する見解があるものである。しかし，上記の２つの両極端の見解は，真実の一端を示すものではあるだろう。次に，問題顧客のさまざまなカテゴリーについて見ていこう。彼らをどう扱うかの戦略についても議論する。

(2) ジェイカスタマーの６タイプ

　ジェイカスタマーは，けっして望ましいものではない。最良なのは，そのような顧客とは最初からそもそも関わらないようにすることである。最悪でもサービス組織は彼らの誤った行動をコントロールし，そのような行動をさせないようにする必要がある。問題の定義は，問題の解決の第一歩である。まず，売り手を苦しめるジェイカスタマーのさまざまなタイプについて考えることから始めよう。ここでは，６つのカテゴリーが示され，それぞれに呼称が付けられている。もちろん，読者が自身の経験に基づきさらにカテゴリーを付け足すことも可能であろう。

　盗人（シーフ）　盗人は，物財やサービスについて支払う意思はなく，盗みを考えているジェイカスタマーである（あるいは，商品の値札を勝手に貼り替えるとか，請求書にいちいち根拠もない難癖を付けて，少しでも支払額を安くしようとする）。万引きの横行は小売店にとっては，大きな問題である。「目減り分」（シュリンケージ）といった表現で婉曲に表現されてはいるが，万引きや商品抜き取りの被害は年間ベースで相当の金額に上ることは良く知られている。また，支払いをしないで済む「賢い」方法をあえて手助けするような製品やサービスすら存在する。また，技術的に知識のある者なら，電気の料金メーターをバイパスしたり，電話線やケーブル・テレビのケーブルに無断で接続することも可能であろう。この他，公共交通機関のただ乗り，映画館のただ観，無銭飲食も一般的である。盗んだクレジット・カードや不渡り小切手による不正支払いも忘れてはならない。マネジャーは，こうした盗人たちから自分のサービス組織を守る仕組みを工夫せねばならないが，その一方で，大多数の正直な顧客たちまでも疑いの目で見るようなことがあってならないだろう。

　筆者たちの一人が大学院生であった頃，大学（スタンフォード大学）内の

書店でも「商品やサービスをいかにして盗み取り,しかも捕らないようにするかの秘訣」を集めた本が堂々と売られていたものである。この本のタイトルは *Steal This Book*(この本を(も)盗め!)というふざけたものであったが[8](これは1970年代の話である),今日でもおそらくインターネットのサイトの中には同じようなものがいくらでもあるだろう。

　盗人がどのような手段を用いているかを知ることは,問題解決の第一歩である。このような行為を止めさせ,ときには,捕まえたり,(そうするのが適切ならば)告訴することもあり得るだろう。しかし,マネジャーは,他の正直な顧客のサービス・エクスペリエンスの質を落としてまで盗人に対処すべきではない。同じく,たまたまぼんやりしていて支払いを忘れてしまったような普通の顧客にも備えをするべきである。今日では,多くの小売店では,電子式タグを商品に付けている。これはレジでのみ取り外しができるもので,もし,うっかり取り外さないまま店を出ようとするとアラームが鳴るものである。

　規則破り　ハイウェイに安全規則があるように,多くのサービス・ビジネスで,従業員と顧客の行動について何らかの規則を決める必要性が理解されている。規則には,安全確保や健康面からの公的規制に基づくものもある。旅客機内のさまざまな規則は,この良い例であり,もちろん,そうするだけの十分な理由がある訳だが,顧客の行動がこれほど制約されているものは他にはほとんどないだろう。公的規制に加えて,サービス組織が,独自の規則を定めていることも多い。これは,オペレーションをスムースに行い,顧客が理不尽な要求を従業員にすることを回避し,サービス・プロダクトや施設の誤用を防ぎ,サービス組織自身を法的にガードし,各顧客がサービス・エクスペリエンスのクオリティを損なう行為をしないようにするものである。この他に,それぞれの社会で明文化はされていないが言われなくとも必ず守らねばならない社会的行動の規範がある。スキー場では,安全なスキーのための規則が掲示され,守れない者は入場資格を失うとの警告がある場合も多い。ここでは,スキー・パトロールが巡回しており,しばしば監視や取り締まりといった役割を果たしている。

　サービス・ビジネスにとっては,多くの規則を設けることのリスクもある。

規則を強調しすぎると官僚的で威圧的になってしまう。また，本来は顧客に奉仕すべき従業員が，規則の強制が最重要のタスクになってしまい，まるで融通の利かない強圧的な警察官のようになってしまう。また，規則をとにかく守らない顧客（規則破り）が必ず存在することも問題である。こうした顧客は，規則の存在を元々気にも留めないか，あるいは規則破りそのものに愉しみを見い出しているのである。

企業はこうした規則破りをどのように扱えば良いであろうか。これはどんな種類の規則が破られているかにもよるだろう。法的に遵守が求められているような場合は——旅客機への銃の持込や商品を盗む行為など——，明確な対抗アクションがとられるべきであり，従業員の安全の確保と共に，こうした行為は確実に排除されねばならない。しかし，企業独自の規則の場合は幾分曖昧になる。当該規則はそもそも本当に必要なものなのか。もし，そうでないなら，廃止すべきである。健康や安全に関わるものなのか。もし，そうなら顧客へのエデュケーションと掲示などでの繰り返しの呼びかけが重要となる。これは，同じサービス施設を使う顧客全員の快適さと楽しさに関わる規則の場合でも同じである。では，たとえば，「行列に割り込んではならない」といった社会的規範に関わるものはどうだろうか。この場合，他の顧客が重要な役割を果たすだろう。皆がきちんと規則を守り，それぞれが率先して正しい振る舞いをすれば，規則破りへの抑止力になる。規則がより少なくなればなるほど，本当に重要な規則は何かが明確になってくるものである。

闘争者　おそらく誰でも，小売店や空港やホテルやレストランで，顔を真っ赤にして怒り大声で怒鳴り散らす顧客を見た経験があるだろう。あるいは，冷笑を浮かべながら落ち着き払い，しかし，侮辱的な言葉を吐いたり，脅したり，ときには卑猥な言葉を並べ立てる顧客はどうだろうか。こうした顧客は「闘争者」とも呼べるジェイカスタマーである。彼らにとっては，何もかもがあるべきようには動いていないようである。セルフ・サービス機械は言うことを聞かず，顧客は無視されており，従業員は気が利かず無能で，サービスは遅れ，注文は間違えられ，約束はいつも守られない。あるいは，何か規則を守るように言われて，逆上してしまったのかもしれない。サービス従業員に何の落ち度もないのに，ひどくののしられることもしばしばである。

直接の従業員に問題を解決する権限がない場合は，火に油を注ぐことになり闘争者の怒りはさらに高まる結果となる。ときには身体的な暴力行為にまで及ぶこともある。酒に酔っている場合や何か異様に高揚している場合は状況はさらにややこしいものとなる。サービス組織は，従業員がこうした困難な状況に対処できる技能(スキル)を持つように努力を払うことを工夫すべきである。ロール・プレイングなどの訓練は，従業員に状況に対処するのに必要な自信と信念を持たせことができる。従業員はまた，顧客の怒りを静め，不安や悩みを解消する方法を学ぶ必要がある（特に，サービス・パフォーマンスについて顧客が戸惑うような正当な理由がある場合はそうである）。

　しかし，状況を緩和しようとする働きかけを全く受け付けずさらに怒り続ける場合は，従業員はどうしたら良いだろうか。他の顧客もいるような場合，第一になすべきことは他顧客から引き離し，移動させることである。現場のマネジャーは，顧客間，顧客とスタッフ間の争いの仲裁をせねばならないことも多い。また，従業員に任せるべき場面もあるだろう。もし，従業員が身体的暴力を受けたら，保安要員か警察官を呼ぶ必要がある。サービス組織の中には，こうした出来事は悪い評判が立つことを恐れて，隠してしまうものもあるだろうが，一方で従業員のためにも必ず公にする義務があると考えているサービス組織もある。

　不和者　不和者は，闘争者のサブ・カテゴリーである。他の顧客（一緒に来ている家族の場合も多い）と言い争い――あるいはそれ以上にひどくなることもある――をする顧客である。争いは，従業員が介入することで，収まることもあるが，さらに悪化することもある。詳細な状況分析と慎重な対応が必要な場合もあり，逆に即座の判断と素早い対応が求められることもある。

　野蛮人　野蛮な破壊行為がサービス施設や設備に加えられることがある。飲み物をATMに流し込む，店の壁に落書きをする，タバコでカーペット，テーブルクロス，ベッドカバーに故意に焼け焦げをつくる，カーテンやカーペット，シート地を刃物で切り裂く，ホテルの備品を壊す，公衆電話の受話器を引きちぎる，他の顧客の車にいたずらをする，店のウインドー・ガラスを割る…。リストはいくらでも作る事ができる。もちろん，これらの行為は，顧客だけが行っている訳ではない。サービス施設のエクステリアに対して行

われる行為は，街にたむろする鬱屈した若者たちや不満で苛立つ従業員自身が行う行為であることも多い。しかし，問題の多くは，顧客の悪行によってもたらされたものである。酒に酔った勢いということもしばしば原因となる。サービス組織から不当に扱われたと感じる顧客が，一種の仕返しをしようとする場合もある。また，自分の訪問を誰かに誇示したくて，名前を壁や備品に書いたり彫ったりということをどうしても止められない人もいる。

こうした行為はそもそも予防することが肝要である。警備を強化することで，いくつかの破壊行為は減少させることができる。開放的で明るい照明にするのも有効である。あるコンサルタントによれば，設備や備品について，破損に強い頑丈な表面材質を用いたり，保護カバーをつけることが良いという。サービス設備をどのように扱えば良いかについて顧客を教育したり，壊れやすいものについてはその旨を表示し注意をすることも，適切ではない取り扱いや不注意の可能性を減少させる。さらに，保証金を預かったり，顧客の責による損害は弁償する旨の契約をすることもある。

予防が失敗し実際に問題が起きてしまった場合，どうすべきだろうか。やった人間が特定できる場合は，まず，状況がどうだったかが明確にされねばならない（たとえば，アクシデントによるものか否か）。対応は，警告から告訴までさまざまである。物理的なダメージそのものについては，速やかに被害状況を確定することが必要である。オークランドのあるバス会社のゼネラル・マネジャーは，「バスに大きな落書きをされたり，窓ガラスを割られたりといった被害を受けたら，その車両を直ちに修理に回し他の顧客の目に触れないようにするのが良い。そうすることで，連鎖的な模倣を防げる。」と述べている。[9]

踏み倒し屋 最初から支払う意思のない者（これは先に盗人として述べた）とは異なり，顧客は何らかの理由で受けたサービスに対する支払いをできない羽目に陥ってしまうことも多い。この場合も予防が重要である。ますます多くのサービス・ビジネスが先払いを導入するようになっている。ダイレクト・マーケティングを行うサービス組織は，注文に際して顧客にクレジット・カードによる支払いを求めている。顧客にサービスが完了したらすぐに請求書を渡すことも重要である。請求は，少なくともサービスが顧客の記

憶に新しいうちになされねばならない。

　支払い不履行者の全員が，救い難い踏み倒し屋という訳ではない。支払いが遅れるだけのもっともな理由があるのかもしれない。支払ってもらえるような仕組みを合意することも可能である。しかし，問題はこのような顧客毎の取り決めがコストに見合うか否かである。また，このような顧客との長期的なリレーションシップを維持することの価値や，顧客毎の支払いの取り決めのもたらす愛顧心醸成(グッドウィル)や口コミの効果も考慮されるべきである。もし，顧客との長期的なリレーションシップの構築と保持がサービス組織の目的であれば，支払ってもらえるような仕組みを探し求めるべきである。

(3) サービス組織は，ターゲットとする顧客だけにサービスを限定できるのか

　おそらく多くのマーケターは，自身の組織が求める市場ポジションにそぐわない顧客からサービスを求められることをなるべく少なくしようとするだろう。望ましくない顧客をいかにして減少させるか。これはたとえば，相応しい服装についてドレス・コードを示すことでなされる。しかし，もしその人物がきちんと支払うことができ，問題となる振る舞いもしないのであれば，あからさまな拒否は違法行為やあるいは人種的偏見を疑われることになるだろう。

　マーケティングの役割の一つは，見込み顧客に前もってサービスがどんなものかを知らせることである。これにより，顧客は何が期待できるかを知ることができ，顧客とサービス組織との間で満足の行く適合が生まれる機会が増大する。しかしながら，サービスにそぐわない顧客と従業員間，あるいは多様な顧客間で軋轢が高まると，従業員は警察官のような役割を果たさねばならなくなる。もめごとを解決し，問題顧客にはお引取りを願う。実際のところ，サービス・ビジネスの中には，特にこのような役割を果たすための従業員を雇っているところもある。必要なときに効果的で迅速・果断な対応を取れなければ，他の顧客がサービスに抱く印象は大きく損なわれてしまい，二度と訪れてはくれなくなるかもしれない。

4　適切な顧客ポートフォリオを選択する

芸術家は，しばしば顧客や支援者のために自身の作品目録（ポートフォリオ）を準備している。ポートフォリオの言葉は，他に投資家の保有する有価証券一覧を指すこともある。金融サービスでは，ポートフォリオ分析の目的は，投資家のニーズ，資源，リスク選好に適合するように投資ミックスを決定することである。ポートフォリオの内容は，個々の投資対象のパフォーマンスに応じて刻々と変化する。投資家の置かれた状況やリスク選好の変化もポートフォリオに反映される。

(1)　市場セグメントのポートフォリオを創り上げる

ポートフォリオの概念は既存顧客という観点でサービス・ビジネスにも適用可能である。もし，マネジャーが，顧客の各カテゴリーの構成割合とカテゴリー毎の年価値（売上から顧客カテゴリー毎のコストを差し引いた収益）を知れば，今後の毎年の売上予測から各カテゴリーの現在価値を推計できる。顧客の獲得，各サービスの購入状況，購入サービスのアップグレードないしダウングレードの度合い，顧客の離反，といったこれまでの蓄積データに基づき，顧客ポートフォリオ*が将来どのようになっていくかを推計するいくつかのモデルがある。蓄積データは，価格やコストの変化，プロモーション努力の度合い，市場における変動（競合者の行動や変化が市場のダイナミクスに与える影響も含む）を反映するように補正することもできる。

サービス・ビジネス（とりわけ，会計事務所や病院といったプロフェッショナル・サービスの企業・組織）が売却される場合，抱えている顧客リレーションシップに特別の価値が置かれることも多い。顧客の人数が多いほど，また個々の顧客リレーションシップの収益性が高いほど，当該ビジネスはより高く売れることになる。

顧客ポートフォリオについて語る場合，顧客リレーションシップ——当該

---

*顧客ポートフォリオ（customer portfolio）：サービス組織の持つ顧客リレーションシップ群の規模と構成内容。

サービス組織がビジネスを行っている顧客全員とのリレーションシップ——とある一時点でのサービス利用顧客とを区別することが重要である。顧客リレーションシップは，現在および将来にもたらされる収益に基づき評価される。一方，ある一時点でのサービス利用顧客は，サービスの供給能力をどのようにして最適化するかの決定を大きく左右する。

5 価値あるリレーションシップの形成と維持

　価値あるリレーションシップとはどんなものであろうか。顧客にとって，価値を見い出すことのできるリレーションシップとは，サービスを得るのに要した各コストを十分に上回るベネフィットをサービス・デリバリーから得られるようなリレーションシップである。サービス組織にとっては，経時的に収益を生み出すリレーションシップであり，加えて，顧客へのサービス提供がサービス組織に財務上の収益を超えて知識や顧客との協働の喜びといった無形の価値をももたらすようなリレーションシップである。二者間でリレーションシップがうまく機能していることは，単なる匿名的な取引が繰り返されている訳ではなく，両者が互いに積極的に関係し合っていることを意味している。健全なリレーションシップは両者にとってメリットがあるものである。こうしたリレーションシップにおいては，両者には長期間に渡ってリレーションシップを保持しようとするインセンティブがある。特に売り手にとっては，新規顧客を獲得するコストや新規顧客のニーズを把握するコストは，——将来の利益が期待されるにせよ——最初（初年度）には財務上は引き合わないものであろう。それ故，苦労して構築したリレーションシップには，長期間保持していたいというインセンティブが働く。

(1) リレーションシップと取引

　取引*とは，二者の間で価値の交換が行われる事象（イベント）をさす。各取引において——連続的な取引であっても——リレーションシップが必ずしも形成される

＊取引（transactions）：二者の間で価値の交換が行われる事象。

訳ではない。リレーションシップにおいては，当事者間の相互に誰でありどんな相手であるのかの認識を要するが，一顧客と一企業・組織間の個々の取引は，顧客の購買履歴の長期記録を欠き，顧客と企業・組織の従業員との間で相互に誰であるかの認識を欠く場合，本質的に匿名のものである。この場合，何か意味あるマーケティング上のリレーションシップが存在しているとは言い難いだろう。

　非常にまれな例外を除き，通常の家庭用品（物財）を購入する顧客は，不規則な間隔を置いて別々に購入を行うし，個々の購入毎にやはり別々に支払いをしている。この場合，顧客は小売店とは何らかのリレーションシップを持つこともあるが，家庭用品を製造したメーカーと何か公的なリレーションシップを持つことはほとんどないだろう。同様のことが旅客輸送，外食サービス，映画館など多くのサービスにも当てはまる。個々のサービスの購入と利用は，不規則になされる別々の取引である。しかしながら，特定のサービスについては，サービスの顧客は，継続的にサービス（ないしサービス利用の権利の）購入を行う。ここで示された違いによって，サービスは図表6-1のように分類することができる。

　第1の軸は，サービス組織が，顧客とのメンバーシップ・リレーションシップ[*]を形成するか否かを示している——たとえば，電話会社と契約する，銀行に口座を開設する，顧問弁護士になることをお願いする。これは，公式の（匿名ではない）リレーションシップがあるか否かという問いでもあるだろう。第2の軸は，サービスが継続的な形でデリバリーされるか否かである——たとえば，保険サービス，放送サービス，警察。図表6-1は，この2つの軸による分類であり，各カテゴリーには例が示されている。

　サービス組織にとってメンバーシップ・リレーションシップの利点は，現在の顧客が誰であり，どの顧客が提供されるサービスのどの部分を利用しているかを把握できることにある。これは，セグメンテーションを行う上で，貴重な情報である。また，顧客が誰か，現住所が分かっていれば，ダイレク

---

[*]メンバーシップ・リレーションシップ（membership relationship）：サービス組織と顧客との公式的なリレーションシップ。匿名のものではない。双方に特別なベネフィットをもたらすことがある。

図表 6-1　顧客リレーションシップ

サービス・デリバリーの特性	サービス組織と顧客間のリレーションシップ・タイプ	
	メンバーシップ・リレーションシップ	公式のリレーションシップはない
継続的なサービス・デリバリー	保険サービス ケーブル・テレビ 大学への入学 銀行口座開設	ラジオ放送 警　察 灯　台 無料の高速道路
非継続的な取引	契約電話による長距離通話 劇場連続公演予約 定期券による通勤 補償期間中の修理 保険維持機構（HMO）による健康診断・指導	レンタカー 郵　便 有料の高速道路 公衆電話 映画館 公共交通 レストラン

ト・メール（DM）や電話での案内を効果的に行うことが可能である。これらは皆，マーケティング・コミュニケーションのうち，ターゲットを高度に絞り込んだ方法である。

　サービス・リレーションシップがどんなものかは，価格設定にも大きな意味を持つ。サービスが継続的に提供されるときは，一定期間に供給されるサービスを包括した期間単位の請求があるのが通常である。ほとんどの保険サービスはこのカテゴリーに入るだろう。こうした包括パッケージ・アプローチの大きな利点は単純さである。しかしながら，メンバーシップの中には，個々別々に区分される取引を伴い，取引回数や取引タイプによって別々の価格設定を行っているものもある。管理するのはより難しくなるけれども，別々の価格設定を明示的に行うことは利用パターンがさまざまである顧客に対し公平なものである。また，期間単位の請求では，個々のサービスが「無料」であるかのような感覚が生じ，浪費的な気ままな利用がされることがある。これを減少させる上でも，その都度の請求は意義あることである。メンバーシップによるサービス提供は，メンバー以外の臨時の顧客にはない特別の特典が与えられることがある。たとえば，割引価格，優先的な案内・お知らせ，優先予約などである。

サービス・プロダクトが継続的にデリバリーされるけれども，サービス組織と顧客間で公式的なメンバーシップがない場合がある。これは通常は無料で提供されるサービスであって，経済学では「公共財」と呼ばれている。たとえば，公共放送，警察，灯台，道路がこれに当たる。これらは皆に利用されており，税金で運営されている。

　メンバーシップによるサービス・リレーションシップは，特定のサービス組織に対する顧客ロイヤルティに繋がるのが通常である（もちろん，サービス組織が独占状態で他に選択肢のないこともあるが）。多くのサービス・ビジネスで，マーケティング戦略として顧客との公式の継続的リレーションシップを構築する努力が行われている。これは，継続的なビジネスを確保したり，財務上の基盤を確保するためである。たとえば，航空会社には，「フリークエント・フライヤー・クラブ」がある。あるホテルでは，「フリークエント・ゲスト・プログラム」があり，優先予約，部屋のアップグレードや他の特典を提供している。ここでのマーケティング・タスクは，こうしたメンバーシップを通じて売上と収益を確保していけるのか否かである。公式のメンバーシップの一方で，数の上では多い他の望ましい一時客をも排除しないようにすることが重要である。

　非継続的ないし離散的な取引では，基本的に匿名の顧客によって取引の度に支払いがなされる。これは，輸送サービス，レストラン，映画館，靴の修理サービスといったサービスで典型的な取引である。この種のサービスにおいて，マーケターにとっての問題は，誰が顧客であるかや個々の顧客がどのサービスを利用しているかを，メンバーシップ・タイプのサービスと比較して，ほんの少ししか知ることができないことである。この種の取引においては，マネジャーは，確立したメンバーシップ・タイプの取引の場合よりも幾分，忙しく働かねばならない。ヘアカット・サロンのような小規模なサービス組織の場合，よく利用する顧客は，好みやニーズが既知である得意客として歓迎されるべきである。これをより良く行うためには，顧客の好み，ニーズ，購買内容をきちんと公式に記録しておくことが有益である。これにより，従業員はサービス提供の度に同じ質問を繰り返さずに済むし，顧客毎のカスタマイゼーションにも余裕が生まれ，さらにニーズの変化方向も予測するこ

とも可能になるからである。顧客の数が多い大規模なサービス組織の場合でも、個々の取引をリレーションシップへと転換することが可能である。これは、顧客毎の取引の把握、コンピュータ化された記録管理等の導入でなされる。サービス供給の継続的契約もリレーションシップが生まれ、これがパートナーシップへと高まっていくこともある。

(2) ロイヤルティの効果

「ロイヤルティ*」は国家や主義主張、個人に対する忠誠心や献身を意味する言葉として古くから用いられてきた。しかし、近年になって、ビジネスの分野では、顧客が特定の企業に対する愛顧を長期に渡って継続することの意味で用いられるようになっている。ロイヤルな顧客は、その企業の製品やサービスを専ら選好し、繰り返し購入し、友人や同僚など周囲にも製品やサービスの推奨を自発的に行う。フレデリック・ライクヘルド（Frederick Reichheld）は、*The Loyalty Effect* の著者で、この分野の代表的な研究者であるが、「顧客を年金のように考える企業はまだまだ少ない。」と述べている。[10] これは、要するにロイヤルティのある顧客は、企業にとって毎年毎年の安定した収入源になり得るという意味である。しかしながら、年金の喩えはもちろん妥当ではなく、ロイヤルティと毎年の収入を当然のように期待できるものと考えるべきではない。顧客は、他のサービス組織に替えるよりも高い価値（価格に比してクオリティが高いことも含め）を得られると思っている限りにおいて、ロイヤルティを保持するに過ぎないだろう。もしも、サービス組織が顧客を失望させてしまったり、競合者が、もっと良い価値を提供するようになれば、顧客は直ちに離反してしまう可能性がある。

今日のビジネス分野では、「離反*」の語は、顧客がロイヤルティを現在のサービス組織から他のサービス組織に移してしまうことを指している。ライクヘルドとアール・サッサー・ジュニア（Earl Sasser, Jr.）は、

---

*ロイヤルティ（loyalty）：ある期間に渡って、特定のサービス組織を顧客が自発的に選択し愛顧し続けること。
*離反（defection）：現在のサービス組織から競合サービス組織へロイヤルティを移行するという顧客の決定。

「無離反(ゼロ・ディフェクション)」という言葉をポピュラーなものとした。これは，企業が利益を確保しつつ奉仕できる顧客をすべて保持する状態を示している[11]（ただし，本章ですでに述べたように，サービス組織にとって失っても構わない顧客というものが常に存在するものである）。顧客の離反率が上昇することは，サービス・クオリティに問題が生じている（あるいは競合者がより優れた価値を提供し始めた）ことを示している。これは，サービス組織にとって収益低下の危険信号でもある。顧客の離反は必ずしも一夜にして起こる訳ではない。購入や利用が徐々に減っていくのは，顧客の不満足の気持ちが少しずつ高まっている表れである。購入傾向を注意深く記録している敏感なサービス組織ならば，不満足や苦情，サービスの失敗に際して，サービス・リカバリーを素早く図ることができるだろう（サービスの失敗とサービス・リカバリーについては，第7章で扱われる）。

サービス・クオリティに問題があることによって顧客は失望することになる（これについては第5章で論じた）。顧客の失望の主な原因は，特にハイ・コンタクト・サービスにおいては，サービス従業員の不出来のパフォーマンスである。ライクヘルドや他の研究者たちによれば，顧客のサービスに対する満足と従業員の職務に対する満足とには明確な関連性があるという。サービス従業員が自身には能力があり，仕事を楽しんでおり，雇用主からも十分に処遇されていると感じる。こうした従業員の感覚が強ければ強い程，従業員は長期に渡ってサービス組織にロイヤルティを持ち続け，仕事を容易には辞めなくなる。有能でロイヤルな従業員は，新しく雇用された従業員よりも生産性が高いだろう。顧客のことを良く知っており，よりクオリティの高いサービスをデリバリーすることができるからである。従業員の高いロイヤルティは，顧客の高いロイヤルティをもたらす。ジェームズ・ヘスケット（James Heskett）らは，これを「サービス・プロフィット・チェーン」と呼んでいる[12]。図表6-2に示されるように，人的資源戦略とマーケティング戦略とは結び付いているものなのである。

(3) **顧客リレーションシップと利益**
ロイヤルな顧客はサービス組織の収益上どれほどの価値があるだろうか。

第6章　リレーションシップ・マネジメントと顧客ロイヤルティの構築　155

図表6-2　サービス・プロフィット・チェーン

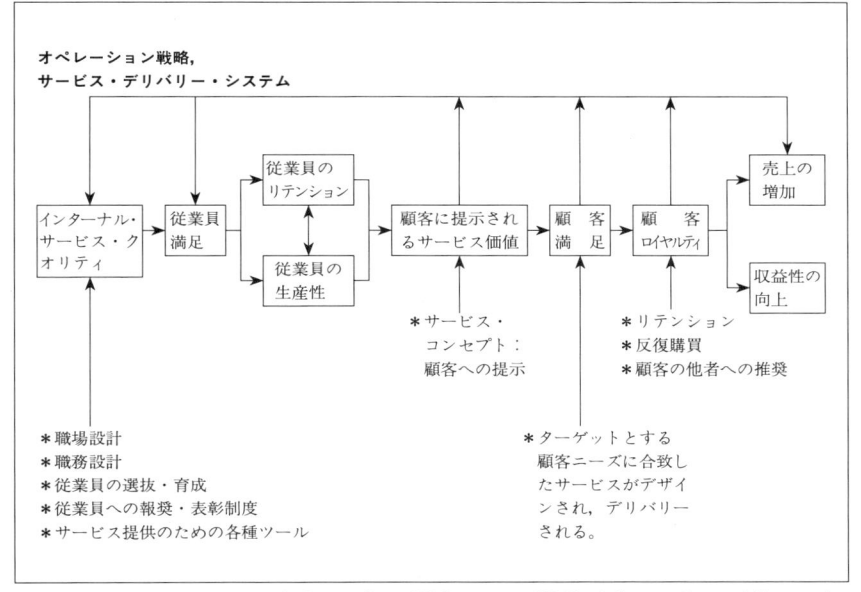

```
オペレーション戦略，
サービス・デリバリー・システム
                         ┌──────────────┐
                         │              ↓
                    ┌─従業員の─┐
                    │リテンション│
                    └──────────┘
  インターナル・   従業員      ↕       顧客に提示さ   顧客   顧客      売上の
  サービス・ク →  満足    ┌──────┐→ れるサービス→ 満足 → ロイヤ →  増加
  オリティ              │従業員の│    価値                   ルティ
                        │生産性 │                                    収益性の
                        └──────┘                                    向上
                                        ＊サービス・        ＊リテンション
                                          コンセプト：     ＊反復購買
                                          顧客への提示     ＊顧客の他者への推奨
  ＊職場設計
  ＊職務設計                              ＊ターゲットと
  ＊従業員の選抜・育成                      する
  ＊従業員への報奨・表彰制度                 顧客ニーズに合致し
  ＊サービス提供のための各種ツール            たサービスがデザイ
                                           ンされ，デリバリー
                                           される。
```

James L. Heskett, Thomas O. Jones, Gary W. Loveman, W. Earl Sasser, Jr., and Leonard A. Schlesinger, "Putting the Service Profit Chain to Work," *Harvard Business Review*, March-April 1994. (copyright © 1994 by the President and Fellows of Harvard College ; all rights reserved.)

1990年にライクヘルドとサッサーは，さまざまなサービス・ビジネスで，顧客当りの利益を取引年数毎に分析している[13]。その結果，それぞれの産業で取引年数が多くなるほど収益性に貢献することが明らかになった。顧客当たりの年間利益の推移は図表6-3にまとめられている（比較の便宜のために5年間を示している）。分析対象となっているのは，クレジット・カード，業務用ランドリー・サービス，産業財卸売，自動車修理・点検サービスの4つの産業である。

利益の増加は，ライクヘルドとサッサーも示唆するように以下の4つの要因により積上げ的（インクリメンタル）に利益が生み出されるためである。

①購入額の増加による利益。法人顧客の場合は，時間の経過と共に業容が拡大し，より多くの購買を行うようになることも多い。一般の顧客の場合も，

図表6－3　顧客が生み出す年間利益の推移

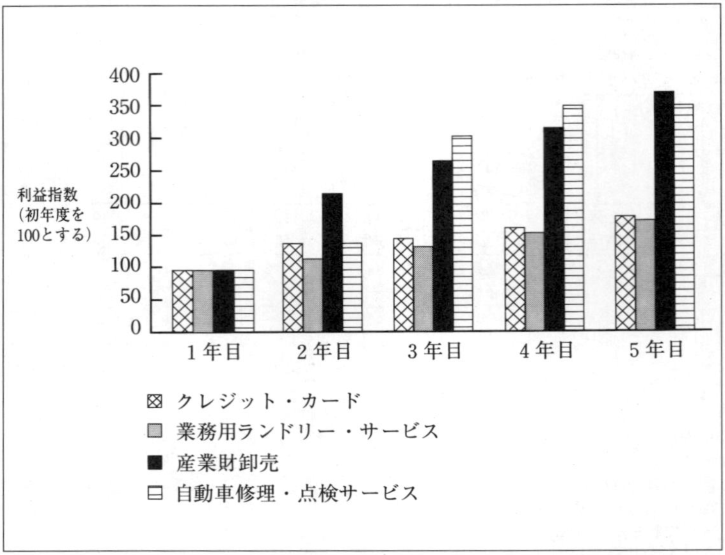
400
350
300
250
200
150
100
50
0
利益指数
（初年度を
100とする）
1年目
2年目
3年目
4年目
5年目
クレジット・カード
業務用ランドリー・サービス
産業財卸売
自動車修理・点検サービス

Frederick F. Reichheld and W. Earl Sasser, Jr., "Zero Defections : Quality Comes to Services," *Harvard Business Review* 73 (September-October 1995) : 59-75. に掲載のデータに基づき作成。

次第に家族が増えたり収入が増えて裕福になることで，購買額が増加することがある。いずれの顧客の場合も，クオリティの高いサービスを提供できる単一のサービス組織に取引を集中するようになる場合がある。

②オペレーション・コストの低減による利益。顧客が経験を積むにつれて，サービス組織に要求をすることも少なくなる（たとえば，情報提供や手助けへの要求が少なくなる）。顧客がオペレーション・プロセスへ参加する場合も戸惑わなくなり，それ故に生産性の向上に貢献することになる。

③他の顧客への推奨による利益。ロイヤルな顧客は，口コミによる推奨を行うようになる。これは「無料の広告」としてサービス組織のプロモーション活動への助けとなる。その分，プロモーション分野への投資を節約できる。

④価格面での利益。新規顧客はしばしばプロモーションのための割引価格故に当該サービス組織を利用する。しかし，長期に渡り当該組織を利用しているロイヤルな顧客は，通常価格であっても変わらず購入してくれる。さら

に，顧客がサービス組織を信頼していれば，ピーク時に若干の割増価格となっても嫌がらず利用してくれるだろう。

　ライクヘルドは，ある企業が競合企業よりも何故に収益性が高いかは顧客ロイヤルティの持つ経済的価値（ベネフィット）によってしばしば説明されると主張している。さらに，顧客を獲得するための先行投資は，顧客を長年保持することで言わば「償却」できるとも言う。

　顧客の持つ収益性のポテンシャルは，マーケティング戦略上の重要ポイントである。アラン・グラント（Alan Grant）とレナード・シュレシンジャー（Leonard Schlesinger）は，「すべてのビジネスが，個々の顧客リレーションシップの持つ収益性のポテンシャルを十分に引き出すことを基本目標とすべきである…。ほとんどの企業において，収益性ポテンシャルを十分に引き出せば得られるはずの収益と企業が実際に得ている収益とのギャップは，控えめに見積もっても，非常に大きなものとなっている。」と述べている。また，彼らは，こうしたギャップは次の3つの局面で分析されるべきことも示している。

■ターゲット顧客層についてのマーケット・シェアのギャップ。企業が現実に得ているシェアと獲得可能なシェアとのギャップ。もし，両者に大きなギャップがあれば，新規顧客を惹き付けるための戦略開発が必要である。

■現在の顧客の購買行動についてのギャップ。ターゲットとする個々のセグメントについて，現在の顧客の購買行動はどのようなものか。もしも，顧客が理想的な購買行動をしている場合——①当該企業より提供されるさまざまなサービスをすべて購入している，②競合企業のサービスは購入せず，当該企業からいつも購入している，③割引価格等ではなく，正規価格でいつも購入している——，売上と収益はどの位になるだろうか。これに対して，実際の顧客の購買行動はどうだろうか。企業は，現在の顧客へ追加的に販売したりセット販売する機会がないかを検討する必要がしばしばあるだろう。フリークエント・ユーザー・プログラムは，顧客のロイヤルティに対し特典を与えるもので，現にある程度強いリレーションシップをさらに強固なものとすることが可能である。しかしなが

ら，客単価を上げることは，それ程容易なことではない。
■リレーションシップの持続期間についてのギャップ。顧客と当該企業とのリレーションシップは平均してどの位の期間続くだろうか。長期間のリレーションシップを保持した場合の収益への貢献はどのくらいになるか。これに対して，実際の保持期間と貢献度はどうか。先にも示したように，一顧客の収益性はしばしば長期になるほど上昇する。マネジメントにとって，なぜ顧客が離反するのかを明らかにし，これを防止するアクションを取ることが重要なタスクとなる。

マーケット・シェアの獲得，現在の顧客へのさらなる販売，長期的ロイヤルティの構築。これらには多くのことがらが関係する。ターゲット顧客を明確化し，顧客のニーズについて十分に学ぶ——サービス・デリバリーについてどのような形態ならば選好されるのかも含め——ことがまず求められる。第5章でも示したように，顧客のニーズを満足させるサービス・デリバリーを終始一貫して行うことが，サービスの核心である。

(4) ロイヤルティ・プログラム

サービス・マーケターのタスクは，見込み顧客の獲得だけに留まらない。現在の顧客にロイヤルティを保持してもらうことやさらに購買を増やしてもらうことも大きなタスクである。現在の顧客にインセンティブを与え，ロイヤルティを保持したり，購買を継続してもらうことについて良く知られている戦略に，ほとんどの航空会社で導入している「フリークエント・フライヤー・プログラム」がある。

このプログラムに入会している会員顧客のマイレージを記録するために，航空各社は顧客の個々のフライト毎の利用の詳細について把握する精緻なシステムを導入している。システムにより，会員顧客毎のマイレージ状況は常に把握されており，無料航空券への交換もスムースに行われる（このシステム運用はアウトソースされていることもある）。

アメリカン航空は，「フリークエント・フライヤー・プログラム」による顧客データベースの持つ価値に気づいたおそらく最初のサービス組織である。アメリカン航空は，会員顧客のフライト利用状況を分析することにより，非

常に精度の高い DM リストを作り出している。また，個々のフライトについても分析し，路線毎に会員顧客がどの程度の割合を占めているかも把握している。会員顧客は，ほとんどがビジネス客であり，それ故に観光旅行や休暇で利用する乗客ほどは価格に敏感ではない。どの路線で，会員顧客が多い割合を占めるかの情報は，低価格を武器にする他の航空会社との競争に対抗する上で大きな価値がある。アメリカン航空では，どの路線でも対抗して料金を引き下げるのではなく，会員顧客の利用が少ない（つまり価格に敏感な非ビジネス客が多い）路線に限り選択的に価格面での対抗措置を取っている。

　たとえば，ホテル，レンタカー・チェーン，電話会社，クレジット・カード発行会社など他の多くのサービス・ビジネスでも，航空会社の模倣をしてさまざまな「フリークエント・ユーザー・プログラム」を導入している。これらにおいても，会員顧客に対する特典がある。たとえば，スーパーマーケットのセーフウェイでは，パートナー企業群も含め商品の割引がある。また，多くのサービス組織が航空会社のフリークエント・フライヤー・プログラムに参加している。これは，フリークエント・フライヤー・プログラムの会員顧客が当該サービス組織を利用すればマイレージがもらえるというものである。

　フリークエント・ユーザー・プログラムのような「顧客ロイヤルティ・プログラム」は幅広く採用されている。しかしながら，ジェラルド・ダウリング（Gerald Dowling）とマーク・アンクルズ（Mark Uncles）は，こうしたプログラムは多くの場合「驚くほど効果がない。」と主張している。彼らによれば，ロイヤルティ・プログラムは製品やサービスの全般的な価値を高め，ロイヤルな顧客に再購買を動機づけるようなものでなければならない[15]。しかし，多くの場合——たとえば，航空各社のように——，プログラムの特典は顧客にとってはありふれたものとなっており，サービス組織側も実際上，競合者が次々導入するので対抗上こうしたロイヤルティ・プログラムを自分たちも導入せざるを得ないと感じている。また，プログラムの特典がさして価値あるものとは知覚されない場合やプログラムが競合サービス組織よりも価格が高めであることの正当化には全くならないといった捉え方がなされることもある。こうしたことにより，AT & T のように顧客ロイヤルティ・

プログラムを取り止めてしまう企業も出てきている。

　はっきりしているのは，顧客ロイヤルティ・プログラムの特典だけで，顧客を繋ぎ止めるのは不可能であることである。提供サービスのクオリティに満足できず，あるいはもっと低価格のサービスでも似たようなサービスが受けられると考えれば，顧客のロイヤルティは直ちに失われる。価格と顧客が負わねばならない他のサービス・コストに見合ったクオリティのサービスと高い価値を提供すること。これがすべてのサービス・ビジネスにとっての目標となるべきである。

6　結　論

　マーケターは，「顧客とは一体誰であるのか」に常に関心を寄せねばならない。この問いかけはサービスのタイプ毎に若干異なるものとなるだろう。顧客とサービス組織，顧客間のコンタクト・レベルが高いハイ・コンタクト・サービスの場合，顧客ポートフォリオが有用だろう。ハイ・コンタクト・サービスでは，顧客自身がサービス・プロダクトの一部を構成する。顧客ポートフォリオをあまり細かく分けて捉えることは有用性を損なう。とりわけ，顧客の各セグメントが別々にではなく同時にサービスを受けるときはそうである。問題顧客（ジェイカスタマー）は，他顧客のサービス・エクスペリエンスを損ない，サービス組織の収益も悪化させる。すべての顧客をターゲットとすべきではなく，マーケターは，望ましい顧客セグメントを選択しターゲットとせねばならない。また，顧客のサービス利用についてのガイドラインも準備されるべきである。

　供給能力に限界のあるサービス組織の場合，マーケターのタスクは需要と供給のバランスを取ることに加え，特定の時期・時間帯に最も望ましい顧客セグメントがサービスを利用するようにすることである。これは，それぞれの時期・時間帯毎にそれぞれの顧客セグメントをターゲットとせねばならないことを意味する。営利的なサービス組織の場合は，どの顧客セグメントが最も大きな収益を産み出すかが重要なことがらとなる。公共・非営利のサービス組織の場合は――もちろん財務面を無視する訳ではないが――，当該組

織の活動目的を最も良く実現するにはどの顧客セグメントを対象とするかを考えねばならない。いずれの場合も，市場分析と予測を精緻に行うことがマーケティング戦略を進めて行く上で非常に重要である。

　最後に，マーケターはサービス組織に最も大きな価値をもたらす顧客に特に注意を払う必要がある。こうした顧客は，サービスを最も高頻度で購入し，購入サービスも最上位グレードであるのが普通である。フリークエント・ユーザー・プログラムは——航空各社の「フリークエント・フライヤー・プログラム」は最も整備されているものである——，どの顧客がサービス組織に高い価値をもたらしているかを明確にできる。フリークエント・ユーザー・プログラムは，会員顧客に特典を与えると共に，マーケターに顧客の行動についてさまざまな情報を与える。たとえば，会員顧客はいつどこでサービスを利用するのか，どのサービス・グレードやサービス・タイプを購入しているのか，購入額はいくらか，といったことがらである。他の競合サービス組織に愛顧(パトロネージ)を分散させてしまうことなく，最良の顧客（サービス組織に大きな価値をもたらしてくれる顧客）のロイヤルティをいかにして維持するか。これを可能にするサービス組織が最も大きな成功を収めることになるだろう。

第7章
苦情への対処とサービス・リカバリー

プロダクト要素
....
....
サービスの価格とその他のコスト

プロセス
生産性とクオリティ
人的要素
....

本章の目標
■顧客の苦情とは何か。効果的なサービス・リカバリーを理解する。
■不満足顧客のアクション・フローを理解する。
■苦情を左右するファクターとは何か。各ファクターを理解する。
■効果的なサービス・リカバリー・システムの原則を理解する。
■無条件満足保証制度の価値を理解する。

1　顧客の苦情

　顧客の苦情*は，サービス組織に対し，問題を正し，顧客とのリレーションシップを修復し，サービス・クオリティを改善する機会を与えてくれる。
　「サービスを最初からきちんと行うこと」に勝るものはないけれども，サービスの不手際や失敗はそれでも起こり続けるという事実は無視できない。不手際や失敗が，サービス組織のコントロールの範囲外の原因によることも多い。サービス・エクスペリエンスが，複数のサービス・エンカウンターと多様な「真実の瞬間」を伴う場合は，とりわけ失敗が生じやすい。サービ

---

*苦情（complaint）：不満足の公式の表明。サービス・エクスペリエンスのあらゆる側面で生じ得る。

ス・パフォーマンスの同時性，顧客のサービス生産への関与，プロダクトに占める人的要素，クオリティ評価の困難さ，こうしたサービスの際立った特性は，サービスの失敗が生じる可能性を大きく高める。サービス組織は苦情に対処し，問題をうまく解決せねばならない。さもなければ顧客の愛顧(パトロネージ)を失うことになるだろう。

さて，もしも読者が提供されたサービスのクオリティについて全くもって満足が行かなかったとしよう。この場合どのような行動をとるだろうか。直接のサービス従業員に苦情を言う，マネジャーにきちんと伝えるように言う，サービス組織の本社・本部に苦情を言う，消費者保護機関などに申し立てる，監督当局に申し立てる。友人や家族にひどいサービスだったことを伝える…。あるいは，単に黙って他のサービス組織を利用するようにするかもしれない。

サービスについて満足できなかったとしても，そのことを普通はサービス組織（ないし他の第三者機関や組織）に申し立てることはほとんどないという読者もいるかもしれない。しかし，これは珍しいことではない。調査によれば，むしろほとんどの人が普通は苦情を申し立てることはないことが明らかになっている。また，たとえ直接のサービス従業員に対し苦情が申し立てられても，これがマネジャーにまで伝えられることはほとんどないことも判明している。

(1) サービスの失敗に対する顧客の反応

サービスの失敗[*]を経験した顧客にとって，どんな選択肢があるのだろうか。図表7－1は，顧客が取り得る選択肢を示している。まず，少なくとも以下の4つの主要アクションがあるだろう。

■何もしない。
■当該サービス組織に何らかの形で苦情を言う。
■第三者への働きかけをする（これには，消費者保護機関などに申し立てる，監督する政府組織など当局に申し立てる，あるいは訴訟を起こす，

---

[*] サービスの失敗 (service failure)：顧客が，当該サービス・デリバリーは1つないし複数の側面で自身の期待を満たすものではなかったと認識すること。

図表7-1 不満足顧客のアクション・フロー

```
                    ┌─────────────┐
                    │ 不満の増大  │────────────────────┐
                    └─────────────┘     ┌─────────────┐ │
                           │       ┌───│その場での   │ │
                           │       │   │苦情の表明   │ │
                           │       │   └─────────────┘ │
                           │       │   ┌─────────────┐ ↓
                           │       │   │本社・本部への│  ┌─────────────┐
                           │       │   │苦情の申し立て│→│問題は解決さ │
                           │       │   └─────────────┘  │れない       │
                    ┌─────────────┐│   ┌─────────────┐  └─────────────┘
                    │ 苦情を言う  │┤   │他組織・機関への│
                    └─────────────┘│   │苦情の申し立て│
                           │       │   └─────────────┘  ┌─────────────┐
                           │       │   ┌─────────────┐  │問題解決の   │
                           │       └───│法的な救済の │→│実現         │
                           │           │可能性を探る │  └─────────────┘
┌─────────┐                │           └─────────────┘
│問題の   │                │
│発生     │────────────┤   ┌─────────────┐
└─────────┘                │   │ 何もしない  │──────────┐
                           │   └─────────────┘          │  ┌─────────────┐
                           │          │                 └→│問題は解決さ │
                           │          │                    │れない       │
                           │          ↓                    └─────────────┘
                           │   ┌─────────────┐
                           │   │友人など周囲へ自│         ┌─────────────┐
                           │   │分のマイナスの体│────────→│マイナスの口コミ・│
                           │   │験を語る        │         │評判が拡がる │
                           │   └─────────────┘          └─────────────┘
                           │          ↑
                           ↓          │
                    ┌─────────────┐  │               ┌─────────────┐
                    │他のサービス組│──┘──────────────→│離反顧客となる│
                    │織を利用するよ│                   └─────────────┘
                    │うになる      │
                    └─────────────┘
```

が含まれる)。

■当該サービス組織を利用しないようにする。また，他の人々にも利用しないことを勧める（マイナスの口コミ）。

　サービス組織側の反応によっても，サービスの失敗はさまざまな結果をもたらす。多くの競合者が代替サービスを提供している場合は，顧客の離反のリスクは高くなる。ある研究では，顧客の離反行動をさまざまなサービス産業で調べている。これによると，離反顧客の60％近くが，何らかのサービスの失敗故に離反したことが明らかになっている。失敗の内訳は以下の通りである。コア・プロダクトの失敗による離反25％，サービス従業員とのエンカウンターが不満足であったことによる離反19％，最初に何らかのサービスの失敗がありこれに対する満足な修復が得られなかったことによる離反10％，

サービス組織の反倫理的行動が原因となっている離反4％。

離反がもたらす影響は単に離反顧客当人からの今後の売上が得られなくなることに留まらない。マネジャーはこのことを十分に理解する必要がある。また，インターネットの普及は，サービスを提供する組織すべてにとって重大な意味を持っている。サービスに不満足な顧客は，掲示板に苦情や悪口を書き込んだり，自分のホームページ上で特定のサービス組織で経験したひどいサービスの顛末についてこと細かく公開することもある。[3]

(2) TARP 研究

TARP（Technical Assistance Research Programs Institute）は，ワシントンに拠点を置く調査研究組織で，顧客の苦情についての研究をアメリカおよび各国で行っている。1986年に，この組織は画期的な調査研究書を刊行している。これは顧客の苦情についての自身の調査研究と世界中の他の調査研究の詳細なレビューに基づくものであった。[4]

この調査研究書の内容は，広く公開されているが，多くのマネジャーに不満足顧客――とりわけ，直接には何も不満足を表明せず，単に競合サービス組織に鞍替えしてしまうような不満足顧客――の持つ影響力について改めて考えさせるものであった。

何％の人が苦情を言うか　TARPの調査研究は，アメリカでは，一般消費者向けの工業製品の場合は，不満足顧客のうち25〜30％が苦情を表明することを報告している。同じく，食品雑貨類の場合，市場調査会社のニールセンによれば，不満足顧客のうち30％が苦情を表明するとされる。また，価格の高い大型耐久消費財については，TARPは苦情表明率は40％に過ぎないとしている。不満足顧客が皆苦情を言う訳ではないという調査結果は，他の国でも見い出される。ノルウェーで行われた調査では，不満足顧客のうち苦情を言うのは，コーヒーの場合は9％，自動車の場合は68％になるという。ドイツで行われた調査では，ドイツでは不満足顧客そのものが非常に少ないが，不満足顧客のうち苦情を表明するとしているのは，品目毎に29％から81％の開きがあったとされている。日本のある調査では，サービスについては不満足顧客の17％が，物財については不満足顧客の36％が不満を表明するとして

いる。

誰に対して苦情を言うか　TARPの調査研究では以下が報告されている。まず，大多数の人がその場で（物財を購入した店舗やサービスを受けた場所で）苦情を言う。メーカー（物財の場合）や本社・本部（サービスの場合）に直接に苦情を申し立てる人は非常に少数である。TARPは，価格の高い大型耐久消費財や高価格サービスについて特に調査をしているが，これによると，店舗やサービスの現場で申し立てられた苦情を企業の本社ないし本部が把握している率は5％に過ぎないという。これは，小売店や中間業者がきちんと苦情情報を本社・本部に伝達していないためと思われる。

苦情を言う顧客タイプは　高所得家計の顧客の方が，低所得家計の顧客よりも苦情を表明する傾向がある。年配者は苦情を言わず我慢する傾向がある。これはさまざまな調査研究で見い出される。また，問題となっているプロダクトやサービス・プロセスについての知識がある方が苦情を申し立てる傾向がある。苦情表明の可能性を高める他の要因としては，顧客にとって当該プロダクトが重要なものか否かや生起する問題が重大なものか否かが挙げられる。

不満足顧客はなぜあえて苦情を申し立てないのか　不満足顧客はなぜあえて苦情を申し立てないのか。TARPの調査研究では，以下の3つの主たる理由が挙げられる（これは，顧客が理由として挙げる順にもなっている）。

- ■苦情を言う時間や手間がもったいない。わざわざ言うだけの価値はないと考えている。
- ■問題を指摘しても，きちんと受けとめてもらえることはなく，解決の努力は結局なされないだろうと考えている。
- ■誰に対してどのように苦情を言えば良いのか分からない。

不幸なことに，こうした不満足顧客の悲観は裏付けられているように思われる。ある2つの調査によれば，多くの人が，苦情を申し立てた結果はやはり不満足なものであったと回答している（それぞれ，40％，60％）。また，苦情を表明しない理由は文化やコンテクストにも見い出される。日本で行われたある調査では，不満足顧客のうち21％が，苦情を言うことについて「きまり悪い」とか「恥ずかしい」と感じると答えている。ヨーロッパの国のい

くつかでも，特にレストランにおいてウェーターに対し直接に苦情を申し立てることはあまり格好の良いものではないとされている。不満足ではあるが，しかし苦情は言わない。こうした状況については実際良く考えてみる必要がある。そこにはいかなる理由があるのだろうか。

再購入意向への影響　苦情がきちんと受けとめられ，満足の行くように問題が解決される。そうすれば，顧客のロイヤルティは損なわれず，今回苦情の対象となったサービスでも再購入してくれるようになるだろう。少なくともその可能性は高まる。TARPの調査によれば，一旦は苦情を申し立てたものの十分満足の行く形で問題が解決されたと感じている顧客の場合，再購入意向は69％から80％とさまざまなタイプのプロダクトで概ね高いものであった。一方，苦情への対応が満足行くものではなかったと感じている顧客の場合は，再購入意向は17％から32％に留まった。

(3)　産業毎の不満足の度合い

　いくつかの産業分野で，1980年代から90年代の前半にかけて，苦情への対処がより的確に行われるようになった。しかし，多くの顧客が，自身が申し立てた苦情が取り扱われる方法について未だに不満に感じている。さらに，苦情対処をめぐる状況が再び悪くなり始めているという残念な兆候もある。アメリカの各産業が顧客のニーズと期待についてどのくらいのパフォーマンスを上げているかについての有用な指標としては，ACSI（American Customer Satisfaction Index：アメリカ顧客満足度指標）が挙げられる。ACSIでは，各産業分野での購買と消費について，顧客の全般的な評価が測定される。評価は，当該産業分野で顧客がこれまでに実際に得てきた購買と消費のトータルの経験についての評価と，当該産業分野に抱く顧客の期待，の双方でなされる。評価はポイントで表され，最高得点は100ポイントである[5]。ACSIでは，一般消費者向け工業製品のポイントは，ほとんどの場合サービスのポイントを上回っていることが示されている。

　図表7-2は，各産業の1997年のポイントを比較したものである[6]。図表では前年との増減も示してあるが，ほとんどのサービス産業で，ポイントは低下している。これは，多くのサービス産業で依然として顧客の期待に十分に

168　第2部　サービスによる価値の創造

図表 7-2　アメリカ顧客満足度指標　1997年の各産業（％は前年との比較）

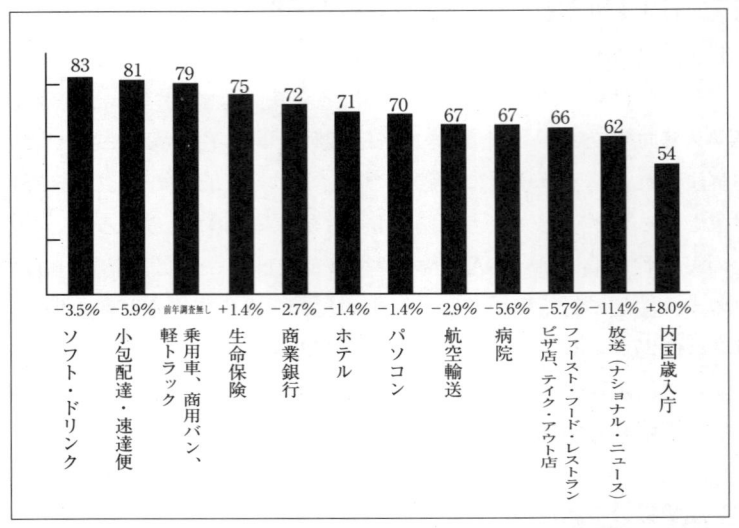

産業	指数	前年比
ソフト・ドリンク	83	−3.5%
小包配達・速達便	81	−5.9%
乗用車、商用バン、軽トラック	79	前年調査無し
生命保険	75	+1.4%
商業銀行	72	−2.7%
ホテル	71	−1.4%
パソコン	70	−1.4%
航空輸送	67	−2.9%
病院	67	−5.6%
ファースト・フード・レストラン　ピザ店　テイク・アウト店	66	−5.7%
放送（ナショナル・ニュース）	62	−11.4%
内国歳入庁	54	+8.0%

Ronald B. Lieber and Linda Grant, "Now Are You Satisfied?" *Fortune*, 16 February 1998, 161-166. 報告のデータに基づく。

応えるには程遠い状態であることを示しているだろう。もちろん，同一産業内の個々の企業別に見ればかなりの差異があろう。たとえば，航空輸送分野で，最高ポイントはサウスウエスト航空であり（76ポイント，前年と変化なし），最低ポイントはアメリカン航空（62ポイント，前年より12.6％減）であった。

しかしながら，いくつかの国では顧客はより賢明になっており，自分たちの申し立てた苦情がより満足行く形で解決されることを求めるようになっているようである。たとえば，オーストラリアにおける最近の大規模調査研究では，調査されたほとんどの産業で，顧客は物財やサービスについて重大な問題があると思えば，大多数が何らかの形で苦情を申し立てるように努力していることが明らかになっている[7]（もちろん，産業毎に不満足な物財・サービスに直面する割合やこれに対して苦情を言う割合は異なる）。

オーストラリアの調査では他に以下のことがらが明らかになっている。

■調査回答者の57％が，ここ1年間で物財やサービスについて何らかの問

題に直面したと回答している。
- 物財やサービスについて重大な問題に直面したと答えた調査回答者のうち，平均して73％が何らかの形で苦情を申し立てていた。
- 苦情を申し立てたと答えた調査回答者のうち，34％が対応に満足していた。
- 苦情への対応に不満足であったと答えた調査回答者のうち，89％が当該企業・組織と再び取引することはないだろうと回答している。
- 苦情を申し立てたと答えた調査回答者は，問題が解決されるまでに平均3.4回の交渉ややり取りをしていた。
- サービスの現場や末端レベルでは問題が解決されず，組織階層の上位部門との交渉ややり取りが必要になる場合がある。組織階層を上がれば上がるほど，苦情を申し立てた顧客の満足度は低下する。
- オーストラリアの場合，不満足顧客は平均して9人の他者に不満足の気持ちを伝えている。満足顧客の場合は平均してこの半数（4.5人）に満足である旨を伝えている。

(4) 苦情申し立て行動を左右するファクター

　不満足なサービス・エンカウンターに出会った場合，顧客の最初のリアクションは（しばしば無意識に）直接の問題点に向けられる。しかしながら，顧客の苦情行動に関する諸研究では，苦情申し立てには2つの主要目的が見い出せるという。まず第1の目的は，何らかの経済的な損失を回復するための苦情申し立てである。これには，返金を求める場合とサービスをもう一度受けられるように求める場合とがある。問題が一向に解決されない場合は，法的なアクションがとられることもある。第2の目的は，自尊心を回復するためである。サービス従業員がいい加減な対応をしたり，挑戦的であったり，顧客を怯えさせるような態度をとったり，あるいは顧客にまともに応対しない（たとえば，小売店で店員同士のおしゃべりに夢中になっていたり，待っている顧客がいるのにあからさまに無視するなど）。このとき顧客の自尊心や自己価値の感覚，公正感は傷つけられ，顧客は自分はもっと真っ当に遇されるべきであると感じ，憤慨したり，怒りを覚えたりする。

しかし，他方で苦情申し立てに際しての「コスト」も認識されている。コストには，苦情の手紙の郵送料や電話代，手紙を書いたり電話口や口頭で申し立てを行う手間ひまや労力が含まれる。また，サービス組織側の人間と「不愉快な対決」をすることになるかもしれないリスクが心理的コストとなる——特にその人間を顧客が良く知っていたり，あるいはこれからもサービスを受けざるを得ない相手である場合はなおさらである。たとえば，もしも，旅行会社のサービスが不満足なものであったとしよう。この場合は次回の旅行では他の旅行会社に換えれば良いかもしれない。では，家庭医(ファミリー・ドクター)を代える場合はどうだろうか。新しい家庭医にはこれまでの治療記録がすべて送られるべきであるが，これを今の家庭医に気安く頼めるだろうか。この場合，顧客は気持ちを一層奮い立たせる必要があるし，状況は一層不愉快なものとなるだろう。

これまでに行われた調査研究は，顧客にとって問題が重要であることが，直接に顧客の何らかのアクションを起こそうとする意思に関係することを示している。また，サービスのアウトカムに関わる問題の方が，サービスのプロセスに関わる問題よりも顧客の苦情申し立てやサービス組織の変更の原因となりがちである。[8]

苦情申し立ては，社会的インタラクションの一つである。それ故，苦情申し立て行動は，当人の置かれた社会的役割認知と社会規範によって左右される。ある研究によれば，顧客側が「低いパワー」しか持たないようなサービス（つまり，顧客が取引を左右したりコントロールする能力について低いと知覚しているようなサービス）においては，苦情申し立てがなされることは少なくなるという。[9]医療や法務サービス，建築デザインのようなプロフェッショナル・サービスは，この良い例であろう。プロフェッショナル・サービスにおいては，医師のようなサービス提供者は当該サービスの専門家とみなされている。それ故，顧客があえて異議申し立てをすることを忌避するような社会規範がある。このことからすれば，プロフェッショナル・サービスにおいては，顧客が正当な申し立てを心理的負担なくできるようにする方法が工夫されるべきであろう。

(5) 市場調査データとしての苦情

　苦情は，サービスの生産性とクオリティとをモニターするのに役立ち，どこをどう改善すれば良いのかを指し示してくれるものである。サービス組織の中には苦情をこのように捉えているものもある。たとえば，サービス・デリバリーが遅いとか手続きが官僚的であるとの苦情は，サービス・プロセスの非効率性や非生産性を指摘するものである。苦情を有効に活用するには，苦情が適切な収集ポイントに集まり，ここで記録され，カテゴリー分けされ，分析されるようにする必要がある。苦情はそれが発生した場所・時点で把握され──もちろん，個々の苦情の対象となる問題はその場その場で迅速に解決される。苦情収集がこれを妨げることがあってはならない──，中央の収集ポイントに集められ，ここで，全社的な苦情ログ[*]に記録されていく。このタスクは簡単なものではない。苦情が多様で多数のルートから収集され得るからである。たとえば，次のようなルートが挙げられるだろう。

■顧客に第一線で接する従業員（フロントステージの従業員）のルート。
■中間業者のルート。
■通常はバックステージで勤務しているマネジャーのルート。責任者として出て行って顧客と接することもある。
■「お客様の声」カードのルート。郵送される場合も店舗等の投函箱によって回収される場合もある。
■第三者機関からのルート。たとえば，消費者保護団体，規制・監督当局，業界団体など。

　全社的な苦情ログの持つ最も有用な役割は以下の３点に求められる。①苦情ログにより，すべての苦情を追跡し，これらが実際に解決されているか否かを確認できる。②苦情ログにより，サービスのどの面で問題が生じつつあるかを早期に発見できる。③苦情ログにより，さらなる詳細な調査を要する問題が明らかになる。苦情情報は，追加的な市場調査を行う上で重要な基盤となる。郵送調査や店内調査よりも個別に行われるインタビュー調査の方が，顧客の特定の反応の背後にある本当の深い理由を明らかにできるかもしれな

＊苦情ログ（complaint log）：サービス組織が受け取った顧客からの苦情の詳細な記録。

い。熟練したインタビューアーは，以下のような質問を顧客にすることにより貴重な情報を引き出すことができるだろう。「なぜそのようにお感じなるのかお話しください。」，「問題となる状況は何が（誰が）原因だったと考えておりますか。」，「サービス従業員はそのときどのように反応しましたか。」，「こうした状況が再発しないためにはサービス組織はどんなアクションをとるべきと思いますか。」…。

(6) 顧客が苦情を申し立てやすくする

　顧客がサービスの失敗に対し苦情を申し立てやすくするには，マネジャーはどのようにしたら良いだろうか。多くのサービス組織で，フリーダイヤル，「お客様の声」カード，苦情や意見を記録するタッチ・パネル式の端末（あるベーグルのフランチャイズ・チェーンではこれが店頭に設置されている）が採用されている。さらに訓練を受けたスタッフが巡回している場合もある。彼らは，顧客に何か不都合はないか声をかけていく。もしも顧客が明らかに不満足な様子ならばプロセスに介入を行っている。

　もちろん，苦情を収集するだけでは問題の解決にはならない。実際のところ，苦情を受け付けながら，そのまま何もしないのは事態を一層悪化させるだけである。苦情に対しては，従業員は親身になって対応しなければならないが，もっと重要なのは，サービス・リカバリー戦略をきちんと設計し，従業員に問題を顧客の満足行く形で迅速に解決できるように権限を与えることである。最近の調査では，苦情対処について顧客がどの程度の満足を得るかが，サービス組織に対する顧客の信頼と今後の利用に対して直接の影響を与えていることが示されている。

2　サービス・リカバリーの顧客ロイヤルティへの効果

　苦情への対処は，TARPによれば，コスト・センターとしてではなくプロフィット・センターとして捉えられるべきである。TARPはまた，効果的な苦情処理部門を維持する全般的なコストと利益を生み出す顧客を保持する価値との関係を示す計算式を考案している。苦情処理部門のコスト（投

資）に対する顧客リテンションから得られる価値のリターン率をこの計算式に当てはめ，産業毎にデータから推計すると以下のようになる。銀行は50%～170%，公益事業（ガス供給）は20%～150%，自動車修理・点検サービスでは100%超，小売業では35%からなんと400%に及ぶ。[12] 高いリターン率を支えているのは次の単純な事実である。不満足顧客が離反すると，企業は次回以降の取引を失う以上のものを失うことになる。つまり，企業は，当該離反顧客との取引ばかりでなく，離反顧客からのマイナスの勧めによって離反する他の顧客たちからの（得られたはずの）長期の利益を失うことになる。それ故に，長期の利益を守るという点でサービス・リカバリー*に投資することは，十分に引き合うことなのである。

サービス・リカバリーの手順をデザインする際には，それぞれのサービス組織の直面する固有の環境や，顧客がどんなタイプの問題に遭遇すると思われるかを考慮に入れねばならない。

(1) 顧客の苦情とサービス・リカバリー

サービス・リカバリーは顧客満足を生み出したり不満足を修復する上で極めて重要な役割を果たす。顧客リレーションシップにマイナスの影響を与えることがらはどんな組織においても生じ得る。サービス企業が顧客満足とサービス・クオリティに本当に取り組んでいるか否かを明らかにするのは，広告での約束やサービス施設の装飾や雰囲気ではなく，何か顧客に対して問題が生じたときに当該サービス組織がどのように反応するのかである。残念なことに，サービス組織の反応は，広告での事前の約束といつでも合致する訳ではない。サービス・リカバリーを効果的に行うには，問題解決と不満足顧客への対処において慎重に考えられた手順で臨む必要がある。効果的なサービス・リカバリー戦略を持つことはサービス組織にとって極めて重要である。たった一つの問題の対処を誤ることで，顧客がそれまでサービス組織に対して抱いてきた信頼感が破壊され得るからである。

---

*サービス・リカバリー（service recovery）：サービスの失敗が起きてしまったときに，サービス組織が問題を正すとともに顧客の愛顧心を維持するための体系的な取り組みを行うこと。

苦情のあるものは、サービス・デリバリーが行われている途中でなされるが、事後になってなされる苦情もある。いずれの場合も、苦情の対処がいかに行われるかが、顧客が離反するか否かを決定づけることがある。サービス・デリバリーの途中でなされる苦情の場合は、デリバリーが完了する前に状況を正すことができるという利点がある。（サービス従業員の視点から見た）欠点としては、従業員サイドのモティベーションが低下する点、サービス・デリバリーが滞ったり、一旦停止せねばならないかもしれない点が挙げられる。しかし、サービス従業員にとっての本当の困難さは、顧客の訴える問題を解決するだけの権限をサービス従業員がしばしば持ってなかったり、解決に必要なツールがその場に無かったりすることであろう。特に、問題解決に特別の費用を要したり、その場で何らかの補償を行う決定をすることが求められるのに、サービス従業員にはそれだけの権限がない場合もある。一方、苦情が事後になされる場合は、リカバリーのために取ることのできる選択肢はさらに制限される。サービス組織は、謝罪し、サービスを満足行く形で再度提供するかあるいは他の形態の補償を申し出ることになるだろう。

(2) 効果的な問題解決の原則とは

サービス・リカバリーへの取り組みとは、単に「生じ得るいかなる問題も解決します」と高らかに表明することではない。高い意識水準とプランニング、明確な方針とが必要となる。マネジャーと一線の従業員の双方が、怒れる顧客――対決的姿勢をあくまでも崩さない顧客であったり、ときにはサービス従業員に全く何の落ち度もないのに侮辱的な言動を続ける顧客であったりする――に対処できるようにならねばならない。

コラム7-1は、効果的な問題解決の指針を示したものである。これは、多くの産業分野の上級マネジャーたちとのディスカッションに基づくものである。もちろん、個々のサービス組織にとって、サービス・リカバリー・プロセスは、組織固有の環境や、顧客が遭遇すると思われる問題のタイプを考慮に入れねばならない。

きちんとしたマネジメントがなされているサービス組織は、コラム7-1に挙げられた10の指針のそれぞれにおいて、迅速で適切な遂行がなされるよ

コラム7-1　効果的な問題解決の指針

①素早く行動せよ。苦情がサービス・デリバリーの途中でなされた場合，対応の早さが，フル・リカバリーの実現に重要である。事後的な苦情申し立ての場合，多くのサービス組織で，24時間以内（あるいはより速く）に何らかの反応をするポリシーを立てている。解決に時間がかかる場合でも，苦情の認知の表明を速く行うことが非常に重要である。

②ミスがあれば認めよ。サービス組織の防衛が先に立ってはならない。組織自身の防衛を優先するような行為は，何か隠し事があるとか状況を明確にすることを嫌がっているとみなされる。

③顧客の視点に立って問題を認識していることを示せ。顧客は一体何を問題と考えているか，なぜ顧客は気分を害しているかを理解する唯一の方法は，顧客の視点から状況を見ることである。サービス従業員は，自分だけの解釈に基づいて結論を先走ってはならない。

④顧客と議論してはならない。事実を明らかにし双方が受入れられる解決法を見つけることが求められねばならない。議論に勝つとか，顧客の方が愚かであることを証明するのが目的となってはならない。議論することは，顧客の言い分を良く聴くことを阻害するし，議論によって顧客の怒りが和らぐことはまずないと知るべきである。

⑤顧客の感情を正当なものとして認めよ。顧客の感情を態度や表情で，あるいははっきりと口に出して認めよ。これは，ラポールを築くのに役立つし，損なわれたリレーションシップを再構築する最初の一歩となる。

⑥顧客に有利な解釈をせよ。すべての顧客が真実を語る訳ではなく，苦情のすべてが正当なものとは限らない。しかし，明確な証拠が出てくるまでは，顧客はあくまでも正当な苦情を申し立てているものとして扱われるべきである。もちろん，保険の支払いや訴訟の可能性など金額面で大きな額が問題となっているときは，十分な調査がなされねばならない。一方，返金や補償がごく少額の範囲内にある場合は，顧客といつまでも議論を続けるべきではないだろう。ただし，同じ顧客から過去にも何度となく同じような疑わしい苦情が申し立てられている場合もない訳ではない。苦情と苦情対処の記録をチェックすることも良いと思われる。

⑦問題解決に要するステップを明確にせよ。解決が即座には難しい場合は，顧客にどのような手順で問題解決が図られるかを明示する必要がある。このとき，どの位の時間が見込めるかも示されるべきである（ただし，サービス組織は守ることのできない過剰な約束をしてしまわないように注意する必要がある）。

⑧顧客に進捗状況を知らせるようにせよ。状況を知らせてもらえず，放置されることは誰もが望まない。分からないことは，不安とストレスを増大させる。進捗状況を知っていて，定期的に報告を受けていれば，人は事情を理解し多少の不手際も容認できるようになる。

⑨補償も考慮せよ。顧客が支払いをしたにも関わらず，サービス・アウトカムを受け取れなかった。あるいはサービスの失敗により，重大な不便を強いられたり，時間や金銭面での損失を被った。こうした場合には，金銭的な保証や他の見合うだけの申し出をすることが適切である。この種のリカバリーは，顧客からの訴訟のリスクを減らすという効果もある。どんな補償がなされ得るかが，サービス・ギャランティーとして事前に示されていることもしばしばある。

⑩愛顧心を回復できるよう辛抱強く努力せよ。顧客を失望させてしまった。このとき最も大きな課題は，顧客の信頼を回復し，今後もリレーションシップを維持していくようにすることである。顧客の怒りを静め，問題が2度と起きないように適切な処置が取られていることを顧客に納得してもらうには，辛抱強く顧客に接することが必要である。努力を惜しまずリカバリーに取り組むことは，顧客のロイヤルティを再構築し，再び推奨をしてもらえるようにする上で非常に大きな効果がある。

うに努力している。ある調査研究によれば，問題解決が遅くなればなるほど，サービス・リカバリーとして顧客が満足するのに必要な補償はより大きなものとなる。[13]顧客への疑いを持って苦情に対処することは，顧客を離反させることにつながる。苦情を申し立てるような顧客を，ジェイカスタマー（第6章参照）とみなすことは本当に危険なことである。TARPの代表者はこれについて以下のように警告している。

「TARPの調査によれば，ほとんどのサービス組織で，顧客の1～2％が意識的な不正行為を働くに過ぎないことが分かっている。しかしながら，ほとんどの組織で顧客すべてを疑わしいものと仮定して防衛を図っているようである。これは，2％の常習者を捕捉するために，残りの98％の正直な顧客たちをまるで常習者であるかのように扱っていることでもある。」[14]

3　サービス・ギャランティー

無条件の満足保証制度を顧客に提示するサービス組織の数は，依然少数だが増大しつつある。クリストファー・ハート（Christopher Hart）は，サービス・ギャランティー*（サービスの満足保証）はサービス・クオリティの向上を実現する上で強力な手段になると主張し，以下の理由を挙げている。[15]

①サービス・ギャランティー導入によってサービス組織は，顧客がサービスの個々の要素について何を求め期待しているかに意識を集中するようになる。

②サービス・ギャランティーは，顧客にとっても従業員にとっても達成されるべきサービス・クオリティの明確な基準となる。サービス・ギャランティーは，サービスの失敗について顧客への補償を約束する。サービスの失敗はコスト上昇につながるので，マネジャーはより真剣にサービスに取り組むようになる。

③サービス・ギャランティー導入によってサービス組織は，顧客から（苦情という形の）フィードバックを引き出し，これに基づいて行動するシステ

＊サービス・ギャランティー（service guarantee）：サービス・デリバリーが事前に定められた基準を満たさない場合，顧客に何らかの補償を得る権利を約束すること。

ムを開発することが必要となる。

　④サービス・ギャランティー導入によってサービス組織は，サービスの失敗がなぜ起こるかを理解するようになる。失敗の可能性のあるポイントを明確化し，克服するように動機づけられる。

　⑤サービス・ギャランティーは，顧客の購買時のリスク低減と長期ロイヤルティを生み出すことによって，マーケティング力を高めることができる。

　一方で，サービス組織の中にはサービス・ギャランティー導入に乗り遅れまいとする一種熱に浮かされたような風潮があった。しかし，無条件の満足保証制度を導入することの意味は，風潮に流されず慎重に考えられるべきである。

(1)　プロマスのサービス・ギャランティー戦略[16]

　プロマス（Promus Hotel Corporation）は，「100％満足保証」制度を傘下のすべてのホテル・チェーン——「ハンプトン・イン」，「ハンプトン・イン・アンド・スイート」，「エンバシィ・スイート」，「ホームウッド・スイート」——に導入している。

　プロマスは，100％満足保証制度は大きな成功を収めたものと見ている。制度導入により現在の利用客のリテンションに大きく寄与すると共に新規客を呼び込むことができた。何より重要なのは，サービス・クオリティ向上の機会を明確化し，クオリティ向上への徹底的な取り組みを行っていく上での刺激になったことである。100％満足保証制度は言わば「ホースの水の圧力を強める」ようなもので，どこに塞ぐべき水漏れの穴があるのかを明確にするものである。制度導入は，プロマス傘下のホテル・チェーンのサービスの一貫性とサービス・デリバリーに大きな影響を与えることとなった。さらに制度導入は，財務面でも大きなプラスの効果をもたらしたことも明らかになった。

　しかしながら，この種のサービス・ギャランティーを完璧に実施することは容易なことではない。これは，他ホテル・チェーンのいくつかで，同じようなサービス・ギャランティーを真似して導入したもののうまく機能しなかったことが証明している。

100％満足保証制度をうまく運営する上で必要なのは，利用客の満足という制度の基本をなす理念が全従業員——上級マネジメント層からパート従業員にまで——に浸透していることである。利用客の期待に応え，完璧な満足を実現するよう全従業員がいつでも積極的に努力する。難しいのは，こうした努力を生み出す組織文化を創り上げることである。

(2) サービス・ギャランティーのデザイン

プロマスで，サービス・ギャランティーをデザインする際にとられた最初のステップは，「利用客が求めるギャランティー内容は何か」という重要な問いに答えることであった。これについて利用客を調査したところ，彼らは部屋の設備・調度品の質感と清潔さ，フレンドリーでしかも能率的なサービス，適正な価格に最も関心を抱いていることが分かった。利用客はまた，ギャランティー内容についてシンプルであること，申し立てしやすいことを求めていた。さらにデプス・インタビューを行ったところ，理想とされる「ホテル・利用客間のインタラクション・フロー」と利用客の満足を決定づける「53の真実の瞬間」が明らかになった。これらの真実の瞬間は，プロマス各ホテルのサービス・デリバリーに具体的かつ統制可能な形で反映された。ギャランティーのデザインを通じ，プロマスには新しい思考様式（マインド・セット）が生まれ強化されることになった。すなわち，「利用客の声に耳を傾けよ。彼らこそが自身が何によって満足するのかを最もよく知っている。」，「利用客だけが，そのホテルにまた泊まるか否かを決められる。プロマスのホテルを他の人に推奨してくれるのも利用客である。」

プロマスのマーケティング担当副社長は，「ギャランティーのデザインの過程で，何が利用客を満足させているのかを理解できた。」と述べている。予約オペレーターや第一線の従業員からホテルの総支配人，プロマス本社のスタッフまで全員が利用客の声に注意深く耳を傾けること，利用客のニーズを最大限に予測すること，利用客が解決に満足できる形で問題に取り組むこと，が不可欠となり，ホテルの機能を利用客中心に捉えることはプロマスのビジネス運営に深い影響を与えることとなった。

利用客に対する定性的調査と並行して，プロマスは，傘下チェーンのうち

先進的で顧客志向と思われるホテルのマネジャーたちに対しインタビュー調査を行っている。彼らはギャランティーの考えを基本的には理解し支持していたが，それでも以下の懸念を依然として抱いていた。
- ■利用客の中にはホテル側を騙そうとしたり，不正を働く者もいるのではないか。
- ■従業員はそのような利用客の言いなりになってしまうのではないか。
- ■利用客の満足を向上させようとするホテル側の努力はどのような形で酬われるのだろうか。

　ギャランティー制度の準備のために，すでに高い利用客満足を得ている30のホテルに対し先行導入が行われた。訓練が最も重要と思われた。まず，総支配人がギャランティー制度の内容と制度がいかに機能するかについて訓練を受けた。次に総支配人がホテルの各マネジャーとサービス従業員を訓練した。マネジャーたちは，ギャランティー制度の積極的な推進と共に，従業員が利用客の心配や問題に自信を持って対処できるよう一層のリーダーシップを発揮することを求められた。最後に利用客に対しギャランティー制度の内容が説明され，推進された。

　プロマスは，すでに高い利用客満足を実現しているホテルにおいてすら，第一線の従業員は，利用客を十分に満足させるのに必要なことを行えるだけの権限をいつでも十分に与えられている訳ではないことを見い出した。さらに従業員も自分たちが利用客の満足に対し明確な責任を負っているといつも感じている訳ではない。しかし，職務責任は，今やそれぞれの職務の役割を越えたところにあり，保全・修理担当であろうと，朝食スタッフであろうとフロント担当であろうと，職務の通り一遍な役割さえ果たしていれば良いという訳ではないことを従業員は理解する必要がある。マネジャーと従業員は，ギャランティー制度は単に利用客に返金することに関わるものではなく，利用客の満足に関わるものであること学習した。また，問題が起きた場合でも問題を正すことで利用客に満足してもらう，これが優先されるべきであることも学習された。従業員は，問題にはその場で創造的に対処すること，ギャランティー制度を不満足利用客の離反を防ぐセーフティ・ネットとして活用することを求められた。

ギャランティー制度の本格導入に際し，傘下チェーンの総支配人全員が集められた。制度の説明の後，10人から12人のグループに分けられ，制度の予想される利点と懸念点とを洗い出すように求められた。ギャランティー制度の利点については，1，2頁のリストを作るのがやっとであったが，懸念点については長々としたリストを作るのにはさほど困難はなかった。あるグループでは，26頁もの懸念点リストを作成した。プロマスの上級マネジャーたちはこれらの懸念点を調べ，総支配人たちがどんな懸念を抱いているかを一つ一つ検討した。プロマス傘下の各ホテル・チェーンで，総支配人たちの懸念点はいずれも似通っていた。主要な懸念点は，マネジメント・コントロールと利用客のギャランティー制度の濫用・不正行為であった。

プロマスでは，4半期毎のレポートでその期間にギャランティー制度がなぜ適用されたかの上位5つの理由を示すようにしている。これはマネジャーがギャランティー制度適用の原因をなくすように明確なアクション・プランを創る上で有用である。利用客サービスに目覚しい貢献をした従業員については表彰制度が導入され，これと共に，利用客の満足も各ホテルで大きく向上していった。さらに，利用客の不満足の原因が明確にされ，それぞれ削減されていくのに伴い，ギャランティーによる補償も頻度が低下していった。各ホテルで上記の好循環が生まれてくるとホテル・チェーン全体でギャランティー制度を擁護する声が高まっていった。

時間の経過と共に，マネジャーたちは2つのことがらを認識するようになった。第1は，ギャランティー適用を求める利用客の数は全利用客のうちほんの数％に過ぎないこと，第2は，ギャランティー適用を求める利用客の中で不正の申し出をする者はさらに少なく，非常に小さいパーセンテージに過ぎないこと，である。この点についてあるマネジャーは次のように述べている。「経験からすれば，実際にギャランティー適用を求める利用客は0.5％であり，このうちのおそらく5％が真実とは言い難い内容を申し立てているだろう。ここからすれば，利用客の0.025％が問題客ということになる。」[17]

プロマスでの経験から分かることは，利用客がギャランティーとして求めるのは，典型的には返金ではないことである。利用客は単に支払った対象について相応の満足を得ることを求めている。プロマスの100％満足保証制度

は利用客に満足を約束している。利用客を惹き付け，リテンションする有力なツールとなっている。

4 結　論

　顧客からのフィードバックを苦情，示唆，あるいは賞賛の形で収集することは，顧客満足の向上に寄与する。また，顧客の心や考えにアクセスする優れた方法でもある。多くの場合，顧客が苦情を申し立てるのは，当該サービス組織とのリレーションシップを今後も継続したいという気持ちの表れでもある。しかし，同時に苦情の申し立ては，顧客が問題を心から感じていることを示している。顧客は当該サービス組織が苦情を正当に受けとめ，問題をきちんと正すのを期待している。

　サービス組織は，サービスの失敗からリカバリーする効果的な戦略を開発する必要がある。そうすることで顧客の愛顧心(グッドウィル)を維持できる。これはサービス組織の長期的な成功にも不可欠である。しかしながら，サービス従業員は，失敗から学ばねばならないし，問題は再発しないようにされねばならない。最善のリカバリーであっても，顧客の視点からすれば，最初からサービスをきちんと行うのにはしょせん及ばない。無条件の満足保証制度は，顧客により求められる改善点を明確にし，改善への取組みを正当化する強力な方法となる。同時に，従業員やスタッフにも顧客の満足確保に積極的に取り組む文化を創り出すことができる。

第3部
サービス・マーケティング戦略

第8章
サービスのポジショニングとデザイン

プロダクト要素	プロセス
場所と時間	生産性とクオリティ
プロモーションとエデュケーション	………………
サービスの価格とその他のコスト	………………

本章の目標
- ■ 4つの基本的な集中戦略を理解する。
- ■ サービス戦略の各要素を理解する。
- ■ 競争ポジショニングとリポジショニングの概念を理解する。
- ■ サービス組織の競争ポジションと知覚マップの利用を理解する。
- ■ 新サービスの6つのカテゴリーとは何か。新サービスの開発を理解する。
- ■ サービス・デザインのブループリントとは何か。サービス・デリバリー・プロセスの複雑性や変動幅に応じたブループリントを理解する。

1 サービス・リーダーシップ：集中の必要性

　サービス・ビジネスに従事しているマネジャーに競合手段を訊くと、たいていの場合、提供サービスの種類に関係なく「提供サービスで」と答えるだろう。さらに質問してみると「価格面での安さ」とか「利用の便利さ」、または「従業員の質の高さが重要な競合手段」などという答えが返ってくる。また、「あなた方の提供するサービスは競合サービスとどこが違うのか。」という質問には「正直言って違う点はない。要するにみんな似たり寄ったりのサービスを提供している。」という答えが返ってくるかもしれない。しかし

ながら，実際には提供するサービスが全く同じであることはあり得ない。サービス施設のデザイン，サービス従業員，マネジャーのパーソナリティ，サービス組織の持つ文化。これらを全く同じにすることは不可能である。サービス産業においては，競争が一層激化している。これに伴い，意味ある差異を創造し，顧客に伝達することが，サービス・リーダーシップ＊と長期的な収益性確保のためにますます重要になりつつある。競争戦略には多様なやり方がある。しかし，いずれの戦略をとるにしても，サービス組織は競合者から自分たちを差別化しなければならないだろう。

(1) 4つの集中戦略

　市場内の買い手すべてを相手にするのは，買い手の数が多い，幅広く点在している，ニーズや購買行動，消費パターンが多様であるといった理由から現実的ではない。また，それぞれのサービス組織も，提供できる能力は多岐にわたっていて，それぞれ異なったタイプの顧客を有している。そのため，それぞれのサービス組織は，市場全体で競合するよりも自身が提供するサービスを最も必要としている顧客に対してその努力を集中する方が良い。マーケティングの用語では，集中＊とは，特定の市場セグメント（共通の特性，ニーズ，購買行動，消費パターンを持つ顧客のグループ）に対して絞り込んだ狭いプロダクト・ミックスを提供することである。現実の世界においても多くサービス組織が集中の概念を中心に置き成功を収めている。こうしたサービス組織は，サービス・オペレーションにおいて何が戦略的に重要な要素かを明確にし，この要素に自身の資源を集中している。

　集中の度合いは市場集中とサービス集中の2つの次元から説明できるだろう。市場集中＊はサービスを提供する市場セグメントの数が多いか少ないかの

＊サービス・リーダーシップ（service leadership）：サービス組織が，サービスのイノベーションと差別化において傑出しているという評判を確立し，維持すること。これにより，選択した市場において競争優位を構築する。
＊集中（focus）：ある特定の市場セグメントに対して絞り込んだ狭いプロダクト・ミックスの供給を行うこと。
＊市場集中（market focus）：サービスを提供する市場セグメントの数が多いか少ないかによる集中の度合い。

図表 8-1　サービス組織のための基本的集中戦略

		サービス・オファリングの幅	
		狭 い	広 い
提供する市場セグメントの数	多 い	サービス集中	非集中 （多くの人に多様なサービスを）
	少ない	完全集中 （サービスも市場セグメントも絞り込む）	市場集中

R. Johnston, "Achieving Focus in Service Organizations," *The Service Industries Journal*, 16 (January 1996): 10-20. より作成。

次元であり，サービス集中*は提供するサービスの数が多いか少ないかの次元である。これらの2つの次元を組み合わせると図表8-1のような4つの基本的集中戦略が定義づけられる。

完全集中のサービス組織は非常に限定されたサービスを特定の限定された市場セグメントに提供する。市場集中のサービス組織は特定市場セグメントに向けて幅広いサービスを提供する。サービス集中では限定的なサービスが比較的広い範囲の市場セグメント群に提供される。しかし，多くのサービス組織が幅広いサービスを幅広く多様な市場セグメント群に提供しようと努力している。こうしたサービス組織が陥ってしまっているのが最後の戦略，非集中である。[3]

図表8-1に示されるように，集中戦略を用いるためには，サービス組織は提供するサービスに最も適する市場セグメントを特定しなければならない。効果的なマーケット・セグメンテーションは，関係する特性について，それぞれのセグメント内に見られる共通性と，それぞれのセグメント間に見られる非共通性から顧客をグループ分けする。第6章（コラム6-1）で説明し

---

*サービス集中（service focus）：提供するサービスの数が多いか少ないかによる集中の度合い。

たように，市場セグメントは伝統的にデモグラフック特性，地理的特性，サイコグラフィック特性，購買・消費行動特性によって定義づけられる。さらに技術(テクノロジー)を駆使した物財やサービスが増加してきたため，一部の専門家はテクノグラフィックス*という新しい変数を使用すべきだと指摘している。

2 独自のサービス戦略を生み出す

ターゲットとすべき市場セグメント（ターゲットとするセグメントは複数でも良い）が決定されると，次に全般的戦略の方向性――サービス戦略――が定められねばならない。サービス戦略を持つことで明確な競争ポジションが生み出され維持される。レナード・ベリーはこうしたサービス戦略の重要性について，次のように説明している。

「優れたサービス企業は，明確で人に感動を与えるようなサービス戦略を持っているものである。こうしたサービス企業は組織に活力を与える自身の「存在意義」を持ち，「サービス」という言葉の意味もしっかり定義づけている。サービス戦略を持つことで，顧客へのサービスの価値の提供が確保される。優れたサービスに至るためには，企業の経営者は，自社のサービス戦略を正しく定義づけ，サービスを感動的なものとせねばならない。経営者はまた，サービス優良企業(エクセレンス)へのビジョンを掲げ，実行せねばならない。こうしたビジョンは将来の姿を指し示し，かつそこへ至る道筋をも示す道標であるべきである。」[4]

サービス戦略は従業員を導き，エネルギーを与えるような2,3のコンパクトな短文ないし単語で表現されるのが通常である。最高のサービス戦略は，人間の変わらぬ普遍的な基本ニーズに訴えかけるものでもある。たとえば，ハードロックカフェは，ターゲット市場に「食事とわくわくする刺激」とを提供しているし，タコ・ベルのサービス戦略は，顧客の空腹に対し「いつでもどこでも安価で迅速な食事」を提供することにある。

---

*テクノグラフィックス（technographics）：マーケット・セグメンテーションの新しい変数。新技術を使う意思と能力の程度に基づき市場を分割するセグメンテーション変数。

(1) 持続可能な競争優位

レナード・ベリーによれば，サービス戦略は次の4つのステップから生み出される。[5]

①顧客の期待に応えるサービス特性と顧客の期待を超えるサービス特性について，それぞれ最も重要な特性は何かを決定する。

②競合企業群の提供するサービスの最も脆弱な特性は何かを特定する。

③企業自身の現在および将来のサービス能力を決定する。企業の提供可能なサービスと提供不可能なサービス，資源面での優位点と弱点，サービスの評判，信念システム，そして企業の「存在意義」を査定する。

④サービス戦略の策定。サービス戦略は，顧客の永続的な重要ニーズに応え，競合企業の弱点をうまく突き，企業自身の能力および潜在力にも合致していなければならない。

①のステップでは，顧客のニーズが注視される。競合者のサービスが満たしていないような重要なニーズがあれば，当該サービス組織にとって占めるべき絶好の市場ポジションとなる。ここで，提供されるサービスとの関連でターゲット市場のニーズと期待について2つの問いかけがなされるべきである。第1は，「当該顧客グループにとって絶対に不可欠なサービスの特性は何か？」，第2は，「顧客グループの期待を上回るような特性とは何か？」である。この2つの問いかけに答えることで，サービスについて備えるべき不可欠な特性と顧客の期待を超えるポテンシャルのある特性との双方が明らかになる（顧客の期待については第5章参照）。サービス戦略はまずこうした内容を含むべきである。

残りの3つのステップは，サービス組織が，持続可能な競争優位[*]のための戦略を創り出す上で有用である。持続可能な競争優位は，競合者よりも特定の市場セグメントにおいて顧客のニーズにより良く応えることを可能にするものである。ここで「持続可能」とは，競合者によって短期間では奪取されたり矮小化されることのない市場ポジションを意味する。こうした優位性を獲得し維持することは特にサービス組織にとっては難しい課題である。競合

＊持続可能な競争優位（sustainable competitive advantage）：かなりの長期に渡って，競合者によって奪取されたり矮小化されることのない市場ポジション。

者によってしばしば多くのサービス特性が短期間で容易に模倣されてしまうからである。

3 サービス・ポジショニング

　サービス戦略が明確になると，次にサービス組織は自身のプロダクトをいかにして最も効果的にポジショニングするかを決定しなければならない。ポジショニングとは，（当該プロダクトが）顧客の心の中で競合プロダクト群との比較において明確なポジションを得ることである。ジャック・トラウト（Jack Trout）は以下に示す4つの原則でポジショニングを説明している。[6]

　①企業はターゲット顧客の心の中に自身のポジションを確立しなければならない。

　②ポジションは一つでなければならない。ポジションはシンプルで一貫性のあるメッセージを発するものでなければならない。

　③ポジションは競合者から当該企業を区別させるものでなければならない。

　④企業はすべての人にすべてのモノを提供できる訳ではない。それ故，企業はその努力を集中させなければならない。

　ドミノ・ピザは，この4原則に合致するサービス組織の例である。ドミノ・ピザの属する産業では，コア・プロダクト（ピザ）はコモディティであるために，競争はしばしば付加価値をいかに付けるかで行われる。ドミノ・ピザから顧客が購入するピザは，言わば「基本」プロダクトであり，顧客は便利さ（宅配）と速さというサービス要素をも欲している。ドミノ・ピザは，広告で「30分以内で配達。遅れれば代金は頂きません。」としており，配達の速さを常に強調してきた。この結果，ドミノ・ピザはピザ宅配ビジネスの中でも速さというひときわ明確な属性を「所有」するに至っている。今では，多くの人にとって，速く，正確なサービスというとドミノ・ピザのサービスが想起されるようになっている。ドミノ・ピザ会長，トム・モナハン（Tom Monaghan）はドミノ・ピザの成功の秘訣について「一つのことをより良く行うよう愚直なまでに集中すること。」と述べている。[7]

(1) ポジショニングとマーケティング戦略

サービス組織は、ポジショニング戦略によって、自身のサービスと競合者のサービス群とを区別し、自身のポジションを顧客に伝達するためのコミュニケーション手段をデザインしている（コミュニケーションについては第12章を参照）。ポジショニング戦略は以下の各要素で工夫することができ、多種多様なものとなる。

①プロダクトの特性。
②価格とクオリティ。
③競合サービス組織。
④利用場面と季節・時間。
⑤利用者。
⑥プロダクト・クラス。

マーケターは多くの場合、上記のいくつかの要素を組み合わせて用いている。しかし、どのような戦略を選択するにせよ、第一の目標は独自の優位性を強調し、競合者と差別化することにある。似たようなコア・プロダクトを提供するサービス組織が複数あるならば、それらはマーケティング活動の中で互いに異なる優位性を強調することになるだろう。

(2) サービス・リポジショニング

市場におけるポジションが不変であることはほとんどない。競合者の行動、新技術、サービス組織内部の変化などによって、サービス組織は自身と提供サービスのリポジショニングを迫られる。リポジショニング*とは、競合サービス群との関係で、サービス組織が顧客の心に保持しているポジションを変化させることである。リポジショニングは、競合者の攻撃に対して応酬する、現在の顧客を惹き付け続ける、または新しいセグメントや追加セグメントをターゲットとして狙う、といった場合に必要となるだろう。また、リポジショニングは、新サービスの提供の開始、あるいはこれまで行ってきたサービスの一部停止、特定の市場セグメントからの完全な撤退、を伴うこともある。

＊リポジショニング（repositioning）：競合サービス群との関係で、サービス組織が顧客の心に保持しているポジションを変化させること。

(3) ポジショニング・ツールとしての知覚マップ

多くのサービス組織が自社のポジショニング戦略を支援するために知覚マップ*を用いている。知覚マップ（またはポジショニング・マップとも呼ばれる）は顧客の視点から競合サービス群の最重要特性を特定するのに役立つ。また，知覚マップは，当該サービスがどんな固有特性をもっているかを視覚的に示すことができ，競争上の脅威と機会を特定し，競合サービス群に対する顧客とサービス組織間の知覚ギャップも明らかにする。知覚マップのタテ軸およびヨコ軸には，顧客にとって重要な特性であればなんでもとることができる。

知覚マップの軸によく用いられるものとしては以下が挙げられる。
- ■価格。
- ■クオリティ。
- ■利用方法や利用頻度。
- ■特有のベネフィットを提供するサービス特性。

知覚マップは通常2軸からなる（3次元モデルでは3つの軸が同時に表示される）。所与の市場におけるプロダクトのパフォーマンスを説明するために3次元以上が必要な場合は，複数の別々の知覚マップが用いられる。多数の軸を同時に扱うことのできるコンピュータ・モデルもある。

知覚マップの有効性は，マップ作成のために用いられた情報の質に左右される。ほとんどの市場はダイナミックなので，サービス組織は追加的な市場調査を行い，競争環境の変化に対応した知覚マップを再描画する必要も出てくるだろう。新規参入者が現れたり，既存の競合者がリポジショニングを行ったりしたのであれば，これまで維持していた独自のポジションは存在し得なくなるかもしれない。また，複数の市場セグメント間で明らかな差があることが市場調査から分かっているのであれば，市場セグメント毎にそれぞれ別々の知覚マップが必要となるだろう。たとえば，航空会社のケースでは，ビジネス客と観光旅行や休暇で利用する乗客とでは求めるサービスの優先順位が異なるであろうし，購入するチケットの種類も全く違うであろう。

---

*知覚マップ（perceptual map）：顧客が互いに競合するサービス群をどのように知覚しているかを表す図。

4 サービス・プロダクトを理解する

　競合相手が，サービスだけでなく，物財やセルフ・サービス利用も含まれるようなサービス組織の場合，競争優位の確立は特に難しい課題となる。図表8-2は自動車による旅行とワード・プロセッシングについて，4つの選択肢を示したものである。これらの選択肢は，物財の所有／レンタルと，運転およびタイピングという必要なタスクをこなすのを自身で行う／人を雇うという2つの選択に基づいている。

　顧客は特定のニーズの充足を求める場合，しばしば同じようなベネフィットを提供することのできるすべての選択肢を考慮するだろう。たとえば自宅の芝を刈りたいとき，芝刈り機を買って自分で芝刈りをすることもできるし，庭のメンテナンス・サービスを雇うこともできる。こうした意思決定は，芝刈り機の購入費と維持費，保管場所，使用頻度などを考慮した対費用比較に加えて，顧客自身の使用技能(スキル)や物理的能力，時間的猶予などが関係する。物財とサービスが両方とも同じ基本ベネフィットを提供するような状況においては，物財とサービスの直接比較はたいていの場合，避けられないのである。

　もちろん，顧客のニーズを満たす上で，多くのサービスは，物財とサービスの両方を用いている。ファースト・フード・レストランのような準製造オペレーションでは付加価値サービスによって補足された物財が販売されてい

図表8-2　物財の所有・使用の代替としてのサービス

	物財の所有	物財の借用
自分で行う	・自分の所有する車を自分で運転する ・自分の所有するワープロを自分で打つ	・レンタカーを借りて自分で運転する ・ワープロを借りて自分で打つ
別の人に頼む	・運転手を雇う ・タイピストを雇う	・タクシーやリムジンを頼む ・秘書サービスに外注する

ている。それぞれの店舗で，顧客はレストランのプロダクト内容を記述した「メニュー」を見ることになる。プロダクト内容，すなわち料理や飲み物は，完全に有形物であって，当該レストランを他の競合レストランと明確に区別するものである。一方，調理したての料理をすばやく提供すること，車から出る必要のないドライブスルーによる提供，あるいは清潔な環境でテーブルについて食事をとる空間，といったものがサービスとなる。

　有形になりにくいサービス組織もまた，サービス・プロダクトの「メニュー」を用意する。たとえば，大学は，完全な学位授与のプログラムを提供する一方で，2年間でコース受講証明書を取得できるプログラムを用意したり，昼間の通常コースの他に夜間コースを設置したりするなど，さまざまな形で大学教育を提供している。多くの大学はまた，大学院コースやコミュニティ・カレッジ・コースなども用意している。大学の補足的サービス要素としてはカウンセリング・サービス，図書館や情報機器設備，劇場やスポーツ・イベントなどの娯楽提供，そして安全で快適なキャンパスなどが挙げられよう（補足的サービス要素については第9章で詳しく取り上げる）。

(1) サービス・ブランドのパワー

　サービス組織は厳しい競合に直面している。この状況下で，ブランド[*]はサービス組織の提供するサービスを明示する上で，非常に重要な役割を担っている。しかしながら，「ブランド」とは何であろうか。ハリー・ベックウィス（Harry Beckwith）は，サービスにとって，ブランドとは名前やシンボル以上のものであると主張している。ブランドとは，サービス組織が顧客の期待にきちんと応えることの暗黙の約束である。[8]ほとんどのサービスには言わば保証がないために（その性質上，保証することができない），ブランドの存在はサービスを受ける顧客にとって非常に重要である。たとえば，医師の診断が本当に正しいことを保証できるだろうか。または大学の授業が有益であることはどうだろうか。会計事務所の仕事は万全だろうか。テーマ・レ

---

[*]ブランド（brand）：名称，フレーズ，デザイン，シンボルおよびこれらの組み合わせであって，サービス組織の提供するサービスを明示し，競合者のサービスと差別化するものをいう。

ストランは常に最新の流行の雰囲気を提供しているだろうか。多くの場合，われわれはこれらのことを確信できないので，サービス組織のブランド・イメージに頼るほかないのである。ハードロックカフェを利用するとき，どんなサービスが得られるかは即座に想起できるだろう。これは非営利のサービス組織でも同じで，寄付者の心に強いイメージを確立する上で，ブランドをうまく用いている。たとえば，シカゴ交響楽団の場合，古いロゴタイプを一新し，進歩的なイメージを統一的に打ち出すことで，寄付を10％増やすことができた。[9]

優良なブランド・アイデンティティを維持するために，企業はサービス・エンカウンターからテレビ広告までを含むあらゆるコミュニケーションを用いてブランド要素を強化していかなければならない。マーケティング・メッセージはターゲット・オーディエンスによって変わってくるが，全体として一貫したテーマがなければならない。これらの手段にはウェブ・サイトも含まれる。ウェブ・サイトは効果的に運用されるならば，顧客との強力なコミュニケーション・リンクとなり得る。たとえば，ウェブ・サイトを通じた付加価値サービスは顧客の総合的なブランド・エクスペリエンスを高めることに役立つだろう。

(2) ブランド化された顧客エクスペリエンス

顧客満足は，何かある1点から生じるものではない。顧客が留まるかそれとも離反するかは，サービス組織との多くの小さなエンカウンターの結果で決まる。成功を収めているサービス組織はこのことを理解しており，通常のイベントがあたかも特別なものであるかのように知覚されるよう明確なサービス戦略をデザインしている。ボストンのコンサルティング会社，フォーラム・コープは，このような戦略デザインを「ブランド化された顧客エクスペリエンス」の創造と名付けている。[10] フォーラム・コープによれば，サービス・ブランドが保証する「約束」は，サービス組織と顧客が接触するすべてのコンタクト・ポイントにおいて強化されなければならないという。同社上席副社長スコット・ティミンズ（Scott Timmins）は次のように述べている。「問題なのは，われわれのブランドにおける顧客のディライトとは何なのか

ということである——われわれは何として知られているのか，顧客はわれわれに何を期待しているのか，どうすれば顧客の期待を超えられるのか。」

サウスウエスト航空は，新しい方式でブランド化された顧客エクスペリエンスを創造しているサービス組織である。サウスウエスト航空というブランドは，特別なサービス提供とは対極にあることを示しており，乗客もそのような特別なサービスは望んではいない。サウスウエスト航空はいつでも一貫して速く，安価なサービスを顧客に提供している。サウスウエスト航空のポジショニング戦略は，「実質本位のキャリアー(ノー・フリル)」としてのイメージを強化し続けることにある。

5　新サービスの開発

あらゆるサービス産業において競争は激しくなっており，また顧客の期待は高まる一方である。サービス組織の成功は，既存サービスに依存するだけでは不十分であり，新しいサービスを開発していかねばならない。これまで，新製品(プロダクト)は，大幅なイノベーションから単純なスタイルの変更まで，6つのカテゴリーに分類されてきた[11]。以下，これらの分類をサービスに当てはめて見ていこう。

①大幅なイノベーション。それまで存在しなかった新プロダクトを市場に投入する。たとえば，FedExは「速達サービス」を導入したし，チャールズ・シュワブは，証券の「オンライン・トレード」を始めている。

②新ビジネスの立ち上げ。すでにニーズに見合ったプロダクトが提供されている市場に新プロダクトを投入する。たとえば，フェニックス大学は，固定のキャンパスを持たず，サテライト教室での夜間授業とオンライン授業という従来とは全く異なる方法で学部・大学院教育を行っている。同大では，学生は，通常の半分の期間で学位取得が可能であり，費用面でも他大学と比較してかなり安価になっている[12]。

③既存市場に向けての新プロダクト提供。他の場所では提供されているが，当該サービス組織としては初めてとなるプロダクトを既存顧客へ提供する。書店のバーンズ・アンド・ノーブルが，店舗内にスターバックス・カフェを

設けたのは，新プロダクトの提供の例である。

　④プロダクト・ラインの拡張。現在のプロダクト・ラインへの新しい追加や，既存プロダクトのデリバリーを新しい形で提供することである。レインフォレスト・カフェのようなテーマ・レストランはこの良い例である。レインフォレスト・カフェでは，熱帯雨林という変わった設定の中で料理が提供される。顧客は，大水槽を泳ぐ熱帯魚群，オウム，滝，実物そっくりなファイバーグラス製の猿，環境について朗々と語る「話す木」，定期的に繰り返されるスコールのデモンストレーション（リアルな雷光付き）を楽しみながら食事をとることができる。[13]

　⑤プロダクトの改良。イノベーションの最も一般的なタイプである。補足的サービス要素の改良やコア・プロダクトの改良も含め，既存プロダクトの特性の変更がなされる。たとえば，ビジネス・コンビニエンス・ストアのキンコーズは，現在は，アメリカとカナダで高速モデムを使った24時間年中無休のインターネット接続サービスを顧客に提供している。

　⑥スタイルの変更。視覚的には非常に目立つものであるが，イノベーションの最も穏当なタイプである。例としては，航空会社が航空機材を新しいデザインで塗り替える，乗務員の制服を一新する，銀行で預金通帳のデザインを新しくする，といったことが挙げられる。

(1) 物財のための付加価値サービス

　一般の顧客に対する新しいサービスのことばかりを考えてしまいがちだが，BtoBにおいても多くの機会があることを忘れてはいけない。法人顧客は知識もあり，要求も厳しく，価格にも敏感な傾向がある。彼らは自社の施設や設備から最高の価値を引き出すことに関心がある。新しい物財が生まれると，それに伴って必ずそれを維持管理するサービスのニーズが生まれる。特にその物財が高価で耐久性が高ければ，そうしたサービスに対するニーズは大きくなる。産業用設備に付帯するサービスには，運送，設置・据付け，補給，メンテナンス，清掃などから，使用方法のアドバイス，改良，補修，そして最終的な処分までが含まれる。歴史的にみても，こうしたサービスは設備販売後の重要な継続的収入源となってきた。

しかしながら，ハイテク設備についてはこのような補修やメンテナンスなどの伝統的なサービスからの収入が縮小している。皮肉なことに，高いクオリティと高い信頼性があるということは，大きな補修が必要になる前に機器類が技術的に時代遅れになってしまうことを意味する。さらに設計上，サービスのしやすさを追求した結果，残されたメンテナンス作業は単純なものとなり，競争の激化を招いてしまった。小さい独立系の販売業者は，メーカー系の販売業者よりも安く設備を提供し，また顧客の多くは自分自身でメンテナンスできるようになっている。状況のこうした進展が，販売後のサービスという伝統的な収益源を縮小させている。これに対応するために，ハイテク企業は新しい専門的な付加価値サービスを生み出している。例としては，ビジネス・プロセス・リエンジニアリングや複雑なウェブ・サイトの構築に関わるコンサルティング・サービス，専門的な教育・訓練サービス，ソフトウェア・サポート・サービス，データ・センターの設計・構築サービス，イントラネットの構築サービス，オフィスの再配置と関連システムの構築サービス，重要データのストレージ構築サービスなどがある。

　もう一つの高付加価値サービスは，サプライ・チェーン・マネジメントである――これはあらゆるタイプの工業製品に適用可能である。ビジネス・ロジスティクスに特化したサービス組織は，原材料や完成品の梱包から保管，輸・配送，さらには補修部品の維持管理まで行うようになるだろう。たとえば，FedExは，ロジスティクスについていくつかのクライアント企業と長期に渡る一括請負契約を結んでいる。サプライ・チェーン・マネジメントの効率性は情報システムに大きく依存している。優れた情報システムは輸・配送品の一つ一つの位置を常に捕捉することができる。

　サービスは，物財と結び付くことで多くのビジネス機会を得られる。レンタルやリースのビジネスは，自動車，家具，スポーツ用具（マウンテン・バイクやスノーボードなど）などの耐久財に関して，購買以外の選択肢をサービスとして提供している。同じく非耐久財に関してもサービスとしてのリポジショニングがなされる。多くのスーパーマーケットが現在では，忙しい人のために魅力的なテイク・アウト食品を提供している（ときには宅配もなされる）。スーパーマーケット業界では，こうした「HMR (home　meal replacement）戦略」によって，料理はしたくないが外食ではなく家で食事をとりたいと思っている顧客層を取り込むことができると期待されている。[14]

　また，物財とサービスが統合的に結び付いている場合もある。（度の入った）メガネを買うときを思い浮かべていただきたい。メガネ購入には，視力や乱視の測定というサービスが伴う。視力測定は検眼士によって行われるが，多くのメガネ・ショップでは現在，これらの業務すべてを店舗内で行っている。しかも，以前なら1週間ほど待たされたのが，場合によっては1時間たらずでメガネができ上がる，というメガネ・ショップもある。

(2)　サービスから物財への変換

　いくつかのサービス組織は自分たちの中心的なサービスに非常に関係の強い物財をも販売している。たとえば，多くのテーマパークでは乗り物やその他のアトラクションからの収益を補うものとして，物品販売を当てにしている。たとえば，アナハイムのディズニーランドでは，人気アトラクションのインディ・ジョーンズ・アドベンチャーを楽しんだ後は，インディ・ジョーンズTシャツや帽子，その他の記念品を販売している売店のところに誘導されるようになっている。

　技術は物財を通してサービス・パフォーマンスを得られる興味深い新製品（プロダクト）を生み出すことを可能にしている。「フローズン・サービス」という用語は，保存されたサービスの顧客自身による利用を可能にする物財を意味する。[15] たとえば，教室での授業で提供される情報は代替的に教科書やインターネットで提供することができる。ライブ・コンサートや演劇の舞台は録音・録画することができ，CDやビデオなどで再現可能である。専門的知識のほとんどはCD-ROMやウェブ上でインタラクティブ・ソフトの形で保存することが可能である。

　ユーザー・フレンドリー技術もまた，多くの分野で，物財がサービスに取って代わる機会を生み出している。電話の自動応答システムは，オペレーターによる電話応答サービスに取って代わった。しかし，このシステムも今では新技術の発展の影響を受け，ボイス・メールやeメールとの競争に直面している。技術進歩の歯車が回るたびに，顧客は自分たちの求めるプロダク

ト・ベネフィットを得る方法の変化に直面する。新しい選択肢が出現し，サービスから物財へ，そして再びサービスへというように次々と移り変わっていくのである。

(3) サービス・デザインにおけるブループリントの役割

第4章で，顧客の視点からサービス・エクスペリエンスを理解する手法としてフローチャートを紹介した。第13章でもどの時点で顧客のディライトや失望が生じ得るかを特定するために再びフローチャートを用いる。しかし，新サービスのデザインは複雑なプロセスとなるため，「ブループリント*」と呼ばれるより精緻なアプローチを用いる。ブループリントはサービス・デリバリーとサービス生産に含まれるすべての活動を示し，各活動間のリンクを明らかにする。ブループリントは従業員の役割，オペレーション・プロセス，顧客とのインタラクションの相互関係を明示するものである。それ故，統合的サービス・マネジメント――マーケティング，オペレーション，人的資源管理を統合し，優れたサービス戦略を構築し，実行する（第1章参照）――の推進に役立つものとなる。

効果的なサービス・ブループリントの基本要件は次の通りである。

①ブループリントは，進行図の形式で，時間と各活動の流れを時系列的に示していなければならない。

②ブループリントは，エラー，ボトルネック，他のプロセス上の特徴を特定し把握するものでなければならない。

③ブループリントは，許容されるサービスの変動の程度を明確に定めるものでなければならない。許容される変動の程度とは，サービス・クオリティとタイミングについての変動が顧客の評価に影響を与えない範囲をいう。

既存サービスのブループリントを作成することで，デリバリー・システムの再構成，サービスの特定要素の追加ないし削除，他セグメントへのサービスのリポジショニングが行われる。これが，新しいサービス・プロダクトの開発につながる場合もある。

---

*ブループリント（blueprint）：フローチャートを精緻にしたもの。サービスの生産およびデリバリーに含まれる各活動と各活動間の結び付きを明示する。

(4) 複雑性と変動幅

サービス・デリバリー・プロセスは，複雑性*と変動幅*という2つの次元によって説明され得る[17]。複雑性はプロセスを完了するのに必要なステップの数であり，変動幅はプロセスを実行するときに許容される変化の範囲である。ブループリントは，特定のサービス・プロセスにおける複雑性と変動幅を視覚的に表現するのに適している。

サービス組織は複雑性と変動幅のレベルを変えることで，提供するサービスをリポジショニングすることができる。

6 結 論

優れたサービス組織は，明確で人に感動を与えるような戦略を持っている。この戦略は，持続可能な競争優位を創り上げるためにデザインされている。それぞれのサービス産業において，サービス・リーダーとなり，その地位を保持し続けているサービス組織がある。こうしたサービス組織は，自身の提供サービスを競合サービス組織のそれと区別する有効な方法を知っている。サービスの区別は，部分的には，特定の市場セグメントに集中することや注意深く選択された狭いサービスを供給することでなされている——いくつかのサービス組織では，セグメントの集中とサービスの集中の両方を行っている。

本章では，知覚マップとブループリントという2つのツールを紹介した。いずれも，サービス組織が自身の競争ポジションを確定する上で有用なツールである。知覚マップは，競合するサービス組織群が，主要なサービス特性について互いにどのようなパフォーマンスを上げているかを視覚的に示すものである。一方，ブループリントは，サービス・デザインをさまざま検討する上で系統だった手順を提供する。ブループリントは，新サービス，既存サービスの双方について作成可能であり，ブループリントによってそれぞれサ

---

*複雑性（complexity）：サービス・プロセスを完了させるために必要なステップの数。
*変動幅（divergence）：サービス・プロセスのステップを実行するときに許容される変化の幅。

ービス・デザインのあり方が検討される。知覚マップもブループリントも，新サービスを開発したり，既存サービスをリポジショニングする機会を分析するために用いられる。こうしたツールの利用を通じ，サービス組織はターゲット市場のニーズと期待に効果的に応えることができ，継続可能な競争優位を確立し維持することが可能となるのである。

第9章
補足的サービス要素による価値の付加

プロダクト要素
....
プロモーションとエデュケーション
サービスの価格とその他のコスト

プロセス
生産性とクオリティ
人的要素
....

本章の目標
- ■サービス・プロダクトを説明する2つのアプローチを理解する。
- ■促進型の補足的サービス要素と強化型の補足的サービス要素とは何か。両者の違いを理解する。
- ■「フラワー・オブ・サービス」の8つの補足的サービス要素を理解する。
- ■「フラワー・オブ・サービス」においてコア・プロダクトを強化する補足的サービス要素のそれぞれの活用方法を理解する。
- ■技術によって,付加価値型の補足的サービス要素を提供する新しい機会が生み出されることを理解する。

1　コア・プロダクトと補足的サービス要素

　製造業もサービス業もその多くは,ベネフィットのパッケージを顧客に提供している。パッケージには,コア・プロダクトのデリバリーだけでなくさまざまなサービス関連活動のデリバリーが含まれる。多くの場合において,パッケージのコア・プロダクト以外の部分が,成功する企業・組織とそうでない企業・組織とを分ける理由となってきている。サービスであろうと物財であろうと,コア・プロダクトは競争の激化と産業の成熟化によって遅かれ

第9章 補足的サービス要素による価値の付加 203

早かれコモディティとなっていく。コア・プロダクトそのものの特性を強化する可能性はあるものの、成熟産業における競争優位は、コアに付加(バンドル)された補足的サービス要素のパフォーマンスを向上させることで追求される場合が多くなっている（もちろん、きちんとしたコア・プロダクトを提供できなければ、その企業・組織はいずれ消えて行く運命にある）。たとえば、スターバックス・カフェは、高品質のコーヒーとコーヒー豆を販売している（これがコアとなるプロダクトである）。しかし、スターバックス・カフェの競争優位は、各店舗で顧客に提供される補足的なベネフィットの全体から生み出されている。本章では、まずコア・プロダクトを取り巻く補足的サービス要素のカテゴリー分けを行う。提示されるカテゴリーは、各産業で提供されている多種多様な補足的サービス要素を整理する上でも有用である。

(1) 拡張プロダクト

マーケティングの教科書では、これまで製造された物財に付加価値を付け加える補足的サービス要素を説明するために「拡張プロダクト*」という概念を用いてきた――「拡大(エクステンディッド)プロダクト」や「プロダクト・パッケージ」という表現もある。サービスのコンテクストにおいても、拡張プロダクトを説明するために、いくつかの枠組みを用いることが可能である。リン・ショスタック（Lynn Shostack）の提示した分子モデル*はこの一つである。分子モデルはショスタックのいうところの「トータルな市場実体(マーケット・エンティティ)」をマーケターが視覚化し、管理するのに役立つもので、物質の構造式のアナロジーを用いている。分子モデルは物財にもサービスにも用いることができる。モデルの中心には顧客の基本的なニーズを満たすコア・ベネフィットが位置し、コア・ベネフィットは他のサービス特性とリンクしている。ショスタックは、化学式と同様に一つの要素の変化は、その「市場実体」の特性を完全に変えてしまう、という。分子の周囲は、価格、流通、マーケット・ポジショニン

＊拡張プロダクト（augmented product）：コア・プロダクト（物財ないしサービス）に、顧客にとって付加価値となる追加的な要素を加えたもの。
＊分子モデル（molecular model）：サービス・オファリングの構造を説明するために物質の構造式のアナロジーを用いたモデル。

グ（コミュニケーション・メッセージ）を意味する各同心円で囲まれている。

　分子モデルはサービス・デリバリーに含まれる有形要素と無形要素を明確化するのに役立つ。たとえば，旅客機では無形要素とはまず輸送そのものがそうであるし，フライトの頻度やフライト前，フライト中，フライト後のそれぞれのサービスなどが無形要素に当る。旅客機の機体やフライト中に出される食事や飲み物は有形要素である。構成要素に焦点をあてることによって，マーケターは当該サービスが有形優位か無形優位かを決定することが_{タンジブル・ドミナント　インタンジブル・ドミナント}できる。無形要素が多ければ多いほど，サービスの特性とクオリティについて有形の手がかりを提供する必要性が高まる。

　フランスの研究者，ピエール・エグリエ（Pierre Eiglier）とエリック・ランジュアール（Eric Langeard）は，コア・サービス（コア・プロダクト）と周辺サービスによるモデルを提案している。コア・サービスは当該プロダクトに特有の一連の周辺サービス群による円に囲まれている。ショスタックと同様に，彼らのアプローチでもさまざまな要素間の相互依存性が強調されている。彼らは，周辺サービスの要素を2つに分けて考えている。コア・サービスの促進的役割を果たすのに必要な要素（たとえば，ホテルのフロント）とコア・サービスの強化的役割を果たすのに必要な要素（ホテルのバーや電話サービス）である。

　本書では「周辺サービス」要素ではなく「補足的サービス」要素という語を用いる。これらの要素は，コア・プロダクトに付加価値を与え，競争力を強化してくれるものであるからである。拡張プロダクトに関するこれら2つのモデルは，洞察に富んでいる。ショスタックのモデルでは，どのサービス要素が有形，あるいは無形なのかを決定することが求められる。これは，プロダクト・ポリシーとコミュニケーション計画を決めるのに役立つ。エグリエとランジュアールは2つの問いかけに答えるべきとしている。第1は，補足的サービス要素はコア・サービス（コア・プロダクト）の利用を促進しているのかそれとも付加的な魅力を加えているのか，である。第2は，それぞれのサービス要素に対して別々に価格を設定し，料金を請求するのか，それともすべての要素をまとめて一つの価格を提示するのか，である。

2 補足的サービス要素の分類[3]

　さまざまなタイプのサービスを検討すればする程，その多くが非常に少ない補足的サービス要素を伴うに過ぎないことが分かってくる。あるプロダクトについて，補足的サービス要素を特定するための最初のステップは，サービス・デリバリー・プロセスのフローチャート（第4章参照）を作成することである。多くの場合，コア・プロダクトの消費や利用は，コアのデリバリー前後の補足的サービス要素群に挟まれている。コア・プロダクトのデリバリーの前に，補足的サービス要素がデリバリーされ，コアのデリバリーに続いて，また別の補足的サービス要素がデリバリーされる。これは一連の流れを形づくる。さまざまなサービスについてフローチャートを作成していくと，コア・プロダクトの種類は幅広いが，一般的な補足的サービス要素の種類はそれほど多くないことが分かる。

　潜在的には多数の補足的サービス要素が存在し得るが，それらのほとんどは次に示す8のうちのいずれか一つに集約され得るだろう。さらにこれら8つは「促進型の補足的サービス[*]」要素と「強化型の補足的サービス[*]」要素に大別される（これはエグリエとランジュアールのモデルに近いものである）。

　　＜促進型の補足的サービス＞　　＜強化型の補足的サービス＞
　　■情　報　　　　　　　　　　■コンサルティング
　　■受　注　　　　　　　　　　■ホスピタリティ
　　■請　求　　　　　　　　　　■保管・保護
　　■支払い　　　　　　　　　　■例外への対処

　図表9-1では，8つの要素は花の中央を囲むように表示されている。われわれはこれを「フラワー・オブ・サービス」と名付けた。8つの要素は顧客が出会うと考えられる順に時計回りに並べられている。ただし，この順番

＊促進型の補足的サービス（facilitating supplementary service）：コア・プロダクトの利用を促進し，あるいはコア・プロダクトのデリバリーに必要となる補足的サービス。
＊強化型の補足的サービス（enhancing supplementary service）：顧客に追加的価値を与える補足的サービス。

図表9-1　フラワー・オブ・サービス：補足的サービス要素に囲まれるコア・プロダクト

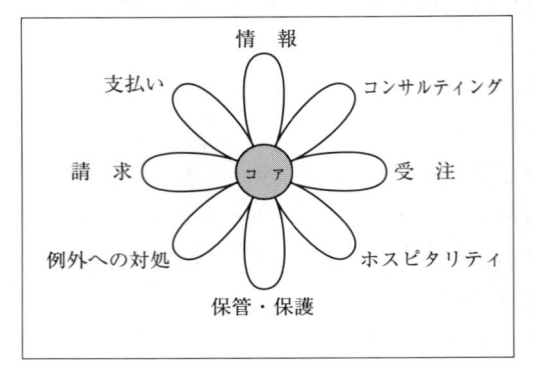

```
         情 報
  支払い       コンサルティング
  請 求   コア   受 注
 例外への対処    ホスピタリティ
        保管・保護
```

は実際にはさまざまに変化する。たとえば、支払いはサービスがデリバリーされた後ではなく事前に行われることがあるだろう。うまくデザインされ、十分に管理されたサービス組織においては、フラワー・オブ・サービスはいきいきと美しく造形される。一方、うまくデザインされていないサービスや、提供の努力が不十分なサービスでは、要素が欠けていたり、均整がとれていないようである。それではたとえコアが完全であったとしても、花全体の印象は魅力的とはとても言えない。顧客としての自分の経験を思い浮かべていただきたい。あるサービスに不満足であったとき、それはコアが問題だったのか、それとも8つの要素のうちのどれかが問題だったのだろうか。

　すべてのコア・プロダクトが8つに分けられた補足的サービス要素によって囲まれている訳ではない。プロダクトがどんなものかによって、必ず提供されるべき補足的サービス要素、価値を高めるために追加的に付加される補足的サービス要素、サービス組織がビジネスをより遂行しやすくするために付加される補足的サービス要素が決まってくる。一般的には、「人を対象とするサービス」は他の3つのカテゴリーのサービス（第2章参照）に比べて、補足的サービス要素をより多く伴う傾向にある。同様に、ハイ・コンタクト・サービスはロー・コンタクト・サービスよりも多くの補足的サービス要素を伴うだろう。

　ポジショニング戦略もまた、どの補足的サービス要素を提供するかに関係

してくる（第8章参照）。クオリティについての顧客の認知を高めるためにベネフィット付加戦略をとる場合は，低価格による競争戦略の場合よりも，補足的サービス要素をより多く必要とするだろう（またそれぞれの補足的サービス要素のすべてについても，より高いレベルのパフォーマンスが求められるだろう）。異なるレベルのサービスを提供している場合には――たとえば，航空会社ではファースト・クラス，ビジネス・クラス，エコノミー・クラスの区別がある――，補足的サービス要素によってそれぞれのサービス・レベルを差別化していることが多い。

(1) 情　報

どんな物財やサービスでも，顧客は十分な価値を得る上で，適切な情報*を必要としている（図表9-2参照）。新規顧客や見込み顧客は特に情報を必要とする。彼らはどのプロダクトが自分のニーズに最も合致しているかを知りたがっているからである。他にも，売られている場所（または注文方法），営業時間，価格，利用方法が知らされねばならない。情報は，安全な利用法や警告表示など法令により提供が義務付けられていることもある。また，顧

図表9-2　補足的サービス要素：情報の例

- ■サービス提供施設の所在地
- ■サービス提供のスケジュールと営業時間
- ■価　格
- ■コア・プロダクトおよび補足的サービス要素の利用方法の説明
- ■助言・アドバイス
- ■注意書き・警告表示
- ■販売およびサービスの状況
- ■変更のお知らせ
- ■文書の交付
- ■予約の確認
- ■会計報告
- ■領収書とチケット

＊情報（information）：サービス・デリバリーの前後，あるいはデリバリー中に，サービスの特性とパフォーマンスについて，顧客に知らせることによって購入および利用を促進するような補足的サービス要素。

客は，事前ないし事後に文書の形での情報提供を求めることもある。たとえば，予約や手配の確認書，チケット，領収書，会計明細などである。

　サービス組織は自分たちの提供する情報がタイムリーかつ正確であるように常に注意しなければならない。不正確な情報は顧客を苛立たせ，顧客に不便を強いるからである。

　顧客に情報を届ける方法としては，フロントステージのサービス従業員による情報提供と印刷された注意書きや小冊子や解説書による情報提供が伝統的に用いられてきた。近年では，技術の発達に伴い，ビデオやパソコン・ソフトによるチュートリアル，タッチ・パネル式モニター，ウェブ・サイト，そして電話でのメニュー選択可能な録音済みメッセージなどが活用されている。たとえば，FedEx や UPS では，顧客はウェブ・サイトにアクセスし，配達受付番号を入力することで，自分の頼んだ小包が今どこにあるかを追跡することができる。

(2) 受　　注

　顧客が購入をする段階に入ると，重要な補足的サービス要素が必要になってくる。申し込み・注文・予約の受付である（図表9-3参照）。受注[*]のプロセスは丁寧かつ迅速，正確でなければならない。そうでないと，顧客は時間を浪費してしまい，本来必要のない精神的・肉体的努力を強いられることになってしまう。これはサービスの望ましくないコストであって，顧客が受け取るベネフィットと相殺される形になり，実質的には顧客にとってのサービスの価値を減少させてしまう（第11章参照）。人気のコンサートやスポーツ・イベントについては，実際に多くの人が徹夜して並び，チケットを購入しているが，こうした場合を除き，サービスの注文のために，顧客が自ら進んで長時間待つことは一般にまれである。もちろん，サービスを待つといっても，たとえば，チケット販売窓口で実際に列を作って待つのと，予約リストに名前を載せ待つ間に他のことができるのとでは違いがあるだろう。

　受注についても，新しい技術が用いられるようになっている。受注を正確

＊受注（order taking）：申し込み，注文，予約に対する迅速で正確な手続きによって，購入を促す補足的サービス要素。

図表9-3　補足的サービス要素：受注の例

■申し込み
　―クラブやプログラムのメンバーシップ
　―登録型サービス（例：公益事業）
　―事前審査・許可を要するサービス（例：クレジット・サービスや大学など）
■注文の受付
　―サービス施設内での注文受付
　―郵便・電話による注文受付
■予約とチェックイン
　―座　席
　―テーブル
　―部　屋
　―乗り物や他の機器のレンタル
　―専門家との面会の約束
　―制限されたサービス施設への入場（例：展示会）

に行うと共にサービス組織にとっても顧客にとってもより簡単により速く行うことができるように工夫がなされている。多くのレストランでは，注文とりに新技術が取り入れられている。たとえば，ピザ・ハットでは，伝統的な注文伝票への書き込みに替わり，ハンディな電子装置が導入されている。注文はこの装置に入力され，同時に天井に取り付けられた受信装置を介して，厨房に自動的に情報が送られる。タコ・ベルでは，各テーブルにメニューを表示するタッチ・パネル式の端末装置を置くテストを始めている。来店客はこの装置の画面に触れることで，注文を自動的に行うことができる。これらの方法によって，注文を間違いなく迅速に処理することが可能になり，同時にどんな注文が出されたかの正確な記録を取ることができる。

　サービス組織は受注のタスクを容易にこなすために，顧客と公式のメンバーシップの関係を結ぶ場合がある。たとえば，銀行，保険会社，電気・ガス・水道などの公益事業では，見込み顧客に申込手続や登録手続きを求めている。これは，必要な情報を得るためと基本的な登録基準に満たないような顧客との取引を回避するためである。大学もまた入学希望者には入学許可手続にパスすることを求めている。

　予約（面会の約束やチェックインを含む）は，サービスの特定の単位について，顧客に利用の権利を与えるという特殊なタイプの受注である――たと

えば，飛行機やレストランの座席，ホテルの部屋，医師などの専門家との時間，スポーツ・クラブといった施設の利用などには，供給能力(キャパシティ)に限りがある。

(3) 請　求

請求*はほとんどすべてのサービスで一般的である——もちろん，当該サービスが無料で提供されている場合は除かれる。不正確な請求書，読みづらい請求書，あるいは不完全な請求書は，それまでサービス・エクスペリエンスに十分に満足していた顧客を大いに失望させてしまうことになる。請求の失敗は，もしも顧客がすでに不満足であったならば，傷口をさらに広げることになる。また，請求には適したタイミングというものがある。特に顧客がサービス施設内にいない場合には，的確なタイミングでの請求は迅速な支払いをもたらす。また，もし顧客がサービス施設内にいる場合，支払いのために長く待たせることは，顧客の不満を高めることになる。

請求の方法には，口頭での説明，機械での価格表示，あるいは手書きの請求書や印刷された月々の請求書までさまざまな形がある（図表9-4参照）。その中で，おそらく最もシンプルなのはセルフ・ビリング（自己申告による請求書作成）である。これは顧客が自分自身で注文の合計を記入して，現金を挟み込むか，クレジット・カードでの支払いのためにサインをするというものである。このような場合，請求と支払いは1つの行動で済む。サービス提供側が行うことは，顧客の計算の確認と信用情報をチェックすることだけである。

請求はますますコンピュータ化されてきている。コンピュータ化された請

図表9-4　補足的サービス要素：請求の例

■口座の定期的な引き落し明細書
■個々の取引の請求書
■口頭による合計金額の伝達
■機器類による合計金額の表示
■セルフ・ビリング

＊請求（billing）：顧客の支払いについての明快・適時・正確で適切な文書・書類の提示によって購入を促す補足的サービス要素。支払い方法についての情報提供も含まれる。

求には生産性向上が期待できるのだが、一方で不安な点もある。無実の顧客が何かの手違いで生じた不正確な請求と争う羽目になり、その間にますます請求額が増大して行く（利子と遅延金の合計）ということも起きてしまう。その間，無実の顧客はコンピュータにより自動生成された請求の手紙に脅かされ続けるのである。

　請求書や内訳書は重要な書類である。顧客は請求書や内訳が分かりやすく，情報が豊富で，請求合計がどのように計算されているかはっきりしていることを好む。説明不足であったり、エジプト象形文字のような記号がちりばめられていては（そして請求側にしか解読できないようでは）好意的な印象を与えない。また印刷が不鮮明であったり，読みづらい手書きであったりしても同様である。レーザー・プリンターはサービス組織に大きな恩恵をもたらした。レーザー・プリンターはサービス組織が望んでいた請求の管理を非常に簡単にしたからである。レーザー・プリンターでは文字の表現が多彩に行えるので，請求書をただ単に読みやすくするだけでなく，情報を使いやすい形にしてくれる。

　市場調査は請求という補足的サービス要素をデザインするときに役に立つ。調査者の仕事は，顧客がどのような情報と表示方法を望んでいるかを明らかにすることである。法人顧客も同様であり，的確に表示された請求情報を高く評価している。

　多忙な顧客は，ホテルやレストランで請求書が計算される間，待たされることを嫌い。現在では多くのホテルでエクスプレス・チェックアウト・オプションを採用している。これは事前に顧客のクレジット・カードの情報を取得しておいて，請求自体は後で郵送するというものである。この手段を用いる場合，請求はとりわけ正確でなければならない。顧客は時間を節約するためにエクスプレス・チェックアウトを使うのであって、後で間違い探しや払い戻しなどに時間を費やすことになってしまえば，顧客の苛立ちは特に大きなものとなる。新しい技術を用いたものとしては、ハーツや他のレンタカー会社で導入しているエクスプレス・チェックアウト・オプションが挙げられる。この仕組みでは、ハンディな小型端末装置を用いて即座に請求書類をプリントアウトするようになっている。他には請求金額をホテルの部屋のテレ

ビ画面上でプレビューできるようなシステムも開発されている。これはすでに多くのホテルで導入されている。

(4) 支 払 い

ほとんどの場合，請求は顧客に支払い*という行動を要求する（支払いはずっと後になされることもある）。例外の一つに銀行の引き落し明細書がある。これは顧客の口座からすでに差し引いたものを表示するものだからである。国内外を問わず，顧客はクレジットを含めた支払いの利便性を一層求めるようになってきている。

請求額を支払ってもらうためにはさまざまな方法がある（図表9-5参照）。たとえばセルフ・サービスでは，顧客にコインや紙幣，カードなどをセルフ・サービス機械に入れてもらう。こうしたシステムにおいては機械の故障は致命的なため，きちんとしたメンテナンスと迅速なトラブルへの対処が基本となる。多くの支払いが依然として手渡しによる現金や小切手で行われている。しかし，クレジット・カードやデビット・カードの重要性も多くの場所で使用可能になるにつれて，増してきている。トークンや利用券（バウチャー），クーポン，そしてプリペイド・カードなどの選択肢もある。

支払いの最も重要な点は，顧客が支払うべきものをきちんと支払ったかどうかを確認することである。サービス施設の入口のチケット回収者（あるいは回収機械），バスや電車の車掌，そして小売店の出口の警備員などは顧客がきちんと代金を支払ったかどうかを確認することを職務としている。「顧客は常に正しい」という繰り返し叫ばれるスローガンにもかかわらず，ごく一部だが顧客は必ずしも信用できる訳ではない（第6章で扱ったジェイカスタマーと呼ばれる問題顧客を想起されたい）。それ故，支払いについてのコントロール・システムが必要となる。支払い確認のタスクはきちんと組織化されていなければならない。たとえば，入口や出口ではきちんと並ばせるなど秩序が必要になる。チェック係や警備員は彼らの職務を遂行するにあたって確固たる意志を示しながらも，礼儀正しさも合わせ持つように十分訓練さ

＊支払い（payment）：迅速な支払いのための簡便な手順を提供することによって購入を促す補足的サービス要素。

第9章　補足的サービス要素による価値の付加　213

図表9-5　補足的サービス要素：支払いの例

- ■セルフ・サービスによる支払い
  - ―セルフ・サービス機械での現金支払い（釣り銭機能なし）
  - ―セルフ・サービス機械での現金支払い（釣り銭機能あり）
  - ―セルフ・サービス機械でのプリペイド・カードによる支払い
  - ―セルフ・サービス機械でのクレジット・カードやデビット・カードによる支払い
  - ―セルフ・サービス機械でのトークンによる支払い
  - ―電信振込
  - ―小切手の郵送
- ■受取人や中間業者への支払い
  - ―現金支払いまたは小切手による支払い
  - ―クレジット・カードやデビット・カードによる支払い
  - ―クーポンによる支払い
  - ―トークン，利用券などによる支払い
- ■金融機関の口座からの自動引き落し
- ■コントロールと確認
  - ―自動化システム
    （例：チケット自動読み取り機械によって，入口をコントロールする）
  - ―人的システム（例：チケット確認係員によって，入口をコントロールする）

れなければならない。誠実な顧客に対し圧迫感を与えてはいけないが，チェック係や警備員が常に目を光らせていることが，多くの場合，問題発生の抑止となる。

(5) コンサルティング

　顧客の疑問に単純に答える「情報」に対して，「コンサルティング[*]」には顧客の要望を探り，それぞれの顧客に適した解決方法を開発することを目的とした「対話」という要素が含まれる（図表9-6参照）。最も単純なコンサルティングは，「お勧めは何ですか？」という顧客の質問に対して知識のあるサービス従業員が返答するというものである（たとえば，ヘアカット・サロンでは美容師に対し，どんなヘアスタイルが良いかのアドバイスを求めることができる）。効果的なコンサルティングのためには，行動方針を決める

---

[*]コンサルティング（consultation）：サービスに価値を付加する補足的サービス要素の一つ。アドバイス，コンサルティング，トレーニングを求めている顧客に適切な対処をすることで，顧客のサービス・エクスペリエンスから得られるベネフィットを最大化する。

図表9-6　補足的サービス要素：コンサルティングの例

- ■アドバイス
- ■検査・診断による問題点の洗い出し
- ■パーソナル・カウンセリング
- ■プロダクト利用のためのチュートリアルやトレーニング
- ■管理方法のコンサルティング，あるいは技術面のコンサルティング

前の段階で顧客の現在の状況を十分に把握する必要がある。そのために顧客毎の正確な記録が（特に関係するデータが簡単に各端末から引き出せるようになっていれば）非常に有効である。たとえば，大学生が残りの卒業必要単位数について学習カウンセラーに相談する場合，カウンセラーは当該学生の履修データにアクセスしながら相談に応じるだろう。

　カウンセリングはコンサルティングよりもさらにきめ細かな対応となる。カウンセリングでは，顧客の置かれた状況をより良く理解した上で，顧客自身で解決策と実行プランを見つけ出すように顧客を励ますことが求められる。カウンセリングは人の健康を扱うといったサービスでは特に重要である。こうしたサービスでは，顧客に長期的な視点を持ち，より健康的な行動をとるように求めなければならないからである――たとえば，肥満解消プログラムを供給するサービスなど。

　他に，マネジメントと技術的コンサルティングを提供することに注力する場合もある。たとえば，高価な生産設備や産業サービスには「ソリューション販売」が行われることがある。セールス・エンジニアは，顧客企業の置かれた状況を分析し，どの設備やシステム・パッケージが顧客企業に最も利益をもたらすか，具体的なアドバイスを提供する。こうしたコンサルティング・サービスは販売量の増加を見込んで無料で提供される場合もある。しかし，コンサルティング・サービスが販売される生産設備や産業サービスとは分離されていて，有料である場合もある。この他，顧客企業が特定のサービスや設備の利用方法について，マン・ツー・マンでのチュートリアルやグループ・トレーニング・プログラムを求めることもある。

(6) ホスピタリティ

　新しい顧客と出会い，以前に訪れてくれた顧客と再会する。このことを心から喜ぶ気持ちがホスピタリティ*の要素に反映される。うまく管理されたサービス組織は，――少なくとも自分たちなりのやり方で――従業員が顧客を大切なゲストとして扱うように努力をしている。顧客のニーズに対する丁寧な態度や配慮は，対面でのエンカウンターと電話でのインタラクションの両方に応用できる（図表9-7参照）。

　ホスピタリティは対面でのエンカウンターにおいて最も際立つものとなる。場合によっては，ホスピタリティは，シャトル・バスによるサービス施設への送迎から始まり，同じくシャトル・バスによる帰りの送り届けで終わる。シャトル・バスもまた丁寧で礼儀正しい態度で運行されねばならない。顧客への思いやりのあるサービス組織は，顧客がサービス・デリバリーを屋外で待たねばならない場合は，きちんと風雨対策をするだろし，屋内の場合は，椅子やソファのある待合コーナーを設置したり，待ち時間を退屈せずに過ごすためのテレビや新聞・雑誌などの娯楽を提供するだろう。人柄が温厚で許容力があり，顧客と接する仕事を正しく認識しているサービス従業員を雇用することも重要である。こうした従業員がホスピタリティに溢れる雰囲気を

図表9-7　補足的サービス要素：ホスピタリティの例

- ■歓迎のあいさつ
- ■食べ物や飲み物の提供
- ■洗面所・トイレの完備
- ■アメニティ・セット（石鹸，シャンプー，タオル，簡易スリッパなど）
- ■待合用施設とそこでのアメニティ
  - ―ラウンジ，待合コーナー，椅子
  - ―雨よけ・風よけ
  - ―テレビ，雑誌，新聞
- ■送迎サービス
- ■警備や巡回

＊ホスピタリティ（hospitality）：サービスに価値を付加する補足的サービス要素の一つ。顧客をゲストとして扱い，サービス組織とのインタラクションの間中，顧客のニーズに対応したきめ細かい行き届いた快適さを提供する。

み出す上で力になる。

　サービス組織によって提供されるホスピタリティ・サービスのクオリティは、コア・プロダクトに対する顧客満足を増加させたり減少させたりする。これは、特に顧客が簡単にはサービス施設から出て行けないような「人を対象とするサービス」の場合に当てはまる。たとえば、病院や航空会社は入院患者や乗客に食事を提供しているが、食事の質・量について不満を言われることがしばしばある。ヨーロッパやアジアの航空会社は、舌の肥えた人でも満足できるようなおいしい食事を機内食として出すことを以前から重視してきた。アメリカの航空会社もごく最近になって、乗客の味覚とお腹を満足させることの重要性に気が付き始めている。デルタ航空、ユナイテッド航空、アメリカン航空といった主要航空会社は世界水準のキャリアーとしての認知を求めるようになっており、サービス、価格、利用の便利さの各面で競合キャリアーに比肩するかあるいは競合キャリアーを越えようとしている。こうした中で、これら3社は機内食の持つ意味の大きさを理解するようになっている。現在では、3社とも機内食の食材や質、味、メニューをアップグレードしており、機内で出されるコーヒーも品質の良いものに替えている――たとえば、ユナイテッド航空は、スターバックス・コーヒーを採用している。乗客への快適さの提供は重要ではあるが、航空会社は現状では、そうした快適さが直接チケットの販売量に反映される訳ではないことも認識している。顧客の関心は、現状では、安全性や価格、スケジュールやフリークエント・フライヤー・プログラムにより多く向けられている。しかし、これらの要素が、競合する航空会社間でほとんど同じであると認識されるようになると、ホスピタリティの要素が競争優位を生み出すようになるだろう。

(7) 保管・保護

　サービス施設を訪れている間、顧客はしばしば自身の個人的な財産の保全について手助けを必要とする。実際のところ、保管・保護のサービスが提供

＊保管・保護（safekeeping）：サービスに価値を付加する補足的サービス要素の一つ。サービス・デリバリー施設では、顧客の持ち物や顧客がそこで購入した物品の安全を確保することが求められる。

されなければ一部の顧客は全く来なくなってしまうであろう。サービス施設に付随する保管・保護サービスの種類は図表9-8に示されるように非常に幅広い。信頼できるサービス組織は，顧客本人の安全についても高い関心を払っているものである。最近は，多くのサービス組織が自身の施設を訪れる顧客の安全や保安問題について，十分な注意を払うようになっている。

　保管・保護サービスにはまた，顧客が購入したりレンタルしたりする物財に関するものもある。これは特にeメールや電話で注文された物財について必要となる。この種の保管・保護サービスには，包装，物財のピックアップ，配達，組み立て，設置・据付け，クリーニング，そして検査などが該当する。また，自動車，カメラ，あるいはコンピュータなどの耐久消費財を購入した顧客は，修理サービスやメンテナンス・サービス，品質保証やメンテナンス契約の内容について詳細を知りたがるものである。

図表9-8　補足的サービス要素：保管・保護の例

■顧客の持ち物等のケア
　―子どもの世話
　―ペットの世話
　―駐車設備
　―駐車係による駐車サービス
　―クロークやコート・ルーム
　―スーツケース預り・移動
　―保管スペース
　―貴重品預り
■顧客が購入した（あるいはレンタルした）物財のケア
　―包　装
　―ピックアップと返却
　―輸　送
　―配　達
　―設置・据付け
　―検査と診断
　―清　掃
　―補　充
　―メンテナンス
　―補修・オーバーホール
　―バージョン・アップやアップデート
　―廃　棄

(8) 例外への対処

例外への対処[*]とは，通常のサービス・デリバリーには含まれない補足的なサービス群のことである（図表9-9参照）。鋭敏なサービス組織は，例外への対処を予期し，不測の事態に対応できるプランや指針を事前に開発している。そのため，従業員は顧客の特別な求めに対して対応できなかったり，慌てたりしないで済む。適切な手順を定めておくことによって，従業員は迅速かつ効果的な対応をより容易に取ることが可能になる。

例外への対処にはいくつかのタイプがある。

①特別な要望：顧客が通常のデリバリー手順から離れて対応しなければならないような特別な取扱いを求めてくるケースは数多くある。「人を対象と

図表9-9　補足的サービス要素：例外への対処の例

- ■サービス・デリバリー前になされる特別な要望
  - ―子どもに関わる特別な要望
  - ―食事面での特別な要望
  - ―医療面での特別な要望または身体上の理由による特別な要望
  - ―宗教上の理由による特別な要望
  - ―標準的なオペレーション手順からの逸脱を求める特別な要望
- ■特別なコミュニケーションへの対応
  - ―苦情の表明
  - ―賛辞の表明
  - ―提　案
- ■問題の解決
  - ―プロダクト不良に対する保証
  - ―プロダクト利用の際に発生する問題の解決
  - ―アクシデントやサービスの失敗，あるいはサービス従業員や他の顧客との問題発生といった事態への対処と解決
  - ―顧客のアクシデントによるけがや医療上の緊急事態への対処
- ■補償の要求
  - ―払い戻し
  - ―物財やサービスの再度の無償提供
  - ―欠損品の無料修理

＊例外への対処（exceptions）：サービスに価値を付加する補足的サービス要素の一つ。特別な注文に応じる，問題を解決する，苦情や提案に対応する，サービスの失敗に対する補償を行う，などが含まれる。

するサービス」においては，追加的要求は多くの場合，その人の個人的事由に関わるものである。これには，たとえば，子どもの世話の必要性，食事上の制約，医療上の必要性，宗教上の戒律，身体の特徴などが含まれる。特別な要望は，人を対象とするサービスを長時間利用する顧客に一般的であり，特に自宅から遠く離れているときなどに多い。旅行や長期滞在はその良い例である。これらにおいては，医療面や食事面で特別な事情のある顧客から特別な要望が出されることがある。

②問題の解決：通常のサービス・デリバリー（あるいはプロダクト・パフォーマンス）が，アクシデントによる遅れや設備不良，あるいはプロダクトの利用が難しいなどの理由でスムースに実現できない場合がある。

③苦情・提案・賛辞への対応：苦情・提案・賛辞への対応について，適切な手順を定めておくことが必要である。顧客は苦情の表明，改善の提案，賛辞の表明を容易に行えるようになっているべきである。また，サービス組織もこれらに迅速に対応することができなければならない。

④補償の要求：顧客は深刻なパフォーマンスの失敗については補償されることを期待している。方法としては保証期間内の修理，払い戻し，次回のサービスの無償提供，あるいは他の形での支払いなどがある。

マネジャーは，例外への対処要求がいかなるレベルにあるかを常に注視する必要がある。例外の発生が余りに多い場合は，標準手順そのものを変更する必要がある。たとえば，もしもあるレストランで，ベジタリアンからたびたび特別の調理を要求されることがあったとしよう。こうした特別の要望が通常メニューの中にベジタリアン向け料理が一品もないために起こっているのだとすれば，ベジタリアン用の料理を新たにメニューに載せることを検討する必要があるだろう。例外に対し柔軟な対応で臨むことは，顧客のニーズに敏感に反応することを意味しており，良い考え方である。しかしながら，他方で，例外へ対処が，安全を犠牲にするものであったり，他の顧客に悪い影響を与えたり，あるいは現実的でなくサービス従業員の重荷になってしまうこともある。この場合は，例外に気安く対応するべきではないであろう。

3 マネジメント上のインプリケーション

フラワー・オブ・サービスを形成する8つの補足的サービス要素は，コア・プロダクトの価値をさまざまな形で高める。コア・プロダクトが物財であってもサービスであってもこれは同じである。ほとんどの補足的サービス要素は，顧客のニーズに応えるものであるし，またそうでなければならない。本章で示したように，補足的サービス要素のいくつかは，たとえば情報や予約のようにサービスを促進するものであり，顧客がコア・プロダクトをより効果的に利用できるようにするものである。他の補足的サービス要素は，コア・プロダクトを強化するか，あるいは非金銭的コストを削減するものである（旅客機内での食事や雑誌は退屈な時間を紛らして過ごすという意味でホスピタリティの要素である）。これらの要素のいくつか（特に請求と支払い）は，事実上，サービス組織によって科せられるものである。しかし，たとえ顧客が望まないにせよ，これらは依然としてサービス・エクスペリエンスの一部を形成するものである。補足的サービス要素の不手際は，顧客のサービス・クオリティについての知覚にマイナスのインパクトを与えることになる。情報とコンサルティングについては，「サービスを受ける顧客とのコミュニケーションの過程では，プロモーションと同様にエデュケーションが必要である」という本書の主張が反映されている。

すべてのコア・プロダクトが8つの補足的サービス要素すべてによって囲まれている訳ではない。「人を対象とするサービス」は補足的なサービス要素を最も必要とする（とりわけホスピタリティを必要としている）。この種のサービスには顧客との非常に緊密なインタラクションが含まれるからである。ただし，顧客がサービス施設に出向く必要がない場合，ホスピタリティは手紙や電話による簡単な儀礼に限られる。「所有物を対象とするサービス」では，時として保管・保護の要素が非常に重要になる場合がある。しかし，顧客とサービス組織とが遠隔的に取引を済ませるような「情報を対象とするサービス」の場合は全くこの要素は必要ない。ただし，電子的に提供される金融サービスは例外である。サービス組織は，保管・保護の要素を取引に十

第9章　補足的サービス要素による価値の付加　221

分に組み込むことでこのような金融取引が十分に安全であることを保証しなければならないのである。

(1) プロダクト・ポリシーの問題

　マネジャーはどの補足的サービス要素を顧客に提供するかを決めるために多くの意思決定を行わなければならない。最も重要な意思決定は，プロダクト・ポリシーとポジショニングに関するものである。企業はどの補足的サービス要素が顧客を惹き付け，リテンションに役立つかについて戦略的な意思決定を行う必要がある。BtoBビジネスを行う日本，アメリカ，ヨーロッパの各企業についての研究によれば，数多くの企業が，顧客が本当に価値を置くものは何かを考えることもなく，コア・プロダクトに幾重ものサービスをただ単に積み重ねてきてしまっていることが明らかになっている。[7]この研究の中で調査対象になったマネジャーたちは，どのサービスがコア・プロダクトに標準的に付随すべきで，どのサービスが別料金のオプションとして用意されるべきか，という点について理解していなかった。これらの知識なしには，効果的な価格設定戦略もまた実現できないだろう。コア・プロダクトと補足的サービス要素の価格設定については，単純な法則は存在しない。しかし，マネジャーは自身の価格設定と競合者の価格設定とを常にレビューする必要がある。これによって，自身の価格設定戦略が市場での取引の現状に適合しているかや顧客のニーズに合致しているかを確かめねばならない。こうした価格に関わる諸課題については第11章で詳しく述べる。

　本章で示されてきた図表9-2から図表9-9は，現在あるコア・プロダクトを強化したり，新しいサービスをデザインする新しい方法を探すチェック・リストとなる。もちろん，特別なプロダクトは特別な補足的サービス要素を必要とするので，図表9-2から図表9-9ですべてこと足りる訳ではない。一般に，低価格でシンプルな形での競争を選択したサービス組織は，それぞれの補足的サービス要素のカテゴリーにおいてさほど多くを必要としない。これに対し，高価格で付加価値の高いプロダクトによる競争を選んだサービス組織は，各補足的サービス要素についてより多くの内容を準備する必要がある。同じコアであっても，周辺の補足的サービス要素のレベルを変え

ることで，差別化されたサービス・オファリング群からなる一つのプロダクト・ラインを創り上げることができる。たとえば，航空会社のサービスでは，旅客機によるフライトというコア・プロダクトにレベルの異なる補足的サービス要素を付加することで，ファースト・クラス，ビジネス・クラス，エコノミー・クラスという3つのグレードを創り出している。付加される補足的サービス要素がどんなものであっても，各補足的サービス要素の内容は，定められたサービス・スタンダードに一貫して適合していなければならない。このことには常に注意が払われるべきであり，そうであって初めてフラワー・オブ・サービスはいきいきと美しく，魅力的であり続けるだろう。

4 結 論

　成熟産業においては，コア・プロダクトはしばしばコモディティとなっていく。それ故，競争優位の追求は，コアを取り巻いている付加価値的な補足的サービス要素について行われることになる。本章では，補足的サービスの各要素を8つのカテゴリーにグループ化し，フラワー・オブ・サービスのコアを取り巻く形で描写した。

　フラワー・オブ・サービスのコンセプトから得られる知見は，異なるタイプのコア・プロダクトでも，しばしば似たような補足的サービス要素を用いている，ということである。顧客も，産業横断的な比較をしばしば行っている。たとえば，「証券会社は分かりやすい取引明細書を送ってくれるのに，なぜあの百貨店は同じことができないのだろうか？」，「いつも利用する航空会社は予約を正確に扱ってくれるのに，なぜあのレストランはいつもお客を待たせるのだろうか？」といった比較である。マネジャーは，他の産業にも目を向け，特定の補足的サービス要素について最もうまく行っているサービス組織を探し出し，そのやり方を学ぶ必要があるだろう。

　マネジャーはまた，補足的なサービス要素を正しく選択し組み合わせること，要素間の一貫した整合を確保することでシナジー効果を生み出すこと，の重要性を認識せねばならない。選択される補足的サービス要素は的確なものでなければならない。最も重要なのは，補足的サービス要素の数ではない。

それぞれの補足的サービス要素が完全に機能してターゲット顧客の目にコア・プロダクトがいきいきと輝いて見えるようにすることである。

第10章
サービス・デリバリー・システムのデザイン

プロダクト要素	プロセス
場所と時間	生産性とクオリティ
....	....
サービスの価格とその他のコスト	**フィジカル・エビデンス**

本章の目標
- ■優れたサービス・デリバリー・システムであるためには，場所と時間，両方の課題に応えねばならない。このことを理解する。
- ■サービス・デリバリーの物理的チャネルと電子的チャネルとは何か。両者の違いを理解する。
- ■サービス・デリバリーにおける中間業者の役割を理解する。
- ■ハイ・コンタクトなサービス・プロセスとロー・コンタクトなサービス・プロセス。それぞれの場合に求められるサービス・デリバリー・システムのデザインの違いを理解する。
- ■技術がサービス・デリバリー・システムのスピード，便利さ，生産性の向上に果たす役割を理解する。
- ■サービス・デリバリーにフィジカル・エビデンスが重要な役割を果たすことを理解する。この役割には，サービススケープにおけるさまざまな要素の統合も含まれる。

1 さまざまなデリバリー・チャネルの評価

　現代はサービス・デリバリー担当のマネジャーにとってはエキサイティングだが難しい時代である。デリバリーのスピードは，競争戦略において非常

に重要なファクターとなりつつある。顧客は一層の便利さを求めており，いつでもどこでも求めるときにサービスが提供されることを期待している。新しい技術によって，「情報に基づくサービス」は，電子的チャネルを通してほとんどどこへでもデリバリーされるようになっている。その分，顧客がサービス・ファクトリーを訪れる必要性は小さくなってきている。物理的チャネルについても変化があり，デリバリーのスピードはさらに速くなってきている。情報に基づくサービスの電子的チャネルへの移行がある一方で，先進的なサービス組織は，新しいロケーションで新しい対面的デリバリーの方法に取り組むようになっている――こうしたものには，たとえば，スーパーマーケットの一角に設けられた銀行の小さな営業所や空港に設置されたマッサージ・クリニックが挙げられる。

(1) 「いつ」，「どこで」，「どのように」の意思決定

顧客へのサービス・デリバリーは，「いつ（時間）」，「どこで（場所）」，「どのように（方法）」の意思決定を伴う。マーケティング戦略は，場所と時間の双方に対処せねばならない。少なくとも，物理的ロケーションという伝統的な概念と同じ位に，スピードとスケジュールの問題についても注意が払われる必要がある。サービス・プロダクトと流通やデリバリーの手段とは，しばしば緊密に関係している。デリバリー・システムがいかなるものであるかが，顧客のサービス・エクスペリエンスに強力なインパクトを与えるからである。それ故，サービス組織は，メーカーが行う以上に自身のプロダクトのデリバリー・システムのコントロールを行う。フランチャイジーを含む中間業者もコントロールの一翼を担っている。ハイ・コンタクト・サービスでは，物理的環境のデザインとサービス従業員によるタスク遂行の方法が重要である。これらは，サービス組織のアイデンティティの確立，顧客のサービス・エクスペリエンスの形成，生産性とクオリティの向上に非常に重要な役割を果たしている。一方，ロー・コンタクト・サービスは，電子技術の発展によって伸張している。また，ロー・コンタクト・サービスは，しばしば生産性の向上を意図してデザインされる。それ故，セルフ・サービス方式によって顧客自身でデリバリーされるロー・コンタクト・サービスが数を増やし

ている。セルフ・サービスの課題は，セルフ・サービスにおける顧客エクスペリエンスをより肯定的なものとすることである。

　提供サービスがどんなものかが流通戦略に影響を与え，同時に流通戦略が提供サービスの在り様を形成している。多くのサービス組織にとって，チャネル選択について多様な選択肢がある。課題は，ターゲット市場のニーズに最も合致するチャネルを選択することである。顧客は限定的ではなく多様で柔軟なデリバリーを望んでいるので，こうした顧客ニーズに応えて，サービス組織の中には，デリバリー・チャネル*について複数の選択肢を設けているものもある。チャネルの選択肢には，直営店舗でのデリバリー，中間業者やフランチャイジーによるデリバリー，顧客の自宅やオフィスへのデリバリー，そして他の物理的チャネルや電子的チャネルを用いたデリバリーなどがある。

(2) サービス・デリバリーの方法

　「いつ」，「どこで」，「どのように」サービス・デリバリーを行うかの意思決定は，顧客のサービス・エクスペリエンスに大きなインパクトを与える。これらの意思決定を行うことによって，サービス従業員とのエンカウンターのタイプ，価格と他の必要なコストが決定づけられるからである。サービス・デリバリー戦略はいくつかのファクターによって形成される。まず第1に，提供されるサービスないしサービス組織のとるポジショニング戦略が，顧客とサービス従業員，サービス設備，サービス施設間の直接の物理的コンタクトを要求するか否かが問われる（第2章で見たように，「人を対象とするサービス」では直接の物理的コンタクトは不可避である。しかし，他の3カテゴリーのサービスでは必ずしも必要な訳ではない）。直接の物理的コンタクトが必要な場合，顧客がサービス組織の施設を訪れる，またはサービス組織側が顧客の所まで出向く，という選択肢がある。あるいは，テレコム技術や新しい進んだ物理的チャネルを用いて，サービス組織と顧客間の取引を遠隔的な方法で行うことが可能になるかもしれない。

　第2は，サービス・アウトレットについてのサービス組織の戦略である。

＊デリバリー・チャネル（delivery channels）：サービス組織が（しばしば中間業者を介して）顧客に一つないしそれ以上のプロダクト要素をデリバリーする手段を指す。

サービス・アウトレットを1ヵ所とするか，あるいは，複数のアウトレットをさまざまなロケーションに配置し顧客にサービスを提供するか。コンタクト・タイプとサービス・アウトレット数の組み合わせは図表10-1のようになる。ここでは6つのパターンが示される。

顧客がサービス施設を訪れる場合　顧客が，サービスのデリバリーを受けるためにサービス・ファクトリーに物理的に来なければならない場合，サービス・ファクトリーが配置される場所とオペレーションの時間帯は，非常に重要なものとなる。サービス・ファクトリーの場所決定については，たとえば，スーパーマーケットの場合は，しばしば精緻な小売引力モデル[*]が用いられる。他に，車や歩行者の通行量を調査することで，特定の場所における1日当たりの通過見込み顧客数が推定できる。高速道路や環状道路の建設，新しいバス路線や鉄道の開設は，人々の移動パターンに大きな影響を与え，したがって，特定の場所の魅力度を左右することになる。

サービス組織が顧客の所に出向く場合　いくつかのサービスのタイプにおいてはサービスの提供側が顧客のもとを訪れる。ビル清掃サービスや大型機械

図表10-1　サービス・デリバリーの方法

顧客・サービス組織間のインタラクションのあり方	サービス・アウトレット数	
	単　一	複　数
顧客がサービス組織に出向く	劇　場 理髪店	路線バス ファースト・フード・チェーン
サービス組織側が顧客の所に出向く	家の補修サービス 出張洗車サービス	郵便配達 全米に拠点を持つ自動車愛好クラブのロード・サービス
顧客とサービス組織は遠隔的な取引を行う （郵便や電子的コミュニケーションによる）	クレジット・カード会社 ローカル・テレビ局	全米ネットワーク・テレビ局 電話会社

＊小売引力モデル（retail gravity model）：小売施設の立地選択に関する数学的モデル。ターゲット地域について小売引力の中心地を算出し，顧客が最もアクセスしやすいように小売施設を配置することに関わる。

の修理サービス，家屋の害虫駆除サービス，植栽サービスなどサービスを提供される対象物が，物理的に移動できない場合は，こうしたサービス・デリバリーは当然のこととなる。しかし，対象物が物理的に移動可能な場合は，サービスの提供側が顧客のもとを訪れるタイプのサービス・デリバリーは減少する傾向にある。これは，逆（顧客がサービス施設に出向く）に比べて時間を要し，価格も高くつくようになっているからである。たとえば，往診を行う医師は以前と比べてかなり少なくなってしまった。

　しかしながら，依然としてこのタイプのサービス・デリバリーには，収益性の高いニッチ市場がさまざま存在している。自宅に居ながらにして，サービス・デリバリーを受けることのメリット——時間の節約や便利さ——に対して多少割高でも喜んで対価を支払おうとする顧客がいるからである。

　遠隔的な取引＊　遠隔的な取引においては，顧客はサービス施設を目にすることはなく，サービス従業員と顔を合わせることもない。したがって，このタイプの取引ではサービス・エンカウンターの数はごく少ないものとなり，行われるエンカウンターも，電話やあるいはより遠隔的な方法——たとえば，手紙，ファックス，eメール——で行われるようになっている。サービスのアウトカムが顧客にとって非常に重要であることには変わりないが，サービス・デリバリー・プロセスの多くは顧客の目の届かないところで行われる。クレジット・カードや保険は，郵便やテレコムによってサービスの要求やデリバリーが行われるサービスの例である。小型機器の修理サービスでは，宅配便サービスを利用した現物のやりとりが行われることもある。

　「情報に基づくサービス」は，対応した受信端末があれば，テレコム・チャネルを通して地球上のどの場所にもほとんど瞬時にデリバリー可能である。この意味で，物理的なロジスティック・サービスは今やテレコム・サービスと競合している。たとえば，本書の執筆に際し原稿のやりとりを行う上で，筆者たちには3つの方法があった。プリントアウトした原稿やフロッピー・ディスクを郵便や配送サービスを利用して「物理的に」送る方法，ファックスを利用する方法，eメールを利用する方法，である。実際には，筆者たち

＊遠隔的な取引（arm's length transactions）：郵便やテレコム技術を用いることによって，顧客とサービス提供側が対面する必要性を最小限にしている取引。

は原稿の内容によって使い分け，3つの方法のすべてを利用した（たとえば，手書きの図はファックスで送られた）。

2　サービススケープのフィジカル・エビデンス

　フィジカル・エビデンスは，統合的サービス・マネジメントの8Psの一つであり，サービス・デリバリー環境において顧客が出会う有形物の中に見い出される。また，広告などのコミュニケーションやシンボル・マーク，トレードマークの中に見い出される場合もある。顧客は，サービス・ファクトリーを訪れ，働くサービス従業員を目にするとき，最も強力なフィジカル・エビデンスに出会うことになる。「サービススケープ[*]」とは，顧客とサービス組織のインタラクションが行われる物理的環境の在り様（スタイル）と外見（アピアランス）を指している[2]。サービススケープは人の五感のそれぞれにプラスあるいはマイナスの印象を与える。ますます多くのサービス組織が，サービススケープのデザインを重視するようになっている。例として以下が挙げられる。

- ■各航空会社は，コーポレート・デザイン・コンサルタントを雇い，航空機材のペイントや乗務員の制服を競合他社のそれと差別化するようになっている。依然として多くの航空会社で，乗務員の制服は似たり寄ったりで区別がつかないが，シンガポール航空や英国航空のようにひと目でそれと分かる場合もある。
- ■テーマ・レストラン・デザインと呼ばれる新しいサービス・ビジネスが興りつつある。調度品，飾られる絵画やアンティーク類（模造品のこともある），照明，音楽（ライブの場合もある）はすべて，テーマ・レストランの雰囲気を盛り上げるよう工夫されている。
- ■高級ホテルの中には，古城などを買い取り，莫大な費用をかけて補修したホテルもある。こうしたホテルでは，クラシックな調度品に囲まれた部屋に泊まることができ，昔の王侯貴族の暮らしの雰囲気を楽しむことができる。一方，モダンなタイプの高級ホテルでは，お洒落なアトリウ

---

[*]サービススケープ（servicescape）：サービスがデリバリーされる物理的環境のデザインによって人の五感が受ける印象のこと。

ムがあり，ガラス張りのエレベーターが大噴水の中を通って行く演出がなされているものもある。あるリゾート・ホテルでは，エキゾティックな庭園を大変な費用をかけて整備し維持している。

　劇場の舞台と同じように，広がる光景(シーン)，照明，音楽や他のさまざまな音，特殊効果，役者（サービス従業員）の姿や立ち振る舞い，観客たち（他の顧客たち），これらのすべてがサービス・パフォーマンスが行われる場所の雰囲気を創り上げる。特定のサービス・ビジネスでは，サービススケープは，音，匂い，調度品や壁の質感や手触りによっても強化される。食事や飲み物が提供される場合は，もちろん，味が非常に重要である。特に初めての顧客の場合，サービススケープによって，提供されるサービスのスタイルとクオリティについての期待が枠付けられることがある。サービスは無形のパフォーマンスであるので，サービス・デリバリーの前にクオリティを評価するのは困難である（ときには事後ですら困難である）。顧客は，クオリティについて購買前の手がかり(キ)を探している。それ故，第一印象が非常に重要となる。

　もちろん，すべてのサービススケープが高級感漂うものであったり，エキゾティックである必要はない。低価格サービスの印象を前面に出したいサービス組織は，普通の住宅地にサービス施設を設け，シンプルな建物で——倉庫のような場合もある——デリバリーを行うだろうし，サービス施設内は無駄な空間を排除し，従業員の制服も機能的で安価なものとするだろう。

(1)　物理的環境の役割

　物理的環境は，顧客や従業員が相応しい感覚(フィーリング)を持ち，相応しい行動をとることに関わる。たとえば，多くのテーマパークでは，サービススケープ・コンセプトを用いてサービス・エクスペリエンスが高められている。テーマパークを訪れた顧客は，ゴミ一つない綺麗な街路，カラフルな衣装，いきいきとしたキャラクターに出会うことになる。これらすべてが，楽しくうきうきする感覚を生み出している。あるいは，成功しているプロフェッショナル・サービス企業の受付はどうであろうか。調度品や部屋のデザインは知的に洗練され，いかにも高度の専門的サービスを受けられる雰囲気を出している。

第10章　サービス・デリバリー・システムのデザイン　231

　サービススケープのフィジカル・エビデンスとそれに伴う雰囲気は，次の3つの役割を果たすことで顧客の行動に影響を及ぼす。

- ■顧客の気づき(アテンション)のメディアとしての役割。フィジカル・エビデンスとそれに伴う雰囲気によって，顧客は当該サービススケープが，競合者のそれとは異なるものであることに気づく。
- ■顧客へのメッセージ生成のメディアとしての役割。フィジカル・エビデンスとそれに伴う雰囲気は，得られるサービス・エクスペリエンスの特性とクオリティ(キー)についてのメッセージを発する象徴的な手がかりとなる。
- ■購買の欲求を高めるメディアとしての役割。色彩，質感，音声，匂い，空間デザインは，顧客の特定の物財，サービス，サービス・エクスペリエンスへの欲望を高めたり，生み出したりする。

　小売業者は物財を売ることがその職務である訳だが，彼らもまたサービスで競合する傾向にある。伝統的な小売店舗は店舗を持たない小売業者との競争に直面しつつある。店舗を持たない小売業者の戦略は，商品選択や注文を顧客ができるだけ簡単で手軽に行えるようにするというものである。顧客は雑誌カタログやテレビ・ショッピング番組，ウェブ・サイトから商品を選択し，郵便や電話，eメールで注文する。顧客は，送料を負担せねばならないが，通常便と速達便とを選択することができる。購入商品は直接，家庭やオフィスに届けられる。電子商取引，いわゆる「eコマース」は急速に成長している。

　店舗による小売業者は，こうした競合圧力に対して，ショッピングをより楽しく面白いものにすることで対応しようとしている。ショッピング・モールはますます大きく，カラフルになり，ますます工夫が凝らされるようになっている。ショッピング・モール内では個々の店舗はそれぞれ独自の雰囲気を創り出すようにしているが，一方で，テナント契約で一定のデザイン基準が決められており，各店舗は全体としてショッピング・モールのサービススケープに適合するようになっている。モール内のフード・コートや広場は，ショッピングを楽しむ人々の憩いの場となっている。モール内で行われるライブ・パフォーマンス，特別な照明効果，噴水や滝，人目を引く内装デザインは，まさに演劇や芝居のセットのようでもある。個々の店舗は，実演販売

の工夫をしたり、個々の顧客に合わせたアドバイスの提供、ギフト用ラッピング、無料配送、設置・据付けサービス、保証サービスなどの機能によって、付加価値を生み出そうとしている。

サービススケープを重視している他の例としてはリゾート・ホテルが挙げられるだろう。たとえば、クラブ・メッドの休暇村は、すべてが「のんびりとゆったり過ごす」雰囲気を創り出すようにデザインされている。テーマパークのようなファンタジーの世界を楽しむことができるリゾート・ホテルもある。おそらく、最も際立った例はラスベガスであろう。カジノを楽しめる他の地域との競合に直面し、ラスベガスは自らのリポジショニングを行い、大人の娯楽場――ロンドンのある新聞によれば「現代のソドムとゴモラであった。」――から、より健全で家族が楽しめるリゾートへと変身しつつある。ラスベガスでは、ギャンブルはもちろん健在であるが、近年は巨大ホテルが次々と建設・改修され、火山の噴火や海賊船との戦いなどのアトラクションを楽しめるようになっている。

3 場所と時間についての意思決定

サービス・マネジャーは、サービスがデリバリーされる場所と時間について意思決定をしなければならない。これはどのように行われるべきであろうか。意思決定には、顧客のニーズと期待、競合者の活動、サービス・オペレーションのタイプが反映されるだろう。すでに述べたようにコア・プロダクトそのものよりも、補足的サービス要素についての方が、さまざまなデリバリー戦略を工夫する余地がある（第9章参照）。たとえば、スポーツやその他の娯楽イベントに参加する場合、顧客は特定の時間に特定の場所へもちろん喜んで出かけて行くだろう。しかし、事前に座席を予約するときには、顧客は融通がきき、より便利であることを求める。予約サービスは夜遅くまで行われており、電話1本で簡単に予約ができ、チケットも郵送されて来ることを望むだろう。

(1) サービスはどこでデリバリーされるべきか

　顧客にとって便利であることは重要ではあるが，いくつかのサービスでは，オペレーション上の必要条件が厳しい制約となっている。たとえば，空港は，旅行者の自宅やオフィス，目的地から離れていて不便なところにあることが多い。しかし，騒音や他の環境問題があるため，新しい空港の建設に適した場所を探すことは非常に困難である。場所に関する制約の他の例としては，当然のことだが，スキー・リゾートは山になければならないし，ビーチ・リゾートは海岸になければならない，という「事実」によるものがある。オペレーション上の問題としては，規模の経済もまた場所の選択に制約を加える。大規模病院は，さまざまな医療・保健サービスを提供している。そのため関連施設も含め，非常に大きな施設が必要となる。難しい複雑な治療を要する患者は，自宅での看病ではなく，この巨大サービス・ファクトリーまで運ばれなければならない。

　しかしながら，サービス・ファクトリーには，顧客の居る場所に非常に小さい規模で多数設置されるものもある。顧客サービスに最も適した場所は，顧客の住居や職場に近接する場所である。現代のビルディングはしばしば，複合的な目的で設計されている。オフィスだけでなく，銀行（あるいは少なくとも ATM コーナー），レストラン，小売店，さらにスポーツ・クラブに至る各種サービスが提供されるように造られている。忙しい親たちのために託児施設が設置されていることもある。

　小売店や他のサービス施設を交通ルートの要所に設けたり，列車などの乗り物の内部に設けることに関心が高まっている。石油会社は，傘下のガソリン・スタンドを単なるガソリン販売店ではなく，ガソリンを始めとして自動車用品，食料品，日用雑貨品を扱う小売店舗チェーンとして位置づけるようになっている。ワン・ストップ・ショッピングの便利さを顧客に提供しようという訳である。ハイウェイの長距離トラックの休憩所でも，車両メンテナンスと補修サービスに併せてコインランドリー，シャワー設備，ATM，ファックス・サービス，レストランなどが提供されている。新しい小売店舗の開発の中で最も興味深いものの一つに，空港がある。空港ターミナルは旅行者と荷物が行き交う味気ない場所から，活気のあるショッピング・モールへ

と変容しつつある。

(2) サービスはいつデリバリーされるべきか

　国内のほとんどの小売店やプロフェッショナル・サービスが，営業時間や営業スケジュールについて，伝統的な厳しい制限に従っている――たとえば，営業時間は1週間に40時間から50時間に制限されている。こうした状況が，以前はいくつかの先進工業国でも見られたものである。これは，人がいつ働くべきかや商売がいつ行われるべきかについての社会的規範を反映するものであった（さらに法令での定めや労働組合との協定によることもある）。こうした状況は，顧客にとって非常に不便なものであった。たとえば，勤め人が昼に買い物に行くと小売店が自身の昼食のために店を閉めている，プロフェッショナル・サービスは平日の昼間にしか営業していないなどの状況があった。日曜日のショッピングについては，キリスト教文化圏では強く否定されるべきもので，宗教上の慣例という長い伝統を反映した法令によってしばしば禁止措置がなされてきた。商業サービスの中では，映画館やレストラン，バー，スポーツ施設などの娯楽施設だけが，顧客が余暇を楽しむウイークエンドや日没後にも営業を行っていた。これらについても特に日曜日は営業時間の厳しい規制をしばしば受けていた。しかしながら，上記の状況は今日では急速に変わりつつある。いくつかのサービス・オペレーションにおいては，24/7サービス*が世界的な標準となりつつある。

(3) 営業時間を拡大するファクター

　テレコムや国際空港などのサービスは24時間年中無休である。こうしたサービスにはさまざまな緊急サービスも含まれる。消防署や警察署のサービス，救急サービス，重要施設の修理サービスなどである。大病院や高級ホテルは，当然ながら24時間体制である。大型客船は夜間も航行する。長距離列車も同じである。旅客機も24時間飛んでいるし，電話会社は24時間体制でオペレーターが働いている。

＊24/7サービス（24/7 service）：1日24時間，週7日間，年中無休でサービスを提供すること。

第10章　サービス・デリバリー・システムのデザイン　235

　少なくとも5つのファクターが，営業時間の拡大と週7日間営業を促進させている。こうした傾向はアメリカとカナダで顕著であるが，世界中に広がりつつある。

- ■顧客からの要請。共働きや独り住まいの顧客の数が増加しており，通常の時間以外に買い物をしたりサービスを利用したりする必要が出てきている。特定の地域で，一店舗や一企業が営業時間を拡大してこうした市場セグメントのニーズに答えようとすると，その地域の他の店舗や企業も追従せざるを得なくなる。小売チェーンは多くの場合，この経緯をたどってきた。

- ■法律面の変化。二つ目のファクターは，伝統的な宗教的観念に対する支持の減少にある。特定の曜日が信仰ある人にとって——そして，他のすべての人にとっても——休息の日であるべきだという観念は支持されなくなっている。文化の多様な社会においては，どの曜日が特別な日であるかは簡単には決められない。宗教によって特別な曜日はそれぞれ異なる——たとえば，イスラム教徒にとっては金曜日が神聖な日である。近年の西欧諸国においては，特定の曜日には休息すべしという法律は，段階的にその力を失ってきている。しかし，依然として，いくつかの国々では非常に厳しい定めがある。たとえば，スイスでは日曜日にはパン屋以外のほとんどの小売店が店を閉めなければならない。

- ■資産活用への経済的なインセンティブ。資本のほとんどは，サービス施設に固定されている。営業時間の拡大に伴うコストの増加は多くの場合比較的緩やかなものである。もしも営業時間の拡大が現状の混雑を緩和し，さらに収入を増加させるのであれば，経済的に非常に魅力的なものとなる。スーパーマーケットなどの施設の開店や閉店にはコストが生じる。その一方で温度管理やいくつかの照明は一晩中稼働させておかなければならないし，夜間の警備についてのコストもある。たとえ得られる顧客の増加が少なくても，オペレーション上もマーケティング上も24時間オープンには利点が存在する。

- ■通常の時間帯以外の労働力が利用可能となったこと。ライフスタイルの変化とパート雇用の希望の増加が合わさり，夜間に働きたいと考える

人々の労働市場を形成している。これらの労働者には，授業時間外にアルバイトをしたい学生や2つの職を兼職したい人，昼間も普通に働きさらに追加的な収入を得たい人，子どもの世話を交代で行いたい母親や父親，ただ単に夜間に働き昼間はゆっくり寝たい人，何でも良いから仕事が欲しい人，が含まれる。

■自動化されたセルフ・サービス施設の登場。セルフ・サービス機械は，ますます信頼性が上がり，使いやすくなってきている。現在では多くの機械で現金に加えてクレジット・カードを使用することができる。完全に無人の機械であれば経済的にも有利である。機械の保守を頻繁に行わなければならない場合や機械が壊されてしまう恐れがある場合を除けば，機械を24時間稼働させることによるコストの上昇は最小限ですむ。実際，機械が地理的に広い範囲に設置されている場合は，いちいち電源をオンオフして回るよりも，一日中稼動させている方がよほど楽である。

(4) 「便利さ」という顧客ニーズへの対応

アメリカとカナダの小売業は，より大きな「便利さ（コンビニエンス）」を求める顧客ニーズへの対応では先を行っている。しかし，他の多くの国々もまたこの2カ国に追いつき始めている。始めは，薬局やコンビニエンス・ストアで早朝営業や深夜営業が導入されたが，現在ではガソリン・スタンド，レストラン，スーパーマーケットなど多種多様な（小売）アウトレットで24時間営業が行われるようになっている。

便利さに対する顧客のニーズは，時間的な便利さや場所的な便利さに限ったことではなく，またコア・プロダクトの購買に限っている訳でもない。人々は補足的サービス要素，特に情報，受注，例外への対拠についても簡単に利用可能であることを望んでいる。

多くのサービス組織において，顧客からの問い合わせや予約，苦情申し立ては，通常の営業時間内に各店舗や施設で電話などによって対応されてきた。しかし，航空会社やホテル・チェーンなどは，別途，顧客サービス・センターを設立するようになっている。顧客サービス・センターはサービス組織自身が運営する場合もあるが，このようなセンター業務を請負う専門企業に委

託する場合もある。

　顧客サービス・センターによる集約的な対処というシステムを導入した結果，多くの顧客は長距離電話をかけることになった。そのため多くのサービス組織は，フリーダイヤルを導入している。この種の便利さの提供は，しばしば競合者間で対抗上次々に波及していく傾向がある。

(5) 24/7サービスへの動き

　時差のある国で，全国の顧客に対応しなければならないサービス組織では，営業時間の拡大は，ほとんど義務的なものである。たとえば，アメリカのような時差のある広い国土では，各地域の顧客とのやりとりを考えると，営業時間を拡大せざるを得ないだろう。実際のところ，北米地域でサービス提供を行う場合，ハワイ，アラスカ，さらにはニューファンドランド（カナダ領）も含め全域をカバーするには1日に最低18時間の営業時間が必要である。これが，24時間営業へと移行することは別に驚くことではない。後は，24時間営業のコストと顧客に完全なアクセスを与える価値に対しサービス組織がどのように考えるかである。

　通信販売は19世紀から存在しているが，顧客がカタログの商品を選んで注文を郵送し，最終的に商品が顧客の手元に届くまでは，以前は多くの場合，数週間はかかったものである。今日では，24時間受付の電話やウェブ上での注文がこうした郵送での注文に取って代わっている。印刷されたカタログは現在でも見込み顧客に送られているが，徐々にウェブ・サイトでもカタログを閲覧できるようになっている――こうしたウェブ・サイトは，インタラクティブなものであり，アニメーションや効果音でプレゼンテーションを高めている。ランズ・エンドのような通信販売企業は，充実した幅広い品揃えを提供し，戦略的に配置された配送センターと競争力のある価格設定を誇っており，伝統的な小売業者にとって大きな脅威となっている。

(6) 工業製品に付随するサービス

　多くの工業製品は，ファイナンスやトレーニング，輸送やメンテナンスに至る幅広い付随サービスのニーズを生み出す。実際，工業製品の競争力は，

国内市場であれグローバル市場であれ、コア・プロダクトのクオリティと同様に、関連サービスの有無やそのクオリティによっても決まるのである。メーカーもサービス組織も顧客が求め期待する補足的サービス要素を提供するために、コンピュータ・システムを導入している。さらにこうしたコンピュータ・システムを提供するための巨大な「所有物を対象とするサービス」産業が生まれている。

　強力なコンピュータ・システム——およびソフトウェア——が世界中のユーザー企業・組織に販売されている。システムを販売する多くのニッチ・プレイヤーも存在するが、大規模なコンピュータ・システムの販売市場は、日米のいくつかの巨大な国際的企業の支配するところである。システムのユーザーには、たとえば、巨大な商業銀行や化学工場プラントが含まれ、さらにはオーストラリアの採掘設備、北極圏にある油田設備、南太平洋の島々の空港、アンデス山中の水力発電所などが含まれる。コンピュータ・システムは実にさまざまな分野で用いられるが、システムは、設置され稼働して初めて価値がある。システムの不具合は、それを使用するユーザー企業やユーザー企業の顧客に深刻な被害をもたらす。設置された数多くのコンピュータやソフトウェアをサポートすることは、システム自体のアップデートや入れ替えと同じく、非常に巨大なビジネスとなっている。そのため、サポート市場は世界的規模のサービス企業から地域の小規模サービス企業に至る多くのサービス提供者にとって魅力的なビジネス分野となっている。

　歴史的に見て、コンピュータの維持管理・補修は、設置場所で行われてきた。それ故、この業務に関しては、顧客と同じ地域にある独立系の販売業者の方が、相対的に費用が高くなってしまう大メーカーよりも競争力を持っている。他に国によって人々の教育レベルが異なることも、ヒューレット・パッカードのようなグローバル・メーカーの一定水準でのサービス提供を難しくしている。

　もしも顧客が24時間完全に何かの機器やサービスに依存しているならば、機器の故障やサービスの中断は深刻なものとなる。この種の緊急事態は、人に対してだけでなく重要施設やプロセスについても起こり得る。たとえば、コンピュータの故障は、個人が不便さを被る場合から重要施設の機能停止に

至る場合まで，さまざまな悪しき結果を招いてしまう。変圧器が故障すれば停電になるし，氷点下の地域で温水暖房設備が故障すれば，凍結によってパイプが破裂してしまうだろう。この種の緊急事態に対しては，担当者が連絡を受け，問題の場所へ向かい，検査の後，故障箇所を修理するというのが一般的である。しかし，最新の技術によって，エンジニアが遠隔操作で——時には地球の裏側から——修理するということも可能になってきている。

4　サービス・デリバリーのプロセス

　新しいサービス・デリバリー・システムのデザインのためには，物理的な施設や設備をどうするかやどんなサービス従業員なら良いかを決めるだけでは十分ではない。これらは言わば単に料理の材料にすぎない。材料が揃えば，次に必要なのは材料の「まぜ合わせ」や「調理(クッキング)」のインストラクションである。サービス従業員は自身が何を求められているかを理解せねばならないし，顧客もサービス・デリバリーで自分自身が果たす役割を理解せねばならない。セルフ・サービスの場合は，事前に顧客の果たすべき役割について明確にしておくことは非常に重要である。最後に，調理と同じように，デリバリーのスケジュールや各活動についての所要時間を特定せねばならない。スピードは競争戦略においてますます重要な要素になってきている。多くの場合，サービス組織はファスト・サイクル・オペレーションとして知られる戦略を構築しつつある。顧客だけがサービス・デリバリーのスピード・アップに興味がある訳ではない。サービス組織もまたスピード・アップからの恩恵を得ることができる。より迅速なオペレーションを行うことは，生産性の向上とコストの引き下げをもたらすからである。

(1)　サービス・デリバリーのプランニング

　サービス・デリバリー・プロセスのプランニングについての意思決定は図表10-2にまとめられている。意思決定に際し，マネジャーは以下の問いかけに答えなければならない。
　■サービス・デリバリー・プロセスの各ステップはどのような流れ(シークエンス)とし

て組み立てられるべきか。各ステップは，いつ（スケジュール），どこ（場所）で実行されるべきか。
■補足的サービス要素はデリバリー・プロセスに組み込まれるべきか否か（たとえば，補足的サービス要素についてすべての責任を持つべきか，それともいくつかは中間業者に任せるのか）。
■サービス組織と顧客との間のコンタクトはどうあるべきか。顧客がサー

図表10-2　サービス・デリバリー・プロセスのプランニング

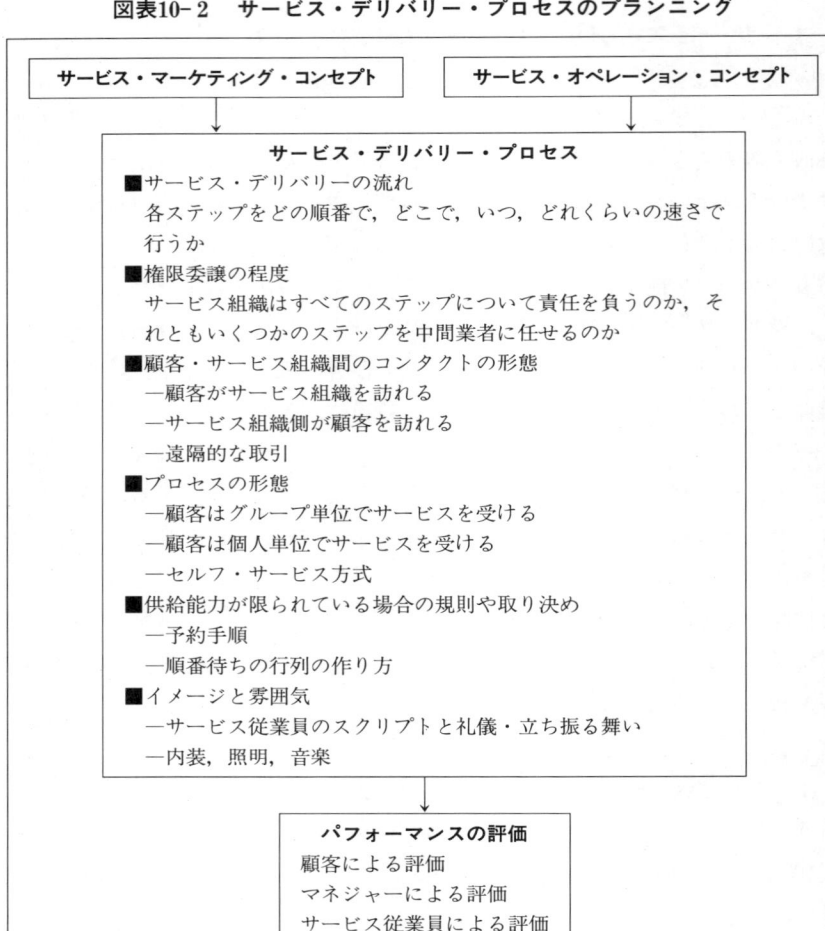

```
┌─────────────────────────┐  ┌─────────────────────────┐
│ サービス・マーケティング・コンセプト │  │ サービス・オペレーション・コンセプト │
└─────────────────────────┘  └─────────────────────────┘
                    │
        ┌───────────────────────────────────────────┐
        │         サービス・デリバリー・プロセス        │
        │ ■サービス・デリバリーの流れ                  │
        │   各ステップをどの順番で，どこで，いつ，どれくらいの速さで │
        │   行うか                                    │
        │ ■権限委譲の程度                             │
        │   サービス組織はすべてのステップについて責任を負うのか， │
        │   それともいくつかのステップを中間業者に任せるのか   │
        │ ■顧客・サービス組織間のコンタクトの形態         │
        │   —顧客がサービス組織を訪れる                │
        │   —サービス組織側が顧客を訪れる              │
        │   —遠隔的な取引                            │
        │ ■プロセスの形態                             │
        │   —顧客はグループ単位でサービスを受ける        │
        │   —顧客は個人単位でサービスを受ける          │
        │   —セルフ・サービス方式                     │
        │ ■供給能力が限られている場合の規則や取り決め     │
        │   —予約手順                                │
        │   —順番待ちの行列の作り方                   │
        │ ■イメージと雰囲気                           │
        │   —サービス従業員のスクリプトと礼儀・立ち振る舞い │
        │   —内装，照明，音楽                         │
        └───────────────────────────────────────────┘
                            │
                ┌───────────────────────┐
                │     パフォーマンスの評価     │
                │   顧客による評価           │
                │   マネジャーによる評価      │
                │   サービス従業員による評価   │
                └───────────────────────┘
```

ビス組織を訪れるのか、あるいはその逆か。郵便やテレコムによって、遠隔的な取引が行われる場合もある。
■ 各ステップにおけるサービス・プロセスはどうあるべきか。顧客は個人単位でサービスを受けるべきか、それともグループ単位で受けるべきか、あるいはセルフ・サービス方式か。
■ サービスの規則や取り決めはどうあるべきか。サービスは予約によって提供されるのか。それとも単に先着順か——この場合は行列を伴っても構わないと考える。特定の顧客に対する優遇制度を用意するべきかどうか。
■ サービス・デリバリー環境(ないしサービススケープ)は、どのようなイメージと雰囲気であるべきか。特にハイ・コンタクト・サービスにおいては、①サービス施設のデザインとレイアウト、②サービス従業員の制服、身だしなみ、立ち振る舞い、③調度品や設備、④音楽や照明、を決定せねばならない。

(2) 技術によるサービス・デリバリーのイノベーション

　過去20年間の技術の発展は、サービス生産とサービス・デリバリーに目覚しいインパクトを与えた。特にテレコム技術とコンピュータ技術の発展は、サービス・デリバリーに数多くのイノベーションをもたらした。最も重要なことは、現在では顧客は、サービス従業員の助けなしに、顧客自身ですべて済ませてしまうことができるようになったことである。このことについて以下の4つのイノベーションが特に注目されるだろう。
　①電話回線を利用した各種問い合わせ・申し込みが可能になっている。コンピュータの音声ガイドに従い、電話機のボタンをプッシュトーン・ダイヤル信号を送ることで、顧客は自身で問い合わせ・申し込みが行える。他に音声認識技術も実用化されつつある。
　②自動キオスク機が登場し、顧客はさまざまな簡単な取引を自身で行えるようになっている。銀行のATMはこの代表例である。
　③ウェブ・サイトでの情報の提供、受注が行われるようになっている。ウェブ・サイトは、「情報に基づくサービス」においてはサービス・デリバリ

一・チャネルともなる。

④マイクロチップを埋め込んだスマート・カードが発展している。スマート・カードには詳細な顧客情報を記録させることができ，電子マネーを入れて，電子財布として使うことができる。

サービス・デリバリーについて，この四半世紀の間に生まれたイノベーションの中で最もよく取り上げられるのがATMである。ATMは商業銀行のサービス・デリバリーに革命を起こした。1日24時間，1年365日稼働することができ，昔ながらの商業地域とは離れた地域など，さまざまな場所に設置されてきた。サービス提供地域を拡大するために，各商業銀行は地域から全国レベル，さらに世界的な規模でATMネットワークをつないできた。これにより他行の顧客にもサービスを提供することができるようになり，こうした顧客から手数料を徴収できるようになった。しかしながら，ATMネットワークの伸張は一方で，銀行のブランド・アイデンティティを失わせる結果ともなった。顧客が相互乗り入れ的にATMネットワークを利用するようになったからである。さらに，顧客の銀行に対するロイヤルティの源泉の一つであった顧客と銀行従業員間の社会的な結び付き(ソーシャル・ボンド)の維持が難しくなった。

世界規模のネットワークが完成したことにより，1枚のキャッシュ・カードと相応の預金があれば，顧客はどこか他の国に行っても，ATMにより預金をその国の通貨で引き出すことが可能になった。ATMは，現在では人間の銀行員の行う機能のほとんどを実行することができるようになっている。顧客に合わせた高度なカスタマイゼーションも可能である。たとえば，スイスの各銀行で用いられているATMは，複数の言語から，好きな言語を選択することができる。

現在多くの国で，銀行は通常の支店を閉鎖し，生産性と市場競争力を高めるために電子的なデリバリー・チャネルの導入を進めている。しかしながら，すべての顧客が電子的なデリバリー・チャネルやセルフ・サービス方式を好む訳ではない。顧客を新しい電子的チャネルへと移行させる際には，顧客のセグメント毎に多様な戦略が用いられねばならない。また，顧客のうち一定の割合は，ハイ・コンタクトなデリバリー環境を好んでおり，他の方式をけ

第10章 サービス・デリバリー・システムのデザイン　243

っして受け入れようとはしないことも認識していなければならない。

(3) サイバースペースにおけるサービスのプロモーションとデリバリー

電話を用いて，物財やサービスを受注したり販売を行うことは，過去数十年の間に飛躍的に増大した。近年では，企業家たちは，新しいサービスの創造にインターネットを利用するようになっている。

基本的な課題は，顧客により多くの選択肢を提供することにある。顧客の好みはさまざまである。サービス従業員との対面でのコンタクトを好む人，電話を介してのサービス従業員とのコンタクトを好む人，また，より大きな匿名性と非人的コンタクトを好む人もいる。物財を購入する際も，小売店舗を訪れ，興味がある商品を実際に手にとって見ることを好む人，商品のデモンストレーションをテレビで見て，気に入った商品をフリーダイヤルで電話をかけて注文する人，印刷カタログから商品を選び，電話や郵便で注文する人。このようにさまざまである。そして，現在はサイバースペース[*]によって商品の評価や購入を行う顧客が着実にその数を増やしている。上記に挙げたそれぞれの購入方法において，コア・プロダクトは同じでも，デリバリー・システム・デザインは大きく異なっている。コンタクトが人的なものから非人的なものへ移行する。デリバリー・システムが小売店舗を介したものから，通信販売へ，さらにインターネットによるものへと移行する。これらの移行の中で，サービス・エンカウンターはハイ・コンタクトからロー・コンタクトへ変化し，全体的なサービス・エクスペリエンスのあり方も急速に変化してきている。

(4) 市場プレイスか市場スペースか

電子的チャネルの伸張は，マーケティングのあり方に本質的な変化をもたらしている。顧客は，特定の場所で特定の時間内にサービス従業員と対面でのコンタクトを取るという方式から，「いつでもどこででも」非対面でのコンタクトを取るという方式に移行しつつある。ますます多くのサービスが，

---

[*]サイバースペース (cyberspace)：電子的な取引やコミュニケーションが行われるが，はっきりとした物理的な場所は存在しない状態を描写する用語。

対面的なインタラクションではなく，遠隔的なリレーションシップによって特徴づけられるものへと変化してきている。ジェフリー・レイポート（Jeffrey Rayport）とジョン・スビオクラ（John Sviokla）は次のように述べている。「生身の買い手と同じく生身の売り手が出会う伝統的な「市場プレイス」インタラクションは消滅しつつある。実際のところ，「市場スペース」取引とわれわれが呼ぶ新しいタイプの取引においては，これまでの市場プレイスとはまったく異なることがらが生じている。」

市場プレイス* 市場プレイスでビジネスが行われる場合，物理的な環境が必要である。「人を対象とするサービス」においては，市場プレイスを排除することは不可能である。顧客は，サービス・ファクトリーという物理的環境に必ず来なければならないからである。他には，顧客が市場プレイスの排除を望まない場合もある。リゾート地のように人の集まる物理的な環境の存在そのものが顧客にとって魅力的である場合などである。ショッピング・モールは，「トータル・エクスペリエンス」を創り出すように再デザインされつつある。すなわち，単に小売店舗が並ぶだけではなく他のさまざまな物理的環境を備えるようになっている。

市場スペース* 市場スペースでビジネスが行われる場合，顧客は物理的対象物とのコンタクトを情報によって代替する。「情報に基づくサービス」では，物理的な場所を必要としない。さらに，取引が行われる状況も異なる。これまでの物理的なコンタクトに換わって，画面上でのコンタクトや電話を通じてのコンタクトになる。顧客はまた，サービス従業員によるサービス・デリバリーを，インタラクティブ・システムを備えたセルフ・サービス機械・装置によるサービス・デリバリーに代替することができる。

時間の節約に対する顧客の要求は，市場スペースへの動きを後押しする力の一つである。顧客はより迅速でより便利なサービスを求めている。別のファクターとしては，購入する物財やサービスについて，より詳しい情報を求める顧客がいることである。逆説的ではあるが，電子的なコンタクトは，顧

＊市場プレイス（marketplace）：サービス組織と顧客が取引を行う物理的な場所を指す。
＊市場スペース（marketspace）：サービス組織と顧客が電子的に取引を行う仮想的な場所を指す。これは，電話やインターネット接続によって可能となる。

客をメーカーやサービス組織にむしろより近づけることになる。マネジャーたちは，市場スペースでの取引が，物理的コンタクトの削除によるコスト削減の実現だけでなく，顧客の知識を活用する絶好の機会でもあることを認識しつつある。顧客とニーズや選好について対話をして行くことで，より良いサービスやよりカスタマイズされたサービスを提供することができるようになる。こうしたサービスは，より高い価値を持つようになり，より高い価格で購入してもらえるようになる。

　ウェブ・サイトはサービス・マーケターにとって最新の競合ツールとなっている。サービス組織の中には，ウェブ・サイトを単に説明パンフレットの代用品として考えているに過ぎないものもあるが，ウェブ・サイトを受注チャネルやサービス・デリバリー・システムとして捉え創造的な方法で利用することを考えているサービス組織もある。インターネットによるサービス・デリバリーでは，「情報に基づくサービス」のデリバリーが可能である（これに対して，物財の場合は必ず物理的チャネルを要する）。商用ウェブ・サイトからデリバリーされる情報に基づくサービスには，ソフトウェア，ニュース，調査レポート，さまざまなエンターテインメントがある。情報に基づくサービスはeメールに添付して送付されることもある。あるいは，BtoBの場合は，主要取引先企業へのデリバリーについては，インターネットではなく，より安全なイントラネット*に近似した企業間エクストラネット*が利用される。

5　中間業者の役割

　多くのサービス組織は，いくつかのタスクについては外部に委託することによりコストを削減することができると考えている。最も頻繁に行われるのが補足的サービス要素の委託である。たとえば，航空会社は顧客とのインタ

＊イントラネット（intranet）：企業の社員だけに限定された企業内ネットワーク。ウェブ・サイト形式の情報ベースに簡単にアクセスできる。
＊エクストラネット（extranet）：企業と主要取引先企業とを結ぶ，安全なイントラネット近似のネットワーク。

ラクション——情報提供や予約受付、支払いやチケット発行など——について、旅行会社に大きく依存している。メーカーの場合ももちろん同じで、多くのメーカーが在庫管理やエンド・ユーザーへの販売などを卸売業者や小売業者に任せており、併せて、情報、アドバイス、受注、デリバリー、設置・据付け、請求と支払い、各種の問題の解決、さらに修理やアップグレードなど、さまざまな補足的サービス要素の提供をこれら中間業者に依存している。図表10-3は、中間業者とのパートナーシップによって、コア・プロダクトに補足的サービス要素が追加されていき、完全なサービス・パッケージとして顧客にデリバリーされる様子が、「フラワー・オブ・サービス」の枠組みで示されている。

　コア・プロダクトが中間業者にアウトソーシングされる場合すらある。トラック輸送会社は、それぞれの地区に自分の支店を設置する代わりに、独立の代理業者を用いるのが普通である。トラックを所有する運転手たちと契約を結び、業務を行わせる場合もある——この場合、トラック輸送会社は車両を持たないし、フルタイムの運転手も雇用していない。フランチャイジングも、サービス・デリバリーの一般的な方法である。十分に訓練を受け監督された中間業者が規格化されたフォーマットに従いながら、サービス・デリバリーを行っている。

図表10-3　補足的サービス要素の付与と追加

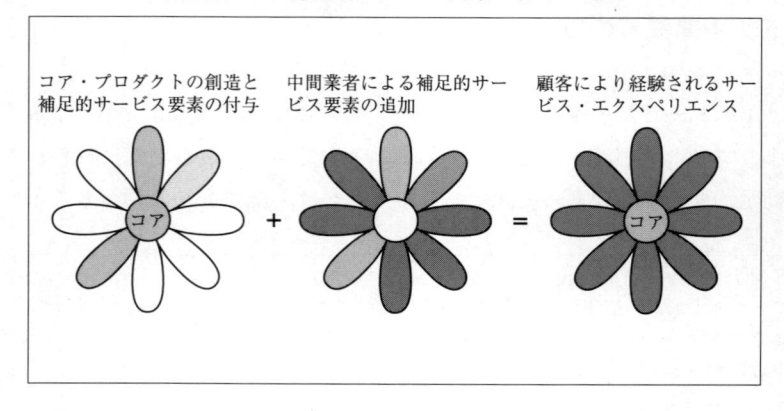

コア・プロダクトの創造と補足的サービス要素の付与　＋　中間業者による補足的サービス要素の追加　＝　顧客により経験されるサービス・エクスペリエンス

(1) 一貫性の維持

　活動を他者（中間業者）に任せてしまうことの欠点は，デリバリー・システム全体の中でコントロールを失う部分が出てしまうことである。これは，顧客の実際のサービス・エクスペリエンスがどのようなものとなるかを十分にコントロールできなくなることを意味する。中間業者に，活動の優先順位と手順を正確に守らせるようにすることは困難である。しかし，これはサービス・クオリティをコントロールするためにはきわめて重要である。フランチャイザーはサービス・パフォーマンスのあらゆる面において厳格なコントロールを行うのが通常である。コントロールは，提供サービスの内容に留まらず，サービススケープ，サービス従業員のパフォーマンス，サービス・スケジュールなどの他の要素についても行われる。

　たとえすべての活動がうまく遂行されたとしても，当該サービスの本来意図されたポジショニングと中間業者の取り組みとの間に，顧客が一貫性のなさを感じ取るというリスクが依然として残っている。たとえば，すべてのフランチャイジーが，定められた通りにサービス施設をデザインできる訳ではない。多くの場合，選択された中間業者はすでに自身の施設を持っているので，顧客の受けるサービススケープは元々ある施設がどんなものであるかによって影響を受けることになる。たとえば，大学がエクステンション講座を開講するのにサテライト・キャンパスとして高等学校の教室を借りるとしよう。この場合，教室の設備や教育内容のクオリティが実際にどんなものかには関係なく，見込み顧客によって当該講座はしょせん本格的なものではないだろうと知覚されてしまうことがある。

6　結　論

　「いつ」，「どこで」，「どのように」の3つの問いかけに答えることが，サービス・デリバリー戦略の基盤を形成する。顧客のサービス・エクスペリエンスは，サービス・パフォーマンスとデリバリー特性の関数である。「どこで」の問いかけは，もちろん，どこで顧客がサービス・デリバリーを受けることができるのか，という場所に関わる。本章では，場所についてのさまざ

まな戦略についてカテゴリー分けを行う枠組みを示した。

「いつ」という問いかけは，サービス・デリバリーの時間的側面に関わる。顧客は一層の便利さを求めており，これがサービス提供時間の拡大をもたらしている。「どのように」の問いかけは，コア・プロダクトと補足的サービス要素とを顧客にデリバリーするチャネルとデリバリーの方式に関わる。技術の発展は，これらチャネルと方式の選択に大きなインパクトを与えている。新しい技術によって，新しい選択肢が登場し，コストや収益性の面でも変化が生じている。

第11章
サービスの価格とコスト

プロダクト要素　　　　　　　　　　……………
場所と時間　　　　　　　　　　　　生産性とクオリティ
プロモーションとエデュケーション　……………
サービスの価格とその他のコスト　……………

本章の目標
■価格設定戦略を形成する各ファクターを理解する。
■サービス組織が負うさまざまなコストを理解する。
■顧客が負うさまざまなコストを理解する。
■純価値の概念を理解する。
■価格設定に関わる倫理的問題を理解する。
■サービスの価格設定戦略の実際を理解する。

1　サービスに対する支払い

　サービスの価格について表現するとき、どれほど多くの種類の用語が使われているだろうか。大学では授業料(テュイション)と言い、プロフェッショナル・サービスでは報酬(フィー)、銀行ではサービス手数料(チャージ)と言う。通行料(トール)が必要な高速道路や橋もある。この他、鉄道やバスは運賃(フェア)、各種クラブは会費(サブスクリプション)、仲介業者は手数料(コミッション)、土地家屋賃貸は地代(レント)、博物館は入場料(アドミッション・チャージ)、電気・ガス・水道は使用料(タリフ)、ホテルは宿泊料(ルーム・レイト)、をそれぞれ請求する。
　こうした用語の多様性は、サービスの提供者が――メーカーと比較して――プロダクトの価格設定をどれほど多様なアプローチで捉えているかを反

映している。本章では，サービス・マネジャーにとって価格設定がどれほど難しいタスクであるかを見ていきたい。なお，ここでは会計上のコストに関する基本的な理解（固定費・変動費の概念，損益分岐点分析など）のあることを前提としている。

(1) サービスの価格設定が物財の価格設定と異なるのはなぜか

第1章では，物財とサービスの主な相違点について検討した。サービスという無形のパフォーマンスは，物財に比べて価格設定が困難である。顧客にサービスを提供するのに要するコストの算定は，物財生産に必要な労働，原材料，機械の稼動，保管，輸送などのコストを算定するよりも困難である。インプットとアウトプットの両方の変動性を考えると，サービス1単位を生み出すのに要するコストはいつでも同じとは限らない。また，変動が多かれ少なかれサービス・クオリティにも及ぶとすれば，顧客の立場から見ても，提供サービスの価値はいつも同じにはならない。さらに事態を複雑にするのは，サービスの提供単位はいつでも簡単に規定できる訳ではないということである。これは，サービスの価格設定を何を基準単位として行うべきかという問題を引き起こす。

物財とサービスで大きく異なる点に，サービスでは変動費に比べて固定費の比率が非常に高い場合があるということがある。固定費の比率が高いサービス・ビジネスには，高価な物理的施設（ホテルや病院など），輸送手段（飛行機，バス，トラックなど），ネットワーク（テレコムやガスのパイプラインなど）を要するサービス・ビジネスが含まれる。これらにおいては，顧客の増加に伴う変動費はごく小さいものとなる。この場合，マネジャーは，価格設定については非常に大きな柔軟性があると感じており，追加的な売上確保のために価格をかなり引き下げても問題ないと判断するかもしれない。しかしながら，固定費もカバーできないような低価格では，いつまでも利益は得られない。多くのサービス・ビジネスがこの事実を無視して失敗している。ただし，サービス組織が公共組織や非営利組織の場合は，固定費の一部ないし全部を，税金による補助や寄付金，資産贈与によってカバーすることができる。

物財の購入の場合，何に対して支払っているかは直接に明白である。これに対し，サービス・パフォーマンスは無形であり，サービス・デリバリーに必要なバックステージ施設やそこで働く従業員の姿は顧客の目には触れないことも多い。この場合，顧客にとって，何に対して支払っているかが分かりにくいものとなる。

サービスの価格設定に影響を与えるもう一つのファクターとして時間がある。時間については，顧客の価値認知はさまざまである。一般的には，顧客は遅いサービス・デリバリーよりも速いサービス・デリバリーにより多くのお金を支払っても良いと考えるだろう。デリバリーの迅速さはオペレーティング・コストを引き上げることも多い――これは，サービス従業員に時間外手当を支払ったり，性能の良い高価な機器を使うことも反映する。迅速さが単に，ある顧客を他の顧客に優先させるという方法によることもある。また，異なったデリバリー・チャネルを使用するということもある。たとえば，銀行が，支店での対面によるサービス提供の代わりに，ATMや電子的なチャネルを用いるといった場合である。この場合，銀行にとっては全く異なるコスト体系がもたらされ，顧客のサービス・エクスペリエンスも，取引に要するトータル時間も変わってくる。しかし，銀行との迅速で非人的な取引の便利さを好む顧客がいる一方で，新しい技術を嫌い生身の銀行員との取引を好む顧客もいる。ある人にとっては価値の高いサービス取引も，他の人にとってはそうではないかもしれないのである。

(2) 倫理的な問題

一般にサービスは――信頼属性の強いサービスは特に――，しばしばパフォーマンスおよび価格設定上の問題が発生するものである。もし顧客が提供されるサービスについての知識がなかったり，クオリティを評価できるだけの技能（スキル）がなかったりする場合には，顧客は，本来不必要な作業や十分なパフォーマンスを得られていないサービスに対しても支払ってしまう恐れがある。多くの顧客には一種の暗黙の仮定があり，高価格を要求する専門家――たとえば，弁護士――は，低価格の専門家よりも優れた能力を有していると考えるものである。確かに価格がクオリティを代弁する場合は多いだろう。しか

し，現実には価格の高さに見合った価値があるとは言い難いサービスも少なからず存在している。

　サービスの価格表はしばしば実に複雑なものとなる。たとえば，月極めの基本料金が各種あり，さらに定められた以上の利用には各種の超過料金がかかるので，これらの組み合わせがさまざまになる，といった具合である。こうした複雑さもあって，サービス組織は価格設定に関して反倫理的行動へと誘惑されることがある。たとえば，アメリカのレンタカー・ビジネスでは，低価格を謳う広告で顧客を惹き付けることが行われるが，やってきた顧客は実際にはさまざまな追加費用がかかることを始めて知らされる場合がある。基本料金は非常に安いのだが，少し走行距離が伸びるとすぐに追加料金が発生してしまったりすることもある。レンタカー業者の中には，こうした追加料金について明示していない者もいる——例の「極小の字で印刷された」契約条項にすら示されてないこともある。フロリダのいくつかのリゾート地で見られる状況はひどいもので，そこでは「レンタカーは無料」だが「キーは有料」である。広く行われている慣行は，ガソリンを満タンにして返さないとその3倍も請求されることである。こうした潜在的な問題に脅かされることを知っている顧客は，サービス組織と従業員の双方を疑いの目で見るようになる。この状況下では，従業員が優れたサービスを提供することはより難しいものとなる。

　こうしたことにならないための最善の方法は，すべての料金や必要費用について事前に明示しておくことである。これに伴い，どの場合はどんな料金・費用がかかるか顧客がより容易に理解できるようシンプルな料金体系を設定する。しかしながら，価格についての欺瞞的行為はなくなることはなく，しばしば立法など顧客を守るための政府規制につながることもある。

(3) 顧客が負うサービスのコストを理解する

　顧客の立場に立って考えると，サービス組織から請求される金銭的な価格は，サービスの購入やデリバリーに関係する多くのコストの最初の一つにすぎない。コストには他にどのようなものがあるか以下に見ていこう。

　購入価格に加えて必要になるサービスの他の金銭的なコスト　顧客は多くの場

合，購入価格に加えて他の金銭的なコストを負担することになる。それらにはサービス施設への移動のための運賃・ガソリン代，駐車料金，その他の経費が含まれる。購入のために外出したことによる外食費，ベビーシッター代も含まれるだろう。サービス購入に関わるすべての支出（サービスそのものの購入価格を含め）を「サービスの金銭的コスト」と呼ぶ。

サービスの非金銭的コスト　多くの状況下において，顧客はさまざまな「サービスの非金銭的コスト」を負うことになる。サービスの非金銭的コストには探索，購買，利用のそれぞれにおける時間，努力，不快感がある。顧客がサービス生産に関与するということは（特に「人を対象とするサービス」やセルフ・サービス方式の場合），精神的・肉体的な努力を科せられることや，雑音，熱，臭いなどの感覚面での不快さにさらされる場合があることを意味する。経験属性や信頼属性の高いサービスでは，不安という心理的なコストも伴う。サービスの非金銭的コストは次の4つのカテゴリーに分類することができる。

- ■サービスの時間的コスト[*]。これは，サービス・デリバリーに必ず伴うものである。顧客にとっては，サービス・デリバリー・プロセスに関わる時間を他のことに使うことができたはずなので，顧客にとっては機会費用となる。顧客はその時間を使って収入を得られたかもしれないのである。たとえば，AOLの顧客は，接続までに要する時間を全くの時間の浪費と捉えている。
- ■サービスの身体的コスト[*]。疲労や不快感，さらに極端なケースではけがなどが，サービスを受けようとするときに発生する可能性がある。特に顧客がサービス・ファクトリーに出向く必要があったり，デリバリーがセルフ・サービスであったりするときはそうである。
- ■サービスの心理的コスト[*]。精神的な努力，サービスに対する違和感，不

＊サービスの時間的コスト（time costs of service）：サービス・デリバリー・プロセスの全局面において顧客が費やす時間を指す。

＊サービスの身体的コスト（physical costs of service）：サービス・デリバリー・プロセスにおいて顧客の身体に生じる望まれない結果を指す。

＊サービスの心理的コスト（psychological costs of service）：サービス・デリバリー・プロセスにおいて顧客が経験する望まれない精神的あるいは感情的な状態を指す。

安などの心理的コストが，サービスの比較・選択の過程や特定サービスの利用に際し生じることがある。

■サービスの感覚的コスト*。人の五感のいずれかに不快な感覚がもたらされることがある。サービス環境において生じるこの種の感覚には，音（音楽）がうるさい，臭いが不快，隙間風で薄ら寒い，冷暖房が冷えすぎ・暖めすぎ，座席の座り心地が悪い，といったことが含まれ，さらにはサービス環境が魅力的に感じられない・退屈である，内装や調度品のセンスが気に入らず不愉快，といったことが挙げられる。

これらの身体的，心理的，感覚的コストは，集合的に「厄介・面倒・手間・億劫」等々と日常的に表現されることがある。

図表11-1に示されているように，サービスの購入および利用に関する総コストはサービスの探索活動に関するいくつかのものを含む。たとえば，志望大学を決めるのに，どれだけの時間や金銭的支出がなされるだろうか。あるいは今，行っているヘアカット・サロンを止めて他のところに行きたい場

図表11-1　サービスのトータル・コストの決定：目に見えるコストだけではない

```
探索コスト*
                        ┌─ 金銭的コスト ─┬─ サービスの購入価格
                        │                └─ その他の金銭的コスト
                        ├─ 時間的コスト
購入・利用時のコスト ────┼─ 身体的コスト
                        ├─ 心理的コスト
                        └─ 感覚的コスト

事後的コスト* ──┬─ 必要な追加サービスのコスト
                └─ 問題解決のコスト

＊5つのコスト・カテゴリーのすべてを含む。
```

＊サービスの感覚的コスト（sensory costs of service）：サービス・デリバリー・プロセスにおいて顧客が五感を通して感じるマイナスの感覚。

合，探索や比較にどれだけの時間がかかるだろうか。また，最初のサービスを受け終わった後に，追加コストが発生していく場合もある。たとえば，医師の診察を受けた結果，何ヵ月間も理学療法と投薬を受けることになることもある。この場合，治療効果が芳しくないなら，顧客のかけた時間やお金，頑張って療法を受けた努力は無駄なものとなってしまうかもしれない。

(4) 価値の理解

　顧客はサービスを購入するとき，そのサービスから得る知覚ベネフィットと知覚コストとを比較考量している。自分自身の経験を思い起してもらいたい。サービスを購入する際は，期待されるベネフィットを必要となる金銭，時間，手間や努力についての予想投資額・量に照らして判断しているだろう。本章の中心課題は主に価格設定の金銭的側面におかれているが，人はしばしば時間の節約や面倒さの削減，より大きな快適さに対し，より多くの支払いをすることを忘れてはならない。換言すれば，人はサービスの非金銭的コストを削減するために，より高い価格（サービスの金銭的コスト）を支払おうとするのである。しかしながら，すべての顧客がより多く支払いたいと考える（あるいは支払うことができる）訳ではないので，サービス組織はさまざまなレベルのサービスをしばしば用意することになる。たとえば，航空会社やホテルは，サービスについていくつかのグレードを設けている。これは，追加的ベネフィットについてより多く支払う顧客とそうでない顧客とがいるためである。いくつかのサービス組織では，最もロイヤルな顧客のために，フリークエント・ユーザー・クラブをつくり，時間節約のメリット（たとえば，専用予約回線やサービスの優先利用など）を提供している。

　顧客は価値をどう捉えているか。これまでのさまざまな研究からは，価値の捉え方は，顧客によって各人ばらばらであることが分かっている。ある研究では，顧客の価値についての表現は大まかに次の4つに分類することができるという。[2]①「価格が低いことが価値である」，②「当該プロダクトに求めること，そのすべてが価値である」，③「支払う価格に見合ったクオリティがあることが価値である」，④「費やしたものに見合ったものを得ることが価値である」。本書では，価値の定義をこの4番目のカテゴリーを基に理

解している。ここで純価値*の用語を用いることにしよう。これは、知覚されたベネフィットすべての合計（総価値）から知覚されたサービスの全コストの合計を引いたものである。この値がプラスに大きくなればなるほど純価値は大きくなるということになる。これを経済学者は消費者余剰という言葉で表現している。消費者余剰*とは、顧客が実際に支払った価格と顧客が望むベネフィット（または効用）を獲得するために支払いたいと考える価格との差のことである。

もしもあるサービスについて、顧客の知覚コストが知覚ベネフィットを上回っていれば、当該サービスは、マイナスの純価値を持っていることになる。顧客はこうしたサービスを購入することはないだろう。顧客は心の中で、プロダクトのベネフィットと、そのベネフィットを得るためにかかるコストとを、天秤にかけているのである。顧客が競合する複数のサービスを評価するときには、基本的にはそれぞれの純価値を比較しているのである。

(5) 非金銭的コストの削減によって純価値を高める

マーケターは、コア・プロダクトにベネフィットを追加したり、補足的サービス要素を充実させることで、サービスの純価値を増加させることができるが、プロダクトの購入や利用に関わるさまざまな金銭的コストを削減することでも純価値の増加は可能である。同じく、顧客の望まない非金銭的コストを小さくすることでも、純価値の増加を図ることができる。これには、次のような方法があるだろう。

■ サービスの購入、デリバリー、消費に関わるサービスの時間的コストを削減する。
■ 各段階におけるサービスの心理的コストを小さくする。
■ サービスの身体的コストを除去する。このコストは、特に探索のプロセスやデリバリー・プロセスにおいて生じやすい。

＊純価値 (net value)：知覚された全ベネフィット（総価値）から知覚された全コストを引いたもの。
＊消費者余剰 (consumer surplus)：プロダクトの金銭価値についての顧客の知覚と実際に支払われる価格との差。

■サービスの感覚的コストを減少させる。方法としては，視覚的により魅力的な環境を創り出す，雑音を減らす，居心地の良い調度品や設備を設置する，刺激的な臭いを和らげる，料理，飲み物，飲み薬などの味を良くする，といったものがある。

　非金銭的コストを小さくすることによって，サービス組織は――もちろん，提供するサービスについて顧客がきちんと価値を知覚している限りにおいて――金銭的な価格を引き上げることも可能である。

　純価値の知覚は，顧客によって大きく異なっているし，また同じ顧客でも状況によって変わってくる。たとえば，当該サービスの利用前と利用後では，顧客の純価値についての感じ方は大きく異なるかもしれない。あるサービスを利用して，思ったよりもコストがかかり期待したよりも少ないベネフィットしか得られなかった場合，顧客は不満を口にするだろう。極端な場合，顧客はサービス組織がサービスの内容，ベネフィット，コスト，アウトカムについて十分に説明しなかったとして，賠償を求めたり，欺瞞的であるとして司法に訴え出たりするかもしれない。優れたマネジャーは，サービスの探索，購入，利用，サービス購買後の活動について，顧客の負担する全コストを開示しようと努めている。特に，広告内容や販売時の説明について注意深く吟味し，顧客をミスリードしないようにしている。

2　価格設定戦略の基礎

　ここで，サービス組織は提供サービスの金銭的な価格をどのようにして決定するべきかを検討しよう。価格設定戦略の基本は，三脚モデル（トライポッド）で説明ができる。3本の脚はそれぞれ，サービス組織にとってのコスト，競争，顧客にとっての価値となる。

(1)　価格設定のための三脚モデル

　サービス組織には，サービス提供において最低限カバーせねばならないコストがあり，これが提供サービスの価格の下限（最低価格）を決定づけることになる。一方，顧客による提供サービスの知覚価値が当該サービスの価格

の上限（最高価格）を決定づけている。価格設定の三脚は，この下限と上限の間に位置づけられる。類似サービスないし代替サービスを提供する競合者の価格設定にも同じく下限と上限とがある。三脚モデルのそれぞれの脚について以下に見ていこう。

コストに基づく価格設定[*]　コストに基づく価格設定においては，価格はサービス組織のコストを基に決定される。サービス組織は，サービスの生産やマーケティングにかかるすべてのコストを回収できる金額を求め，さらに満足行く利益が得られる十分なマージンを加える。変動費が低いときには，マネジャーは，非現実的な低価格設定の誘惑にかられるが，これは，固定費や準変動費をまかなうことに失敗してしまう価格設定である。しかしながら，例外的なものとして，ロス・リーダー[*]による価格設定がある。これは，コスト以下の価格設定を行うことで顧客を惹き付け，他の利益幅のあるサービスをも購入してもらうことを意図したものである。

競争に基づく価格設定[*]　競合サービスとの差別化がほとんどなされていないサービスを提供している場合は，サービス組織は競合者が設定している価格を常に注視し，これに応じた価格設定を自身の提供サービスにしようとするだろう。この場合，競争に基づく価格設定が行われていることになる。もしも，顧客が市場に提供されている各サービスにほとんど違いがない（あるいは同一である）と考えた場合，顧客は単に最も安価なサービスを選ぶであろう。この状況では，提供サービスの単位当りコストが最も低いサービス組織に販売上の競争優位がある。

いくつかの産業では，一つのサービス組織が価格リーダーとなっていて，他のサービス組織はこれに従っていることもある。地域レベルでの現象としては，次のような例を目にすることもあるだろう。ある大きな交差点の周り

---

*コストに基づく価格設定（cost-based pricing）：サービスを生産，デリバリー，マーケティングする総コストを基にして行う価格設定。

*ロス・リーダー（loss leaders）：顧客を惹き付けるためにコスト以下の価格で提供されるサービスを指す。惹き付けられた顧客が，通常の価格で提供される他のサービスをも購入してくれることが期待されている。

*競争に基づく価格設定（competition-based pricing）：競合者によって設定されている価格を基にして行う価格設定。

に複数のガソリン・スタンドがあって，1軒が価格を引き上げる（あるいは引き下げる）とすぐに他のスタンドも一斉に追随するという現象である。

価格は，統合的サービス・マネジメントの8Ps要素の中で，最も容易に素早く変えることができる要素である。一つのサービス組織が低価格によるサービス提供を仕掛けても，一夜にして他の競合者たちによって追随されてしまうことも度々である。

価値に基づく価格設定＊　顧客は，あるサービスについて自分たちが考える価値以上には，代金を支払おうとはしない。したがって，マーケターは顧客が提供サービスをどのように知覚しているかについて調べなければならない。ただし，価値は状況によって変化する。たとえば，修理サービスについて，緊急時には人はより多く支払うだろう。

顧客が事前にサービスの能力を評価することが難しい場合，価格が当該サービスのクオリティと価値を示すことになる。有形の手がかりがない場合，顧客は価格の高さを重要なサービス特性についてのパフォーマンス水準の高さと結び付けて考えることがある。たとえば，1時間当りの報酬25ドルの弁護士と同じく200ドルの弁護士とがいたとしよう。どちらがより優れた弁護士だろうか。もしも，他に何も情報がないなら，報酬が高い方が有能でこれまでに優れた実績を上げてきていると考えるしかないだろう。価値に基づく価格設定については本章の後半でも詳しく検討しよう。

(2) 金銭的な価格設定の目標策定

価格設定戦略におけるいかなる意思決定もサービス組織の価格設定目標を明確に理解した上でなされなければならない。価格設定目標には，収益志向型目標，供給能力志向型目標，需要志向型目標という3つの基本的なカテゴリーがある。

収益志向型目標　営利組織は，利益の最大化を実現しようとする。これに対し，公共・非営利のサービス組織のマネジャーは，損益分岐点に到達すること，あるいは営業赤字を許容範囲内に留めることに関心を持つ傾向がある。

＊価値に基づく価格設定（value-based pricing）：顧客は，自身が受け取ると考える価値に対して支払いをする。このことを基準にして行う価格設定。

しかし，公共・非営利組織の場合も，価格設定の戦略が収益を左右することを無視する訳には行かないだろう。この他，あるサービスについては利益確保の役割を負わせる価格設定を行い，これによって他のサービスを内部補助することもあるだろう。しかし，この種の内部補助は慎重に行われるべきである。けっして漫然とした慣行のままに続けられてはならない。

供給能力志向型目標 供給能力(キャパシティ)に限度がある組織は，常に能力を有効に活用できるように需要と供給を調整しようとする。

ホテルが空室のないように繁忙期には価格を引き上げ，閑散期には価格を引き下げるというのは良い例である。しかし，価格を通じて需要と供給を調整することには問題も生じる。たとえば，繁忙期に価格を引き上げることについては，サービス組織は，「利益を貪っている」との非難を受けることがある。他方，閑散期に価格を引き下げることを躊躇するサービス組織もある。顧客の「サービスのクオリティも引き下げられているのでは」との疑念を怖れているのである。

需要志向型目標 新しいサービスを導入するときは，顧客を惹き付けるのに特に苦労する。「お試し割引価格」が，試用を促すために用いられることがある——しばしば，顧客コンテストや試供品提供といった他のプロモーション活動も併せて行われる。特定のタイプの顧客を最大限に惹き付けたいと考えるサービス組織は，各市場セグメント間に支払い能力の差があること，顧客間で多様なサービス・レベルが選好されること，を理解した上で，価格設定戦略を採用していく必要がある。

(3) 価格弾力性

弾力性は，価格の変化に対する需要の反応度を記述する概念である。価格の上昇（下降）に対し同じ割合で販売量が下降（上昇）するとき，価格弾力性※は1である。価格の小さな変化が大きな販売量・需要の変化を引き起こすとき，「価格に対して弾力的である」といい，価格の変化がほとんど販売

＊価格弾力性（price elasticity）：価格の変化が需要を反対方向に変化させる程度を指す（価格の変化が需要をほとんどあるいは全く変化させないときは，需要は価格に対して非弾力的である）。

量・需要の変化を引き起こさないときは、「価格に対して非弾力的である」という。これを簡単に図示したものが、図表11-2である。ここでは、弾力的な需要曲線と非弾力的な需要曲線が描かれている。第14章では、ホテルの宿泊を例に、さまざまな市場セグメント毎に弾力性の異なる需要曲線が描けることを議論しよう。

　ほとんどの劇場やコンサート・ホールでは、チケット料金を単一の固定料金にすることは余りない。チケット価格は、①座席の位置、②公演時間・時間帯、③公演に要する費用、④公演の人気度、によって変動する。座席の位置によって（たとえば会場の階数によって）価格を変える場合、大切なのは、各カテゴリーの価格における需要と座席数とが対応しているかを明確にすることである。この判断を誤ると、あるカテゴリーの席は余っているのに別のカテゴリーの席は早々と売切れてしまうという事態を招くことになる。また、公演がいつ行われるかも重要である。昼間の公演（マチネー）と夜の公演、平日の公演と週末の公演、他には季節もある。各時間帯や季節に合わせた価格設定を行うことが求められる。

　多くのサービス企業は収益志向のマネジメントを重要視するようになって

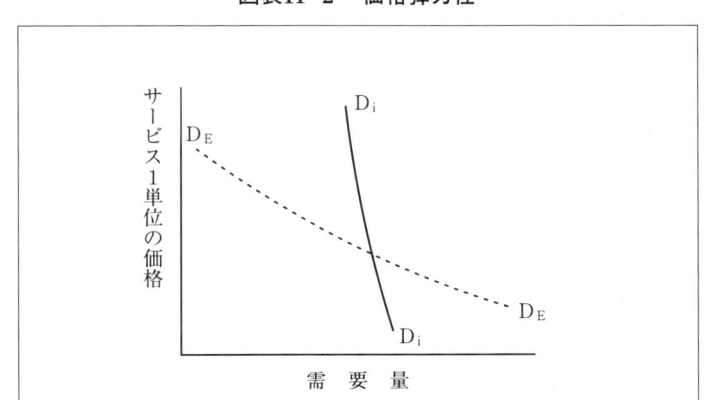

図表11-2　価格弾力性

（縦軸：サービス1単位の価格　横軸：需要量）

D_E：サービスに対する需要が価格に対して弾力的である。価格の小さな変化が需要レベルを大きく変化させる。
D_i：サービスに対する需要が価格に対して非弾力的である。価格が大きく変化しても需要量はそれほど変化しない。

きている。これは、各時点で供給能力から引き出せる収益を最大化するためのマネジメントである。航空会社やホテルでは、提供プロダクトは基本的にはいつも同じであるが、時間帯や季節に合わせて価格を変えることで、価格への感応度の異なる多様な市場セグメントを惹き付けている。ただし、このような価格設定は複雑になりすぎるというリスクがある。

3 サービスの価格設定のための価値戦略

効果的なサービスの価格設定においては、価格とは顧客が受け取る価値に対して支払うもの、という考え方が重要になってくる。サービス価格設定の戦略があまりうまく行かないのは価格と価値の関連性を理解していないためである。レナード・ベリーとマンジット・ヤーダヴ（Manjit Yadav）は、サービスの価値を確保し伝達する3つの戦略を提案している——これらは、互いに区分されるが同時に関連もし合っている。不確実性削減、リレーションシップ強化、低コスト・リーダーシップである。

(1) 不確実性削減の価格設定戦略

不確実性削減の価格設定戦略には、以下の3つの方法がある。

サービス・ギャランティー制度 サービス・ギャランティー制度は、顧客が満足しない場合は顧客に返金などを受ける権利を与えるものである（第7章では、プロマスの100％満足保証制度について説明している）。十分にデザインされ実施されれば、サービス・ギャランティー制度は、サービスの購入に際して生じ得るリスクの多くを除去することができる——これは特に、経験属性の高いサービスにおいて有効である。

ベネフィットに基づく価格設定* ベネフィットに基づく価格設定は、サービスが顧客にもたらすベネフィットに着目して価格設定を行うものである。この方法では、顧客は当該サービスのどの側面について価値を置いているか（また、置いていないか）が調査されねばならない。たとえば、オンライン

---

*ベネフィットに基づく価格設定（benefit-driven pricing）：顧客が当該サービスの利用の際に求めているベネフィットを基にして行う価格設定。

情報サービスでは，しばしば接続時間によって料金が科せられる。しかし，顧客にとっては，得られる情報にこそ価値がある。この意味で，どこにどんな情報があるか分かりにくいデザインのウェブ・サイトは，顧客に時間の浪費と高い接続料金を強いていることになるだろう。

均一価格設定* これは，サービス・デリバリーに先立ち，均一の固定価格を提示する方法である。顧客当たりのサービス・デリバリーが予想以上に時間を要したり，コストが余分にかかるかもしれないリスクが存在する。サービス組織がこのリスクを負う訳である。均一価格設定は，顧客がサービス価格の予測をしにくい場合やサービス組織側がコストやスピードをコントロールするのが難しいサービス・ビジネスに適した戦略であると言える。

(2) リレーションシップ価格設定

顧客との長期的なリレーションシップを構築し維持することが主要目的である場合，価格設定戦略は非常に重要な役割を担うことになる。企業がロイヤルティの高い顧客を惹き付けたいと考える場合，低価格設定戦略をとることは最善の方法とは言えない。低価格に惹き付けられる顧客は競合者がさらなる低価格を実現すると簡単にそちらに移ってしまうことが研究から分かっている。[7] 創造的な価格設定戦略とは，単に低価格にすることではない。価格面と非価格面の双方で顧客にインセンティブを与え，顧客のロイヤルティを維持するものでなければならない。

リレーションシップ価格設定の例としては，テレコム会社のいくつかで導入されている「家族・友人割引プログラム」が挙げられる。これは，同じテレコム会社と契約していれば，家族・友人間で互いに電話をかける際に割引料金になるというものである。このプログラムでは，しばしば世話好きの顧客が取りまとめや勧誘の役割を果たしてくれることがある。これは，ロイヤルティ維持の一種のインセンティブとなる。プログラムのメンバー間に当該テレコム会社との契約を取り止め他の会社と契約することに対する抑止的な感覚が生まれるからである。

---

*均一価格設定（flat-rate pricing）：サービス・デリバリーに先立ち，すべて込みの均一固定価格を設定すること。

数量割引を提供する戦略はサービス組織と顧客双方に利益をもたらす。顧客は低価格を享受でき，サービス組織は規模の経済からもたらされる低コスト化が可能になるからである。また，複数の種類のサービスを同時に購入してくれた顧客には割引を提供するというリレーションシップ価格設定戦略もある。一つのサービス組織からさまざまなサービスを受けることにより，顧客とサービス組織間のリレーションシップがより緊密になってくる。お互いに相手をより良く知るようになり，顧客にとっては他のサービス組織に移ることが不便を意味するようになってくる。

(3) 低コスト・リーダーシップ

低価格のサービスは顧客の金銭面の負担を減らすことができる。法人顧客にせよ個人顧客にせよ，特に予算が限られている場合には魅力的である。また低価格は大量購入を誘引する場合もある。低価格設定の課題の一つは，低価格でもサービスのクオリティがきちんと保持されていることを顧客に納得してもらうことであり，もう一つの課題はサービス組織が利益を確保できるようにサービスの提供コストを十分に低く抑えることである。いくつかのサービス組織は，低コスト・リーダーであることを中核に全体の戦略を構築している。こうした例としては，サウスウエスト航空が挙げられる。

4 サービス価格設定戦略の実際

価格設定における中心的な意思決定は，いくら請求すれば良いかであると考えられがちであるが，実際には他にも数多くの意思決定課題が存在する。図表11-3は，サービス・マーケターが価格設定戦略を開発し，実践する際に自らに問いかけるべき項目を要約したものである。以下，順に見ていこう。

(1) サービスの価格をいくらにすべきか

現実的な価格設定がサービス組織の財務上，極めて重要である。検討に際し，価格設定の三脚（トライポット）モデルが再び有用な出発点となる。3本の脚――コスト，競争，顧客にとっての価値――を順に見ていこう。タスクは，まずサー

図表11-3　価格設定に関する諸課題

1. **サービスの価格をいくらにすべきか**
   a. サービス組織が回収しなければならないコストはどれくらいか。サービス組織はサービス販売によって，何らかの利益額ないしROIを達成しようとしているのか。
   b. 顧客は価格にどれくらい敏感か。
   c. 競合者はどんな価格を提示しているか。
   d. 基本価格からどれくらい値引きをすべきか。
   e. 心理的価格設定（たとえば，端数価格設定）は慣習的に利用されているか。

2. **価格設定の単位は何であるべきか**
   a. 特定タスクの実施に対する価格設定
   b. サービス施設への入場料としての価格設定
   c. 利用時間（年単位，月単位，週単位，時間単位）に応じた価格設定
   d. 取引価値の一定%の手数料としての価格設定
   e. 消費された物理的資源の量に応じた価格設定
   f. 地理的な距離に応じた価格設定
   g. サービス対象物の大きさや重さによる価格設定
   h. 各サービス要素は個別に請求されるべきか。
   i. あるいは，すべてのサービス要素をパッケージにしたセット価格を請求すべきか。

3. **誰が支払いを回収するのか**
   a. サービスを提供する組織
   b. 専門中間業者（たとえば，旅行代理店，チケット販売代理業者，銀行，小売業者，等）
   c. 中間業者への支払いはどうするか。固定報酬か手数料制か。

4. **どこで支払いがなされるべきか**
   a. サービスがデリバリーされる場所
   b. 小売店ないし専門中間業者（たとえば，銀行）
   c. 購買者の自宅

5. **いつ支払いがなされるべきか**
   a. サービス・デリバリーの前後
   b. 1日のうちどの時間か。
   c. 1週間のうちどの曜日か。

6. **どのように支払いがなされるべきか**
   a. 現金（釣り銭がある，あるいは釣り銭はない）
   b. トークン（トークンはどこで購入できるか）
   c. プリペイド・カード
   d. 小切手
   e. 電子決済
   f. クレジット・カード，デビット・カード
   g. サービス組織によるクレジット
   h. 利用券
   i. 第三者機関による支払い（保険会社や政府機関など）

7. **価格はどのようにターゲット市場に伝えられるべきか**
   a. どのコミュニケーション・メディアを利用すれば良いか（広告，標識，電子ディスプレイ，販売担当者，顧客サービス担当者）。
   b. どのようなメッセージを送れば良いか（メッセージにおいて，どの程度の価格訴求を行うか）。

ビスの提供コストがどのくらいかかるのかを決定することから始まる。次に，サービス組織は変動費だけをカバーしようとするのか，あるいは固定費の一部をもカバーしようとするのか——さらに相応の利益を得ようとするのか——を決めねばならない。コストをカバーする——さらに利益を確保する——ことが決定されれば，これが価格の下限となる。

次のタスクは，価格に対する顧客の敏感度を予測することである。併せて，当該サービスが顧客に与える価値，顧客の支払能力も事前評価される。ここから，特定の市場セグメントにおける価格の上限が決まってくる。特に重要なのは，各価格水準においてそれぞれどの程度の売上が見込めるかを正確に予測することである。

競合者の価格は，3番目のタスクを形成する。似たり寄ったりのサービスが数多くの競合者から提供されており，いつでもどこででも入手可能であればあるほど，マーケティング・マネジャーはこれら競合者たちの価格を下回るかあるいは少なくとも同等の価格を設定する必要性に迫られる。状況は，競合者のいくつかが，低コスト・オペレーションに基づく低価格設定戦略をとってくるときに特に難しいものとなるだろう。

価格の上限と下限の距離が大きければ大きいほど，さまざまな工夫の余地が生まれる。一方，価格の上限（顧客が支払おうとする最大額）が下限（サービス組織がコストに照らして耐え得る最低価格）を下回る場合は，3つの選択肢があるだろう。第1は，当該サービスには競争力は皆無であるので，サービス提供をもはや続けるべきではないというものである。第2は，当該サービスについて競合者のサービスと差別化し，価値を付加することである。これにより，より高い価格設定が可能になる。第3の選択肢は，公共・非営利のサービス組織の場合に適用されるもので，政府による補助や個人からの寄付など第三者の資金提供により，コストのいくらかをカバーすることで，低価格でのサービス提供を可能にすることを探るものである。この方法は，健康・保健，教育，芸術，公共交通といったサービスを提供する組織で幅広く用いられている。

最後に，具体的な価格を決める必要がある。ここで，価格を区切りの良い数字にするか，それとも端数にして印象を強めるか，という課題が生じる。

競合者が3.95ドルや9.95ドルの価格設定をしているのに、4ドルや10ドルの価格設定をするのは、割高であるとの知覚をされやすいだろう。しかし、区切りの良い価格には簡潔さのメリットがある。顧客もサービス従業員も簡潔さから得られるベネフィットを評価するだろう。たとえば、計算が容易であるなどのベネフィットである。税込みの価格であればなおさらである。

(2) 価格設定の単位は何であるべきか

価格設定の単位を決定することは、サービス消費の単位を決めることでもある。これには、特定のサービス・タスクの実施を単位とする（例：クリーニングやヘアカット）、サービス・ファクトリーへの入場を単位とする（例：講演会、映画館、コンサート、スポーツ観戦）、サービスの利用時間を単位とする（例：弁護士、ホテルの宿泊、レンタカー、有料テレビの視聴、大学の授業料）、取引価値を単位とする（例：保障内容に応じた保険料、不動産売買における一定％の手数料）、といったものがある。

サービスの価格設定には、消費された物理的資源の量に応じた価格設定もある。こうしたものには、飲食、電気、ガスなどが挙げられる。たとえば、レストランでは、テーブルや椅子の占有に対して価格設定は行わないのが通常である。顧客が注文する飲食物に対して価格が設定される。旅客輸送は基本的には距離に基づき価格設定される。貨物輸送の場合は、輸送対象物の重さないし嵩（かさ）と輸送距離による。しかしながら、固定料金の簡便さが求められる場合もある。たとえば、国内郵便は一定の重量以内ならば同一料金であるし、郵便小包も一定の重量以内、一定の地域内なら同一料金である。

セット価格か個別価格か　本書を通して、多くのサービスがコア・プロダクトと補足的サービス要素とから構成されていることが強調されている。コア・プロダクトと補足的サービス要素は、別々に価格設定されるべきか。それともサービスのパッケージとして単一の価格設定がなされるべきであろうか。顧客が個々の細かい支払いをすることを望まないならば、セット価格設定*が適切になる——また、この方が管理もしやすい。しかし、顧客が必要のない補足的サービス要素について支払いを好まないなら、個別に価格設定することが適切になる。

セット価格設定はサービス組織にとって個々の顧客から得られる収益をあらかじめ確定することができる。顧客にとってもあらかじめ支払うべき価格が明確になる。一方，個別価格設定*は，顧客に選択の柔軟さを与えるものである。必要なだけ利用し支払うことになる。しかし，個別価格設定には問題点も存在する。たとえば，顧客は最終価格がどの位になるのかを不安に思うことがある。広告では基本価格だけが示されていて，顧客はこれに惹き付けられるが，実際には必要な「追加料金(エクストラ)」を積み重ねていくと，当初の価格よりもかなり高くなってしまうという場合もある。

値引き 値引き*の戦略は，慎重に行われるべきである。値引きは，平均価格を引き下げ，個々の販売から得られる利益も低下させるからである。これまで通常の価格で喜んで購入していた顧客も，値引き価格でないと満足できなくなってしまうというリスクもある。しかしながら，特定の市場セグメントに向けて選択的に値引きを行うことで，新規顧客を惹き付けたり，サービス組織の供給能力をフルに稼動させることが可能になる場合もある。数量割引は，法人顧客のロイヤルティを強化することも多い。既存顧客に対し再度の購入を値引きすることで，ロイヤルティ構築を図る方法もある。

マネジャーにとっての課題は，さまざまなセグメント毎の価格弾力性を理解することである。重要なのは，低価格に敏感な顧客を惹き付けようとして，値引きを行った結果，本来は高価格でも支払うことのできるセグメントの顧客をも誘引してしまうことのないようにすることである。たとえば，航空会社は，割引チケットには利用の曜日の制限などを設けて，ビジネス客——料金は雇用主が支払う——が利用しにくいようにしていることがある。

(3) 誰が支払いを回収するのか

第9章でも見たように「フラワー・オブ・サービス」の各要素には，情報，

＊セット価格設定（bundled pricing）：コア・プロダクトと補足的サービス要素とを一つのパッケージとして単一の価格を設定すること。
＊個別価格設定（unbundled pricing）：コア・プロダクトについて基本価格を設定し，補足的サービス要素については顧客が選べるようにしてそれぞれに追加料金を設定すること。
＊値引き（discounting）：本来の水準以下に価格を引き下げること。

受注，請求，支払いが含まれる。顧客は，価格の情報を得るのが容易で，簡単に注文が出せ，請求内容が明快で，簡便な支払い手続きを提供するサービス組織を高く評価する。これらのタスクはサービスの中間業者によりしばしば提供されている。たとえば，旅行代理店はホテルや旅客機・列車の手配を行い，チケット業者は劇場やコンサート，スポーツ・イベントのチケット手配を行う。小売業者もしばしば物財の修理やメンテナンスについて中間業者の役割を果たす。サービス組織はこれら中間業者に手数料を支払う必要があるが，顧客は通常，中間業者の存在によって支払いの時，場所，方法の便利さを大いに享受できる。サービス組織は，顧客に自らこうした支払いの便利さを提供することもできるが，中間業者に任せた方がたとえ手数料を要するにしても，依然，管理コスト上のメリットがあることが多いだろう。

(4) どこで支払いがなされるべきか

サービス・デリバリー施設はいつでも便利な場所に立地している訳ではない。たとえば，空港，劇場，スポーツ施設は顧客の居住地や勤務場所から離れていることも多い。顧客がサービスの利用に先立ち購入するとき，支払いのための中間業者が便利な場所に立地していたり，郵便などで簡便に支払いができることには大きなメリットがある。ますます多くのサービス組織が電話による予約やクレジット・カードによる支払いを導入している。インターネットにおけるクレジット・カードの支払いは初期にはセキュリティ上の問題があった。しかし，堅牢な暗号化がなされるようになり，現在ではウェブ・サイトは物財やサービスの一般的な購入メディアとなっている。

(5) いつ支払いがなされるべきか

サービス・デリバリーに先立ち支払いがなされるべきか（たとえば，入場料，航空券，切手の購入），あるいはデリバリー完了後に支払いがなされるべきか（たとえば，レストランの支払い，物品修理の支払い）という2つの基本的な選択肢が存在する。

先払いを顧客に要求することは，当然，サービスを受け取る前に支払うことを意味する。しかしながら，先払いにはサービス組織のみならず顧客にと

ってもメリットがある。たとえば、常軌的(ルーティン)に利用されるサービスについては利用の度にいちいち支払いをするのは不便である。この場合、顧客は手間と時間の節約のために前もって一定単位の支払いを行っておく方を選好する（たとえば、交通機関の定期券）。交響楽団のようなサービス組織では、資金面でのプレッシャーがあるために前もって売上を確保する必要がある。そのために数回のコンサートをセットにした割安の予約チケットを販売することも多い。先払いの他の例としては、保険の考えを導入した健康・保健サービス組織の例がある。この種のサービス組織では、メンバーは年単位ないし四半期、月単位で前もって会費を支払うことで、各種医療サービスを低料金で受けることが可能になる。

(6) どのように支払いがなされるべきか

図表11-3に示されるように、サービスの支払いには多様な方法がある。現金は支払いの最も簡便な方法であるが、保安上の問題が生じる。釣り銭機能のないようなセルフ・サービス機械は、顧客にとって不便なものである。トークンは、支払いの面倒さを簡便にする上でしばしば用いられる。ごく少額の場合を除いては小切手による支払いは広く用いられており、顧客にとっても簡便である。しかし、不良小切手を出さないような手立てが必要である。

クレジット・カードは、さまざまなタイプの購入に用いられており、世界中で使用可能である。デビット・カードは、当初はヨーロッパとオーストラリアで普及したもので、見た目はクレジット・カードに似ているが、購入額がカード保有者の口座から即座に引き落とされる点で、「プラスチック・カード型小切手」的な機能を持っている。クレジット・カードやデビット・カードはますます一般的になっている。これらを受け入れないサービス組織は競争上不利な立場に立たされるだろう。多くのサービス組織で顧客に信用供与を行っている（この場合、サービス組織と顧客間でメンバーシップ・リレーションシップが生まれる）。

他の支払い方法には、利用券(バウチャー)によるものが挙げられる。これは現金を補完したり代替したりする。利用券は、ソーシャル・サービス機関によって高齢者や低所得者に提供されることも多い。

現在，幅広く用いられるようになっている支払い方法に，磁気カードやICカードがある。テレフォン・カードは，この一例である。この種の支払い方法を受け入れるためには，サービス組織はカード読み取り機器を導入する必要がある。より洗練された方式には，電子財布として使用される「スマート・カード」がある。顧客は自身の銀行口座からこのカードに預金を移すことができる。スマート・カードは小売店での支払いに使ったり，他の人のスマート・カードに金額を移すこともできる。

多種多様な物財やサービスの購入メディアとして，インターネットに対する関心がますます高まっている。多くのサービス組織が安全な支払いシステムの導入を図っている。方法の一つには，プリペイド式の電子マネーが挙げられるだろう。いずれにしても，サービス・マーケターにとっての課題は，簡便で素早く支払いができるようにすることにあり，これが，顧客のサービス・クオリティの評価を左右することになるだろう。

(7) 価格はどのようにターゲット市場に伝えられるべきか

最後のタスクは，サービス組織の採用した価格設定が，ターゲット市場に最もうまく伝えられるようにすることである。顧客は，購入に先立ち価格について十分に知る必要がある。同じく，支払いをいつ，どこで，どのようにするのかも十分に理解せねばならない。これらの情報は，明確に必要十分な形で提示される必要がある。これによって，顧客は戸惑ったり，サービス組織に疑惑の念を抱いたりせずにすむ。

マネジャーは，提供サービスの広告に価格の情報を載せるか否かを決定せねばならない。競合サービスとの価格比較をも載せることが適切である場合もあるだろう。サービス従業員や中間業者は，価格や支払方法，クレジットの有無など顧客からの問い合わせに即座に正確に答えられねばならない。サービス施設に価格や支払方法などについて適切な表示をすることで，顧客が基本的な疑問を自身で容易に解消できるようにすることも重要である。

5　結　論

　サービスの購入価格は，顧客が負担するさまざまなコストの一つに過ぎない。コストには，他に時間的コスト，身体や精神に関わるコスト，感覚面のコストがある。顧客にとってのサービスの純価値とは，すべてのベネフィットの合計からすべての関係コストの合計をマイナスしたものである。それ故，顧客が負うさまざまなコストを削減することによって，サービスの価値を引き上げることができる（顧客はこうした削減に対してより多く支払うだろう）。サービスにおける価格設定戦略はサービス組織に課せられるコスト——固定費と変動費の双方——について良く理解することから始まる。同じく，競争に基づく価格設定や顧客の知覚するサービス価値に基づく価格設定についても理解する必要がある。

　しかし，価格設定戦略は価格の設定だけに留まるものではない。セキュリティの確保や支払いの簡便さ，クレジット供与といったことがらが，顧客のサービス組織に対する満足度を高める役割を果たす。技術の進歩は，キャッシュレス社会へと導く可能性を秘めているが，現在のところ，依然として実現には遠いようである。

第12章
顧客エデュケーションと
サービスのプロモーション

プロダクト要素	プロセス
場所と時間	生産性とクオリティ
プロモーションとエデュケーション	人的要素
サービスの価格とその他のコスト	フィジカル・エビデンス

本章の目標
- マーケティング・コミュニケーションの役割とは何か。マーケティング・コミュニケーションは他の 8Ps 要素とどのように結び付いているかを理解する。
- サービスのマーケティング・コミュニケーションと物財のマーケティング・コミュニケーションの違いを理解する。
- マーケティング・コミュニケーション・ミックスの各要素を理解する。
- サービス・マーケティングにおけるエデュケーション側面がコミュニケーション戦略に与える影響を理解する。
- マーケティング・コミュニケーション目標を設定し,目標達成に必要なマーケティング・コミュニケーション要素を理解する。
- インターネットのコミュニケーション・チャネルとしての価値を理解する。

1 サービスにおけるマーケティング・コミュニケーションの役割

　マーケティング・マネジメント一般を広告,販売,セールス・プロモーション (SP),パブリック・リレーションズ (PR) と混同している人は多いが,これはさして驚くことではない。とりわけ広告は,現代の暮らしの中で

は幅広く行われており——これについては，過剰との見解もある——現代社会を特徴づける最も普及した要素の一つとなっている。ところが，広告を始めとするマーケティング・コミュニケーション活動は，その重要性にもかかわらず，マーケターがプロダクト要素，サービス・デリバリー・システム，価格設定についての意思決定をした後で初めて取り組むことがらとされている。マーケティング・コミュニケーションは，新サービスのプロモーションを行ったり，既存サービスの一層の利用を働きかけるだけの存在ではない。新サービスを単に紹介したところで，直ちにサービスが売れる訳ではない。当該サービスが何を提供するものであるのかを説明し，見込み顧客を教育（エデュケート）するようなコミュニケーション努力がされなければならないのである。

マーケティング・コミュニケーションが果たすべきタスクには，以下が挙げられる。

■見込み顧客への情報提供とエデュケーション。マーケティング・コミュニケーションは，見込み顧客に対し，サービス組織そのものとサービス組織が提供する物財とサービスの特徴について，情報提供し，エデュケートする。

■ターゲット顧客の説得。マーケティング・コミュニケーションは，提供サービスが競合サービス群よりも，顧客のニーズをより良く満たすことを説得する。

■顧客の想起と動機づけ。マーケティング・コミュニケーションは，顧客に提供サービスについて想起させ，購買へと動機づける。

■既存顧客とのリレーションシップの維持と情報提供。マーケティング・コミュニケーションは，既存顧客との関係を継続し，顧客が提供サービスを有効に利用できるように最新情報や詳細情報を提供する。

本章では，マーケティング・コミュニケーション・ミックスのそれぞれの要素について説明する。それぞれの要素は異なる能力を持つので，個々のコミュニケーション要素が統合的サービス戦略をサポートする上でそれぞれの役割を果たすようトータル・コミュニケーション・プログラムを策定することが強調される。また，サービスの持つ特性が，コミュニケーション・ツールおよびコミュニケーション戦略の選択の方法にどんな影響を与えるかにつ

第12章　顧客エデュケーションとサービスのプロモーション　275

いても明らかにしよう。章の最後の部分で，マーケティングで利用されるようになった近年の技術発展——インターネットとウェブ・サイト——についても扱うことにする。

(1) サービスと物財：コミュニケーション戦略の違い

　サービスと物財の相違の多くは，マーケティング・コミュニケーションに大きな影響を与えている。サービスのコミュニケーション戦略の開発には，物財のそれとは異なる指針が必要になる。最も重要と考えられる点は以下の5点である。

　無形のパフォーマンスとしてのサービス・プロダクト　無形であるために，広告は提供サービスの特性を容易には示し得ない。それ故に，広告では，サービスのプロセスやベネフィット，あるいはサービス従業員や顧客たちの姿，サービススケープそのものが描かれることになる。無形性が特に高いサービスについては，顧客が理解しやすいような有形の象徴（メタファー）を用いることになる。保険会社はしばしばこの方法を用いている。たとえば，トラベラーズは防護の象徴として傘のマークを，プルデンシャルは自社の堅牢さと手堅さのシンボルとして「ジブラルタルの岩山（ロック）」を用いている。この他に，動物やこれに類するモチーフもよく用いられる。カンタス航空はカンガルーを，アメリカ郵政公社は鷹を用いているし，ブリティッシュ・ロイズ銀行は黒馬，メリルリンチ証券は雄牛，ドレフェス・インベスティメント・ファンドはライオンをそれぞれ用いている。

　生産プロセスにおける顧客の関与　サービス組織においては，生産性の向上のために技術的なイノベーションを取り入れることが多い。しかし，多くの場合，顧客は新しい技術システムやセルフ・サービス方式の導入には抵抗を示す。それ故，革新的な企業は新しい技術を顧客が効果的に利用できるように，顧客をエデュケートしなければならない。顧客もまた従業員と同じように，サービスについての訓練を受けなければならない。広告とパブリシティは，顧客にサービスの特性やデリバリー・システムの変化——従来とは異なるスクリプトが必要となる——について知らせることができる。SPは顧客の行動の変化を促すようなインセンティブを提供する。値引きはセルフ・サ

ービス方式の利用を勧める手段の一つである。たとえば，セルフ・サービス方式の給油機は，フル・サービスの給油を受ける場合よりも割安なガソリン価格となっている。景品，見本提供，懸賞によるプロモーションもまた，顧客に新しい方式を採用することを促す手段として用いられる。十分に訓練されたサービス従業員も各顧客に対応して，新方式の採用を手助けすることができる。

供給と需要のマネジメント サービスは在庫することができない。マーケターはサービス組織の供給能力(キャパシティ)に合わせて需要を調整しようとする。この手段として広告やSPが用いられることがある。第14章で取り上げるが，需要マネジメント戦略には，ピーク時には需要を減少させ，オフピーク時には需要を刺激することが含まれる。需要マネジメントでは，価格設定がまず用いられるツールである。しかし，価格をツールとして直接に用いるのではなく，各種プロモーションを用いることによって需要を刺激するという選択肢もある。この場合，需要が十分な量になってくれば，こうしたプロモーションは削減されたり停止されたりする。

中間業者の役割の減少 小売業者といった中間業者は，多くの場合，プロダクトのプロモーションを行い，使用方法を顧客にエデュケートする重要な役割を演じている。しかし，物財に比べるとサービスは中間業者を介して販売されることは少ない。実際，銀行やレストラン，健康クラブ，プロフェッショナル・サービス組織など，直接，顧客にサービスを提供する場合は，中間業者によるプロモーションの必要はないだろう。一方，中間業者に依存するサービス組織もある。たとえば，旅行会社や保険会社は多数の代理業者や仲介業者を利用している。中間業者に依存するサービス組織は，中間業者の店舗内の物理的な陳列スペースを奪い合うだけでなく，中間業者から「最重要の取引先」とみなされるように他のサービス組織と競合し合わねばならない。こうした状況下では，サービス・マーケターは，中間業者の協力を得るために，中間業者向けの特別なコミュニケーション・キャンペーンを展開する必要があるだろう。

サービス従業員の重要性 顧客満足を高めロイヤルティを構築する上で，サービス従業員の果たす役割は非常に重要である。それ故，サービス・クオ

リティ向上のための従業員インセンティブ・プログラムを開発することが，サービス組織にとって重要である。効果的な販売に対するモティベーションや報奨が必要となることがある。報奨には，ボーナス支給，報奨金支給，表彰，資格授与などの方法がある。広告は，顧客のサービス購買を促すだけではない。従業員も第2のターゲット・オーディエンスである。広告は，質の高いサービスを提供するように従業員を動機づける。たとえば，印刷広告やテレビ広告では——役者ではなく実際の従業員を登場させるなどして——，望ましい役割行動を描写することが行われる。

(2) インターナル・コミュニケーション

マーケティング・コミュニケーションは，顧客とのコミュニケーションと同時に，サービス従業員とのコミュニケーションにも利用される。インターナル・コミュニケーション*は，特定のサービス価値に基づく組織文化を維持・醸成する場合に特に重要である（これについては第16章で扱う）。また，インターナル・コミュニケーションは，広い地域で——世界中に展開していることもある——オペレーションを行うサービス組織では不可欠である。本社や本部から遠く離れた地域や国々で多数のサービス従業員が働いているからである。シティバンクやFedEx，ホリデーイン，マクドナルドといった世界的に展開するサービス組織において，組織目標についての統一感を維持することの努力は，並たいていのものではないだろう。

インターナル・コミュニケーションの目標には，効率的で満足の得られるサービス・デリバリーの確保，生産的で協調的な従業員リレーションシップの確立，従業員の信頼感と相互尊重の心の醸成，従業員ロイヤルティの構築，が含まれる。マネジメント側と従業員との間に明瞭なコミュニケーションがあることが，これらの目標の達成に近づく一歩となる。一般に用いられるインターナル・コミュニケーションのメディアとしては，ニュースレターや従業員向け広報誌，社内専用ケーブル・テレビ，ビデオ，会議，（陳列コンテストや表彰プログラムなどの）定期的なキャンペーンなどがある。広告のタ

---

*インターナル・コミュニケーション（internal communications）：サービス組織において，マネジメント側が従業員に対して行うすべての形態のコミュニケーションを指す。

ーゲットに顧客と共に従業員が含まれている場合もしばしばある。

(3) コミュニケーションの倫理的問題

　コミュニケーションの諸ツールは非常に強力である。広告や販売，SPといったツールは，誤用（ないし濫用）されやすい。コミュニケーション・メッセージには，多くの場合，顧客が受けるベネフィットやサービス・クオリティについての約束ごとが含まれる。なされた約束が守られない場合，顧客は期待を裏切られたと感じ失望することになる。[2] 顧客がお金や時間や労力を費やしたにも関わらず，約束されたベネフィットを全く得られなかったり，逆に損害を被ったりした場合，顧客の失望と怒りは非常に大きなものとなる。この場合，サービス従業員もまた不満に苛立つことになる。

　不適切なインターナル・コミュニケーションが，非現実的なサービスの約束ごとを創り出してしまうこともある。第5章で見たように，7つのサービス・クオリティ・ギャップの1つにインターナル・コミュニケーション・ギャップがある。これは，提供サービスの能力や限界についての広告担当者の知識のなさによるものである。さらに悪いことに，顧客をミスリードするような意図的な試みがなされることもある。顧客がサービスの評価を行うことが難しいことも多い。この場合，顧客はマーケティング・コミュニケーションに情報や助言を期待することになる。不適切なマーケティング・コミュニケーションの結果，一度，サービス組織が信頼できないとの悪評を得てしまうと，それを覆すのは困難となる。

　現代の世界では，広告担当者が常に新しい手法を考え出そうとしているので，特定分野については広告を禁止すべきであるとの主張がなされている。たとえば，カジノや宝くじのプロモーションは，経済力以上にのめり込むことを誘引してしまい，結果的に本人にも家族にも不幸な結末をもたらすことが懸念されている。また，子どもに対する広告倫理についても熱心な議論がなされている。最近，論争になったものに，公立学校とファースト・フード・チェーンとの関係に関わるものがある——たとえば，マクドナルドは公立小学校に「ファースト・フード店の仕組みを学ぶ教育キット」（当然，マクドナルドの店が具体例となっている）を提供しているし，バーガー・キン

グの広告をスクール・バスにペイントしている高校もある。これらは，学校側の予算不足を補うものとして容認され導入されている。

(4) コミュニケーション目標の設定

　サービス組織がマーケティング目標を達成する上で，どんなコミュニケーション方法が有用であるのだろうか。図表12-1はサービス・マーケティングにおける一般的なエデュケーション目標・プロモーション目標を整理したものである。マーケターはまず目標と優先順位とを明確にしなければならず，そうすることで始めて，特定のコミュニケーション目標を設定し，最も適切なメッセージとコミュニケーション・ツールを選択することが可能となる。たとえば，レンタカー会社がビジネス利用客の再利用率を増やしたいとしよう。この場合，考えられる方策としては，利用頻度に応じた車両の自動アップグレードや優先配車，乗り捨てシステムなどのベネフィット付与があるだろう。これらが機能するためには，顧客にベネフィット内容と利用方法が知らされねばならない。

　次のステップは，選定された市場セグメントに対して，マーケティング・コミュニケーション・ミックスのどの要素が最も有効にメッセージを伝達で

図表12-1　サービス・マーケティングにおける一般的なエデュケーション目標・プロモーション目標

- ■サービス組織およびブランドについて，具体的で覚えやすいイメージを創り上げる。
- ■サービスを認知させ，興味を持たせることで，試用を刺激する。
- ■顧客にサービスの（顧客タイプ毎の）最も良い利用方法を教える。
- ■特定サービス・ブランドの強みとベネフィットを伝える。
- ■オフピーク時には需要を刺激し，ピーク時には需要を抑制する（混雑を回避できるサービス利用時間を告知することも含む）。
- ■競合者の行う主張や競合キャンペーンに反駁・対抗する。
- ■有益な情報とアドバイスを提供し，不確実性やリスク感を減らす。
- ■安心感を提供する（たとえば，サービス・ギャランティーの提示）。
- ■有益な意見・賛辞を寄せてくれる顧客や模範的な従業員に感謝し，功績を紹介し，正当に評価する。
- ■利用頻度を高めるように促し，それに酬いることでロイヤリティを高める。
- ■競合サービスに対して，サービスをリポジショニングする。

きるかについて検討することである。テレビ，新聞，雑誌，ポスターといったメディアを用いた広告は，広告キャンペーンの中で視覚的部分を担う。ラジオは聴覚に訴えるメディアとして用いられる。しかし，マーケターは，販売，PR，SP，展示会，コーポレート・デザインなど，他の多くのツールも駆使することができる。マーケターが利用可能な最も新しいメディアはインターネット——eメールやウェブ・サイト——である。

(5) プランニングのための重要課題

　マーケティング・コミュニケーション・キャンペーンのプランニングに際し，当該サービス・プロセスがどんなものか，提供サービスが探索・経験・信頼の各属性（第4章参照）のいずれによって特徴づけられるか，が考慮されねばならない。ターゲット市場やターゲット・オーディエンスの特性や行動も重要である（第4章および第6章を参照）。メッセージの内容，構造，様式(スタイル)はどんなものであるべきか。メッセージはどのように提示されるべきか。どのメディアなら，ターゲット・オーディエンスに最も良く到達できるか。加えて，予算，タイム・フレーム（季節，市場機会，競合者の行動といったファクターによって決定される），効果測定・評価の方法，といった検討事項がある。マーケティング・コミュニケーション・プランニングに有用なチェック・リストとして，次の5Wsモデルが挙げられる。

　Who：誰がターゲット・オーディエンスか？
　What：何をコミュニケートし，達成する必要があるか？
　How：どのようにしてコミュニケーションを行うべきか？
　Where：どこでコミュニケーションを行うべきか？
　When：いつコミュニケーションを行う必要があるか？
　以下，サービス・マーケターが利用するコミュニケーション・ツールについて，それぞれ見ていくこととする。

2 マーケティング・コミュニケーション・ミックス

　通常，サービス・マーケターはマーケティング・コミュニケーションの形

態について多くの選択肢を持っている。この選択肢群を集合的にマーケティング・コミュニケーション・ミックス*と呼ぶ。コミュニケーションの各要素は，伝達可能なメッセージの種類や到達しやすい市場セグメントのタイプの点で，それぞれ能力が異なっている。

コミュニケーションの専門家は人的コミュニケーション*(サービス組織の人間が個別に顧客とコミュニケーションをはかる）と非人的コミュニケーション*(サービス組織がメッセージをオーディエンスに送る）には大きな差がある，としている。前者では，メッセージは個々の顧客に対しパーソナル化され，サービス組織と顧客間で双方向(ツーウェイ)にやり取りされる。後者においては，メッセージはサービス組織から一方向(ワンウェイ)に流され，通常は個々の顧客にではなく，多数の見込み顧客からなる大きな市場セグメントをターゲットにしている。しかし，今日では技術の進歩がこの両者のグレーゾーンを創り出している。たとえば，自動ワーディングの技術により，ダイレクト・メール(DM)をあたかもその顧客1人に向けて準備されたものであるように印象づけることが可能である。これは実際には，コンピュータがデータベースからの情報に基づき自動作成しているのだが，読者もこのようなDM――読者の個人名宛のあいさつ文，現在の個人的状況や購買履歴を把握しているかのような文面のDM――を受け取った経験があるのではないだろうか。

図表12-2に示されているように，コミュニケーション・ミックスには，人的コミュニケーション，広告，SP，パブリシティとPR，インストラクション・マテリアル，コーポレート・デザイン（ロゴ，封筒・便せん・文具類，制服，看板・案内表示類，使用車両の塗装デザインなど）といった要素

---

*マーケティング・コミュニケーション・ミックス（marketing communications mix）：有料・無料を問わず，マーケターが利用可能なすべてのコミュニケーション・チャネルを指す。
*人的コミュニケーション（personal communications）：マーケターと顧客との直接コミュニケーション。対面，電話，eメールによるコミュニケーションを含む。双方向の対話が可能である。
*非人的コミュニケーション（impersonal communications）：ターゲット・オーディエンスに向けた一方向のコミュニケーション。広告やPRが含まれる。オーディエンスとメッセージ源との人的・直接的接触はない。

図表12-2　サービスにおけるマーケティング・コミュニケーション・ミックス

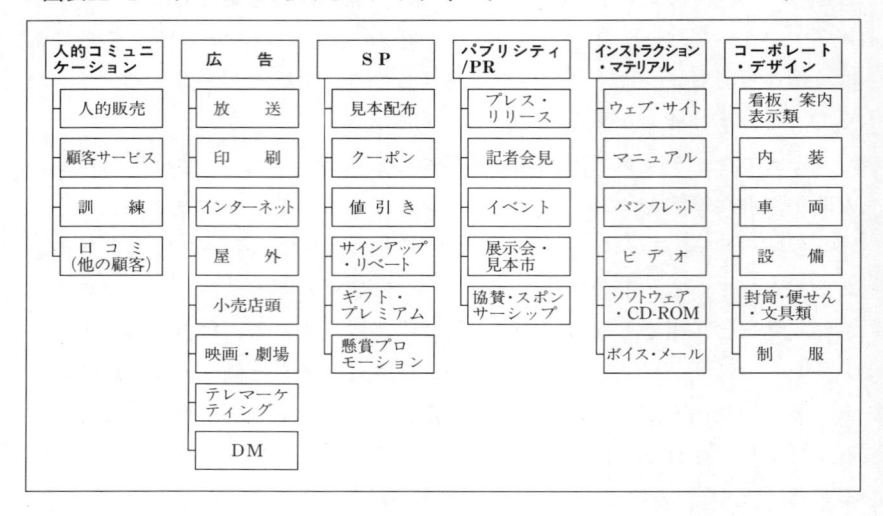

人的コミュニケーション	広告	SP	パブリシティ/PR	インストラクション・マテリアル	コーポレート・デザイン
人的販売	放送	見本配布	プレス・リリース	ウェブ・サイト	看板・案内表示類
顧客サービス	印刷	クーポン	記者会見	マニュアル	内装
訓練	インターネット	値引き	イベント	パンフレット	車両
口コミ(他の顧客)	屋外	サインアップ・リベート	展示会・見本市	ビデオ	設備
	小売店頭	ギフト・プレミアム	協賛・スポンサーシップ	ソフトウェア・CD-ROM	封筒・便せん・文具類
	映画・劇場	懸賞プロモーション		ボイス・メール	制服
	テレマーケティング				
	DM				

が含まれる。コーポレート・デザインは，広義には，サービススケープ——サービスがデリバリーされる物理的環境を指す——におけるフィジカル・エビデンスの各視覚面に拡張され得る。

(1) 人的コミュニケーション

人と人とが対面で（もしくは電話でのやり取りで）行うコミュニケーションには，人的販売だけでなく，顧客サービスや口コミも含まれる。

人的販売*は対面（もしくは電話）による人と人とのエンカウンターである。こうしたエンカウンターでは，顧客をエデュケートしたり，特定ブランドやサービスへの選好を高めたりする努力が行われる。対面販売は，通常は非常にコスト高なので，BtoB市場——とりわけ個々の取引額が大きい場合——では頻繁に用いられる。しかし，この他にも対面販売は，百貨店，ヘアカット・サロン，レンタカー会社など顧客とサービス従業員とのエンカウンターを伴う場合に幅広く用いられている。生命保険や葬儀サービスといった頻繁には利用しないようなサービスにおいては，サービス従業員は顧客の相談に

＊人的販売（personal selling）：サービス従業員と顧客との間の双方向コミュニケーション。顧客の購買プロセスに直接の影響を与えることが意図されている。

乗りニーズを明確化したり適切な購買を助けるコンサルタントとしての役割も担っている。

人的販売においては，サービス従業員は個々の顧客の特定のニーズと関心に合わせて，メッセージをカスタマイズすることが可能である。顧客毎の対応や状況に応じた助言を行うことがしばしば有効である。対面であれ電話を介してであれ，人的販売においては，情報がサービス従業員と顧客との間で双方向に流れる。注意深く耳を傾けることによって，サービス従業員は顧客についてさらに良く知ることができる。実際，多くの販売訓練プログラムで，顧客の話を良く聴く技能(スキル)を開発することに重点が置かれている。対面の会話の中から，顧客のニーズが特定され，顧客の抱く疑問・問題の解消・解決が図られる。しかしながら，実質，販売に携わっていてもサービス従業員のすべてが，販売員としての訓練を受けている訳ではない。たとえば，会計事務所や設備維持管理会社，経営コンサルティング会社などにおいては，専門家（会計士，エンジニア，経営コンサルタント）は既存顧客へのサービス提供を主に行っているが，同時に必要となる新規顧客の開拓と取り込みについては必ずしも訓練を受けたり習熟している訳ではない。

顧客リレーションシップやリレーションシップ・マーケティングの観点では顧客毎の担当マネジャー制が重要である。担当マネジャー制は，産業財取引やプロフェッショナル・サービスでよく見られるが，個人顧客向けの一般のサービス提供でも，顧客が情報の提供やコンサルティング（この2つの補足的サービス要素については第9章を参照）を継続的に要する場合には用いられる。例としては，保険，株式投資，自動車（新車）販売などが挙げられよう。

顧客サービス　顧客サービス*を担当する従業員は，情報提供，予約受付，支払いの受け取り，問い合わせへの対応を行う。併せて，サービスの生産やデリバリーを行うことも多い。新規顧客はしばしば当該サービスの利用方法を学ぶ必要がある。この場合，顧客サービスの担当者が助言を行うなど顧客の手助けをすることになる。しかし，顧客サービスの担当者が，必要な情

---

*顧客サービス（customer service）：販売活動には必ずしも直接に従事していないサービス従業員が補足的サービス要素を提供すること。

報・訓練・サポート体制を得ていない場合は,良いサービスを提供するのは難しくなる。

顧客が同じサービス組織から複数のサービスを購入する可能性があれば,サービス組織はしばしば顧客サービスの担当者に追加的販売の努力を行うことを求めるだろう。しかしながら,こうした追加的販売は,場当たり的に行われるべきではない。担当者がオペレーションの一定範囲だけを自分の職務と考えている場合には,販売員のようにも行動しなければいけないことに対しては大きな不満を抱くだろう。たとえば,銀行業では,競争の激化や新技術の導入によって,収益性を向上させるための新しいサービスの提供が求められている。これに伴い,以前は事務的な業務のみを行っていた窓口係が,新サービスのプロモーションをも担うようになっている。この場合,こうした業務付加を訓練もなしに行ったのでは,窓口係も不満であろうし,販売員としても効果的に機能しないであろう。

口コミ 顧客が自分のサービス・エクスペリエンスについて語るコメントや推奨は,他の人々の購買意思決定に大きな影響を与える。それ故,口コミ[*]と呼ばれる現象がマーケティング・コミュニケーションの一形態であることは間違いがない。しかし,マーケターが口コミをコントロールすることは困難である。口コミを方向づけようとするごく控えめな試みは,アメリカの店舗で時々見られる次のような文言であろう。「私どものサービスがお気に召したのでしたら,どうぞお友達にお話し下さい。もしもそうでないなら,遠慮なく私どもをお叱り下さい。」

肯定的な口コミは,強力で信頼度の高い「販売代理人(セリング・エージェント)」として機能する。たとえば,読者はどちらからの推奨をより受け入れるだろうか——信頼する友人からか,それとも職業的な販売員からか。既存顧客は口コミを通じサービスの利用方法を教えるなどして新規顧客を手助けする場合もある。一方,否定的な口コミは,サービス組織や提供サービスへのマイナスの推奨として機能するので,サービス組織にとって非常に大きなダメージとなることもある。口コミは,パブリシティの一つの形態とみなすのが適切であろう。マー

---

[*]口コミ(word of mouth):ある人(通常は,現在あるいは過去において顧客だった人)がサービスについての肯定的ないし否定的なコメントを別の人に対し行うこと。

第12章　顧客エデュケーションとサービスのプロモーション　285

ケターは，他のマーケティング・コミュニケーション活動を効果的に補完するような形で口コミを利用することを考えていけば良いだろう。

(2) 広　　告

広告[*]は，しばしばサービス・マーケターと顧客との最初のコンタクトとなる。これは特に消費者市場においてはそうである。有料の広告メディアとしては，放送（テレビ，ラジオ），印刷（新聞，雑誌），他のさまざまな屋外メディア（ポスター，看板，電光掲示板，バスなどの乗り物）などがある。新しいメディアとしては，インターネットがある。多くのサービス組織が顧客への情報のためにウェブ・サイトを構築している。上記の広告は，中間業者によるパンフレット配布やDM，電話，ファックス，eメールなどを用いるダイレクト・マーケティングによって補完される。

いくつかのメディアはターゲットを絞ることができる。新聞とテレビはマス・オーディエンスに到達可能である（新聞のどの部分をどんな人が読んでいるか，テレビのどんな番組をどんな人が見ているかを調査によって明らかにすることもできる）。新聞には，特定の地域をターゲットにした地方版・地方頁がある。テレビ・ネットワークも地方局毎に地域をターゲットにした広告を入れることができる。映画はいくつかの国では幅広いデモグラフィック特性にわたるオーディエンスをターゲットにできる有効な広告メディアである。しかし，映画館での上映という点で地域的には非常に限定される。雑誌は地理的には全国を対象とすることも多いが，通常はターゲット・オーディエンスをうまく絞り込むことができる。ラジオは通常一つの地方や地域全体をカバーするが，局毎のオーディエンスは十分に細分化されていることが多い。

ダイレクト・マーケティング[*]は，DMとテレマーケティングとを含み，高

---

*広告（advertising）：マーケターが，ターゲット・オーディエンスに告知したり，教育したり，説得するために行うあらゆる非人的コミュニケーションを指す。
*ダイレクト・マーケティング（direct marketing）：サービス組織がターゲット顧客に対し，郵便，電話，ファックス，eメールによって行うワンウェイ・コミュニケーション。

度に絞り込まれたターゲット・オーディエンスに対し個別のメッセージを——ときにはワン・トゥ・ワン・コミュニケーションの形で——送ることができる。eメールはダイレクト・マーケティングのメディアとしての成長が著しいが，多数のメール・アドレス・リストが乱立し濫用されている状態である。残念ながら，多くの広告主は膨大な数のeメール・アドレスが記載されているリストを購入し，単にそのすべてにeメールを送り付けているだけである。こうしたeメールは望まれないジャンク・メールであり，広告されているサービスも怪しげなものであることも多い。

　他の広告の形態としては，小売店舗のショー・ウインドーにおける店頭ディスプレイ*が挙げられる。これはSPとしばしば連動する。洗練されたウェブ・サイトの中には，魅力的なリテール・ディスプレイを備えたリアルの小売店舗のようなデザインを採用しているものもある。しかし，現行，この種のデザインのダウンロードにはしばしば時間がかかるために，効果的なコミュニケーションの妨げになってしまうことも多い。この章の後のところで，サービス・マーケターがインターネットをより効果的に使う方法について検討する。

　広告は，提供サービスの認知と興味の刺激，サービスの特性と利用についての顧客エデュケーション，競争ポジションの確立とリポジショニング，顧客のリスク削減，無形性の有形化，といったことがらのために幅広く用いられている。とりわけ，広告はサービスの実際的な情報提供，サービスの特性や能力についての顧客エデュケーションの点では極めて重大な役割を担っている。この役割については，物財の広告とサービスの広告とを比較したスティーブン・グローヴ (Stephen Grove)，グレゴリー・ピケット (Gregory Pickett)，デビッド・ラバンド (David Laband) の行った調査研究でも示されている。[3]この調査研究では，10ヵ月分11,543本のテレビ広告と1ヵ年分30,940本の新聞広告がレビューされたが，その結果，価格，保証内容，プロダクト・パフォーマンス，入手方法（プロダクトをいつ，どこで，どのように入手できるか）の4つの次元について，サービスの広告の方が，物財の広

＊店頭ディスプレイ（retail displays）：小売店舗のショー・ウインドーや他の場所における，商品，サービス・エクスペリエンス，ベネフィットについてのプレゼンテーション。

告よりも実際的な情報提供をより多く含んでいることが明らかになった。消費者はサービスについて、クオリティ探索を物財のようには効率的に行い得ない——有形のプロダクト要素に基づく消費者自身による評価もできない。それ故、消費者はサービスについての情報提供を広告に大きく依存するのかもしれない。

(3) パブリシティとパブリック・リレーションズ

　パブリック・リレーションズ*(PR) では、個人や関係集団内にサービス組織についての愛顧心(グッドウィル)を醸成することが求められる。すべてのビジネスは人を相手にするものであって、人々とのリレーションシップによって成り立っている。ビジネスが好意的に受け取られ、愛顧されるためには、人々とのリレーションシップが生み出され育まれて行くことが必要である。PRの専門家たちはこのことを理解している。

　PRの最も基本的なタスクの一つは、サービス組織、提供サービスについての話題をメディアに提供することである（パブリシティ）。PR担当者は、ニュース性があると判断した場合、記者会見を開催したり、プレス向けのキットを配付したりする。しかし有料である広告と違い、提供した話題がメディアで取り上げられる保証はなく、また、もしメディアが取り上げたとしても、PR部門（もしくは委託したPR会社）が意図したような好意的な形での取り上げとは限らない。ジャーナリストたちや他のメディア関係者と良好な関係を保つことは、メディアへの話題提供を受け入れる雰囲気創りに重要である。何かの事故が起きるとか、顧客や従業員がけがをするとか、新サービスが失敗するなど何らかの問題が発生したときに、オープンで誠実なサービス組織であるとの評判をすでに得ているか否かが極めて重要になる。

　PRの手法には他にもさまざまなものがある。たとえば、サービス組織主催の表彰・報奨制度、公的機関からの証明や推薦の獲得、地域社会活動、福

---

*パブリック・リレーションズ（PR: public relations）：サービス組織と提供サービスについて肯定的な関心を高めるさまざまな努力を指す。メディアへの話題提供や記者会見、サービスの発表会を行う、第三者機関・組織の行う有意義な活動を支援する、といった方法を通じて行われる。

祉事業などへの寄付があり，他には特別なイベントや社会貢献活動によって好意的なパブリシティを得ることが挙げられる。PR の手法として，スポーツ・イベントや他の注目される活動への協賛や後援を通してメディアに幅広く取り上げてもらうことも挙げられる。たとえば，世界的規模のスポーツ・イベントとしては，オリンピックが挙げられる。

(4) セールス・プロモーション

セールス・プロモーション*(SP) は，インセンティブを伴うコミュニケーションであると表現できる。SP は期間，価格，あるいは顧客グループで特定化できる。SP の目標は典型的には，顧客の購買決定を促す，顧客に特定のサービス利用を動機づける，毎回の購買毎の購入量を増やす，購買頻度を高める，といったものである。

サービス・マーケターにとって，短期的な価格プロモーションは，他のマーケティング・ツールでは得られない以下のメリットを備えている。

■価格プロモーションは，小規模サービス組織が大規模な競合者に挑戦するときの有効な武器となる。

■価格プロモーションは，顧客の初回購入のリスクを低減するので，試買を促すことができる。

■価格プロモーションを市場セグメント毎に使い分けることにより，同じ提供サービスについてセグメント毎に異なる価格を設定できる。

■価格プロモーションは，日常の代わり映えのない反復購入に変化をもたらす。また，価格志向の顧客を新たに惹き付けることができる。

■価格プロモーションは，需要と供給を合致させるのに特に有用である。

SP には多くの形態がある。サービス・マーケターにとっては，少なくとも以下の6つが利用可能である。見本配布，クーポン，期間限定の値引き，サインアップ・リベート，ギフト・プレミアム，懸賞によるプロモーション

＊セールス・プロモーション（SP: sales promotion）：顧客ないし中間業者に提供され，サービスの購買を促す短期的インセンティブを指す。

＊見本配布（sampling）：顧客に無料でサービスの試用をさせること。ただし，試用期間（時間）は短く限定される。

第12章　顧客エデュケーションとサービスのプロモーション　289

である。以下，簡単に見ていこう。

　サービスにおける見本配布は，顧客に無料でサービスを試用してもらい，サービスをより良く知ってもらう機会とするものである。例としては，公共交通機関が新路線の開業に先立ち数日間の無料体験乗車キャンペーンを行う，ホテルが部屋の有料テレビについて最初の15分間は無料とする，といったことが挙げられる。しかしながら，見本配布は，サービスにおいてはスーパーマーケットなどで販売される一般消費者向けの物財の場合と比較すると頻繁には用いられるものではない。サービス・マーケターは，通常は無料サービスの提供よりも，値引きや他のプロモーションを好むものである。

　クーポン*には，3つの形態がある。直接に値引くもの，本人は支払わねばならないが同伴者を値引く（無料にする）もの，追加的サービスを値引く（無料にする）もの（たとえば，洗車サービスは有料だが無料でワックスもかけてくれる）。クーポンは新聞や雑誌などに印刷されたり，DMで送られたりして顧客に提供される。レストランやカフェ，映画館などさまざまな所で使えるクーポンが冊子のように綴じられている場合もある。電子的な方法で提供されるクーポンもある。

　期間限定の値引き*は，期間を区切って行われる値引きである。たとえば，シーズン・オフなどに売上を伸ばすために，「売り出し（セール）」が行われる。新設のフィットネス・クラブで，オープン前に割安料金で会員募集を行うこともある。これも期間限定での値引きの例である。この場合，顧客確保を素早くでき，当面のキャッシュ・フローも確保できるというメリットがある。

　サインアップ・リベート*は入会・登録キャンペーンである。入会金や登録料を要するようなメンバーシップ・サービスで行われている。たとえば，教育サービスでは入学金が，何らかのクラブでは入会費が，有料テレビ放送では接続工事費がかかる。こうした場合，新規顧客を惹き付けるために入会金

＊クーポン（coupons）：プロダクトの利用や購入を値引きしたり，無料にすることを約束するもの。通常は，印刷物。
＊期間限定の値引き（short-term discounts）：特定の期間内の購買について特別に値引きをすること。
＊サインアップ・リベート（sign-up rebate）：メンバーシップ・サービスに加わるための入会金や登録料を無料にしたり，値引きをしたりすること。

や登録料を無料にしたり，値引くことが行われる。

ギフト・プレミアム*は贈り物や景品類の提供である。サービスに有形の要素を付加して，サービス組織に明確なイメージをもたらす効果がある。たとえば，国際線のいくつかでは，ファースト・クラスやビジネス・クラスの乗客には，身の回り品，文房具，トランプなどの入った無料のギフト・セットが提供されている。また，クレジット・カード会社は，顧客が（複数のカードを保有している顧客も多い）一定額以上，カードを利用すると利用額に応じてさまざまな景品がもらえるようにしている。こうした贈り物や景品は，顧客を喜ばせ，親密な雰囲気づくりに役立つ（しかし，単に喜ばせるだけに終わってしまうこともある）。

懸賞によるプロモーション*は，くじのチャンスを提供するものである。懸賞によるプロモーションは，サービス・エクスペリエンスに充足感やわくわくする感じを付加するのに役立ち，一般にサービスの利用を増加させることを意図して行われる。ファースト・フード・レストラン，ビデオ・レンタル店，ガソリン・スタンドでは，イベント・キャンペーンの一環としてこの種のプロモーションが行われることがある——たとえば，来店客全員にスクラッチ・タイプのくじが配布される。

(5) インストラクション・マテリアル

プロモーションとエデュケーションは協力関係にあることが多い。人々がサービスから得られるベネフィットやサービスの利用方法について良く分からないのであれば，サービスのプロモーションだけをしていてもほとんど意味はない。サービス従業員はしばしばエデュケーターの役割を果たすことを求められるが，サービス従業員は顧客が必要なときにいつでもそばに行ける訳ではない。これまで用いられてきたインストラクション・マテリアルは印刷物である。これには，パンフレット，取り扱いマニュアル，セルフ・サー

---

*ギフト・プレミアム（gift premiums）：特定の条件下で——典型的には特定の場所や時間において——サービスを購入すると提供される贈り物や景品類。
*懸賞によるプロモーション（prize promotions）：賞品の当るくじなどを顧客に提供すること。

ビス機械・装置に表示された使用手順図といったものが含まれる。しかし，近年ではビデオや音声によるインストラクションも行われるようになっている。スーパーマーケットや百貨店ではタッチ・パネル式の店内案内装置を設置しており，銀行では新しい金融商品について説明するビデオ装置をロビーに置いている。旅客機内では，ビデオによって安全装置の説明をしたり政府規制について告知を行っている。インストラクションのためのメディアとしては，他にCD-ROMやウェブ・サイトが用いられるようになっている。

(6) コーポレート・デザイン

　サービス組織のイメージに関わるあらゆる有形要素について，視覚面で統一し，明確に区別できる外観を持たせる。このことの重要性が多くのサービス組織によって理解されてきている。コーポレート・デザイン*の戦略は，外部のコンサルタント会社によって練り上げられるのが通常である。コーポレート・デザインの対象には，サービス組織で使う文房具類，案内チラシ類，看板類，従業員の制服，使用車両・設備・内装の塗装色・色調デザインといったものが含まれる。これらの有形要素には，明確に定められた色使い，シンボル，字体，レイアウトが与えられる。これにより統一感と判別しやすい一貫性がもたらされる――サービス組織のあらゆるオペレーションが，こうした統一感のあるフィジカル・エビデンスを伴いながらなされるようになる。

　多くのサービス組織が，組織の名称よりもむしろトレードマークを自身の主たるロゴとして使用している。たとえば，シェル石油は，赤地に黄色い帆立て貝の貝殻マークを用いている。貝殻マークのある世界中のガソリン・スタンドやタンクローリーは，シェル石油のスタンドである，車両であると即座に了解してもらえる。マクドナルドの「ゴールデン・アーチ（Mの文字）」は世界中で最も広く認知されているマークと言われている。元々，初期のマクドナルド店舗には巨大な2連アーチの装飾がなされていた〔看板の大きなMの文字はそのなごりである〕。しかし，今日では，ゾーニング規制に

＊コーポレート・デザイン（corporate design）：特徴ある色使い，シンボル，字体，レイアウトを定め，サービス組織の有形要素に対し，統一的かつ一貫性をもって適用すること。これにより，サービス組織に容易に認識できるアイデンティティが付与される。

よって看板の種類や大きさには制限が加えられている。

　FedExは，組織の名称をコーポレート・デザインに基づき展開しているサービス組織である。FedExはシンボルとしても用いられており，赤，白，紫の色使いでデザインされ，社屋，店舗，輸送・配達車両，貨物機，従業員の制服，その他の有形要素に統一的に表示されている。FedExのライバルのUPSも同様で，こちらは茶色に統一され金色のUPSの文字が入っている制服と車両を用いている。

(7) サービススケープのデザイン

　第10章で見たように，サービススケープは，顧客がサービスを注文したり，サービス・デリバリーを得る物理的環境のデザインに関わることがらである。サービススケープには4つの次元がある。①サービス施設の外観・内装・インテリア，②サービス施設の立地・設置場所，③サービス施設の物理的な環境状態（たとえば，温度や照明など），④人的次元（サービス従業員の服装・身だしなみや顧客との接し方），である。各次元は，知覚されるサービス・クオリティに影響を与える。コーポレート・デザインのコンサルタントは，しばしばサービススケープのデザイン——たとえば，室内装飾，カーペット，調度品類をどのように統一するか——についても助言を求められる。

　第10章では，サービススケープは劇場の舞台になぞらえられた。サービススケープのデザインは，サービスという「演劇(ドラマ)」が行われる舞台のデザインと考えることができる。いくら良い舞台セットや舞台衣装でも，下手な演技を取り繕うことはできない。しかし，良い舞台セットと舞台衣装は，上手な演技をさらに大きく引き立てるものでもある。一方，見るからにひどい舞台セットや舞台衣装はどうだろうか。最初に観客に与えた悪い印象を良い演技で覆すことは容易ではないだろう。たとえば，読者がレンタカーを借りに行ったとしよう。外にはけばけばしいネオン・サイン，小さく狭いオフィス，壁のペンキはところどころ剝げ落ち，カーペットは擦り切れている。手書きの料金表に寄せ集めたようなバラバラの応接セット。汚いジーンズをはいた従業員が奥から出てきた。さて，どんな素晴らしいサービスが受けられるだろうか…。

(8) サービス・マーケティングのための統合的コミュニケーション

　サービス・マーケティングでは，マーケティング・コミュニケーションの諸ツールは特に重要である。これらのツールを上手に用いれば，強力なイメージ創りが可能であり，信頼感や安心感も醸成することができるからである。サービス組織は，ブランド・ネーム，統一的なコーポレート・デザイン要素，良くデザインされたサービススケープを通じて，提供する無形のサービスを視覚化し，個性を与えることができる。サービス組織，ブランド，提供サービスについて明確なアイデンティティを創出し，これを顧客に伝達し，サービスを販売する。本章で見てきたコミュニケーション要素のそれぞれは，これらを行う強力なツールとなり得る。マーケティング・コミュニケーションは，どんな形でなされていてもサービス組織の成功に欠かせないものである。見込み顧客は，マーケティング・コミュニケーションがなければ，サービス組織の存在やどんなサービスを提供しているかを知ることはできないのである。

　サービス・マーケターにとって重要なタスクは，コミュニケーション要素の最適なミックスを選択し，ターゲット・オーディエンスに効果的かつ効率的に必要なメッセージを送り届けることである。コミュニケーションの各要素は，互いに補完し合うように用いられる。コミュニケーションの各要素を用いる順番も重要である。ある要素が他の要素の地ならしとなるからである。たとえば，広告を見た見込み顧客が，郵便で資料請求をすることがある。あるいは，サービス施設に出かけて行くこともあるだろう。顧客はそこで店頭ディスプレイを見たり，サービス従業員と直接に話をしたりする。

3　マーケティング・コミュニケーションに対する新技術のインパクト

　先にも述べたように，インターネットはマーケティング・コミュニケーション・ツールとしての重要性を増してきている。パソコン所有者のインターネット接続時間はますます長くなっており，その分，テレビや新聞，雑誌を観る時間を削るようになっている。インターネット・ユーザー数はアメリカ

だけでなく他国でも急激に伸びてきている。

こうした変化はマーケターにとって看過できないことである。マーケターは，ウェブ上での存在感(プレゼンス)の確立を急いでいる。これに伴い，インターネット広告費も急速に伸張してきている。インターネット広告の重要な特性は，効果測定が可能なことである。インターネットでは，マーケターは何人の人がどのウェブ・サイトの広告をクリックして，広告主のページに来たかを知ることが可能であり，また，何が購入されたかも特定することできる。[8]

ウェブ・サイトは，認知や興味の喚起，情報提供，コンサルティング，試用や販売の促進，顧客との対話の促進など，さまざまなコミュニケーション・タスクのために用いられる。多くのサービス組織が，インターネットの持つインタラクティブ性が顧客の関与を飛躍的に高めることを見い出している。顧客はウェブ・サイトに対するコンタクトの程度やコンタクト時間について自分でコントロールが可能である。実際，セルフ・サービス方式の一形態とも捉えられる。また，ウェブ・サイトが顧客エデュケーションを目的とするものである場合，顧客は自分のペースに合わせて学ぶことができる。

(1) インターネット・コミュニケーション戦略のデザイン

個々の顧客とコミュニケートしたりラポールを確立する能力は，インターネットの最大の長所の一つである。この理由から，インターネットは，名刺やファックスと同様に，まずBtoBマーケティングにおいて急速に一般化した。インターネットによるマーケティングは，従来型のコミュニケーション・チャネルを非常に低コストで補完することを可能にした。[9]しかしながら，インターネット広告もまた，他のマーケティング・コミュニケーション・ミックス要素と同様に，統合的なコミュニケーション戦略の構成要素でなければならない。本章では，マーケティング・コミュニケーション・プランニングのためのチェック・リストとして先に5Wsモデルを示した。インターネットによるマーケティングについても，(先のものとは異なるが)やはり5つのWの問いかけを行うことが有用である。[10]以下，簡単に見ていこう。

Who―誰が マーケターは，どの市場をターゲット市場とするかと共にターゲット市場がインターネットへのアクセスをしているのか否かを検討せ

ねばならない。マーケティング・マネジャーにとっての大きな問題は、インターネット・ユーザーのデモグラフィック特性がターゲット市場のデモグラフィック特性とそもそも一致しているのか否かである。一致しているのであれば、ウェブ・サイトを持つことを当然に考えるべきである。

ほとんどのサービス組織は、顧客が会社や自宅からウェブ・サイトにアクセスしてくれるのを待つ形である。しかし、インターネット・アクセスを顧客に提供するサービス組織も若干ある。たとえば、ビジネス・コンビニエンス・ストアのキンコーズは、外出先でのビジネスマンや小事業主に24時間のパソコン利用サービスとインターネット・アクセス・サービスを提供している。

What—何を ウェブ・サイトには、ターゲット市場の人々が有用で面白いと思うような情報がなければならない。購入を促すものであることが求められたり、反復的にサイトを訪れてもらうことが求められる場合もある。インターネット・ユーザーは、ウェブ・サイトに再度訪れる最も重要なファクターはコンテンツであるとしているが(インターネット・ユーザーは、「つまらないコンテンツ」で時間を浪費させるようなウェブ・サイトと運営者に対しては実際のところ怒りすら覚えるようである)、ウェブ・サイトにアクセスするエクスペリエンスが「楽しめるもの」であることも期待している(これは、欲しいと思う情報が得られる爽快感やサイトがユニークであるとか娯楽性があることを意味する)[11]。国際的に展開するサービス組織は自身のウェブ・サイトが、法律面、ロジスティクス面、文化面でいかなる影響を及ぼすか——世界中の顧客にどんな受けとめられ方をするか、サービス組織のイメージを損なわないか——を特に注意深く検討せねばならない。ウェブ・サイトを一度、構築したならば、世界中の人々からアクセスされ得ることを忘れてはならない[12]。

When—いつ ウェブ・サイトは非常にダイナミックなメディアである。ウェブ・サイトへの来訪者は、サイトが定期的に更新されていることを期待する。更新を怠ると彼らの興味は直ちに失われる。年に1回のデザイン変更でも間に合うパンフレット類とは異なり、ウェブ・サイトの更新やアップグレードは頻繁に行われていなければならない。インターネット技術の発展に

伴い，ウェブ・サイトはますます洗練されたものになってきている。ウェブ・サイトには，新しいコンテンツ，魅力的なグラフィックス，アニメーション，インタラクティブ性が次々と加えられており，新規来訪者とリピート来訪者の双方を惹き付ける工夫がなされている。この他，インターネット上では，顧客は簡単に競合サービスの比較が可能であることも忘れてはならない。たとえば，書籍のオンライン・ショッピングをする顧客は，バーンズ・アンド・ノーブル，ボーダーズ，アマゾン・コムなど複数の書店のウェブ・サイトを簡単に見て回ることができる。

Where—どこで ウェブ・サイトは，既存顧客・見込み顧客に対して積極的にプロモーションされねばならない。ウェブ・サイトのアドレスはシンプルであるべきだろう。アドレスは，サービス組織名と共に表示されねばならない。たとえば，名刺，パンフレット，広告物，カタログ，イエロー・ページなどにはアドレスが表示されるべきである。DM もアドレス告知に用いられる。この場合，アクセスのインセンティブが顧客に提供されることもある。ウェブ・サイトのアドレスは，日常生活に馴染みのあるものとなってきている。読者は，1日に何回，テレビ，新聞，雑誌でアドレスを見かけるだろうか。気に入りのテイク・アウト店のメニューにもウェブ・サイトのアドレスが記載されているかもしれない。

Why—なぜ ウェブ・サイトには，人々が訪れる——再訪問する——だけの理由がなければならない。サービス組織はウェブ・サイトに理由を与える必要がある。他では入手できない有用な情報を提供する場としてウェブ・サイトを位置づけることもある。たとえば，パロ・アルト・ソフトウェアは，ウェブ・サイト上で，ビジネス・プランニングのサンプルや小事業所向けのアドバイス集，ケース・スタディなどを無料でダウンロードできるようにしている。

旅客輸送の分野では，インタラクティブなサービスを提供するウェブ・サイトもある。旅行者はウェブ・サイト上でルートや特定の日のダイヤを調べたり，情報をダウンロードしたり，予約をしたりすることができる。ウェブ・サイトでの予約に特別な値引きを提供している場合もある。銀行も多くが，インタラクティブなウェブ・サイトを構築しており，顧客は残高照会や

振替，ローン申し込みをサイト上で行うことができる。

4 結 論

　サービス組織そのものと提供サービスの双方について明確な市場ポジションを確立すること。見込み顧客まで効果的に到達すること。これらを行うとき，サービス・マーケターはさまざまなコミュニケーション要素を用いている。コミュニケーション要素には，広告，人的販売と顧客サービス，SP，PRとパブリシティ，コーポレート・デザインとサービス施設のサービススケープがもたらすフィジカル・エビデンス，といったものがある。パンフレットからウェブ・サイトまでを含むさまざまな情報提供手段は，しばしば顧客エデュケーション――サービスをどのように選ぶのが良いか，どのように利用するのが良いかを教える――において重要な役割を果たす。

　サービスには固有の特性がいくつかある。このことは，サービスについては物財と異なるマーケティング・コミュニケーション戦略が必要となることを意味している。たとえば，広告においては，サービス・クオリティとパフォーマンスに対する有形の手がかりが示されることがある――しかし，非現実的な期待を持たせるものであってはならない。サービス組織の外部に対してと同じく内部に対しても，良好で永続性のあるリレーションシップ，信頼感と愛顧心（グッドウィル）を確保する上で，PRのマネジメントは極めて重要である。PRの諸活動と併せてパブリシティや好意的な口コミの積極的な創出を図ること。これらは，サービス組織が良い評判を得て，コミュニティで相応の地位を得るための，価値ある長期的投資と捉えられねばならない。

第4部
マーケティングとオペレーション，人的資源管理の統合

第13章
サービス・マーケターのための諸ツール

プロダクト要素	プロセス
………………	生産性とクオリティ
………………	**人的要素**
サービスの価格とその他のコスト	フィジカル・エビデンス

本章の目標
- サービスを劇場のアナロジーで理解する。
- 役割とスクリプトの理論とは。これらがサービス・デリバリーにどのように結び付くかを理解する。
- サービス・デリバリーのフローチャートとは。フローチャートにおいて，フロントステージ活動は，バックステージ活動によってどのようにサポートされるかを理解する。
- サービス・プロセス・リエンジニアリングと供給能力のマネジメントとを理解する。これらにおけるフローチャート化の価値を理解する。
- 新サービスにどのような特性を持たせるか。特性の最適ミックスを開発するためのトレード・オフ分析を理解する。

1 成功のためのデザイン

　たまたま運が良かったとかサービス・コンセプトが面白いだけでは，顧客の期待に応える——さらに期待を超える——ことはできない。サービス・エクスペリエンスを生み出しているすべての要素に対する体系的アプローチが必要となる。顧客満足やディライトをサービスにうまく組み込むことができるか。これは，サービス組織が，コア・プロダクトと補足的サービス要素の

双方について，デリバリー・プロセスをどれだけ効果的に組み合わせ配置するかによっている。

　ユーロスターは，顧客のニーズに応じた新しいサービスをうまくデザインした好例である。航空輸送とフェリー輸送という長年固定してきた競合者に対し，ユーロスターは，新しい鉄道輸送システムで対抗した。ユーロスターは，顧客とのコンタクト・ポイントを体系的に明確化し，顧客の期待に沿うデリバリー・プロセスとサービススケープをデザインするために市場調査を活用した。ユーロスターにおけるサービス・エクスペリエンスを創り出すために，建築家，ファッション・デザイナー，座席デザイナー（シート），インテリア・デザイナー，美術専門家といった多種多様な専門家が動員された。また，ユーロスターは，旅行者にとって満足行くサービス・エクスペリエンスを創り出す上で，フロントステージのサービス従業員が重要な役割を果たすことも認識していた。選抜的な採用と訓練，業務遂行時の監督とサポート体制はユーロスターのサービス従業員の優れたパフォーマンスを生み出している。ユーロスターには，今日の旅客機での旅（移動）では失われてしまった「旅の感覚」がある。

　ユーロスターの例は，優れたサービス・デリバリーには，技芸（アート）と科学（サイエンス）の両方の要素があることを示している。本章では，この2つの要素に注目しながら，サービス・デリバリー・プロセスをより効果のあるものとするのにサービス組織がどんな方法（ツール）を用いているかを明らかにしていこう。

(1) 劇場パフォーマンスとしてのサービス

　これまでの各章で指摘してきたように，「劇場（シアター）」はサービスの良いアナロジーである。サービス・デリバリーは，顧客が「パフォーマンス」として経験する一連のプロセスから構成されるからである。劇場のアナロジーは，ハイ・コンタクト・サービス（外科手術，レストラン，ホテルなど）や個人単位ではなく多数の顧客に同時にサービスを提供するタイプのサービス（スポーツ観戦，さまざまなエンターテインメントなど）にとって特に有用なアプローチである。図表13-1は，いろいろなタイプのサービスについて，劇場のアナロジーの相対的重要性を示したものである。たとえば，時計の修理サ

図表13-1 劇場のアナロジーの相対的重要性

		コンタクト	
		ロー・コンタクト	ハイ・コンタクト
観客のサイズ	小さい	(1) 車の修理 時計の修理 靴の修理	(2) 医　師 理容師 弁護士
	大きい	(3) 公益事業 保　険 ディスカウント・ストア	(4) 航空会社 スポーツ観戦 レストラン

観客のサイズ＝同時にサービスを受ける人数
コンタクト＝フロントステージの時間量／バックステージの時間量

Stephen J. Grove and Raymond P. Fisk, "The Dramaturgy of Service Exchange: An Analytical Framework for Services Marketing," in *Emerging Perspectives of Services Marketing*, L. L. Berry, G. L. Shostack, and G. D. Upah, eds. (Chicago: American Marketing Association, 1983), 45-49. 許可を得て掲載。

ービスは，航空会社やスポーツ観戦といったサービスと比較すると，劇場の舞台（フロントステージ）となる部分は非常に小さなものとなっている。

　サービス設備には，演劇（ドラマ）が展開される舞台がある。舞台セットが演劇の進行に合わせ変化して行くこともしばしばである（たとえば，ユーロスターでは，旅行者は駅からホームへ，ホームから客車の中へと移動する）。サービスの舞台は，最低限の小道具だけで成り立つ場合もあり，精緻で大掛かりなものになる場合もある。たとえば，ユーロスターのウォータールー国際駅は，完成に1億3千万ドルをかけた極めて大掛かりなサービス舞台である。サービスという演劇は，厳密な台本（スクリプト）があり高度に構成的な場合もあり，逆にあたかも即興劇（インプロビゼーション）のように行われる場合もある。

　サービスには，他と比較して構成化・形式化の程度が高いものもある。歯科治療はこの例である。各役者（受付係，歯科衛生士，歯科技工士，歯科医）は舞台（歯科医院）の進行，大道具・小道具（設備・機材），他の役者に合わせてどのように立ち振る舞うべきか。役者の立ち振る舞いは，言わば歯科治療というサービスの「演出」によって厳密に決められている。

サービス組織のすべてが、自前の「劇場」で顧客にパフォーマンスを提供する訳ではない。顧客側の施設が舞台となり、役者が小道具を持って出かけて行く場合も多い。たとえば、会計士は、顧客企業まで出向いて専門的サービスを提供している（これは顧客企業にとっては便利である）。一方、テレコムの発達は、別の形での舞台も提供している。顧客は遠く離れた場所から言わば演劇に関与できるようになった——これは、顧客企業と自分のオフィスの間を行ったり来たりしていた雇われ会計士にとって長く待たれていた状況である。会計士は、自分のオフィスに居ながらにして、パソコンとモデムを介して顧客企業の仕事をこなす方を選ぶようになった。

フロントステージの従業員は、配役メンバー(キャスト)であり、サービスという演劇の中で役者としての役割を演じている。彼らは、バックステージの生産チームによってサポートされ、配役メンバーに相応しく、しばしば特別な舞台衣装を身にまとうことを求められる。たとえば、歯科医は伝統的に白衣を着ている。ユーロスターではお洒落な青と黄色の制服が採用されている。UPSのドライバーの茶色の制服はユーロスターの制服より実用的なものである。また、フロントステージの従業員は、ドレス・コードや身だしなみ基準に従わねばならない（たとえば、ディズニーでは、男性キャストは口髭(くちひげ)や顎髭(あごひげ)を生やすことはできないと定められている）。職務の性質に応じ、特別な台詞や言い方を学び、反復することを求められることもある。これには、各国語でのアナウンスを行うことから、宣伝口上や説明を機械的に行うこと、別れ際に顧客に必ず「お元気で」といった声をかけること、までさまざまなものがある。また、上記の台詞と共に、役者の行動を規定するものとしてスクリプトがしばしば用いられる。顧客へのあいさつの際に、言葉をかけるだけでなく、アイ・コンタクト、笑顔、握手をすることが求められることもある。行動の規定には、他に禁止に関することがらが含まれる。たとえば、職務中の喫煙、飲食、チューイン・ガムは禁止される。

(2) 役割とスクリプトの理論

役割とスクリプトの理論は、サービス組織にいくつかの興味深い洞察を与える。サービス・デリバリーは劇場パフォーマンスと考えられる。パフォー

マンスにおいては、サービス従業員も顧客も、それぞれあらかじめ決められた役割に沿った行動をとることになる。スティーブン・グローヴとレイ・フィスク（Ray Fisk）は、役割*について、「経験とコミュニケーションを通じ学習された行動パターンのセットである。人は、特定の社会的インタラクションにおいて、目標達成の最大の効果を得るために役割を演じる。」と定義している。役割は、特定の状況やコンテクストにおける行動を導く社会的手がかり（キュー）ないし社会の期待の組み合わせ、とも定義される。サービス・エンカウンターにおいては、サービス従業員と顧客とは、それぞれ演じるべき役割がある。サービス従業員と顧客、双方の満足は、役割の調和*すなわち各人がサービス・エンカウンターにおいて定められた役割を果たすことに依存する。サービス従業員は、顧客の期待に応じてそれぞれの役割を演じなければいけない。さもなければ、顧客を不満足にしたり、離反させてしまうことになるだろう。一方、顧客もまた、規則（ルール）に従って行動せねばならない。さもなければ、第6章で述べた、6つのジェイカスタマーの1つ――規則破り――に陥ってしまうだろう。

　スクリプト*は、サービス・デリバリーにおいてサービス従業員と顧客の双方が従うことを期待される行動の流れ（シークエンス）であり、サービス・エクスペリエンス、エデュケーション、他者とのコミュニケーションを通して学習されるものである。サービスのスクリプトは演劇の台本（スクリプト）と同じである。スクリプトによって、サービス従業員と顧客は期待される詳細なアクションを演ずることになる。顧客は、サービス組織とのエクスペリエンスを重ねて行けばいくほど、スクリプトに馴染んで行く。馴染んだスクリプトからの逸脱は、顧客とサービス従業員の双方を苛立たせ、非常に高いレベルの不満足をもたらすことがある。サービス組織が、サービスのスクリプトを変更しようとする場合（たとえば、新技術導入により、ハイ・コンタクト・サービスをロー・コ

＊役割（role）：特定の状況やコンテクストにおける行動を導く社会的手がかりの組み合わせ。

＊役割の調和（role congruence）：サービス・エンカウンターにおいて、顧客とサービス従業員の双方が定められた役割を果たすこと。

＊スクリプト（scripts）：各人のサービス・エクスペリエンスや他者とのコミュニケーションを通して学習された行動の流れ。

ンタクト・サービスに転換する），サービス従業員と顧客の双方が，新しいスクリプトについてのエデュケーションを受け，得られるベネフィットについて理解する必要がある。

　スクリプトは，高度に常軌化(ルーティン)されている場合もあり，サービス従業員が業務全体をスムースに効率的に行うことを可能にしている（たとえば，エコノミー・クラスの客室乗務員のスクリプト）。スクリプトによるアプローチは，サービス組織に固有の2つの課題——サービスの変動の削減と一定クオリティの保持——の克服を助けるものである。一方，常軌化のリスクもある。スクリプトの常軌的反復が，顧客ニーズを無視した心のこもらぬサービス・デリバリーをもたらしてしまうリスクである。

　すべてのサービスが，厳密にスクリプト化されている訳ではない。高度にカスタマイズされたサービスの場合——医療，教育，ヘアカット，コンサルティング——，サービスのスクリプトは柔軟であり，状況や顧客に応じて変化する。また，顧客があるサービスを初めて受けるとき，どうすれば良いのか分からず，適切ではない行動を取る可能性もある。新しい顧客が適切ではない行動を取ると，サービス・デリバリーが混乱したり，他の顧客たちを困惑させたり不快にさせたりすることがある。それ故，サービス組織は，サービス・デリバリーでは顧客はどんな役割を果たすことが期待されているかを新規の顧客に対してエデュケートすることが必要である。サービス・デリバリーの手順は，新しい技術や他の要因に応じて発展するので，スクリプトもやはりそれに合わせて修正される必要があるだろう。

　顧客とサービス従業員のスクリプトを明確化することは，フローチャートを作る第1歩となる。スクリプトは，サービス・エンカウンターを十分に記述し，サービス・プロセスで生じる（あるいは生じ得る）問題を明確化するのに役立つ。図表13-2は，歯のクリーニング（歯石除去）と簡単な検診について，それに主に関わる3者——患者，受付係，歯科衛生士——のスクリプトを示している。それぞれが果たすべき役割を持っている。スクリプトは，まず第1義には技術的タスクを手際良く安全に遂行することに向けられる。サービスのコア・タスクは，歯のクリーニングという不快さやときには痛みを与える作業への患者の協力があって初めて満足に行われ得る。スクリプト

図表13-2 歯のクリーニングと簡単な検診におけるスクリプト

患者	受付係	歯科衛生士
1 電話予約	2 日時と処置内容の確認	
3 歯科医院に来る		
	4 患者にあいさつする ：来院目的を確認する ：待合室で待つよう指示する ：歯科衛生士に患者の来院を知らせる	5 患者のカルテを確認する
6 待合室で待つ		7 患者に声をかけ，処置室に入ってもらう
8 処置室に入り，診療台に座る		9 薬の服用等について確認する：前回来院後の状況について尋ねる
		10 患者の体に防護カバーをかける
		11 診療台を下げる：マスクを上げ，手袋，防護ゴーグルを着用する
		12 患者の歯を検査する（必要ならば質問をする）
		13 唾液の吸引装置を患者の口に入れる
		14 歯のクリーニングを開始する：専門の処置装置・器具を使う
		15 クリーニングを終える：唾液の吸引装置を取り除く
		16 診療台を上げる：患者に口をゆすぐように言う
17 口をゆすぐ		18 マスクと手袋を取り，廃棄する：防護ゴーグルを外す
		19 処置内容をカルテに記し戻す
		20 患者の防護カバーを外す
		21 患者にデンタル・ケアについてアドバイスする
22 診療台から起き上がる		23 患者に謝意を表し，さよならを言う
24 処置室を出る	25 患者に挨拶する：処置を確認する：請求書を提示する	
26 支払いを行う	27 領収書を渡す：必要なら次回の予約日時を決める：次回予約日時を書き留める：予約カードを作成する	
28 予約カードを取る	29 患者に謝意を表し，さよならを言う	
30 歯科医院を出る		

の要素のいくつかは，情報の流れに関わる。たとえば，予約の確認は，患者の遅刻回避や歯科衛生士の時間の有効利用に役立つ。検診結果や処置内容を記録することは，患者毎の完全な歯の記録を保持するために重要であり，正確な精算のためにも必要である。支払いをその都度してもらうことは，キャッシュ・フローを改善し，貸し倒れを回避できる。患者に，「こんにちは。どうされましたか。」，「お大事に。」などの声をかけることは，サービス・エクスペリエンスに人間味を与える。

サービス・デリバリーの改善の視点から既存のスクリプトを検討していけば，顧客とサービス従業員の果たす役割は修正されるかもしれない。また，生産性を高めたり，顧客のサービス・エクスペリエンスの向上に結び付くこともあるだろう。

(3) 満足か失望か

サービス・デリバリーの各ステップで，顧客の離反につながる不適切な行為が行われる事態が起こり得る。第4章で見たように，顧客の期待は，最終的なアウトカムばかりでなく，サービス・デリバリーのプロセスそのものにも向けられる。ここで，OTSU*とISSO*という表現を示すことにしよう。[5] OTSUは，デビッド・マイスターによる造語で，「取り返しのつかない失敗の状況（opportunity to screw up）」を表している。サービス・デリバリーのすべてのステップで，大きな失敗が生じるさまざまな可能性がある。これに対し，ISSOは，サービスの各ステップが顧客が本当に満足できるような理想的な方法で行われることを意味している。ISSOは「理想的なサービス・シナリオ（ideal service scenario）」の意味である。

OTSUとISSOを明確にすることは，顧客にエンターテインメントを提供するようなサービス・デリバリーにおいては決定的に重要である。第5章でも述べたように，顧客の期待するサービスには，希望サービスと下限サー

＊OTSU（opportunity to screw up）：サービス・エンカウンターにおいて，顧客の期待の最低レベルを下回ることにより，顧客を失望させるパフォーマンス状況。
＊ISSO（ideal service scenario）：サービス・エンカウンターにおいて，顧客の期待にすべての次元で応えるかあるいは超えるようなパフォーマンス状況。

ビスのレベルとがある。ISSO とは、顧客の希望サービスにサービス組織が応えるかあるいは超えることを意味する。一方、重大な OTSU はたった一つで、一気に下限サービスを下回ってしまい、顧客に大きな不満足を与えることになる。

次節では、レストランを例にフローチャートを考えて行こう。フローチャートをサービス・デリバリーにおいて、OTSU を最小化し ISSO を最大化するツールとして役立て得ることも示そう。

2 レストラン・エクスペリエンス：3幕からなる演劇

ここではある高級フレンチ・レストランでのディナーというサービス・エクスペリエンスを例として取り上げよう。この「レストラン・エクスペリエンス」は、3幕（アクト）——これはさらにいくつかのシーンに分けられる——からなる演劇である。レストラン・エクスペリエンスの検討においては、読者自身が、フロントステージの各ステップで顧客がどんな状況に置かれるかを注意深く考え、各ステップでなされるべき良きサービスとは何かを明らかにしていくことが重要である。

(1) 第1幕：予約・来店・着席

レストラン・エクスペリエンスは、第1幕「予約・来店・着席」で始まる（図表13-3）。第1幕は5シーンからなる——第1のシーンはレストランの選択である。5つのシーンは、レストランのパフォーマンスについての顧客の最初のエクスペリエンスを形成する。これらはフロントステージで進行するが、同時にバックステージでもさまざまなことがらが進行している。フロントステージでのアクションのそれぞれは、一連のバックステージ活動によってサポートされている。たとえば、バックステージの従業員配置、食材の調達と下ごしらえ、店舗や設備のメンテナンス、予約情報の記録と伝達といったバックステージ活動である。

OTSU を考える 第1幕の各シーンでの OTSU を考えてみよう。最初の2シーンは、顧客が当該レストランを選び、予約を取るまでを示している。

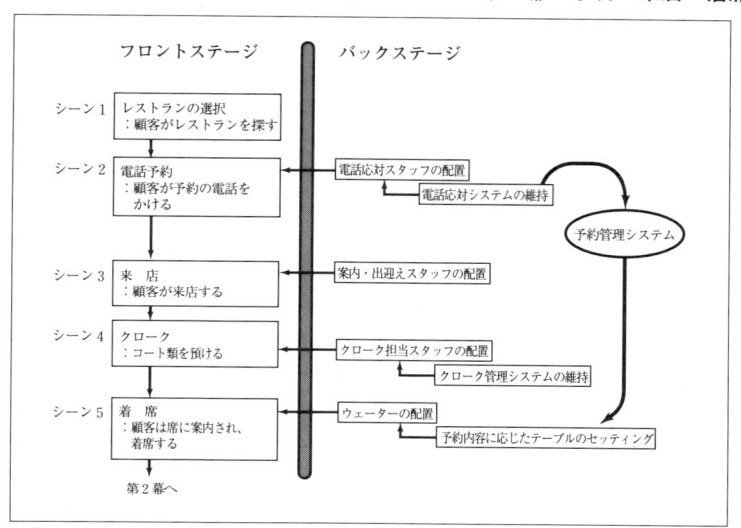

第13章 サービス・マーケターのための諸ツール

図表13-3　レストラン・エクスペリエンス——第1幕：予約・来店・着席

```
            フロントステージ          バックステージ
シーン1   レストランの選択
         :顧客がレストランを探す

シーン2   電話予約              ← 電話応対スタッフの配置
         :顧客が予約の電話を         └ 電話応対システムの維持
          かける                                          → 予約管理システム

シーン3   来　店              ← 案内・出迎えスタッフの配置
         :顧客が来店する

シーン4   クローク             ← クローク担当スタッフの配置
         :コート類を預ける          └ クローク管理システムの維持

シーン5   着　席              ← ウェーターの配置
         :顧客は席に案内され、      └ 予約内容に応じたテーブルのセッティング
          着席する

         第2幕へ
```

この単純な2シーンにおいても，OTSUが生じる可能性がいたる所にある。たとえば，次のような状況はどうであろうか。

■レストランの電話番号を，レストラン・ガイドや電話帳，広告に載せていない（レストランは，電話番号を知っているごく内輪のお客だけが来れば良いと考えているようである）。

■電話のコールが何回も鳴っても誰も取らない（レストランでは，単なる問い合わせの電話かもしれないので，そのようなことで時間を浪費したくないと考えているようである）。

■受話器を上げておく。そうすれば電話は鳴らない（静かな店内を維持したいらしい）。

■電話をかけてくるお客の言語とは違う言語を話す人に電話を取らせる（レストランはこうすれば互いに意思疎通ができず，お客は諦めると考えているようである）。

■電話機をうるさい調理場に置く。こうすれば，電話は良く聞こえなくなる（レストランは，それでも何とか意思疎通しようとする努力家のお客がいると考えているようである）。

■電話をマナーの悪い従業員に対応させる（こうすればどちらが上かをお客に分からせることができると考えているようである）。あるいは，電話応対係を訓練もせずに放置し，仕事振りもチェックしないでいる。
■電話を予約帳や予約コンピュータの近くに置かない。電話をたまたま受けた従業員は予約内容を覚えておき，手の空いたときに予約帳や予約コンピュータに記録すれば良い（レストランは，この方式は従業員の記憶力の良い訓練となると考えているようである）。

　上記の状況についてまともに議論するのは，おかしいと思えるかもしれない。しかし，本当におかしな絵空事であろうか。顧客として改めて考えたとき，上記の状況があり得ないと言い切れるだろうか…。各タスクについては，起こり得るすべてのOTSUが明確にされるべきである。こうすることで，サービス・マネジャーは始めてサービス・デリバリー・システムを起こり得るすべてのOTSUを排除する形でデザインすることが可能になる。

　ISSOを考える　ISSOを明確化することで，サービス組織は，顧客に満足やときにはディライトを与えるように各ステップをデザインすることができる。最初の2シーンについて，今度はISSOを考えてみよう。たとえば，レストラン・ガイドに電話番号が目立つように記載されているので，顧客は即座に見つけることができる，レストランの営業時間外も電話応対スタッフが詰めていて問い合わせに必ず対応できる，電話のコールには3回以内に出る，明るくはきはきした調子で話す，レストランの名前と担当者の名前を最初に告げる，顧客の告げた予約日時について受け入れ可能かを15秒以内に答える，顧客が受話器を持ったまま待たされる時間をけっして作らない，等々である。

　また，顧客の望む時間が空いていなくても，電話応対スタッフは同日で予約可能な時間を即座に調べて提示できる，顧客の質問に対して——たとえば，レストランへの道順，メニュー，必要予算，予約の空き状況，禁煙席の有無など——詳しく丁寧に答えることができる。予約がなされたならば，スタッフは顧客の名前，人数，予約日時を確認し，正確に記録する。最後に，「ご来店を心よりお待ちしています。」と添えて，顧客に感謝の意を表す。

　第1幕の進行　予約を経て，顧客がレストランに来店する。そこでは，相

応しい出迎えがなされねばならない。続いてコート類を預け，テーブルへ案内され，席に着く。各シーンでどんな ISSO あるいは OTSU の可能性があるだろうか。

サービスという演劇は，オープニングがとりわけ大切である。最初の印象がその後のサービス・デリバリーのクオリティ評価に影響を与える。顧客のサービス・エクスペリエンスの認識は累積的なものである[6]。最初に 2，3 の不都合があると，顧客はその印象に囚われて，その後も「あら」が目に付いてしまう。他方，最初の数ステップが本当に良く進行すると，顧客の容認範囲は拡がり，その後の小さなミスは気にとめなくなる。たとえば，マリオット（Marriott Corporation）の各ホテルで行われた顧客調査では，顧客ロイヤルティを向上させる上位 5 ファクターのうち，4 ファクターがサービス・デリバリーの最初の10分間で判断されることが示されている[7]。

(2) **第2幕：ディナー**

第 2 幕では，顧客が来店した目的であるコア・プロダクトが提示される。すべてがうまく進行すれば，顧客は，良い雰囲気の中で美味しい食事を楽しむことができるだろう。良質のワインもディナーの楽しみを引き立てる。一方，レストランが第 2 幕で顧客の期待を満足できなかった場合はどうなるであろうか。図表13-4 は，第 2 幕を 6 つのシーンでフローチャート化したものである。フル・サービスのレストランであれば，実際には，食事のシーンはより詳細に分割し検討する必要があるが，図表13-4 では，単純化のために食事そのものは 1 シーンにまとめてある。

第 2 幕は顧客がメニューを見るところから始まる。このシーンですでに ISSO あるいは OTSU の可能性が生じる。メニューに載せるべき情報は完璧か。メニューは分かりやすいか。顧客が料理の内容やどのワインが合うかについて尋ねたとき，親しみのある言葉使いで——しかも節度を失ったり，慇懃無礼にならずに——顧客に説明し助言できるか。顧客は注文内容が決まったら，ウェーターに伝えるだろう。ウェーターは，これを厨房や会計に伝えねばならない。情報伝達上のミスは，サービス組織の OTSU のよくある発生源である。走り書きの注文伝票や口頭での注文内容の伝達は，オーダー

図表13-4　レストラン・エクスペリエンス——第2幕：ディナー

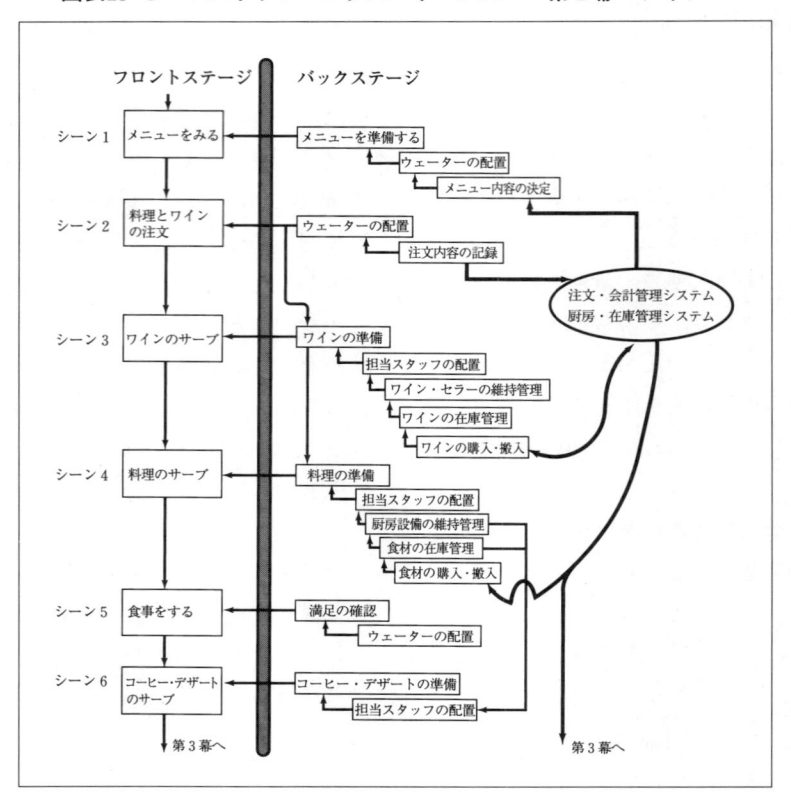

```
           フロントステージ │ バックステージ
シーン1  メニューをみる ←──── メニューを準備する
                              ├→ ウェーターの配置
                              └→ メニュー内容の決定

シーン2  料理とワイン ←──── ウェーターの配置
         の注文                └→ 注文内容の記録
                                                  ┐
                                        注文・会計管理システム
                                        厨房・在庫管理システム
シーン3  ワインのサーブ ←──── ワインの準備
                              ├→ 担当スタッフの配置
                              ├→ ワイン・セラーの維持管理
                              ├→ ワインの在庫管理
                              └→ ワインの購入・搬入

シーン4  料理のサーブ ←──── 料理の準備
                              ├→ 担当スタッフの配置
                              ├→ 厨房設備の維持管理
                              ├→ 食材の在庫管理
                              └→ 食材の購入・搬入

シーン5  食事をする ←──── 満足の確認
                              └→ ウェーターの配置

シーン6  コーヒー・デザート ←──── コーヒー・デザートの準備
         のサーブ                  └→ 担当スタッフの配置
            ↓                                  ↓
          第3幕へ                             第3幕へ
```

違いの原因となり得るだろう。

　続く各シーンで，顧客が評価するのは，料理や飲み物のクオリティだけではない。これらがいかに良いタイミングでサーブされるかも評価される（余りにも速くサーブされると顧客は調理方法について疑念を抱いてしまう——たとえば，冷凍しておいたものを電子レンジで温めただけではないか，等々）。サーブの仕方が丁寧であることも重要である。たとえウェーターが型通りに正しい手順でサーブしても，機械的で心がこもっていなかったり，逆に顧客に媚びへつらうようなやり方では駄目である。

　シーン2で一般に生じ得るOTSUは，料理の品切れである。原因として

は，食材の購入量が需要を満たすのに十分でないことが挙げられるだろう。あるいは，食材の在庫管理や調理の不手際で，必要な食材を無駄にしてしまったということもあるだろう。

第5章では，フィッシュボーン・ダイアグラム（原因・結果チャート）による分析を紹介した。これは，クオリティ・コントロール手法の一つで，問題を発生源まで遡って解明し分析するものである。この手法は，OTSUの発生と原因を明確化する良い方法でもある。フィッシュボーン・ダイアグラムでは，まずマネジャーとサービス従業員とが特定の問題の原因をなすであろうすべてのファクターについてブレーンストーミングを行う。次に得られたファクター群がカテゴリー化され，続いて，どのカテゴリーが問題発生の最も主要な原因となっているかが実際の状況に照らして決定される。

(3) 第3幕：帰り支度

第3幕「帰り支度」に進もう（図表13-5参照）。ここでは，レストラン・

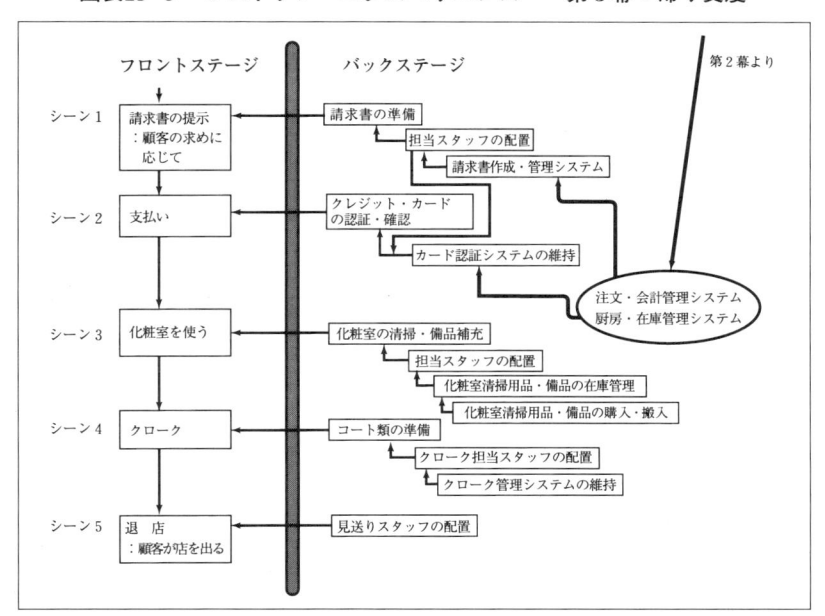

図表13-5　レストラン・エクスペリエンス――第3幕：帰り支度

エクスペリエンスが終幕に向かうにつれて，フロントステージとバックステージの両方で忙しくことが進む。コア・プロダクトはすでにデリバリーされ，顧客はその余韻を楽しんでいるところである。第3幕は長々としたものとはならないだろう。第3幕の各シーンは，滞りなく速く心地よく進行せねばならない。ここまでうまく進行してきて，この段階で失敗はそうそう起きるべきではない。しかし，第9章でも述べた補足的サービス要素が，レストラン・エクスペリエンスを完成させるためにさらにデリバリーされねばならない。ISSOに近づけるためには，以下のような進行が必要である。

■顧客が求めたらすぐに正確で分かりやすい請求書を提示する。
■支払いは丁重かつ迅速に処理される。主要クレジット・カードはすべて利用可能とする。
■化粧室は清潔であり，的確に備品の補充がなされている。
■クロークから顧客のコート類を素早くお持ちする。
■顧客のためにドアを開け，顧客を送り出す。顧客にレストラン利用のお礼を述べ，「おやすみなさいませ。」と別れのあいさつをする。加えて，「またのお越しをお待ちしております。」と再訪への希望を加える。

ところで，第3幕で，顧客のエクスペリエンスを台無しにしたり，良い気分を損ねるようなOTSUがどれほどの頻度で生じるであろうか。読者はこれまで，第2幕の楽しいディナーのエクスペリエンスが，第3幕のOTSUによって台無しになってしまった経験は何回あるだろうか。最も一般的なOTSUは，顧客が食事を終え，帰ろうというときに，請求書がなかなか準備されないことである。これは些細な失敗にも思えるだろうが，うまく進行してきたレストラン・エクスペリエンスの最後に汚点を残すことになる。顧客を不必要に待たせることは，「顧客の時間を盗み取っている」に等しいのである。

(4) 小　括

提示されてきたレストラン・エクスペリエンスは単純化されたものであるが，それでもサービス・デリバリー・プロセスが複雑なものであることは明白である。第2幕のコア・プロダクトは，第1幕と第3幕の補足的サービス

要素群によって前後を挟まれている。ここで提示されたレストランの例は，多くの読者にとって馴染み深いと思われるハイ・コンタクトな「人を対象とするサービス」を描写するために慎重に選ばれたものである。一方，「所有物を対象とするサービス」（たとえば，物財の修理や保守サービス）や「情報を対象とするサービス」（たとえば，保険や会計サービス）では，サービス・オペレーションの多くがバックステージで行われるために顧客とのコンタクトはより少ないものとなる。これらのサービスの場合，フロントステージでOTSUが生じると，それはレストラン・エクスペリエンスの場合よりも一層深刻なものとなるだろう。どんなプロセスのサービスでも最悪のOTSUは，フロントステージでサービス・デリバリーを待つ他の多くの顧客にも影響が直接に波及するOTSUである。また，それほど影響の及ばないOTSUの場合でも，サービス従業員の生産性が低下し，結果としてコスト上昇とモラール低下を招く場合もあるだろう。

3　科学としてのサービス

　レストラン・エクスペリエンスでは，既存のプロセスの各シーンで生じ得る失敗を回避し，顧客の期待に合致するようにすることが強調された。しかし，既存のプロセスを──フロントステージもバックステージも──磨き上げることだけが，サービス・アウトカムを向上させる唯一の方法ではない。デリバリー・プロセスそのものを再考することが必要な場合もあるだろう。デリバリー・プロセスのリエンジニアリングを行い，供給能力（キャパシティ）のマネジメントを改善し，サービス従業員の役割をより良いものに再規定する。フローチャートは，これらを行う上で，有用な示唆を与えてくれる。このような取組みは，サービス組織が，マーケティング，オペレーション，人的資源管理を統合することにつながるだろう。

(1)　サービス・プロセスのリエンジニアリング

　サービス・プロセスのデザインは，望ましいサービス・アウトカムがどのようなコスト，スピード，生産性で達成されるかを左右するが，顧客エクス

ペリエンスがどのようなものとなるかにも重要な意味を持つ。サービスにおける生産性の向上には，プロセス全体のスピード・アップが求められることが多い。サービスのコストは通常，プロセスの各ステップでどの位の時間を要するかとステップ間の移行に際して無駄な時間（デッド・タイム）がどの位生じるか，に関わるからである。

　顧客は，リラックスしたり楽しんでいるときは，時間を「費やす」ことを気にかけない。しかし，忙しいときは時間を「無駄にする」ことを嫌う（時間的コストについては第11章を参照）。たとえ顧客がプロセスに直接に関与していなくとも，サービスを頼んでから受け取るまでの経過時間はコストとみなされるだろう。

　サービス・プロセスのリエンジニアリング*とは，より速くより良好なパフォーマンスを得るために，サービス・プロセスを分析し，再デザインすることである。リエンジニアリングでは，プロセス全体の所要時間を短縮するために，個々のステップを明確化し，ステップ毎の所要時間を測定し，スピード・アップの可能性や無駄な時間の削減の可能性が探られねばならない。複数のタスクを順番にこなすのではなく同時並行的にこなすようにすることは，プロセスのスピード・アップを行う良く知られた方法である。サービス組織によっては，ブループリントの手法を使うことができるだろう（第8章参照）。

　サービス・プロセスを検討していくと，別のデリバリー形態が生み出されることもあるだろう。新しいデリバリー形態は，旧来のものとは全く異なるかもしれない。それ故に，サービス・コンセプトも全く新しいものに変わるかもしれない。サービス・プロセスの検討には，たとえば，現行の補足的サービス要素を削減する，逆に新しい補足的サービス要素を追加する，人的なサービスをセルフ・サービス方式に替える，サービス・デリバリーが行われる場所を再考する，といったものがある。図表13-6は，フード・サービス・デリバリーについての4つの方法をごく単純化したフローチャートで示

＊リエンジニアリング（reengineering）：コスト，クオリティ，スピード，顧客のサービス・エクスペリエンスといった領域において，劇的なパフォーマンス向上を生み出すために，サービス・プロセスを分析し，再デザインすること。

第13章　サービス・マーケターのための諸ツール　317

図表13-6　各種フード・サービス・デリバリーのフローチャート

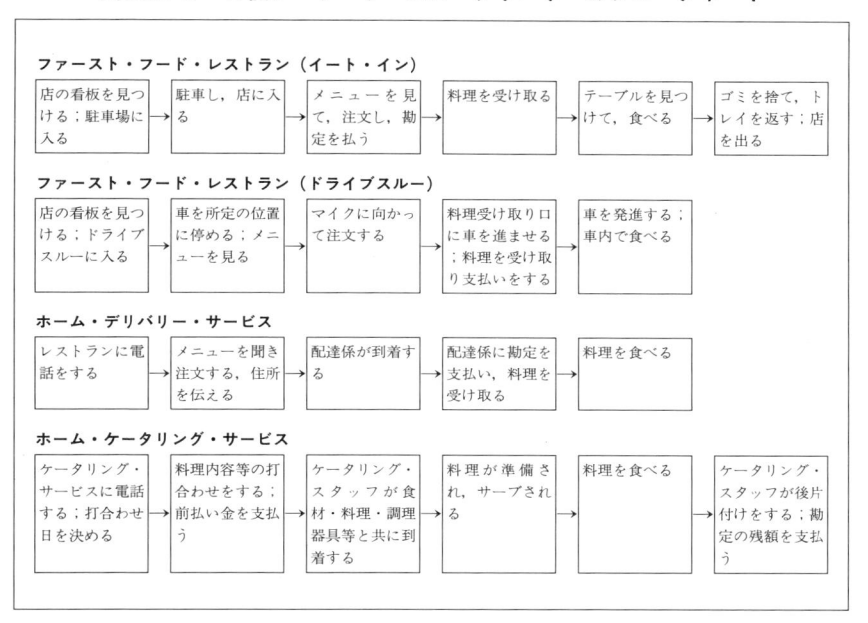

ファースト・フード・レストラン（イート・イン）						
店の看板を見つける；駐車場に入る	駐車し、店に入る	メニューを見て、注文し、勘定を払う	料理を受け取る	テーブルを見つけて、食べる	ゴミを捨て、トレイを返す；店を出る	

ファースト・フード・レストラン（ドライブスルー）				
店の看板を見つける；ドライブスルーに入る	車を所定の位置に停める；メニューを見る	マイクに向かって注文する	料理受け取り口に車を進ませる；料理を受け取り支払いをする	車を発進する；車内で食べる

ホーム・デリバリー・サービス				
レストランに電話をする	メニューを聞き注文する、住所を伝える	配達係が到着する	配達係に勘定を支払い、料理を受け取る	料理を食べる

ホーム・ケータリング・サービス					
ケータリング・サービスに電話する；打合わせ日を決める	料理内容等の打合わせをする；前払い金を支払う	ケータリング・スタッフが食材・料理・調理器具等と共に到着する	料理が準備され、サーブされる	料理を食べる	ケータリング・スタッフが後片付けをする；勘定の残額を支払う

したものである（図表13-3～5よりも単純化してある）。読者には、4つの方法——ファースト・フード・レストラン（イート・イン，ドライブスルー），ホーム・デリバリー・サービス，ホーム・ケータリング・サービス——のそれぞれにおいて，フロントステージで進行することがらをそれぞれ検討してもらいたい。顧客の視点からみて，先に検討したレストラン・エクスペリエンスと比較して何が削除され，何が付加されているだろうか。また，バックステージではどんな変更がなされているだろうか。

(2)　供給能力のマネジメント

　サービス・デリバリー・プロセスにボトルネック*が存在すると，顧客は苛立つ状況に置かれることになる。たとえば，カフェテリアで料理はスムースに選べるのに，精算レジの前で何と5分も待たされてしまうような状況である。なぜこうした無駄な時間が生じるのか。おそらく，料理が次々と補充されるのに対し，稼動している2つのレジが顧客を——料理の補充ほどは——

素早く処理できないためであろう。この状況の解決法は、レジを増設するか、レジ業務を速くする方法を見つけるかであろう（たとえば、レジ係をさらに訓練する、より素早い処理ができるレジ機を導入する、釣り銭が半端に出ないような価格設定にする）。次の第14章では、供給能力のマネジメントについて詳しく扱う。関連する問題——行列（待ち行列）のマネジメント——については、第15章で扱おう。供給能力と行列のマネジメントは、カフェテリアや航空会社のような「人を対象とするサービス」では、とりわけ大きな問題である。他のサービス——「所有物を対象とするサービス」、「メンタルな刺激を与えるサービス」、「情報を対象とするサービス」——でも、サービス組織はこれらの問題に直面している。

　どんなタイプのサービスでも、フローチャートは供給能力に関わる問題の解決に役立ち得る。供給能力を考慮しながら、各ステップにかかる平均所要時間を算出することで、サービス組織はボトルネックとなりそうな場所を見つけ出し、対応策を取ることができる。しかしながら、「平均」という言葉は変動性の存在を意味している。もし、顧客が大挙して一斉に押し寄せれば、混雑により各ステップで平均以上の処理時間がかかり、どうしても一時的な遅延が起こってしまう。現在はこの種の分析を行う優れたソフトウェアがある。たとえば、「プロセス・チャーター」というソフトは、フローチャート作成ソフトウェアであり、サービス・プロセスの時間とコストの双方の分析に用いられる。また、このソフトは、さまざまなサービス・シナリオのシミュレーションをすることができるので、マネジャーは待ち時間とコスト間のトレード・オフを見ることができる。この他、顧客がサービス・デリバリーに不満を感じずに待つことができる推定時間を分析に組み込むこともできる。

(3) サービス従業員の役割を理解する

　フローチャートの利点は、フローチャート作成時の調査や分析作業そのものからももたらされる。とりわけ、サービス従業員がフローチャート作成タスクに加わっていたり関与している場合はそうである。フローチャート作成

＊ボトルネック（bottleneck）：サービス・デリバリー・プロセスにおける隘路・停滞・混雑・輻輳ポイントを指す。

への参加は，サービス従業員が自身の役割と責務とをより明確に理解することに役立つ。また，サービス従業員は自身が共有するサービス・ビジョンを履行する責任を担ったチームの一員であることを自覚するようになる。フローチャートはまた，マネジャーやサービス従業員がサービス・デリバリー・プロセスを顧客のエクスペリエンスの視点から理解することを促す。

フローチャートのさらなる利点は，バックステージの従業員に彼らの仕事がどのようにフロントステージの同僚たちを支えているかを知ってもらうのに役立つことである。バックステージの従業員は，インターナル・サービスを提供し，フロントステージの諸活動を支えている。もしも，彼らの仕事がきちんと行われないなら，顧客と向かい合うフロントステージの諸活動でさまざまな問題が起きることになろう。OTSUとISSOは，「インターナル・サービス」についても適用できる。いつでもサービスを顧客が望む通りに正確に提供可能とは限らない――これはインターナル・サービスについてもそうである。しかし，フローチャートは少なくとも，顧客の期待にどのようにして応えるかを決定したり，サービス・デリバリー・プロセスをいかに改善するかの議論を促進する有用なツールとなり得るのである。

4　新しいサービス・ドラマの創造

本章では，既存のサービス・デリバリー・プロセスを改善する方法について議論してきた。これは，サービス・デリバリーを「演劇(ドラマ)」と考え，進行をフローチャート化することでなされた。ところで，第8章でも見たように，フローチャートは新しいサービスをデザインする上でも非常に有用なツールである。フローチャートをサービス・デザインに用いることは，建築家が建物や施設のデザインに際し，スケッチをし，詳細な青写真を作成するのと同じである。サービスのさまざまな形態は，時間，コスト，サービス従業員の能力要件，特別な設備の必要性，サービス施設のデザインの点からも検討することができる。これに対し，フローチャートは，サービスの各形態を顧客の満足の観点から検討することに役立つ。検討は，顧客の観点から見て望ましいサービス・アウトカムが生み出されるかだけでなく，顧客が負う金銭

的・時間的コストの点やサービス・デリバリー・プロセスにおいて顧客が負う諸々の忍耐の点でもなされる。このような検討と分析を行うことで，複数の顧客セグメントに対し，それぞれニーズに合致した複数のサービス・デリバリー・プロセスを提示する可能性も生まれるだろう。

(1) 新しいサービスのデザインに市場調査を利用する

　サービス組織が，新しいサービスを初めからデザインする場合，ターゲット顧客にとって最も好ましいものとなるサービス・プロセス特性と価格とを決めねばならない。この決定は，顧客の声を聴くことなしには困難である。ここに市場調査の必要性が生まれる。ここでは，マリオットが，ホテル産業で新しいサービス開発を行う際に市場調査をどのように役立てたかを見ていこう。

　マリオットは，ビジネス客向けの新しいホテル・チェーン――最終的には「コートヤード・バイ・マリオット」として実現された――のデザインを行う上で，市場調査の専門家を雇い，最適なデザイン・コンセプトは何かを探っている。[8] 価格に応じて提供できるサービスやアメニティには限度があるので，マリオットは，顧客が価格と満足の間でどんなトレード・オフを行うか――どの部分を我慢し，どの部分を譲らないかを――知る必要があった。調査は，回答者がどのサービス部分を最も高く評価するかを知るために行われた。これは，フル・サービスのホテルと大衆的なモーテルとの中間領域に市場が存在するのか否かを知ることでもあった。

　調査では，4つの大都市圏から600余人の消費者サンプルが集められた。コンジョイント分析として知られる高度な手法が用いられ，回答者はさまざまな属性からなる複数のサービス・コンセプトについてそれぞれ評定することを求められた。調査では各属性は，次の7つのグループに分けられていた。

　①エクステリア：建物の形状，植栽等，プールのタイプと配置，ホテルの規模。

　②部屋の特性：部屋の広さと内装，空調設備，バスルームのタイプと配置，テレビ等娯楽設備，他のアメニティ。

　③食事に関するサービス：レストランのタイプと配置，メニュー，ルー

ム・サービス，自動販売機の設置，売店，各部屋のキッチンの有無。

④ホテル・ラウンジの施設：配置，雰囲気，ラウンジ利用客のタイプ。

⑤サービス：予約，チェックイン，チェックアウト，空港送迎，ベルデスク，メッセージ・センター，秘書サービス，レンタカー，クリーニング・サービス，（雑用などを行う）ボーイ・サービス。

⑥レジャー施設：サウナ，ジャグジー，エクササイズ・ルーム，ラケットボール場，テニス・コート，ゲーム・ルーム，子どものための遊戯施設。

⑦セキュリティ：警備員，煙探知器，24時間監視カメラ。

上記の7つのグループのそれぞれの属性について，さまざまなパフォーマンス・レベルが準備され——たとえば，部屋の各属性には3段階から5段階のレベルが準備された——，多数のサービス・コンセプト（ホテル・プロファイル）が生み出された。回答者はこれらサービス・コンセプトについて，特定の宿泊価格を前提とするとき，どの程度泊まりたいと思うかを5点尺度で評価することを求められた。

(2) 調査結果を役立てる

調査と分析から，マリオットはサービス・コンセプトを選び出す詳細な指針を得ることができた。調査の重要な側面は，ビジネス客が望んでいるものは何かだけでなく，望んではいるが支払う気はないものは何かを明らかにしたことであった（何かを欲しているからといって，そのために喜んで支払うとは限らない）。調査結果に基づき，マリオットはターゲット市場の求める特性を維持し得る価格水準も見つけ出すこともできた。

調査結果は，ビジネス客向けの新しいホテル・チェーンの可能性を十分に示すものであった。これを受け，マリオットはコートヤード・バイ・マリオットのプロトタイプとして，新ホテルを3つ建設した。現実の市場でサービス・コンセプトのテストが行われ，いくらかの改良を経て，マリオットは新しいホテル・チェーンの大規模展開に乗り出した。その広告キャンペーンのスローガンは，「コートヤード・バイ・マリオット。ビジネスでご利用になるお客様自身がデザインしたホテルです。」というものであった。コートヤード・バイ・マリオットの成功に引き続き，マリオットは同じ調査手法を用

いて，別のホテル・チェーン——「フェアフィールド・イン・バイ・マリオット」と「マリオット・ホテル，リゾート・アンド・スイート」——の開発も行っている。

5 結　論

　サービス・デリバリー・プロセスは，顧客にとってあたかも劇場で進行する演劇（ドラマ）のようである。劇場は，サービス・デリバリーの良いアナロジーである。サービス・デリバリーには，言わば，役者，舞台装置，台本（スクリプト），舞台衣装が揃っている。（顧客に見えない）バックステージの諸活動は，舞台上の良好なパフォーマンスを生み出したり，サポートするために存在する。フロントステージの諸活動は，サービス・デリバリーに顧客を関わらせる。顧客がサービス施設や装置，サービス従業員，他の顧客たちとインタラクトするよう仕向けることもある。

　サービスという演劇のそれぞれのシーンでは，サービス組織がミスを犯して，顧客を不快にする多くの可能性がある。しかし同時に，顧客を喜ばせる機会も数多く存在する。サービスという演劇の進行に伴い，どんな問題（OTSU）と機会（ISSO）の可能性があるのか。マネジャーがこれを見極める上で，スクリプトやフローチャート，コンジョイント分析が有用なツールとなる。

第14章
需要と供給能力のマネジメント

プロダクト要素　　　　　　　　　プロセス
場所と時間　　　　　　　　　　　生産性とクオリティ
プロモーションとエデュケーション　人的要素
サービスの価格とその他のコスト　　………………

本章の目標
■サービス組織の供給能力を構成する各要素を理解する。
■需要変動に対応する供給能力マネジメントを理解する。
■需要サイクルの概念を理解する。
■多様な需要パターンとその原因を理解する。
■需要マネジメントを状況に合わせて行うことを理解する。

1　需要の変動

　リゾート地にはほとんどの場合，オン・シーズンとオフ・シーズンとがある。それ故，リゾート地にある小売店，映画館，モーテル，レストラン，フェリーのような交通機関は，需要変動を免れることはできない。しかし，サービスに対する需要変動はこうしたリゾート地だけに固有のものという訳でもない。需要の変動は，個人顧客，法人顧客を問わず，顧客にサービスを提供するビジネスには常に存在する問題である。需要の変動は，季節単位から時間単位の変動と多様であるが，いずれにしても効率的なサービス生産を妨げるものである。

(1) 供給能力の効果的利用

物財の製造とは異なり，サービス・オペレーションの産み出す在庫[*]は，後日の販売に備え貯蔵しておくことはできない。このことは，需要が大きく変動するにもかかわらず，供給能力(キャパシティ)が固定しているサービスにとって大きな問題となる。これは，交通機関，ホテル，飲食業，修理や保守・点検サービス，エンターテインメント，ヘルス・ケアのような，人間や物理的な財を扱うサービスで一般的に見られることである。また，会計や税務のサービスのように，特定の時期に需要が急速に高まることを毎年繰り返す場合もある。

供給能力の効果的利用は，需要変動を免れ得ないサービス・ビジネスにおいて成功の鍵の一つとなっている。しかしながら，供給能力の効果的利用とは，サービス従業員やサービス設備・施設を最大限に稼動させることではなく，これらをできる限り生産的に稼動させることを意味している。本章の内容は，第1章で紹介し，第5章で詳しく論じた「生産性とサービス・クオリティ」の問題に大きく関わる。サービス組織の生産性を高めつつ，同時に顧客の求めるクオリティの高いサービス・エクスペリエンスを提供する。この課題の遂行には需要と供給能力のマネジメントが不可欠である。有能なサービス・マネジャーはこうしたことを良く理解している。

(2) 需要の過剰から供給能力の過剰まで

サービス・ビジネスでは，需要の変動と固定された供給能力によってお馴染みの問題が生じる。「ピーク時には，供給能力を超えてしまい。お客を断らざるを得ない。こうしてサービスを利用できないお客を失望させている。一方，オフピーク時には，サービス施設はガラガラで従業員もすることがなく退屈している。こうして，ピーク時もオフピーク時もわれわれはお金を無駄にしているのだ。」という問題である。需要が変動するにもかかわらず，サービスが固定された供給能力に基づくとき，次の4つの状況が生じ得るだ

---

[*]在庫（inventory）：物財の製造においては，後日の販売や使用のために生産され，貯蔵される物理的なアウトプットを指す。サービスにおいては，未だ予約されていない将来時点のアウトプットを指す。たとえば，ある特定の日に未だ予約が入っていないホテルの部屋は，ホテル業における在庫となる。

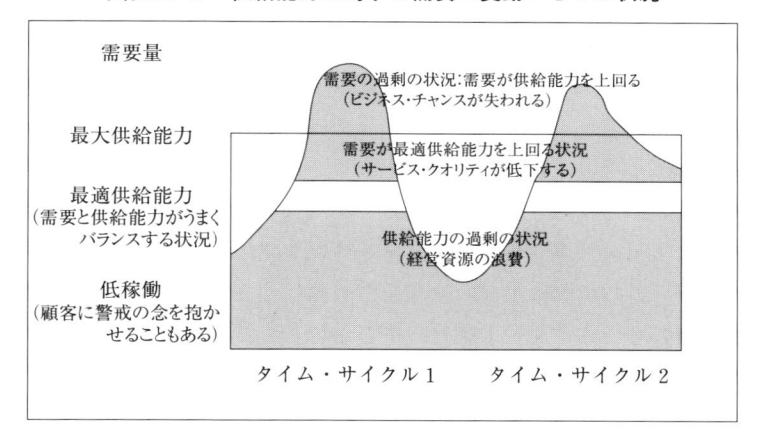

図表14-1 供給能力に対する需要の変動：4つの状況

```
需要量
         需要の過剰の状況：需要が供給能力を上回る
         （ビジネス・チャンスが失われる）
最大供給能力
         需要が最適供給能力を上回る状況
         （サービス・クオリティが低下する）
最適供給能力
（需要と供給能力がうまく
 バランスする状況）
         供給能力の過剰の状況
         （経営資源の浪費）
低稼働
（顧客に警戒の念を抱か
 せることもある）
              タイム・サイクル1    タイム・サイクル2
```

ろう（図表14-1参照）。

- ■需要の過剰*の状況。需要のレベルが，サービスの最大供給能力を上回ってしまう状況。サービスを受けられない顧客が発生し，その分，ビジネス・チャンスが失われてしまう。
- ■需要が最適供給能力を上回る状況。顧客の中で，サービスを受けられない人はいないが，混み合った状態で，すべての顧客がサービス・クオリティが低下していると感じる可能性のある状況。
- ■需要と供給がうまくバランスする状況。需要が最適供給能力に合致する状況。サービス従業員もサービス施設も忙しく稼動しているが，オーバーワークではなく，顧客は遅滞なく良好なサービスを受けられる状況。
- ■供給能力の過剰*の状況。需要が最適供給能力を下回り，本来の能力以下でしかサービス従業員やサービス施設が稼動していない状況。生産性は低位に留まる。この状況では顧客は，サービス・エクスペリエンスに失望したり，サービスを提供する能力そのものに疑念を抱くこともある。

＊需要の過剰（excess demand）：ある時点におけるサービスの需要が，サービス組織のサービス供給能力を上回ること。
＊供給能力の過剰（excess capacity）：サービス組織のサービス供給能力が，最適レベル以下で稼働していること。

最大供給能力*と最適供給能力*との相違点をはっきりさせる必要があるだろう。需要が最大供給能力を超えたとき，顧客は断られたり諦めて立ち去ってしまう。この分のビジネス・チャンスは永遠に失われる。また，最大供給能力と最適供給能力との間で需要が上下している場合，顧客は劣ったサービスを受けたと感じ不満に思うリスクが生じる。

一方，最大供給能力と最適供給能力とが一致することもあるだろう。たとえば，ライブ・シアターやスポーツ・イベントでは，満席の方が望ましいかもしれない。この状況は出演者や選手を刺激し，会場に熱狂的な雰囲気をもたらす。観客も一体となって楽しむことができ，皆がより満足できるエクスペリエンスを得ることができるだろう。他方，他のほとんどのサービスにおいては，サービス施設が最大供給能力以下で稼動している方が，顧客はより良いサービスを受けられると感じるだろう。たとえば，レストランでは，満席状態のときはサービス・クオリティが低下することがしばしばある。サービス従業員は忙しく立ち回り，ミスや遅れが生じる可能性が高くなるからである。また，旅客機のエコノミー・クラスで独り旅をしている場合は，満席の状態よりも隣の座席が空いている状態の方がより快適に時間を過ごすことができるだろう。修理サービスにおいては，最大供給能力一杯に仕事を請け負っていれば，「余裕」（スラック）に欠けることになる。この場合，ちょっとした不測の事態が生じれば，たちまち仕事の遅れにつながることになるだろう。

需要変動に関わる問題には，基本的に2つの解決策がある。一つは，需要変動に合わせて供給能力レベルを調整することである。この解決策では，オペレーション・マネジメントと人的資源管理との協働を要するが，供給能力を構成する要素とは何かを理解し，供給能力をスムースに増減する方法を考える必要がある。今一つは，マーケティングの諸方策を用いて需要そのものをマネジメントすることである。これは，ピーク時の需要を減少させ，オフ

---

*最大供給能力（maximum capacity）：サービス組織がある時点において，顧客の需要に応じることのできる最大限のサービス供給能力を指す。

*最適供給能力（optimum capacity）：サービス・クオリティを低下させない限界域としてのサービス供給能力を指す。サービス組織が最適供給能力を超えて，より多くの顧客へサービス提供を行おうとすると，途端にサービス・クオリティの低下が知覚され始める。

ピーク時の需要を増加させることで、全体として需要量がなるべく平準化に向かうようにしていくことである。上記の2つの解決策を同時に用いているサービス組織もある。

2 供給能力の測定とマネジメント

多くのサービス組織において、供給能力には制約がある。一度に供給し得る顧客の数には上限があり、他方、オフピークだからといって供給能力を削減することもできない。一般に、「人を対象とするサービス」や「所有物を対象とするサービス」のように物理的プロセスに依拠するサービス組織の場合は、供給能力の制約を受けやすい。他方、「メンタルな刺激を与えるサービス」に依拠するサービス組織の場合は供給能力の制約は比較的少ない。たとえば、ラジオには、受信エリアという地理的制約はあるものの、エリア内であれば聴き手の数に上限はなく、この点では供給能力には制約は存在しない。

(1) 供給能力

「供給能力*」とは、企業・組織が物財の生産やサービスの提供に用いることのできる資源ないし資産に関わる用語である。供給能力は、サービスにおいては少なくとも次の5つの観点で理解される必要がある。

①物理的なサービス施設が、顧客を収容すべくデザインされ、人を対象とするサービスやメンタルな刺激を与えるサービスのデリバリーに用いられる。こうしたサービス施設には、病院、ホテル、旅客機、バス、レストラン、スイミング・プール、映画館、コンサート・ホール、大学の教室などが該当する。これらのサービス施設の基本的な供給能力は、ベッド、部屋、座席、テーブルまたは机のような備品類の数によって制約される。健康・保健上の理由や火災等防災上の理由から、行政による規制が顧客数の上限を定めている

---

*供給能力（productive capacity）：サービス組織がサービスを創造し顧客に提供する際に用いることのできる施設、設備、労働力、インフラストラクチャー、その他の資産の数量・容量・能力等を指す。

場合もある。

②物理的なサービス施設が，顧客に物財・サービスを販売し，あるいは顧客の所有物にサービスを与え，保管するために用いられる。こうしたサービス施設には，スーパーマーケットの棚，パイプライン，倉庫，駐車場，貨物用コンテナ，貨物列車などが該当する。

③物理的なサービス設備が，人を対象とするサービス，所有物を対象とするサービス，情報を対象とするサービスの各デリバリーにおいて用いられる。こうしたサービス設備は非常に多岐に渡り，状況毎に多様である。各種機器類，電話，ヘア・ドライヤー，コンピュータ，診断装置，空港のセキュリティ探知器，料金ゲート，料理用オーブン，銀行ATM，修理道具，レジ機，等々が該当する。需要に対し，これらの数が不足していると，サービス・デリバリーの遅滞や事実上の停止をもたらす場合がある。

④労働力は，ハイ・コンタクト・サービスのすべてにおいて供給能力の要となる。ロー・コンタクト・サービスの場合でも多くは同様である。労働力には，肉体的労働と頭脳的労働の双方が含まれる。レストラン，病院，無料電話サービス。いずれの場合も予測される需要量に合致して，サービス従業員の人数を揃える必要がある。さもなければ，顧客は長く待たされたり，あるいは忙しく余裕のないサービスを受けることになる。プロフェッショナル・サービスの場合は，高度な訓練を受けた専門家に特に依存しており，付加価値と情報に基づくアウトプットを産み出している。エイブラハム・リンカーン（Abraham Lincoln）は，「時間と専門知識（エクスパータイズ）こそが，弁護士の商品である。」と述べているが，これはプロフェッショナル・サービスの特性を端的に表現するものである〔アメリカ合衆国第16代大統領リンカーンはイリノイ州下院議員時代に友人と協同で弁護士業を始めている〕。

⑤多くのサービス組織は，顧客にサービス・デリバリーを行うために，公共あるいは私的なインフラストラクチャーを利用している。ここで生じる供給能力問題には，電話回線の混雑，不安定な電力供給（または電圧低下による供給制限），フライトの制限を引き起こすような航空路の輻輳，主要高速道路における交通渋滞などがあるだろう。

(2) 供給能力の測定

　供給能力の稼動状況の測定尺度には，サービス施設・設備，サービス従業員の稼働時間数（または，全稼動可能時間に占める実稼働時間の割合）やサービス施設・設備の充足率（たとえば，座席や貨物室の充足率）が含まれる。人（サービス従業員）は，アウトプットを同じレベルで維持し続ける能力の点で，機械設備よりも劣る。サービス従業員のアウトプット・レベルは疲労などにより大きく変動する場合がある。カフェテリア・レストランや運転免許センターのような流れ作業式のサービス・オペレーションでは，どこかの部分を担当するサービス従業員が疲れていたり，やる気がなかったり，訓練が不十分な場合は，サービスの流れ全体が滞ってしまうことがある。

　良好なサービス・オペレーションでは，サービス施設，サービス装置，サービス従業員のそれぞれの供給能力がバランスの取れた状態にある。流れ作業式のサービス・オペレーションでも，ボトルネックが生じる可能性を最小限にするよう全体をデザインすることが可能である。しかしながら，現実にはこうした理想的状態を常に維持することは困難である。

(3) 供給能力の伸縮

　供給能力が弾力的で，追加的需要を吸収することが可能な場合もある。たとえば，地下鉄の車両には，40人分の座席に加え60人が立つことのできるフロア面積がある。ラッシュ・アワー時には，最大でおそらく座席分プラス200人程の乗客が超混雑状態で乗っていることになるだろう。しかし，これは全体から見れば短時間のことである。一方，サービス従業員も，短い時間であれば非常に高い効率レベルで働くことができる。しかし，長時間——たとえば，1日中——は無理である。これを求めても遅かれ早かれ疲れてしまい，サービス・クオリティは低下することになるだろう。

　座席数に基づき供給能力が固定されていると思われる場合でも，ピーク時にさらなるサービスを提供することが可能である。たとえば，いくつかの航空会社では，繁忙期に座席の足下のスペースをわずかずつ狭くして，座席をもう1列増設している。これにより，旅客機の乗客収容数を増やしている訳である。同じようにレストランでも，エキストラ・テーブルや席を加えるこ

とがあるだろう。こうした場合，供給能力の上限は，（旅客機の）安全規制・基準や（レストランの厨房のような）バックステージの供給能力によって規定されることになる。

　供給能力を拡大する別の方法は，サービス施設をより長時間（長期間）に渡って稼動させることである。たとえば，レストランでは，夕方早々から深夜までというようにディナーの営業時間を長くする，大学では夜間クラスやサマー・プログラムを設ける，航空会社の場合は，1日のフライト・スケジュールを拡大する，といったことがある。他には，顧客が当該サービス・プロセスに費やす時間量を減少させる方法もある。これはしばしば「余分な時間（スラック・タイム）」を最少化することでなされる。たとえば，レストランでは，食事の終わった顧客を放置せずに，素早く――しかし良いタイミングで――請求書を提示することが挙げられる。あるいは，ピークの時間帯にはサービスの一部をカットすることもある。たとえば，ランチ・タイムには少数のセット・メニューに絞り込むといったことである。

(4) 需要への対応

　需要変動に合わせて供給能力の総体的なレベルを適合させることも追求される。これは，需要対応[*]として知られる方法である。マネジャーは，必要に応じて供給能力の調整を行う。方法としては以下が挙げられる。

- ■サービス提供の休止。オフピーク時には，サービス提供を一時休止する。ピーク時に備え，この間に供給能力を100％の状態に回復・修復する。サービス従業員の休憩もこの間に取れば良い。
- ■パートやアルバイト従業員を活用する。多くサービス組織で，ピーク時にこのようなサービス従業員を雇用している。たとえば，小売店ではクリスマス時期に臨時の店員が雇われる。ホテルも繁忙期や大きなコンベンションがあれば臨時スタッフを雇用する。
- ■サービス施設や設備をレンタル，あるいは共有（シェア）する。サービス組織はピーク時にサービス施設や設備・装置をレンタルすることが可能である。

---

[*]需要対応（chase demand）：需要レベルに合致するように供給能力のレベルを調整すること。

固定資産への投資には限度があり，すべてを所有する必要はない。また，需要変動が補完し合うようなサービス組織同士で，サービス施設や設備を共有することもあるかもしれない。
■サービス従業員の能力開発。サービス・デリバリー・システムが最大供給能力で運用されていても，すべての設備やサービス従業員が100％稼動している訳ではない。サービス従業員をさまざまなタスクをこなせるように訓練しておけば，必要に応じてボトルネック部分に機動的に投入することができ，これによりトータルな供給能力を向上させることもできる。たとえば，スーパーマーケットで，レジに長い列ができ始めたときには品出し・補充係がレジに入り，逆にレジがすいているときには，レジ係が品出し・補充係を手伝うことができる，といったことがある。

(5) フレキシブルな供給能力の創造

問題が全体的な供給能力ではなく，各市場セグメントに対応する供給能力の組み合わせにあることも多い。たとえば，旅客機でエコノミー・クラスは満席なのに，ビジネス・クラスには空席が目立つ場合，ホテルで部屋タイプ毎に過不足がある場合，が挙げられる。一つの解決法は，サービス施設をあらかじめ柔軟性があるようにデザインしておくことである。

ボーイングは，エア・バスからの強力な競合にさらされていたが，新型旅客機「７７７（トリプル・セブン）」の開発に際し，顧客企業（航空会社）からの特別な要望を取り入れた設計を行っている。これは，１時間程の作業時間で，客室のレイアウトを変更できるというもので，これにより航空会社は７７７については，需要に合わせ客室のクラス毎の座席数を柔軟に変更することができるようになった。

フレキシブルな供給能力の好例に，ニュージーランドの南島におけるエコ・ツアーが挙げられる。春，夏，初秋の間はハイキングやトレッキングを提供し，雪の降る間はクロス・カントリー・スキーの講習を提供している。顧客は電話で１年中予約ができるが，電話予約サービスは代行業者に委託され，トレッキングのガイドや講習のインストラクターは，需要に応じてパートタイムで雇われている。顧客の宿泊はニュージーランド国立公園内の山荘

や山小屋が利用される。広範なサービス内容を提供する供給能力にもかかわらず、エコ・ツアーを運営するサービス組織の投資額は非常に低いものとなっている。

3 需要の理解[2]

ここで需要に目を転じてみよう。特定のサービスに対する需要変動をコントロールするためには、マネジャーはどんなファクターが需要サイクル*を支配しているのかを知る必要がある。

需要の変動は、もちろんランダムな原因による場合もある。たとえば、雨が降る、寒波が来る、といった天候・気候の変化は屋内レクリエーション、野外レクリエーション、エンターテインメント・サービスの利用に影響を及ぼす。心臓発作や出生の増加は、病院の利用を増加させる。警察、消防、救急搬送といったサービスでは、いつどこでどんな需要（必要性）が生じるのかは予測できない。他には、自然災害もある。たとえば、大地震、竜巻（トルネード）、ハリケーンなどの被害はどうであろうか。災害復興の専門家や保険会社の業務は、これらの自然災害によってどれほど大きく左右されるだろうか。

(1) 需要サイクル

特定のサービスに対する需要サイクルには、1日単位のものもあれば、1ヵ年単位のものもある。複数の需要サイクルが同時に作用していることも多い。たとえば、公共輸送機関の需要レベルには、時間帯（通勤時間に需要が最大となる）、曜日（週末は通勤客は減るが、レジャー客の利用は増す）、季節（夏期はレジャー客の需要が増す）の各サイクルが作用している。たとえば、夏のある月曜日のピーク時需要は、冬のある土曜日のピーク時需要とは異なる。同じピーク時でも曜日と季節という2つの変動が同時に働いているからである。

図表14-2は、4つの時間帯（朝のピーク時、昼間、夕刻のピーク時、夜

＊需要サイクル（demand cycle）：あるサービスに対する需要レベルが、予測可能な上下を繰り返すときの周期を指す。

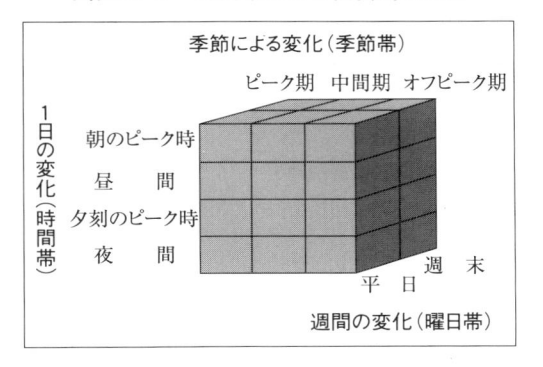

図表14-2 時間帯による需要期の区分

[図：1日の変化（時間帯：朝のピーク時、昼間、夕刻のピーク時、夜間）、週間の変化（曜日帯：平日、週末）、季節による変化（季節帯：ピーク期、中間期、オフピーク期）を示す立方体図]

間），2つの曜日帯（平日と週末），3つの季節帯（ピーク期，中間期，オフピーク期）を組み合わせて，24の異なる需要期を区別したものである。理屈上は，24の需要期はそれぞれ固有の需要レベル，顧客プロファイル（それぞれニーズや期待が異なる）を持っているだろう。しかしながら，分析の結果，実際には24の需要期にはかなりの類似点があり，おおむね3から6のカテゴリーに大別できることが分かっている。これらのカテゴリー毎に，固有のマーケティング上の対応がとられることが重要である。

(2) 需要の分析

特定の市場セグメントの顧客がなぜその時に当該サービスを利用するのかを理解する必要がある。この理解を欠いては，需要を平準化する戦略はうまくは行かないだろう。たとえば，ホテルにとって通常は土曜日の夜にビジネス客の宿泊増加は望めない。週末に取引を行うビジネス客は少ないからである。ホテルとしては，週末はレジャー客に利用してもらうようプロモーションする方が賢明だろう。また，通勤客を説得してオフピーク時にシフトさせようとする試みはおそらくうまく行かないだろう。出勤時間は就業開始時刻によって決まっているからである。それ故，雇用者側を説得して，フレックス・タイム制や時差出勤を採用するように働きかける方がより効果的と言えるであろう。

また，サービス提供の詳細な記録を保持していくことは，過去の需要パタ

ーンを分析する上で非常に有用である。たとえば、テレコムなどコンピュータに基づくサービスでは、サービス提供の日時を自動的に記録できる。需要を左右したと思われる天候・気候変化や特殊な出来事（たとえば、大規模ストライキ、大事故、街の大規模イベント、価格変動、競合サービスの開始など）を記録することも重要である。

ランダムな需要変動は、普通はサービス組織のコントロールを超えたファクターによっている。しかし、分析によって、ランダムに見える大きな変動の中に、市場セグメント単位では予測可能な需要サイクルが隠されていることが明らかになることも多い。これは、市場セグメント単位に需要を細かく見て行くことの重要性を示している。たとえば、産業用電気設備の保守点検・修理サービスの場合、業務の一定部分は定期的な保守点検業務である。他に緊急の修理業務や飛び込み（ウォーク・イン）の仕事も受けることで収益を確保している。緊急の修理や飛び込みの仕事は、いつどの位の規模のものが来るかは予測することは困難であろう。しかし、良く分析すれば、特定の曜日に飛び込みの仕事がよく来るとか緊急の修理依頼が特定の天候の後（たとえば、雷雨の後）に入ることが分かるかもしれない。もちろん、需要のすべてが望ましいという訳でもない。需要の中には適切とは言えず、サービス組織が本来ターゲットとする顧客のニーズに応えることを難しくしてしまうものもあるだろう。

「望まれぬ需要*」は、マーケティング上の工夫や選別（スクリーニング）の手続きを通して、それなりに減少させることができる。もちろん、そのようにして「望まれぬ需要」を減少させても、需要のランダムな変動自体はなくすことはできない。しかし、サービス組織の供給能力内に需要レベルを収めることには役立つだろう。

4 需要のマネジメント

ヘルス・ケアや保守点検・修理のようなサービスは、一連の順序・手順で

＊望まれぬ需要（undesirable demand）：サービス組織の掲げる使命、何が重要かの価値基準、供給能力と背反するサービス需要。

デリバリーされる複合的なアクションを伴う。この種のサービスでは、サービス組織の供給能力は、ボトルネックとなり得るサービス施設・設備が（1つないしそれ以上）存在するか否か、あるいはそのようなサービス従業員がいるか否かに左右される。同じく、提供されるサービスの数と順序・手順も供給能力を左右する。この場合、供給能力をできる限り効率的で収益性を高くするような方法で用いる必要があり、これを可能にするマネジメントの能力がサービス組織の財務上の成功に求められる。

顧客や顧客の所有物に有形の行為を加えるサービスは、情報に基づくサービスよりも供給能力の制約に左右されやすい。情報に基づくサービスであっても、スポーツ観戦やコンサートのように顧客がサービス施設に出向かねばならない場合は、やはり供給能力の制約の問題に直面するかもしれない。

うまくデザインされ、マネジメントされているサービス・オペレーションであれば、サービス施設、サービス設備、サービス従業員の各供給能力のバランスがきちんととれているはずである。同じく、デリバリー・プロセスにおいてボトルネックが生じるリスクを最小限にするようなデザインがなされている。しかしながら、こうした理想的な形を実際に実現するのは、困難であろう。需要レベルは時間と共に変化するし、変化はときにランダムですらある。また、プロセスの各ステップで要する時間や手間もそれぞれ多様である。一般に、人を対象とするサービスでは、所有物を対象とするサービスよりも所要時間は変動しやすいだろう。これは、人（顧客）はサービスを受ける準備の程度がまちまちであること、協力的な顧客もいればそうでない顧客もいること、等による。しかしながら、一方でサービスは必ずしも同質的である必要はない。プロフェッショナル・サービスであっても修理サービスであっても、診断と処置にどれ位の時間を要するかは顧客の抱える問題によって変動する。

(1) 市場セグメント毎に需要を考える

マーケティング上の工夫によって、需要のランダムな変動を平準化できるだろうか。この問いかけに対する答えは一般論としては、「否」である。これは、ランダムな需要変動は、サービス組織のコントロールを超えたファク

ターによって引き起こされるのが通常だからである。しかしながら，先にも述べたように分析によって，ランダムに見える大きな変動の中に，市場セグメント単位では予測可能な需要サイクルが隠されていることが明らかになることも多い。たとえば，小売店では顧客数は日によってまちまちで大きな変動がある。しかし，顧客の中には定番の日用品や食料品を買うため毎日のように来店する中核的なグループが存在しているものである。

全体需要をより小さな構成要素に分解する際の容易さは，どのような記録が取られているかに依存する。顧客毎の取引内容が詳細に記録され，整理されていれば，全体需要を分解するタスクは格段に簡単になるだろう。会員制サービスやクレジット・カードでの支払いは，すでに各顧客の詳細データが得られており，月毎の利用や請求内容も明白である。この場合，マネジャーは，各顧客の利用・購入パターンを把握し，何がしかの推論を行うことができる。また，電話や電気のようなサービスでは，契約者の時間毎の利用パターンを追跡することができる。データ自体は，何のために電話や電気を使用しているかの情報を生む訳ではないが，顧客グループ毎の利用量について一定の判断を下すことが可能である。

(2) 状況毎の需要マネジメント

需要のマネジメントには，5つの基本的なアプローチがある。まず第1に，何もせずに需要をあるがままに放置することである。これは単純さという利点はあるが安直でもある。結局，顧客は自身の経験や口コミから，いつ混んでいて，いつすいているかを学習することになる。もちろん同時に，よりきちんと対応してくれる競合サービス組織の存在についても十分に学習することになる。需要にもっと関与を行うアプローチは，積極的な手順をとることで需要レベルに影響を与えようとするものである。これが，第2のアプローチ（ピーク時に需要を減少させる）と第3のアプローチ（オフピーク時に需要を増加させる）を構成する。

残りの2つのアプローチは，サービス提供が可能になる時点まで需要を保持することである。これは，特定時点でのサービス提供を約束する「予約システム」を導入すること（第4のアプローチ），サービス組織のコントロー

ルする秩序ある「行列システム」を導入すること（第5のアプローチ）である。この2つは組み合わせられることもある。

図表14-3は，上記の5つのアプローチを供給能力の不足と過剰（需要の過剰と不足）の2面で整理したものである。それぞれにごく短い説明を付してある。多くのサービス組織は需要変動の中で，供給能力の不足と過剰に直面している。こうしたサービス組織は図表14-3で示された第2から第5の各アプローチを良く検討する必要がある。

(3) 需要パターン形成のためのマーケティング戦略

統合的サービス・マネジメントの8Psのうち，4つ（サービスの価格とその他のコスト，プロダクト要素，場所と時間，プロモーションとエデュケーション）には，供給能力の過剰においては需要を喚起し，供給能力の不足においては需要を減退させる機能がある。価格はしばしばサービス需給のバランスを改善する際に第一に用いられる変数である。しかし，プロダクト要素，デリバリー戦略，マーケティング・コミュニケーションもまた重要な役割を演じる。以下では，これらについて別々に見ていくが，効果的な需要マネジメントのためには，複数が組み合わせられることがしばしば求められる。

価格とその他のコスト　ピーク時における需要の過剰を減らす最も直截な方法は，ピーク時のサービス提供価格を引き上げることである。その他のコストも同様の効果を持っている。たとえば，ピーク時には混雑しており，時間的コストや余分な労力がかかり，快適とは言えない状況に直面することを顧客が学習すれば，ピーク時を外してサービスを利用するようにもなるだろう。逆にオフピーク時を低価格にし，待つ必要もなくすぐにサービスを利用できることを謳えば，少なくとも一部の顧客はそちらに移行するだろう。この方法は，ショッピングでも旅行サービスでも美術館でも有効であろう。

サービス組織の中には，需給バランスを取る上でより洗練された価格設定戦略を用いているものもある。サービスの価格設定を需要マネジメントのツールとして効果的に行うためには，マネジャーは需要曲線の形状と傾きについて理解していなければならない。需要曲線は，特定時点における需要量が単位当たりの価格の増減にどのように反応するかを示したものである（図表

図表14-3　需要マネジメントの各アプローチ

需要マネジメントの各アプローチ	需要に対する供給能力の状態	
	供給能力の不足 （需要の過剰）	供給能力の過剰 （需要の不足）
何もせず放置する	無秩序な行列ができる（顧客は苛立ち，結局は離反する）	供給能力は無駄になる（顧客はサービス・エクスペリエンスに失望する）
需要を減少させる	値上げをし利幅を拡大する；別の時間帯の利用を促進するマーケティング・コミュニケーションを行う（上記の努力が低収益セグメントや望ましくないセグメントにうまく照準を合わせられるか否かが重要である）	何もしない（ただし，供給能力が無駄になる事態は続く）
需要を増加させる	より高収益のセグメントを惹き付けることができなければ，何もしない	選択的な値下げをする（現在の市場セグメントを損なわないようにする；トータル・コストをカバーできなくなるような値下げは避ける）；需要を増加させるマーケティング・コミュニケーションを行う；提供サービスやデリバリーに多様性を持たせる（しかし，上記には追加的コストを要する。需要増加効果と収益性とのトレード・オフを考える必要がある）
予約システムによる需要保持	最も望ましいセグメントがスムースに利用できるシステムを考える；他セグメントはピーク時以外にシフトさせる（あるいは別のピークを形成させる）	サービスが直ちに利用できることを明示する；予約は不要であることを明示する
行列システムによる需要保持	最も望ましいセグメントに何らかの特典を与えることを考える；顧客が退屈せずに快適に待っていられるよう工夫する；待ち時間を正確に予測し知らせるようにする	行列システムは不要である

図表14-4 シーズン毎のビジネス客・観光客の需要曲線（ホテルの仮想例）

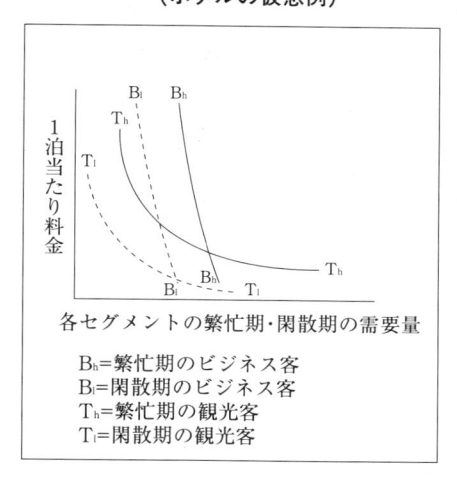

縦軸：1泊当たり料金
横軸：各セグメントの繁忙期・閑散期の需要量

B_h＝繁忙期のビジネス客
B_l＝閑散期のビジネス客
T_h＝繁忙期の観光客
T_l＝閑散期の観光客

14-4は需要曲線の例である）。重要なことは，特定のサービスに対する需要曲線が，季節や時間帯によって大きく変化するかどうかである。大きく変化する場合には，それぞれに合わせた多様な価格設定が求められることになるだろう。また，同じ季節や時間帯でも市場セグメント毎に需要曲線がそれぞれ異なることもある（たとえば，旅客輸送においてビジネス客は観光旅行や休暇で利用する乗客ほどは価格に敏感ではない）。市場セグメント毎に形状の異なる需要曲線は，価格設定をさらに複雑なものとするだろう。

　複数の多様な需要曲線について，それぞれの形状を決定していくことはサービス・マーケターにとって最も難しいタスクの一つである。調査や試行錯誤，他地域のサービスや類似サービスとの比較分析を行うことが有効な方法である。多くのサービス・ビジネスで提供サービスのクラス毎に多様な需要曲線が存在することが明らかである。提供サービスはクラス毎にそれぞれ特定セグメントに向けられており，セグメント毎の需要曲線に応じた価格設定がなされている。各セグメントは，基本プロダクトのバリエーションを受け入れており，コア・プロダクトに補足的サービス要素を付加していくことでより多く支払うセグメントを惹き付けていくという構造になっている。たと

えば，旅客機のファースト・クラスでは，エコノミー・クラスよりもゆったりとした大きな座席，上級の食事が提供される。ホテルでは，部屋の大きさ，用意されるアメニティ，部屋からの眺望などによって差が付けられる。

セグメント毎に合った価格設定をする目的は，それぞれのセグメントから得られる収益を最大化することかもしれない。しかしながら，供給能力が制約されていれば，最も収益性の高いセグメントにでき得るだけの供給能力を振り向けることが収益追求の目的にかなうだろう。たとえば，航空会社では，正規料金を支払うビジネス客のために十分な座席を確保しておく必要がある。一方，観光旅行や休暇で利用する乗客は，割安のチケットに惹き付けられるが，こうしたチケットがビジネス客をも吸引しないように，何らかの購入制限を設ける必要がある（たとえば，事前購入や土曜日到着便に限定といった制限である）。つまり，まずビジネス客を正規料金で確保し，空席をレジャー客・観光旅行客で埋めていくという方法である。このような価格設定と供給能力の配分に関わる方策は「イールド・マネジメント」として知られている。これについては次章で論じる。

プロダクト要素　価格設定は需給のバランスをとる方法として幅広く支持されているが，サービスにおいては，物財の場合ほどはいつでも有効な手段ではない。これはスキー用品のメーカーとスキー場とを比較してみれば明白である。夏の間でもメーカーはスキー用品を生産できるだろう。これはスキー用品が在庫として保管できるからである。あるいは，値引きして販売しても良い。十分に価格が安ければ，夏場であっても一部の顧客は冬のシーズンに備えスキー用品を買うだろう。一方，スキー場はどうであろうか。現にスキーをすることはできないのに夏場にリフト券が売れるだろうか。値引きをしても夏にリフト券を販売することは非常に困難であろう。もしも，夏場にリフトを利用してもらうなら，スキー場としてはこの時期には別のサービスを提供することを考えねばならない。

　季節に左右される他のサービスにも上記と同じ考え方が有効である。たとえば，会計事務所は，決算期以外の暇な時期には小事業所向けにコンサルティング・サービスを提供し，大学など教育機関では，週末や夏期のプログラムを社会人やシニア層向けに提供している。遊覧船は，夏期は湾内クルー

ズなどのサービスを提供するが，冬期は波止場に停泊してパーティや行事・会合の会場となる。これらの例ではサービス組織は，価格をいくら値引いても，季節や時期にそぐわない需要は開拓できないことを良く理解しているのである。

多くのサービスは1年を通して変化しないが，季節毎に変化して行くサービスも存在する。たとえば，病院では年間を通して一定のサービスを提供する。これとは対照的に，リゾート・ホテルでは，レストランのメニュー，各種エンターテインメント，スポーツ施設・設備といった周辺的なサービスを季節に合わせて大幅に変化させている。

1日24時間の中でも，提供するサービスに変化を付けることもある。レストランの中には，時間帯によって，メニューを変えたり，サービスの水準を変えたり，照明や装飾に変化を付けたりするものがある。バー・タイムやショーなどのエンターテインメントの時間を設ける場合もある。こうした1日の変化は，時間帯によって，同じ顧客グループの異なるニーズに応えたり，多様な顧客セグメントのニーズに応えるために行われている。

場所と時間　場所と時間とを固定して，需要の方を合わせていこうとするサービス組織もあるが，サービス・デリバリーの場所と時間の方を変えることで市場のニーズに応えようとするサービス組織もある。場所と時間については，3つの基本的な選択肢があるだろう。

第1は，「変えない」というものである。需要のレベルに関係なく，サービスを同じ時間帯で同じ場所で提供し続ける。

第2は，顧客の曜日や季節毎の選好の変化に応じて，「サービスの提供スケジュールを変化させる」というものである。たとえば，劇場では，週末は昼間の公演を行う。カフェやレストランでは，夏期には夜遅くまで営業時間を延ばしている。小売店もクリスマス時期や学校の休暇期間は，営業時間を延ばしている。

第3は，「新しい立地で顧客にサービスを提供する」というものである。一つの方法は，顧客に固定されたサービス施設に来てもらうのではなく，何らかの移動ユニットによってサービス提供を行うことである。移動図書館，移動洗車サービス，ホーム・ケータリング・サービスなどが例である。移動

修理車で巡回し，各家庭を回って家庭用品の簡単な修理を行う業者もいる。もう一つの方法は，顧客の移動に合わせてサービス施設の場所を変えることである。たとえば，夏期休暇中には多くの人がリゾート地に出かけてしまう。これに対応して，リゾート地にシーズン中だけ臨時の営業拠点を設けて，サービス提供を行うレンタカー会社がある。

プロモーションとエデュケーション　他の8Ps要素を変えなくとも，マーケティング・コミュニケーション上の工夫だけで，需要変動を平準化することが可能である。看板，広告，パブリシティ，販売メッセージは，顧客にピーク時はいつかを知らせることができるし，オフピーク時に利用するように働きかけることもできる。たとえば，郵便局では「クリスマス・カードは早めに投函しましょう。」と呼びかけているし，公共輸送機関でも「ラッシュ・アワー時の利用をなるべく避けましょう。」としている。産業用設備の保守点検サービスでは，どの時期なら迅速にサービスを受けられるかを顧客企業に知らせている。サービス従業員を通じて，顧客にオフピーク時の利用を勧める場合もある。

　価格設定やプロダクト要素，サービス・デリバリーの時間・場所・立地の変更や多様化は，明確に伝達されるべきである。もしも，サービス組織がこれらの変更によって需要変動を平準化したいのであれば，顧客にどんなバリエーションがあるのかを十分に知らせねばならない。第12章においても議論されたが，価格設定とマーケティング・コミュニケーション要素とを組み合わせた短期的プロモーション（価格プロモーション）も，顧客にサービス利用の時間帯をシフトさせるようなインセンティブを与えることができる。

5　結　　論

　統合的サービス・マネジメントの8Psのいくつかが，本章での議論の基礎をなしている。第1は，生産性とクオリティである。多くのサービス組織は，供給能力が制約されており，固定費の負担が大きい。それ故，供給能力の利用を少し改善するだけで大きな収益上のメリットを得ることができる。マネジャーは，サービス施設や設備をレンタルしたり，パートやアルバイト

従業員を活用することで固定費を変動費に転換することができる。フレキシブルな供給能力を創り出すことで，サービス組織は需要対応を行い，生産性を上げることができる。しかしながら，マネジャーは，余りに多くの顧客を取り込もうとすることによってサービス・クオリティを下げないように注意せねばならない。

　場所と時間についての決定は，需給バランスに密接に関わっている。需要はしばしばサービスがどこで，いつ提供されるかの「関数」である。価格とその他のコスト，プロダクト要素，プロモーションとエデュケーション。これらに関わるマーケティング戦略は，特定の場所と時間において提供されるサービスに対する需要レベルをマネジメントする上で有用であることが多い。

　次章では，行列と予約システムによる需要コントロールを扱う。併せて，イールド・マネジメントにおいて予約が果たす役割についても扱う。

第15章
行列と予約のマネジメント

…………	**プロセス**
場所と時間	生産性とクオリティ
プロモーションとエデュケーション	人的要素
サービスの価格とその他のコスト	…………

本章の目標
- ■サービスを待つ顧客の負担感をいかにして減らすことができるかを理解する。
- ■行列システムのさまざまなデザインを理解する。
- ■予想待ち時間の計算方法を理解する。
- ■効果的な予約システムのデザインの基本を理解する。
- ■収益性を高めるイールド・マネジメントの原理とセグメント別予約システムを理解する。

1 順番を待つ

　レストランに行ったら混んでいて，40分待ちと言われた。コインランドリーに行ったら，空いている機械が1つもなかった。海外旅行に行こうとしたら希望の出発日はすでに予約で一杯だった。ヒット中の映画を観に行ったら，1ブロック先まで行列ができていた…。

　こうした状況は，多くの人が同時に同じサービスを求めていることにより生じる。サービスは通常，あらかじめ在庫しておくことはできない。これはサービスに課せられている課題の一つである。理想的には，どんなサービス

組織でも誰も待たずにいつでも即座にサービスを受けられれば良いのかもしれない。しかし，サービス組織は，ピーク時以外ほとんどの時間帯で稼動しないような過大な供給能力(キャパシティ)を持つことは不可能である。前章で見てきたようにサービスの需給をバランスさせるさまざまな方策がある。しかし，需要マネジメントや供給能力の調整をさまざま行っても，なお需給にアンバランスがある場合，マネジャーはいかに対処すべきであろうか。何もせず顧客を放置すれば，サービス・クオリティも上がらず顧客の満足も得られないだろう。顧客志向のサービス組織は，事態を無秩序のままにせず，秩序と予測可能性，公正さを確保する工夫と努力をせねばならない。

　需要が供給能力を超える事態が頻繁に起こるようなサービスの場合，マネジャーはサービス提供が可能になる時点まで需要を保持することを行う。このタスクの達成には次の2つの方法がある。①顧客に列に並んで待ってもらうことである（行列システム）。これは通常は先着順である。②顧客に前もって予約してもらうことである（予約システム）。

2　行列システム

　ワシントン・ポスト紙によると，アメリカ人は「いらいらしたり，そわそわしたり，しかめっ面をしながら」待たされており，その時間は1年間に約370億時間（1人平均年間約150時間）に上ると推計されているという[1]。似たようなあるいはもっとひどい状況が世界のあちこちで見られるようである。リチャード・ラーソン（Richard Larson）も，「待っている時間を全部足し上げていくと平均で1日に30分間は待っていることになるだろう。これは仮に80年の人生とすると20ヵ月分に相当する。」としている[2]。

　待たされることは誰もが好まないだろう。待つことは，退屈で時間の無駄である。特に立ったままだったり，屋外の吹きさらしのところで待たされるのは身体的にも苦痛である。要するに待たされることによって，サービス・クオリティにマイナスのインパクトがもたらされる。しかしながら，待つこととはサービス・プロセスにおいてほとんど普遍的とも言える現象である。実際のところ，どんなサービス組織もサービス・オペレーションのどこかに顧

客を待たせる部分を抱えている。顧客は電話口で待たされたり、レジで待たされたり、勘定の精算で待たされたりする。

人（顧客）だけでなく、モノ（無生物）も「待たされて」いる。たとえば、事務処理されるのを待つ手紙、靴修理サービスで修理の順番を待つ靴棚の靴、銀行で決済されるのを待つ小切手。これらの例では、顧客もまたサービスの結果を待っているのである——手紙には返答がなされ、靴は修理され、小切手は現金化される。

(1) 行列とは何か

処理対象物の数量が処理システムの容量（キャパシティ）を超えるとき、そこには必ず「待ちライン」が発生する。OR（オペレーションズ・リサーチ）の研究者（または英国人（ブリティッシュ）ならば）は、待ちラインを「待ち行列」と呼んでいる。サービスの現場に引きつけて言えば、基本的には「行列（キュー）＊」の存在は、供給能力マネジメントの問題が未解決であることを示す現象である。行列はまた、顧客のサービス・エクスペリエンスのクオリティよりもコスト抑制や生産性向上を重視する施策を意識的に取っていることをしばしば反映している。

行列（待ち行列）の分析とモデル化は、ORの確立した分野の一つである。行列に関わる理論は1917年に遡ることができる——この年に、あるデンマーク人の電話エンジニアが、話中の回線数を妥当な数に抑えるには交換機にどの位の容量を持たせれば良いかに取り組んでいる。[3] 行列は必ずしもどこかの場所で物理的な意味での列を形成している訳ではない。「情報に基づくサービス」のように顧客がサービス組織と遠隔的な取引をする場合、自宅や職場、大学から電話やインターネットを使ってアクセスしてくる。これらのアクセスは、普通は先着順に対応される。つまり、顧客はバーチャルな行列に並んで順番を待っていることになる。物理的な意味での行列でも地理的に分散していることもある。たとえば、電話でタクシーを呼ぶ場合、顧客は個々別々の地点にいるが、実質的には配車の順番を待っていることになる——配車はもちろん、電話をかけた順になる。

＊行列（queue）：待ち行列。人、乗り物、他の物理的な存在、あるいは無形物が、サービスの順番を待ってつくる列を指す。

サービスの情報を得たり予約をするのに，顧客は以前は電話をかけたり，サービス施設を訪れたりしていた。しかし，今日ではウェブ・サイトを通じてこれらを行うことが可能になっている。サービス組織もウェブ・サイトを利用して時間の節約をすることを顧客に呼びかけている。ウェブ・サイトは表示（ダウンロード）に時間がかかることも多いが，少なくとも顧客は自宅など快適な場所にいながら待つことができるし，その間に他のこともしていられる。

　銀行のようなサービスにおいてサービス提供の窓口（サーバー）を増やすことは，顧客の待ち時間を減らす多くの方策の一つに過ぎない。しかも，窓口の単純な追加は，顧客満足があくまでもコストとバランスせねばならない状況においては常に最適の解決策という訳ではない。マネジャーは，以下のような他のさまざまな方策も考える必要があるだろう。

■行列システムのデザインを再考する。
■各取引に要する時間を短縮するためにプロセスを再デザインする。
■顧客の行動のマネジメントや待つことの負担感のマネジメントを行う。
■予約システムを導入する。

(2)　行列システムの諸要素[4]

　行列システムは，7つの要素に分けることができる。以下で各要素を見ていこう。よりコントロールしやすいものもあり，そうでないものもあることに留意されたい。

　顧客集団（カスタマー・ポピュレーション）　これは，需要が生み出される母集団としての顧客集団である。行列システムのデザインにおいては，オペレーション・マネジャーは，顧客は誰か，顧客のニーズや期待は何かを知る必要がある。たとえば，救急病院に次々重傷者が運ばれて来るときと，スタジアムそばのチケット売場にスポーツ・ファンがやって来るのとでは，全く状況が違う。当然のことながら救急病院で待つシステムは，チケット売場で待つシステムよりもずっと速く回転するようにデザインされねばならない。顧客調査に基づき，顧客集団はしばしばニーズ別，優先順位（プライオリティ）別に複数のセグメントに分割することができる。

　到着プロセス（アライバル）　単位時間当たりの顧客数は，サービスの供給能力との兼ね

合いで，行列を作るか否かを決定づけている。顧客が個々バラバラに来るか，集団的(クラスター)にまとまって来るかも同様である。ここで，顧客の単位時間当たり平均到着率（たとえば，1時間当たり60人の顧客。1分当たり1人ということになる）と到着の分布とを明確に区分する必要がある。多くの場合において，顧客がそれぞれやって来る時間は非常にランダムである（たとえば，買い物客がショッピング・モールのある店に来店する）。しかし，顧客がある程度まとまって来ることもまた多い（たとえば，午前の授業が終わると学校のカフェテリアには学生が一斉に押し寄せる）。特定の時間に顧客が押し寄せることがあらかじめ予測できれば，マネジャーは，サービス従業員をそれに合わせて配置できるだろう。

取り止め サービス施設に長々とした行列ができていれば，ほとんどの人は出直すことにして立ち去ってしまうだろう（見捨てて他のサービス施設に行くことも多い）。これは「取り止め*」である。しかし，行列は顧客の予想よりもずっと早く進むこともある。この場合，取り止めは顧客にとって失敗であったということになる。逆に行列が幾重にも折り返されていて，実際よりも短そうに感じる場合もある。これはしばしばテーマパークで用いられている並び方である。「ここから後何分間」というように案内と情報提供を行列の要所毎に掲示する場合もある。

行列の並び方* 行列の並び方にはさまざまなタイプがある。以下に挙げるのは，「人を対象とするサービス」で普通に見られる並び方である（図表15-1参照）。複数が組み合わせられていることもある。

- ■1ライン・1サーバー・1ステージ：顧客は1列になり待つ。サービスは1ヵ所(サーバー)で1段階(ステージ)で提供される。たとえば，バス停でバスが来るのを待つ，1窓口のチケット販売所に並ぶ，などである。
- ■1ライン・連続サーバー・連続ステージ：顧客は1列になり待つ。サービスは順々に複数段階を経て提供されていく。たとえば，カフェテリア

＊取り止め（balking）：待ち時間が長そうなので，顧客が行列に並ばないことを決めること。
＊行列の並び方（queue configuration）：どのように並び，待ち，サービスを受けるかの方法を指す。

図表15-1　行列の並び方

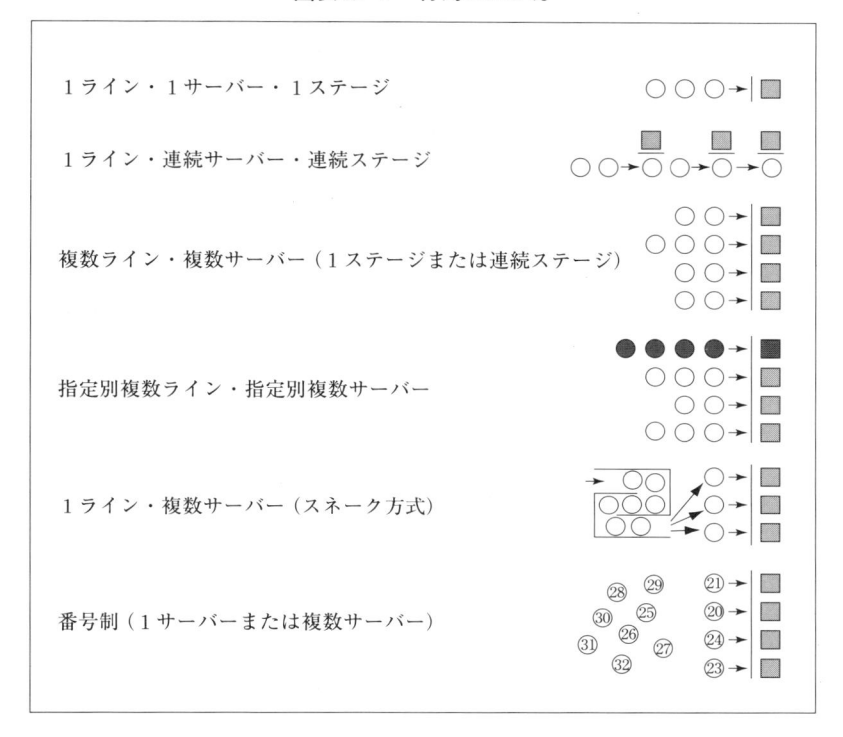

1ライン・1サーバー・1ステージ	○○○→■
1ライン・連続サーバー・連続ステージ	○○→■ ○○→■ ○→■
複数ライン・複数サーバー（1ステージまたは連続ステージ）	○○→■ ○○→■ ○○→■ ○○→■
指定別複数ライン・指定別複数サーバー	●●●●→■ ○○→■ ○○→■ ○○→■
1ライン・複数サーバー（スネーク方式）	（スネーク図）→■■■
番号制（1サーバーまたは複数サーバー）	㉘㉙㉕㉚㉖㉗㉛㉜ → ㉑→■ ⑳→■ ㉔→■ ㉓→■

がこれに当たる。ある段階が，前の段階よりも手間取ると，ボトルネックとなる。多くのカフェテリアでは精算レジが，こうしたボトルネックとなっていることが多い。

■ 複数ライン・複数サーバー（1ステージまたは連続ステージ）：顧客は，複数窓口のどれかを自由に選び並ぶ。行列は各窓口にそれぞれでき上がる。ファースト・フード・レストランの行列は通常このタイプとなっている。サービスは1段階で提供されることもあり，複数段階のこともある。このタイプの行列の欠点は，各行列が均一のスピードでは進まないことである。速そうと思って選んだ列が意外に遅かったりすることはよくあることである。

■ 指定別複数ライン・指定別複数サーバー：顧客はカテゴリー毎に指定の

列に並ぶことを求められる。たとえば，スーパーマーケットの通常レジとエクスプレス・レジ（たとえば，買い上げ商品が6点以下の人のためのレジ），旅客機のクラス毎のチェックイン（ファースト・クラス，ビジネス・クラス，エコノミー・クラスの別）がこれに当たる。

■1ライン・複数サーバー（「スネーク」方式）：顧客は1列に並ぶが，行列はロープ等のガイドに沿って幾重にも折り返され，言わば「蛇行」する（それ故，スネーク方式とも呼ばれる）。行列の先頭に来たら，空いている窓口に行く。この方式は，銀行，郵便局，空港のチェックイン等に用いられている。最大の利点は，公正さがあり，「遅い列に並んだかもしれない。」という不安がないことである。ロープ等のガイドは，社会的ルールをわきまえない人物が行列に割り込むことを防止できる。また，行列を途中で離脱する顧客も少なくなる。

■番号制：顧客は来た順に番号札をとり，順に呼ばれる。この方式では行列して待つ必要はない。椅子やソファが用意されていれば，顧客は座って待つことができる。あるいは，待ち時間を予想して他の用事をすませることもできる（別の場所に行ってしまうといない間に順番が来て飛ばされてしまうリスクがある）。

離　脱　「離脱」の状況は誰もが経験しているだろう。「行列はそれほど長くないのに，進むスピードが遅すぎる。」，「行列の先頭の人が異様に時間がかかり，何かもめているみたいだ。」，「他にも用事がある。いつまでも並んでいられない…」。だんだん苛立ち，列を離れてしまう。これが離脱の状況である。顧客は後で戻ってくることもあるし，そのままになってしまうこともある。行列システムのデザインでは，顧客たちが離脱をし始めない待ち時間の範囲はどの位かを決定するのが，タスクの一つとなる。

順番の原理　ほとんどの行列は，先着順の原理に基づいている。顧客も唯一公正（フェア）であるという理由で，これを望んでいる。（すべてではないが）多くの文化で，後から来た者がしかるべき理由もなしに先に来ていた者よりも先にサービスを受けることについて，皆が不公平だとして憤慨をする。もちろ

＊離脱（reneging）：「予想より待ち時間が長い」あるいは「これ以上並び続けるのは苦痛である」という理由で，顧客が自分の番がくる前に行列を離脱すること。

ん，正当な理由に基づく例外もある。たとえば，病院で救急患者が運び込まれる場合などである。

サービス・プロセス サービス・プロセスをきちんとデザインしないと，待ち時間が長く顧客に不要な負担を与えてしまう。第3章で述べたサービス・システムの全要素がここでは重要である。待ち時間が長くなる根本的原因は，バックステージのどこかで起きている遅滞にあることも多い。フロントステージの従業員も待つことになり，結果として顧客の待ち時間が長くなってしまう。フローチャート，サービス従業員のフィールド・レポート，過去に起きたサービスの失敗の分析は，こうした遅滞がどこで起きるかを特定するのに役立つ。サービススケープのデザインも効果的な行列システムに重要な役割を果たすだろう。行列システムのデザインに考慮されるべき他の重要なことがらとしては，以下が挙げられる。

①顧客はどのようにサービスを受けるか。すなわち，サービス提供は，顧客群毎の「バッチ方式」（たとえば，映画館）か，あるいは各人毎の「フロー方式」か（たとえば，ヘアカット・サロン）。

②サービス提供は，サービス従業員によるものか，あるいはセルフ・サービス機械・装置によるものか。両者の混合もある。

③サービス提供が行われるスピードはどうか（これはサービスの供給能力を決定づける）。

④サービスの提供側が顧客のもとを訪れるか，あるいは顧客がサービス施設に出向くか。

⑤待ち時間も含めたサービス・エクスペリエンスの質はどうか。これには，顧客の感じる快適さ，サービススケープの印象はどうか，が含まれる

(3) 市場セグメント別の行列システム

ほとんどの行列システムにおいて，先着順の原理が基本ルールとなっている。しかしながら，先着順ではなく顧客のタイプ毎に順番が変わる行列システムもある。この種の行列システムのデザインには，マーケット・セグメンテーションがしばしば利用される。どのような原理で顧客のタイプ分けをするかには，以下のようなものがある。

- ■緊急性：たとえば，救急病院では処置の緊急性に応じて，患者の順番が決められる。重篤患者は優先される。そうでない患者は順番を待つことになる。
- ■所要時間：簡単でより短い時間で終えることのできる場合とそうでない場合を区別する。たとえば，スーパーマーケットには，通常レジの他にエクスプレス・レジがある。
- ■支払い価格：支払い価格によって区別する。たとえば，航空会社は，旅客機へのチェックインに際し，クラス毎のチェックインをさせるのが普通である。ファースト・クラスやビジネス・クラスの乗客は優先され，エコノミー・クラスの乗客ほど待たされることはない。
- ■顧客の重要度：待つ間，重要な顧客には特別なエリアと快適さが提供されることがある。たとえば，航空会社は，ファースト・クラスやビジネス・クラスの乗客専用のラウンジを空港に持っている。

3　顧客の感じる待ち時間を最小化する

オペレーション・マネジャーは，サービスを待つ顧客を心のない「モノ」のように扱うべきではない。第11章で見たように，顧客はサービスに関わる時間や労力をコストと捉えている。人々は，金銭的な浪費以上に，時間が浪費されることを好まない。また，心配や不安，不快感などの精神的・身体的コストも避けようとする。「待つこと」は望まれないコストであり，サービスの価値やサービス・クオリティを引き下げる。

これまでの調査研究では，人はしばしば待たされている時間を実際よりも長く感じることが示されている。たとえば，公共交通機関に関するいくつかの調査では，車両を待つ時間は乗車中の時間に比べて，1.5倍から7倍も長く感じることが明らかになっている。[5]

(1)　待ち時間の心理学

著名な哲学者，ウイリアム・ジェームズ（William James）は「退屈は，時間の経過そのものに注意を払う結果である。」と述べている。この言葉に

基づき，デビッド・マイスターは待ち時間について8つの原理を示している。[6]
図表15-2は，これに2つを加え，10の原理として整理したものである。

無為に過ごす待ち時間はより長く感じる　何もすることもなく待っていると，時間はゆっくり過ぎていくように感じる。サービス組織にとっての課題は，顧客が待っている間に何かしたり気晴らしをできるようにすることである。たとえば，クリニックや歯科医院では待合室に雑誌類が置いてある。サービス組織の中には，テレビを置いたり，無料の飲み物を提供している場合もある。テーマパークでは，人気アトラクションの行列に顧客を退屈させないようキャラクターや音楽隊が巡回してくる。

事前・事後の待ち時間はより長く感じる　サービス・デリバリーの事前の待ち時間*や事後の待ち時間*は，デリバリー中の待ち時間*よりも長く感じる。たとえば，テーマパークで，入場チケットを買うために待つのと，いったん中に入ってアトラクションに乗るために待つのとでは違いがある。レストランで，食事の締めくくりにコーヒーを待つのと，店を出ることにしてウェーターが精算伝票を持ってくるのを待つのとでは違いがある。サービス組織の中

図表15-2　待ち時間の心理学：10の原理

1	無為に過ごす待ち時間はより長く感じる
2	事前・事後の待ち時間はより長く感じる
3	不安は待ち時間を長く感じさせる
4	不確定な待ち時間はより長く感じる
5	待つ理由の分からない待ち時間はより長く感じる
6	不公正さは待ち時間を長く感じさせる
7	サービスの価値が高いほど，人は長く待つ
8	独りで待つときは，待ち時間はより長く感じる
9	身体的に不快・苦痛な待ち時間はより長く感じる
10	不慣れなサービスを待つときは，待ち時間はより長く感じる

＊事前の待ち時間（preprocess waiting time）：サービス・デリバリーが始まる前の待ち時間を指す。
＊事後の待ち時間（postprocess waiting time）：サービス・デリバリーが行われた後の待ち時間を指す。
＊デリバリー中の待ち時間（in-process waiting time）：サービス・デリバリーが行われている間の待ち時間を指す。

には，顧客が行列に並んでいる間に注文や要望をあらかじめ訊き，顧客の順番が来たときに迅速にサービスを提供できるように工夫しているものもある。

不安は待ち時間を長く感じさせる　誰かと待ち合わせしているときに，場所や時刻が正しいかどうかが心配になることがあるだろう。不慣れな場所で待つとき，特に日が落ちてから屋外で待つときは，安全性も心配である。こうした不安は待ち時間を長く感じさせる。

不確定な待ち時間はより長く感じる　待つのはフラストレーションを感じさせるものではあるが，あらかじめ待ち時間がはっきりしていれば心理的にまだ救われる。救われないのは，一体いつまで待つのか予測できない場合である。

待つ理由の分からない待ち時間はより長く感じる　待たされている理由が分からないまま待つのは長く感じる。たとえば，乗っていたエレベーターが急に止まってしまった。何の理由かは分からない。いつまで待つのかも分からない。何かとんでもない事態が起きているのではないだろうかという疑念も生じるだろう。たまたま乗り合わせた見知らぬ人たちといつまで待てば良いのだろうか。おとなしくしていた方が良いか。それとも，脱出する努力をした方が…。こうした時間は実際よりも長く感じるものである。

不公正さは待ち時間を長く感じさせる　公正・不公正の感覚はもちろん文化や国，人によって異なるが，多くの文化で先着順の原理が受け入れられている。正当な理由が明示されないまま，これに反することが行われていると人々は不公正さを感じ，苛立つことになる。このようなとき，待ち時間は実際より長く感じられる

サービスの価値が高いほど，人は長く待つ　たとえば，売り切れが予想されるコンサートやスポーツ・イベントの場合，チケットを買うために喜んで徹夜で並ぶ人々がいる。

独りで待つときは，待ち時間はより長く感じる　誰か知っている人と一緒に待つときは，安心できる。たとえば，友人との会話は時間の経つのを忘れさせる。見知らぬ赤の他人とではこうは行かない。

身体的に不快・苦痛な待ち時間はより長く感じる[7]　ずっと立ち続けで待つのは，苦痛である。待っている場所が寒い，暑い。隙間風が吹きつける。雨風

を避けられない。こうした中での待ち時間はより長く感じられる。

不慣れなサービスを待つときは，待ち時間はより長く感じる[8]　そのサービスをいつも利用する人は，慣れており良く知っているので待っている間，不安には思わない。不慣れな人は，どのくらい待つか，次にどうなるかが分からないので不安になる。こうした中での待ち時間はより長く感じられる。

　上記の10の原理の意味するところは何であろうか。供給能力を増やすことができない場合は，顧客により快適な待ち時間を提供する方法を模索すべきである。この例にはさまざまなものがある。たとえば，ボストンのある大銀行では，ロビーに電子ニュース掲示の装置を置く試みを行っている。これによって顧客が待ち時間を短く感じるようになることはなかったが，顧客満足は上昇する結果が得られた[9]。長距離バスの発着所や鉄道の駅では，待合室を設け，風雨を避けることができるようになっている。レストランには，ウェーティング・バーを設けているところもある（これは売上増加にもつながる）。テーマパークでは，行列をなるべく短く見せ，コンスタントに進んでいる感じを顧客に与えており，待っている間も顧客を楽しませる工夫をしている。

(2) 顧客に待ち時間の情報を与える

　サービスを受けられるまでに，どのくらいの時間を待たなければならないか。これを知らせることは一般的にいって有益である。予想待ち時間が分かれば，顧客はそのまま待つか出直すかを決めることができる。待っている間を利用して他のことに取りかかることもできるだろう。カナダでの実験調査は，コンピュータ画面上での擬似取引を学生たちに行わせるもので，待ち時間に応じてどのような反応を示すかを調べている――これは視覚的に事態の進行を見ることができないという点で，電話口で待たされる状況を模したものだった[10]。この調査では3つの条件下でのそれぞれ5分間，10分間，15分間の待ち時間に対する被験者の不満足度を調査している。3つの条件とは，①画面には特に何も示されない，②何分ぐらい待たされるかが示される，③順番の進捗状況が示される，である。実験調査の結果は，5分待ちの場合は，

被験者に情報を与える必要はなかったが，10分および15分待ちの場合は，情報提供が被験者の満足を高めると思われた。しかしながら，傾向としては待ち時間が長くなると，待ち時間はあと何分かを伝えるより，順番が着実に進んでいることを知らせた方が効果的であった。この実験調査から言えることは，人は時計を見ていることよりも，順番が進むのを見る（あるいは感じる）ことの方を選好するらしいということである。

4　待ち時間を計算する

　行列システムのマネジメントでは，十分な範囲のデータ収集が必要となる。顧客（またはサービスを受ける物品）が単位時間当たりどれ位の割合でやって来るのか。それぞれに対するサービス提供にどれ位の時間を要するか。これらのデータ収集が行われる。

　典型的には，単位時間当たりの平均顧客数に基づき，対応するサービス従業員や装置の数が決められる。顧客（または物品）が，平均と同じ率でやって来る限り，サービスの遅滞は生じない。しかし，変動が生じ（ランダムな場合も予測可能な場合もある），顧客が一時に集中すれば，とても対応できず行列ができてしまうだろう。ここで，知るべきことは2つある。①顧客は長い行列に気づいたときにどれ程簡単に立ち去ってしまうのか（取り止め）。②どれ位の長さの待ち時間で並ぶのを止めてしまうのか（離脱）。

(1)　単純な行列システムの予測

　行列システムのマネジメントを行う際には，数学的モデルが利用されることがある。単純な行列では，計算式はごく簡単である。しかし，それでも興味深い洞察が得られる。複雑な行列では，より高度なシュミレーション・モデルが求められる。ただし，これは本書の範囲外である。単純な行列について基本的な数値が分かれば，①行列に並ぶ平均人数（行列の平均の長さ），②顧客の平均待ち時間，③顧客のサービス受給に要する平均時間，④サービス提供の窓口（サーバー）の増加の影響度，⑤顧客へのサービス提供に要する平均時間の短縮化の影響度，がそれぞれ判明する。この計算は簡単ではあるが，ポアソ

ン分布を用いる必要がある（計算例はコラム15-1参照。）

5　予約システム

「予約(リザベーション)」の言葉から，どんなサービスが想起されるだろうか。旅客機，ホテル，レストラン，レンタカー，劇場の座席…。「アポイントメント」など他の類義語も含めれば，医師やコンサルタントなどのプロフェッショナル・サービス，訪問修理サービスなども想起されるだろう。

予約*とは，サービスを顧客の希望する時間や場所で利用できることを保証するものである。予約システムには，用紙に手書きで記入するだけの単純な方法から，コンピュータによって一元管理される大規模システム（たとえば，旅客機の予約システム）までさまざまなものがある。

(1)　予約システムのデザイン

予約システムは，「人を対象とするサービス」で普通に用いられている。たとえば，レストラン，ホテル，旅客機，ヘアカット・サロン，病院，歯科医院などである。予約システムは需要を平準化し，よりコントロールしやすくすることができる。サービス組織が財務上の予測を立てるのにも役立つ。予約によって，サービスを前売りし，顧客に情報を与え，サービスについて事前に教育(エデュケート)することができる。また，予約顧客は，通常は行列システムに組み入れる必要がない。予約システムでは，顧客に情報を与えたり，助言をすることで，需要を時間的に前後に移動させたり，サービスのグレードを移行（アップグレードあるいはダウングレード）させることができる。別の場所のサービス施設を利用することを勧める場合もあるだろう。

問題となるのは，予約顧客が来られなくなったり，サービス組織が供給能力以上の予約を取ってしまったりした場合である。このような問題の対処には次のようなものがあるだろう。

■予約金・前払い金を求める。

＊予約（reservation）：顧客に対し，特定の時間や場所で指定のサービスを提供する約束をすること。

コラム15-1　単純な行列における数値計算

単純な行列（待ち行列）について，基本的な数値が分かればポアソン分布表（付表）と組み合わせて簡単な計算を行い，①行列に並ぶ平均人数，②顧客の平均待ち時間，といった数値を算出することができる。

1　記号の定義

M＝サービス提供の窓口数
λ（ラムダ）＝来店数（顧客が単位時間当たり平均何人やって来るか。ここでは1時間当たりとする）
μ（ミュー）＝サービス供給能力（1つのサービス提供窓口が単位時間当たり平均何人にサービスを供給できるか。ここでは1時間当たりとする）
ρ（ロー）＝λ/μ＝フロー強度（サービス供給能力の平均稼働率）
U＝$\lambda/M\mu$＝サービス施設全体のフロー強度（サービス施設全体の供給能力の平均稼働率）
L_q＝行列に並ぶ予想平均人数（行列の予想される長さ）
W_q＝L_q/λ＝顧客の予想平均待ち時間（新たに来た顧客がサービスを受けられるまでに要する予想時間）

2　計算例

簡単な例を考えてみよう。劇場のチケットが1つの窓口で販売されている。窓口は1時間当たり25人の顧客に対応することができる（$\mu=25$）。これは1人の顧客当たり平均$1\div25=0.04$時間（2.4分）で対応していることを意味する。一方，顧客は1時間当たり20人やって来るとしよう（$\lambda=20$）。フロー強度は$\rho=20/25=0.80$である。ここで付表を使って次の計算ができる。

■行列に並ぶ予想平均人数（L_q）：付表のサービス提供の窓口数（M）が1の列で$\rho=0.80$の数値を探す（3.2000である）。行列に並ぶ予想平均人数は3.2人となる。
■顧客の予想平均待ち時間（W_q）：$(3.2\div20)\times60=9.6$分。
■顧客のサービス受給に要する平均時間（W_q+60/μ）：9.6分＋2.4分＝12.0分。
■サービス施設全体のフロー強度（$U=\lambda/M\mu$）：$20\div(1\times25)=80\%$（これはサービス提供窓口が単位時間の20％の間，何もせず待機していることを意味する）

さて，顧客は平均9.6分待たされることに苦情を申し立てているようである。これに応じるため，2つの対応が可能である。①窓口を2つに増やす（$M=2$）。並び方は，1ライン・複数サーバーとする。②新しい発券装置を導入し，サービス供給能力（μ）を2倍にする。それぞれどうなるかを比較してみよう。

①窓口を2つに増やす（$M=2$）。
■行列に並ぶ予想平均人数（L_q）：付表を使い，$M=2$の列で$\rho=0.80$の数値を探す（0.1523である）。行列に並ぶ予想平均人数は四捨五入して0.15人となる。
■顧客の予想平均待ち時間（W_q）：$(0.15\div20)\times60=0.45$分。
■顧客のサービス受給に要する平均時間（W_q+60/μ）：0.45分＋2.4分＝2.85分。

■サービス施設全体のフロー強度（$U=\lambda/M\mu$）：$20\div(2\times25)=40\%$（これは２つのサービス提供窓口がそれぞれ単位時間の60％の間，何もせず待機していることを意味する）

②サービス供給能力（μ）を２倍にすると，窓口は１時間当たり50人の顧客に対応することができる（$\mu=50$）。１人の顧客当たり平均は$1\div50=0.02$時間（1.2分）である。フロー強度は$\rho=20/50=0.40$である。

■行列に並ぶ予想平均人数（L_q）：付表を使い，$M=1$の列で$\rho=0.40$の数値を探す（0.2666である）。行列に並ぶ予想平均人数は四捨五入して0.27人となる。

■顧客の予想平均待ち時間（W_q）：$(0.27\div20)\times60=0.81$分。

■顧客のサービス受給に要する平均時間（W_q+60/μ）：0.81分＋1.2分＝2.01分。

■サービス施設全体のフロー強度（$U=\lambda/M\mu$）：$20\div(1\times50)=40\%$（これはサービス提供窓口が単位時間の60％の間，何もせず待機していることを意味する）

上記の例では，顧客のサービス受給に要する平均時間は当初の12.0分から，大幅に減っている（それぞれ2.85分，2.01分）。②の方が①よりも少しだけ時間が短くなっている。どちらの対応が良いかはおそらくコストによるだろう。①の場合は，増設する窓口のコスト（建設費）がかかり，新しい従業員も雇い給与を払わねばならないだろう。②の場合は，新しい発券装置の購入コストと（新しい装置を扱うことに伴う昇給や手当がないものとしても）従業員の訓練費用がかかる。いずれの場合でも，窓口は単位時間の60％は実質的に稼動していないことになる。

付表：ポアソン分布表

	サービス提供の窓口数（M）			
フロー強度（ρ）	1	2	3	4
0.10	0.0111			
0.15	0.0264	0.0008		
0.20	0.0500	0.0020		
0.25	0.0833	0.0039		
0.30	0.1285	0.0069		
0.35	0.1884	0.0110		
0.40	0.2666	0.0166		
0.45	0.3681	0.0239	0.0019	
0.50	0.5000	0.0333	0.0030	
0.55	0.6722	0.0449	0.0043	
0.60	0.9000	0.0593	0.0061	
0.65	1.2071	0.0767	0.0084	
0.70	1.6333	0.0976	0.0112	
0.75	2.2500	0.1227	0.0147	
0.80	3.2000	0.1523	0.0189	
0.85	4.8166	0.1873	0.0239	0.0031
0.90	8.1000	0.2285	0.0300	0.0041
0.95	18.0500	0.2767	0.0371	0.0053
1.0		0.3333	0.0454	0.0067

■一定時間待っても顧客が現れないときには,予約を自動的に取り消す（ただし,予約金・前払い金の支払いがあるときは除く）。
■供給能力以上の予約(オーバー・ブッキング)については,顧客にきちんと補償をする。

予約システムのデザインでは,顧客とサービス従業員の双方にとって速くユーザー・フレンドリーに利用できるデザインであることが課題となる。ウェブ・サイトでの予約を可能にしているサービス組織も多く,この傾向は拡大しつつある。顧客は代行業者を利用する場合も,自分自身で予約をする場合でも,希望の時間にサービスが受けられるかどうかの返答を即座に得たいものである。受けられるサービスが希望のものか否かについても同様である。

6　イールド・マネジメント

サービス組織は,オペレーション効率の測定に供給能力の稼働率を用いていることが多い。たとえば,旅客機では座席の充足率,ホテルでは部屋の稼働率がそれぞれ測定される。同じくプロフェッショナル・サービスでは,勤務時間に占める実働時間率が測定されるだろう。しかしながら,これらの数値だけでは行っているサービス提供の収益性についてはほとんど何も語らない。たとえば,高い稼働率が実際には大幅な値引きによって実現されているかもしれないし,極端な場合は無料での提供の結果によるものであるかもしれないだろう。

サービス組織はますます「供給能力1単位当りの平均収入額」に注目するようになっている。これを「イールド*」を呼ぶ。イールドを最大化することで収益性を向上できる。これに関わる方策を,集合的に「イールド・マネジメント*」と呼んでいる。イールド・マネジメントは,航空会社,ホテル,レンタカーなど供給能力が制約されているサービスで幅広く用いられている。このようなサービスでは,供給能力そのものを動かすことは大きな費用がかかるが（たとえば,ホテルで部屋数を増やすことは簡単にはできない）,す

＊イールド（yield）：販売に供される供給能力1単位当たりの平均収入額。
＊イールド・マネジメント（yield management）：供給能力の販売から得られる収入額を最大にするための諸方策。典型的には数学的モデルを基礎に置いている。

でにある供給能力1単位を追加販売するのは，比較的低コストですむ。この種のサービスを提供するサービス組織にとっては，数学的モデルに基づき定式化されたイールド・マネジメント・プログラムは非常に有用なものである。このプログラムは，他にも，需要レベルが変動する場合，価格弾力性により市場が分割できる場合，サービスの予約や事前販売が可能な場合，にも有用である。

(1) 予約システムにおけるセグメント問題

より高い価格でも支払う顧客ないし市場セグメントが存在するのに，別の顧客（市場セグメント）に供給能力を割り当ててしまった。このとき，機会費用*が生じることになる。供給能力が制約されているサービスでは，このようなことがしばしば生じる。以下のような例はどうであろうか。

- ■あるホテルに，大口予約の申し込みがあった。ツアー・グループで200室を1泊80ドルの条件であった。一方，これらの部屋を空けておけば，飛び込みのビジネス客が1泊140ドルで泊まってくれる可能性がある。ツアー・グループの予約申し込みを受けるべきであろうか。
- ■旅客機の座席は，事前にどれ位の割合をツアー・グループ客や特別割引価格の乗客で埋めておけば良いだろうか。座席を空けておけば，正規運賃の乗客がそれなりに利用してくれるはずである。航空会社はどうしたら良いだろうか。
- ■産業用修理・保守点検サービスでは，緊急の修理依頼に対応できるよう供給能力の一部を残しておくべきであろうか。緊急の仕事は，割高でも支払ってもらえるし，新しい顧客企業の開拓にもなる。それとも，持てる供給能力を通常業務にすべて投入し，万全の仕事をした方が良いのだろうか。
- ■印刷所では，すべての請負仕事を期日通りに順番にこなすべきだろうか。それとも，「スピード仕上げ」には割増料金をとり，他の仕事は後回しにするのが良いだろうか。

＊機会費用（opportunity cost）：別の選択肢をとれば，得られたかもしれない価値や収入，ベネフィットを指す。

上記の各例の判断は,「確実なことは不確実なことよりも価値がある」という考え方よりも, 多少は洗練されて処理されるべきである。そのためには, より収益性の高い顧客が後からやって来る可能性を見積もる方法が必要である。ここで重要なのは, これまでの実績についての詳細な情報, 現在の市場状況についての情報, 優れたマーケティングのセンスである。

(2) 供給能力の配分を科学的に行う

ある顧客からのサービスの求めに応じるかあるいは断るか。この決定には, より収益性の高い顧客が後からやって来ると現実に予想されるか否か, 当該顧客とのリレーションシップを保持することの重要性をどう認識するかが, 反映されねばならない。

過去の実績と現在の市場データに基づく明確な配分システムが求められる。これにより, さまざまなタイプの顧客 (それぞれ価格も異なる) に対し供給能力をどのように配分するかが決定される。配分に基づき, 広告や販売もそれぞれ顧客ターゲットを割り振られ,「選択的販売」が行われる。最もやってはならないことは, 正規価格を支払ってくれる大きなセグメントがあるのにもかかわらず, 価格弾力性の大きいセグメントに割引価格で売り込んでしまい, 早々と供給能力を満たしてしまうことである。これでは選択的販売にならない。残念ながら, いくつかのサービス産業ではこの状況が起きており, 低価格セグメントの顧客によってずっと先まで予約が入れられ, 供給能力がほとんど占められてしまっていることがしばしばある。

図表15-3は, あるホテルにおける供給能力の配分を示したものである。このホテルでは, さまざまなタイプの顧客の需要が曜日だけでなく季節によって変化している。予約はすべて予約データベースに集約される。特定タイプの顧客の予約が配分システムで定められた水準に達すれば, たとえ他に多くの部屋が空いていても, 以降の予約受付はストップするよう予約担当者に指示される仕組みになっている。

図表15-3のような配分表は, 供給能力の制約が大きい他のサービスでも有用であろう。供給能力は, それぞれ座席 (劇場公演, 旅客機など), 機械の稼働時間 (レンタカーなど), 人の労働時間 (プロフェッショナル・サー

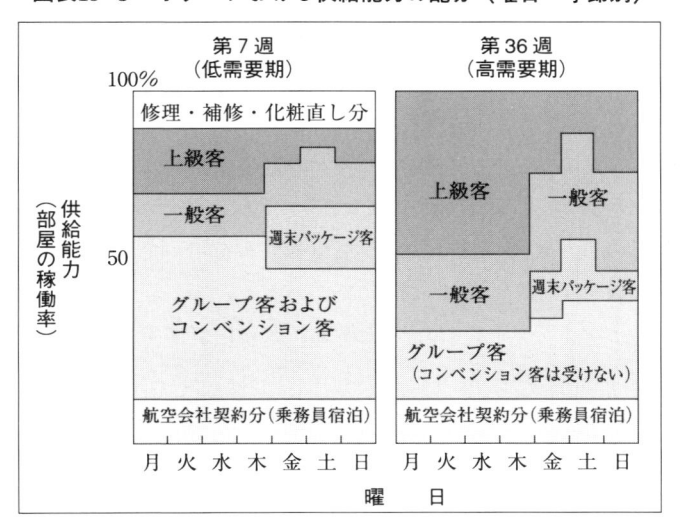

図表15-3　ホテルにおける供給能力の配分（曜日・季節別）

	第7週（低需要期）	第36週（高需要期）

（図：縦軸＝供給能力（部屋の稼働率）0〜100％、横軸＝曜日（月火水木金土日））

第7週（低需要期）の区分：
- 修理・補修・化粧直し分
- 上級客
- 一般客
- 週末パッケージ客
- グループ客およびコンベンション客
- 航空会社契約分（乗務員宿泊）

第36週（高需要期）の区分：
- 上級客
- 一般客
- 週末パッケージ客
- グループ客（コンベンション客は受けない）
- 航空会社契約分（乗務員宿泊）

ビスなど），収容量（倉庫など）といった基準で測定される。供給能力が1つのサービス施設から別のサービス施設に簡単に移転しない場合は，供給能力の配分は，サービス施設毎に行われるべきである。たとえば，ホテルはそれぞれのホテル毎に供給能力の配分が行われる。これに対し，供給能力が移転可能な場合（たとえば，レンタカー），配分は複数のサービス施設をまたがって行われるべきである。

　大きな航空会社やホテル・チェーンのような大規模サービス組織では，市場は非常にダイナミックである。状況は常に変化している。ビジネス客，観光客の需要は現在の経済状態あるいは経済状態の今後の見通しに左右される。多くのビジネス客は価格弾力性が低い——ただし，企業の中には従業員にバーゲン・チケットを利用するように指示しているものもある。一方，観光客は価格弾力性が非常に大きいのが通常である。低価格の特別キャンペーンなどで急に旅行を思い立ったりする。

　個々のホテルや航空会社の立場から見れば，競合者の活動が顧客の予約行動についての予測を混乱させることになる。たとえば，新しい競合ホテルがすぐ近くにオープンし，割引価格で顧客を集め始めるかもしれない。航空業

界は変化が激しいことで有名である。競合者の航空運賃が急に引き下げられたり，新しい直行便サービスが始まったりする。慣れた顧客はこうした動きを良く見ており，予約を取り消してより安価で便利なフライトに変更してしまうこともある。

現在ではソフトウェアとコンピュータの進歩によって，サービス組織はイールド・マネジメントにおいて非常に高度な数学的モデルを用いることが可能になっている。航空会社は，こうしたモデルを用いて，特定フライトについての顧客数を予測することに役立てている。

イールド・マネジメントは，売上増加に大いに資するようである。多くの航空会社が，イールド・マネジメント導入以降，5％あるいはそれ以上の売上増加を報告している。しかし，ここで注意も必要である。イールド・マネジメントはなりふり構わず短期的な売上増加を図ることではない。価格弾力性の低いセグメントであるという理由で顧客をあからさまに低価格サービスから締め出したり，予約のキャンセルに厳しいペナルティを課したりすれば，イールド・マネジメントは容易に硬直化してしまうだろう。このような扱いを受ければ，顧客も失望してしまう。顧客の愛顧心(グッドウィル)を獲得したり良いリレーションシップを構築する上では，マネジャーは長期的視点を持たねばならない。それ故，イールド・マネジメントも良き顧客リレーションシップの保持の観点で構築されるべきである。

7　結　論

サービスには時間という制約がある。これは今日では重大なマネジメント課題である。顧客は時間にますます敏感になっている。日常の忙しさ故に時間の価値をますます意識するようになっているからである。特に「人を対象とするサービス」では，顧客はサービス施設で望まない待ち時間を課せられがちである。予約システムによって，顧客のサービス施設への来訪を調整することができる。しかし，それでも行列が不可避であることも多い。行列の待ち時間を短くできる（あるいは少なくとも待ち時間をより快適にでき）る）サービス組織は，競合するサービス組織に対し優位に立つことができるだろ

う。しかしながら，サービス・エクスペリエンスの質を向上させる際には，生産性とのバランスをとることが求められるだろう。供給能力が制約されているサービス組織にとってイールド・マネジメントは有用である。異なる市場セグメントに異なる価格を提示し，サービスを提供する。これによって，収益性を向上させることができるだろう。

第16章
サービス従業員：リクルートから リテンションまで

……………	プロセス
……………	**生産性とクオリティ**
……………	**人的要素**
……………	フィジカル・エビデンス

本章の目標
- 人的資源への支出は，最低限に抑えるべきコストではなく利益をもたらす投資であることを理解する。
- サービス従業員のリクルート，選抜，訓練，モティベーション，リテンションの戦略的重要性を理解する。
- マネジメントの統制モデルとマネジメントの参加モデルの意義を理解する。
- サービス従業員へのエンパワーメントが生み出すベネフィットと波及効果を理解する。
- サービス従業員のリテンションが提供サービスに与える影響を理解する。

1 人 的 資 源

　多くのサービス組織で「最も大切な財産は，従業員の皆さんです。」というフレーズが使われている。しかしながら，トップ・マネジメントがこれを心から信じていて実際の行動もその通りというサービス組織はほとんどないだろう。サウスウエスト航空は数少ない例外の一つである。同社は激烈な競争が行われている航空業界で，低コスト・短距離路線専門の航空会社として知られている。組合の組織率も高い。一見すると，このような航空会社が組

織のあらゆるレベルで人(従業員)を第一に置く優れた経営を行っているとはとても思えないだろう。しかし，サウスウエスト航空は過去20年以上に渡って，アメリカで最も利益を上げている航空会社であり続けており，過去5年間についても，顧客の苦情の少なさ，運行時間の正確さ，手荷物の扱いの良さでアメリカの輸送部門ランキング第1位の座を保持している。サウスウエスト航空は競合航空会社が没落して行く中で，人(従業員)を最重要視する経営で着実に成長を続けている。

人的資源管理*(HRM)の主要素は，従業員の募集，選抜，訓練，保持である。サウスウエスト航空のような成功したサービス組織では，従業員は，最低限に抑えるべきコストではなく，育成されるべき資源と捉えられている。従業員はまた，上司にいつも指示を仰ぐのではなく，自身で決定が下せるよう権限が与えられている。

ハル・ローゼンブルース(Hal Rosenbluth)は，その著 The Customer Comes Second で，企業はまず，第一に従業員に心を向けるべきであると主張し，「人はまず自分が大切に遇されなければ，それがどんなものであるかを知ることはできない。大切にされるという感覚を理解して，始めて他の人にもそれを分かち与えることができるようになるのである。」と述べている。多くのサービス組織では，バックステージの従業員が顧客と直接に接しているフロントステージの従業員の活動をサポートしている。バックステージの従業員にとって，フロントステージにいる従業員はサービスを提供する顧客——内部顧客*——でなければならない。

2　ハイ・コンタクト・サービスにおけるエンカウンター

多くの人が，自分のこれまで経験したひどいサービスについて想起するこ

---

*人的資源管理 (HRM: human resource management)：職務設計と従業員の募集，選抜，訓練，保持に関わる諸タスクについての管理。従業員に関わるその他の活動の計画化や管理も含まれる。

*内部顧客 (internal customer)：サービス組織の他の従業員や部署から，職務遂行に必要なインプットとしてサービスを提供されている従業員を指す。

とができるだろう。どれほどひどかったか他の人に話すこともあるだろう。一方，本当に素晴らしいサービスを経験したときも同じである。こちらも心にずっと残るものである。ひどいサービスでも素晴らしいサービスでも，顧客の記憶の中心にはサービス従業員の姿があるのが通常である。読者も，自身のサービス・エクスペリエンスを想起してみると良いだろう。素晴らしいサービス，普通のサービス，ひどいサービス。どんなサービス従業員に出会ったであろうか。

(1) フロントステージ従業員の役割

ハイ・コンタクト・サービスでは，顧客はフロントステージでサービス従業員の果たす役割をサービス・オペレーションの他のどの側面よりも良く見ている。フロントステージにいるサービス従業員こそが多くの点で「提供サービス」そのものを体現している。フロントステージの従業員は１人で多くの役割を果していることがある。サービス・プロダクトやサービス・デリバリー・システムの構成要素でもあり，顧客に対する助言者やインストラクターでもあり，ときには——顧客がルールを守らないときには——秩序を守る警察官のような役割も果たしている。サービス従業員はロー・コンタクト・サービスの場合でも，重要な役割を果たす——たとえば，電話を介して顧客と接する場合などである。

フロントステージの活動には，オペレーション上の目標とマーケティング上の目標の２つが課せられていることがある。フロントステージでは従業員は，サービスのアウトプット「生産」に貢献しつつ，情報提供を行ったり追加的な注文を促したりする（たとえば，「今日は美味しいデザートがあります。お食事の後にいかがですか。」，「モーター修理のついでに機械全体を分解掃除されてはいかがでしょうか。」，「この機会に教育積立口座を開設されてはいかがでしょうか。」など）。サービス従業員は，顧客にとってサービスのフィジカル・エビデンスでもあるだろう。いずれにしても多くの場合，サービス従業員は多様な役割を果しており，こうした役割の多様性は，サービス従業員に役割上のコンフリクトをもたらす場合がある——とりわけサービス従業員が，上司であるマネジャーや同僚たちではなく顧客の立場により近

い感覚を抱いているときはなおさらである。たとえば、サービス従業員は、オペレーション上の目標達成（たとえば、生産性向上）とマーケティング上の目標達成（たとえば、サービス・クオリティ向上）の相矛盾する狭間に立たされることがある。それ故、サービス・エンカウンターが多数で多岐に渡るサービス組織は、そうでないサービス組織よりも困難に直面するだろう。多数のサービス従業員がさまざまな状況で顧客に接しており、しかも役割上のコンフリクトも生ずる。サービス従業員という人の要因故にサービス・デリバリーの一貫性確保が難しくなる訳である。

　ハイ・コンタクト・サービスにおいては、サービス従業員には、いくつかの特別な資質や技能（スキル）が重要になる。こうしたものには、人と接する技能、顔つき・表情・姿形や身だしなみ、サービス・プロダクトやオペレーションについての知識、販売技能、顧客と協働する技能（望ましいサービスは顧客との協力関係で創られる）が挙げられる。他には、顧客の非言語的な合図やちょっとした仕草を読み取り適切な対応をする技能、状況に応じて臨機応変に対応できる技能もあるだろう。サービス従業員には、技術的技能だけでなく対人的技能も必要であり、いずれか一方だけでは、十分な職務遂行はできないであろう。

(2) サービス従業員の感情の表現

　サービス・エンカウンターでは、サービスはただ単に技術的（テクニカル）に提供されている訳ではない。そこにはサービス従業員の態度や振る舞い、礼儀、思いやりといった「人の要素」が伴っている。ここで、サービス従業員の「感情労働＊」という概念が導かれる。「感情労働」とは、サービス提供という仕事は、サービス従業員がその場に相応しいさまざまな感情を表現することで成り立っていることを指す――ただし、しばしばサービス従業員が本当に抱いている感情とは異なる。たとえば、あるサービスでは、サービス従業員は顧客と友達のように接することを求められる。別のサービスでは思いやりと誠実さ

＊感情労働 (emotional labor)：サービス提供という仕事は、サービス従業員がその場に相応しいさまざまな感情（しばしば本当に抱いている感情とは異なるが）を表現することで成り立っていることを指す。

が求められるだろう。なるべくサービス従業員の存在感がない方が良い場合もある。しかし、気持ちや感情表現の面で顧客の期待に沿うように努力することは、サービス従業員にとってはしばしば精神的な重荷となる。実際には抱いていない気持ちや感情を演じることが求められるからである。

　顧客とのコンタクトにおけるサービス従業員の感情表現は、「表示規則(ディスプレイ・ルール)」に従っている。表示規則は一般に、社会から課せられる規範(ノーム)——文化毎にさまざまである——と特定の職業や所属組織によって課せられる規範の双方を反映している。表示規則は顧客からの期待も左右する。たとえば、看護師に対する顧客の期待と集金人に対するそれとは異なるだろう。表示規則の存在によって、サービス従業員は、実際には感じていない感情をあたかも感じているように表現することを求められる場合がある。これは、言葉遣いや非言語的表現——顔の表情、身振りや振る舞い、声の調子——を意識的に相応しいものにすることでなされる。実際には感じていない感情を表現することについては、限界はあるが技能として教わることができるだろう。中には教わる必要もない生まれついての演技者(アクター)も存在する。もちろん、状況によっては演ずる必要は何もなく、実際に抱いている感情と表出する感情が完全に一致している場合もある。

　サービス従業員はときに顧客に対し感じていない感情を示すことを強いられる。人的資源管理を担当するマネジャーは、こうしたサービス従業員が日々、ストレスにさらされていることを理解せねばならない。しかしながら、マーケティング上は、サービス従業員が顧客の期待するような感情表現をできないことは問題であり、「従業員が冷淡だった」等の苦情の原因にもなる。マネジャーの課題は、顧客が何を期待しているかを探り、これに相応しいサービス従業員をリクルートして、訓練することにある。また、サービス組織の中には、警察、消防、救急医療分野など、サービス従業員が日常の業務の中で心的外傷(トラウマ)となる事態にさらされるものもある。たとえば、顧客の病気やけが、ときには死といった事態である。サービス従業員自身や同僚たちがこうした危険性にさらされていることもある。こうした事態に出会うと心的外傷となりサービス従業員は感情表現ができなくなったり、無感情に陥ることがある。そのため、サービス従業員に対する専門のカウンセリングが必要に

なる。心的外傷と向き合うための特別な訓練が行われていることもある。

3 職務設計とリクルート

職務設計(ジョブ・デザイン)においては，まず，サービス・オペレーション上の制約，顧客のニーズ，従業員のニーズと能力，オペレーション装置の特性を把握することが求められる。これらはしばしば職務に対し相矛盾する要件を生み出すが，要件間でうまくバランスを取って職務明細書(ジョブ・ディスクリプション)が決定されて行く。サービス組織の中で最も厳しい職務は，複数の役割遂行を求められるような職務である。たとえば，顧客に礼儀正しく接し，相談されたり頼りにされつつ，同時に素早く効率的にタスクをこなすことが求められる。サービス・エンカウンターの多くは，潜在的に顧客，サービス従業員，サービス組織の3者のせめぎ合いの場である。これら3者のニーズは部分的にはそれぞれ相反するものである。それ故，サービス従業員の職務の設計は注意深くなされねばならない。

(1) エンパワーメント[6]

サービス従業員が，自らの権限と判断で顧客により良いサービス提供を行う。このようなサービス従業員へのエンパワーメント*が幅広く支持されている。サービス従業員へより大きな権限を与え，的確な判断ができるように訓練を施すことで，いちいち規則を確かめたり上司の指示を仰いだりしなくとも，優れたサービスを顧客に提供できるようになる。従業員に自発性を発揮し自分で判断して行動してもらおうという考えは，人間性の重視の観点からも支持されるものである。エンパワーメントでは，サービス従業員がサービス上の問題の解決法を自ら見つけ出したり，顧客それぞれに合ったサービス・デリバリーを行うために的確な意思決定をしたりすることが期待されている。サービス従業員がこの期待に十分応えるためには，彼らに必要な技能(スキル)，ツール，資源が与えられていなければならない。これは「イネーブルメン

＊エンパワーメント（empowerment）：サービス従業員に権限を委譲すること。従業員に上司の指示をいちいち仰がなくとも，サービス上の問題の解決法を自ら見つけ出したり，顧客のニーズや要望に応える適切な意思決定を行うことのできる権限を与える。

ト*」と呼ばれている。

　エンパワーメントの支持者たちは，エンパワーメントのアプローチが，「生産ライン」のアプローチ——高度に標準化された職務システムで，従業員は定められたごく狭い範囲の仕事を行う——よりも従業員のモティベーションを高め，顧客もより良く満足させられると主張している。しかしながら，この2つのアプローチのどちらが良いかはそれほど明確ではない。結局，真実は，状況が異なれば解決方法も異なるということであろう。少なくともエンパワーメントの強化は，従業員の選抜・訓練コストや給与コストの上昇を招くし，サービス従業員が個々の顧客により多くの時間を費やすようになるためにサービスが全体として遅滞する事態を招くだろう。また，サービス・デリバリーも変動し，一貫性が失われることになる。

　マネジメントの統制モデルと参加モデル　「生産ライン」のアプローチは，「マネジメントの統制モデル*」という伝統的なマネジメント・モデルに依拠している。これは，明確に規定された役割，トップ・ダウンの統制システム，ピラミッド型の組織構造，全知の存在としてのマネジメント層の仮定で特徴づけられる。一方，エンパワーメントは，「マネジメントの参加モデル*」に基づく。これは，ほとんどの従業員は，適切に訓練され，動機づけられ，必要な情報を与えられれば，優れた意思決定を行う——また，ビジネス運営の優れたアイディアを生み出す——ことができると考えるものである。参加モデルはまた，従業員は誰かに言われずとも自分自身でより効率的に仕事をできるよう動機づけることができるし，自身をコントロールし，進むべき方向を自分で決定できると仮定している。「エンパワーメント」の言葉が広く使

＊イネーブルメント（enablement）：自信を持って判断し，効果的に動けるようサービス従業員に必要な技能，ツール，資源を与えること。

＊マネジメントの統制モデル（control model of management）：明確に規定された役割，トップ・ダウンの統制システム，ピラミッド型の組織構造，全知の存在としてのマネジメント層の仮定，で特徴づけられるマネジメント・モデル。

＊マネジメントの参加モデル（involvement model of management）：従業員は自己決定の能力を持っており，——適切に訓練され，動機づけられ，必要な情報を与えられれば——サービスのオペレーションとデリバリーについて優れた意思決定を行うことができる，と仮定するマネジメント・モデル。

われるようになったのは最近のことであるが，エンパワーメントの底流に流れる「従業員参加」という理念は以前から存在するものである。

マネジメントの統制モデルでは，情報とさまざまな権限——利益分配の権限，問題解決の権限，職務設計を行う権限，サービス組織の向かう方向性を決定する権限——が組織の頂点に向かって集約されていく。一方，参加モデルでは，これらは組織の下層に向かって分散される。

従業員参加のレベル　「生産ライン」のアプローチとエンパワーメントのアプローチとは連続体で捉えられる。この連続体は情報や権限がサービスの現場に下ろされて行く程度によるものである。つまり，エンパワーメントは以下のようないくつかの段階で進んでいく。

- ■提案による参加：サービス従業員に公式的な仕組みを通じて提案を行う権限を与えるものである。しかし，日常の業務活動そのものは本質的には変えられない。マクドナルドは，しばしば「生産ライン」のアプローチの典型のように言われるが，現場の声を良く取り入れている企業である。たとえば，「エッグ・マックマフィン」は現場のサービス従業員の提案から生まれたものである。

- ■職務設計への参加：サービス従業員に職務内容そのものについて踏み込む権限を与えるものである。職務を（再）設計し，従業員がさまざまなことがらに取り組めるようにする。航空会社や病院のような複雑なサービス組織では，個々の従業員は独りではサービスを提供できない。それ故，この種のサービス組織では，職務の（再）設計は従業員がチームで取り組むことで行われる。この段階のエンパワーメントでは，サービス従業員は新たに相応しい訓練を受ける必要があり，マネジャーもまた職務について新しい方向づけを与えられる必要がある。すなわち，従業員を管理することから，従業員のパフォーマンスの向上を支援することへと方向づけられる。

- ■マネジメントへの参加：これは，末端の従業員に至るまで，サービス組織全体のパフォーマンスに関与している意識を持ってもらうものである。すべての情報は共有される。従業員は，チームワーク，問題解決，オペレーションについて技能を向上させる。マネジメント上の意思決定や利

図表16-1　サービス従業員へのエンパワーメントが有効となる状況

- ■サービス組織の戦略は，競争差別化や顧客毎にカスタマイズされたサービス提供に依拠している。
- ■顧客との取引は，短期的なものではなく長期的なリレーションシップに基づいている。
- ■サービス組織の依拠する技術は複雑で常軌化できない。
- ■サービス組織の直面するビジネス環境は予測不能で思いがけないことが起きる。
- ■マネジャーはサービス従業員に自律的に働いてもらうことについて歓迎している。
- ■サービス従業員は職務遂行を通じて自己の技能を高めることについて強いニーズを持っている。また，他の従業員と協働することに関心を抱いており，人に接する技能やチームで取り組む技能も持っている。

David E. Bowen and Edward E.Lawler III, "The Empowerment of Service Workers: What, Why, How, and When," *Sloan Management Review*, Spring 1992, 32-39. より作成。

益分配にも参加する。従業員持株制度もある。

図表16-1に示されるようにエンパワーメントは，特定の状況下で有効となるようである。強調されるべき重要点は，必ずしもすべてのサービス従業員がエンパワーメントを望んでいる訳ではないことである。仕事を通じた自己の成長を望まないサービス従業員も多い。彼らにとっては，自分の判断で進んで仕事をすることを求められるより，他の誰かの指示の下で働くことの方が好ましいのである。

(2) 職務に適した人材をリクルートする

どんな職務もこなせる完璧な従業員はそもそも存在しない。第1に，サービス職務には，職務に就く際に資格を要するものがある。たとえば，看護師はホテルの受付係になることができるが，ホテルの受付係が看護師になるのは無理である（受付係が看護師資格を持っていれば可能であるが）。第2に，異なる職務には――たとえ同じサービス組織内でも――異なる姿形とパーソナリティを持つ人物がそれぞれうまく適合する。社交的な人は，いつも新しい顧客と出会うフロントステージの職務を担当する方が良いだろうし，逆に内気で控えめな人は，決まった同僚たちとだけやり取りするバックステージで働く方が安心できるだろう。身体を動かすことが好きな人は，予約係や窓口係のようなずっと座っている仕事よりも，ウェーターや配送係のような動き回る仕事の方が良いだろう。また，ロバート・レバリング（Robert

Levering）とミルトン・モスコウィッツ（Milton Moskowitz）は，著書 *The 100 Best Companies to Work for in America* で次のように述べている。「万人にとって完璧な企業は存在しない。これは，働くのに良い企業という点でもそうである。企業にはそれぞれの特色，つまり文化がある。それ故，ある種類の人々にとっては魅力的な職場となる企業も別の種類の人々にとっては敬遠すべき職場となる。[7]」

リクルートの基準は，技術的(テクニカル)な採用要件と共に，職務の人間的側面を反映するものでなければならない。ここで，サービス従業員の「感情労働」や「劇場としてのサービスの概念」が想起されるだろう。ウォルト・ディズニー・カンパニーは，エンターテインメント・ビジネスにおいては，「キャスティング」という言葉を用いて，サービス従業員を採用している。採用には応募者の「オンステージ」ないし「バックステージ」での能力が判断される。オンステージの従業員は，「キャスト・メンバー」と呼ばれ，姿形やパーソナリティ，持っている技能に応じて最適の配役(キャスト)を割り当てられている。

(3) リクルートと訓練

1980年代の初頭頃から，英国航空は乗客の関心や意見に一層の注意を払うようなった。さまざま調査すると，乗客は客室乗務員からより温かい，親しみのあるサービスを受けることを望んでいることが分かってきた。これを受け，英国航空では初めは訓練によってそのようなサービスの実現を行おうとした。しかし，マナーの良さと笑顔の必要性は教えられても，温厚な人柄そのものは教えることができないことがすぐに認識されるようになった。これによって，英国航空はリクルートの基準を変え，最初から温厚な人柄を持つ人を採用するようになった。リクルートのための広告表現も空の旅の素晴らしさを強調するものから，乗客と接する仕事のやりがいを示すものに変えた。

優れたサービス従業員は，特別な存在である。この種のサービス従業員は訓練の結果としてそうなったのではないことも多い。元々優れた能力を持った人が従業員としてたまたま雇われたということなのだ。優れたサービスを行うことのできる従業員について調べたある調査では，次のことが観察されている。「従業員の活力は，教えることでは得られない。元々そのような活

力ある従業員を雇うことが必要である。同じことは，従業員の魅力的な人柄，適応力，倫理観，身だしなみの良さについても言えるだろう。これらのうちいくつかは，OJT や何らかのインセンティブで高めることも可能であろう。しかし，全般的に言って，人の活力，人柄や適応力，倫理観と言ったものは，その人の人生の早い時期から徐々に育まれてきたものなのである。」[8]

したがって，フロントステージのサービス従業員の資質に左右されるサービス組織は，元々そのような資質を持った従業員を惹き付け，雇用するようにすべきである。これが，論理的な帰結であろう。

サウスウエスト航空は，採用のプロセスは，応募者からではなく，リクルート担当者から始まると考えている。サウスウエスト航空によれば，新規採用は同社の固有の文化を反映して行われ，同時に新規採用によって文化が強化されるものでなければならない。これを確保するのはリクルート担当者である。サウスウエスト航空の「人・部門（ピープル・デパートメント）（同社ではこの部門に人的資源（ヒューマン・リソース）や人事（パーソネル）という言葉は使わない）」で働く人は全員がマーケティング部門やフロントステージ部門の出身である。マーケティングの重視は，サウスウエスト航空の職務明細や選抜の基準にも掲げられている。各部門も新規採用者を割り振られるのではなく，そもそもどんな人材を求めているかを「人・部門」から尋ねられる。サウスウエスト航空の採用プロセスのユニークさは，各部門のマネジャーと従業員が（入社後は同僚となる）応募者の面接に参加し選抜プロセスに関わることである。さらに珍しいのは，顧客（頻繁に利用する乗客）（フリークエント・フライヤー）が招待されて，客室乗務員の１次採用面接に参加することである。顧客は面接の中で，何が乗客にとって大切なのかを応募者たちに知らせることになる。「人・部門」は，忙しい顧客たちがこの招待に喜んで応じてくれること，自分たちの考えを惜しまず述べてくれることに驚きを覚えているという。

(4) 技術に基づく職務のリクルート課題

生産活動だけが輸出可能であるとかつては考えられていたが，今日では技術の進歩によってフロントステージ，バックステージの双方のサービス業務を世界中に配置できるようになっている。たとえば，アメリカの各保険会社

はアイルランドに保険金支払業務の処理拠点を設けている。アメリカで日々発生する事務作業は，アイルランドの拠点で処理入力されデジタル情報化される。これが再びアメリカ側の大型コンピュータに送られている。また，ジャマイカやバルバドスといったカリブ海の国々や，シンガポール，インド，フィリピンといったアジアの国々は英語使用国であり，テレコムに基づくサービス拠点を置くことが可能である。これらの国々にはバックステージの業務だけでなく，旅客機の予約業務や技術支援サービスといったフロントステージに関わる補足的サービス要素の業務を置くこともできる。顧客は，自分が話しているサービス従業員がどこに居るかは気づかないかもしれない。しかし，顧客にとっては，きちんと応対できて技術的技能もあり——加えて技術支援も可能である——高いクオリティのサービスを提供できる人物か否かが重要なのである。

現在，エキスパート・システム[*]がサービス従業員の技能を補助するために用いられている。エキスパート・システムによって，以前であれば，従業員の高度な能力要件，広範な訓練，あるいは長年の経験を要した業務も比較的簡単に行えるようになっている。エキスパート・システムの中には，初心者のサービス従業員が徐々に高いレベルの仕事をできるよう訓練することを目的とするものもあるが，多くのエキスパート・システムが，専門家(エキスパート)の優れた技能をシステムによって可能にすることを目的としている。たとえば，アメリカン・エキスプレスは，信用承認(オーソリゼーション)のエキスパート・システム（「オーソライザーズ・アシスタント」と呼ばれているシステム）を持っている。これは最も優れた信用承認(オーソライザー)担当の専門技能を再現するもので，これにより信用承認の意思決定の質とスピードが劇的に向上し，アメリカン・エキスプレスに高い収益性がもたらされている。[9]エキスパート・システムは次の3つの構成要素からなっている。①特定領域についての知識ベース，②専門家の能力を再現する推論エンジン——事実と数値から結論を導き出し，問題を解決し，質問に答える推論エンジン，③システムの利用者から情報を集めたり，利用者

---

[*]エキスパート・システム（expert system）：専門家の推論を再現するインタラクティブなコンピュータ・システム。データから結論を導き，問題を解決し，利用者にカスタマイズされた助言を行うことができる。

に情報を与えるユーザー・インターフェイス。専門家と同じく，エキスパート・システムは，利用者に合わせカスタマイズされた助言を与えることができ，不完全で不確かなデータでも受容し，処理することが可能である。

情報技術の急速な進歩によって，サービス組織はビジネス・プロセスの効率を劇的に向上させたり，さらにオペレーションそのものをリエンジニアリングすることが可能になった。情報技術の進歩は，しばしばサービス従業員にとってもこれまでとは全く異なる変化をもたらすことになるだろう。サービス組織は，職務を再定義し，採用にも新しいタイプの従業員を求めるようになる。また，採用される従業員には従来とは違う資格要件が求められるようになる。

4 リレーションシップとしての雇用

マーケティング理論では，顧客と企業間の良好なリレーションシップは，相互に満足行く取引——顧客と企業の双方が価値を得る取引——の上に築かれるとされている。同じことは，サービス従業員とサービス組織間にも当てはまる。サービス従業員は，どのサービス組織の下で働くかを選ぶことができる（有能なサービス従業員には，不満足ならば他のサービス組織へ移る機会があるだろう）。サービス従業員にとって職務の「純価値」は，職務によって得られるベネフィットがコストをどの位上回るかで決まる。最も明白なベネフィットは，給与，健康保険，年金制度である。しかし，ほとんどの職務は，別種のベネフィットをも生み出す。たとえば，学習の機会，経験を積む機会，好奇心や興味が満たされる満足感，仕事の達成感といったベネフィットである。また，仕事仲間とのつき合いや人との出会い（人生にとって本当に価値ある出会いとなるかもしれない）もあり，仕事を通じての尊厳や自尊心を得ることもできる。また，職務によっては，さまざまな場所を訪れる「旅の機会」を与えてくれたり，仕事を通じた社会貢献の機会を与えてくれる。

一方，どんな場合でも働くことにはコストがある。まず，職務そのものと通勤に費やす時間がある。ほとんどの職務には金銭的コストが伴う。たとえ

ば，服は普段着のままという訳にはいかないし，子どもは託児所へ預ける必要もあるだろう。仕事をする際の心理的・身体的コストもある。たとえば，職場はいつでも快適な環境の職場とは限らない。騒音や臭いにさらされたり，暑すぎたり寒すぎたりする。職務によっては，サービス従業員に非常に大きな心理的・身体的努力を求めるものもある。しかしながら，すべてのサービス従業員が同一の価値観や関心を持っている訳ではない。顧客の場合と同じく，サービス従業員にもセグメンテーションが必要だろう。人的資源管理の課題の一つは，職務にあった人物をそれぞれの職務にうまく配置することにある。

　フロントステージのサービスでは，別の次元が加わる。フロントステージでは頻繁な顧客コンタクトがあり，（常にという訳ではないが）しばしば同一の顧客とのリレーションシップの継続がある。サービス従業員のパーソナリティに依るが，こうしたリレーションシップはサービス従業員にとっては楽しむべきベネフィットともなるし，ひたすら耐えるべきコストともなるだろう。実際のところ，サービス従業員が適切に訓練され，サポートされていれば，顧客も満足し，リレーションシップは楽しいものとなるだろう。逆であれば，もちろん，リレーションシップは苦痛に満ちたものとなろう。

　職務設計においては，従業員に（給与に見合っただけ）きちんと働いてもらうようにするだけでは不十分である。人的資源管理を行うマネジャーは職場環境のデザインや優れたサービスを提供するのに必要なツールや設備をサービス従業員が得ているのか否かを考慮しなければならない。職務が再デザインによって変わると，あるタイプのサービス従業員にとってはより魅力的な職務となり，別のタイプの従業員にとってはそうではなくなる。有能なマネジャーは，このことを良く理解している──有能なマネジャーはどのタイプの従業員にとってより魅力的になるかも予測できるだろう。健康や安全面での規制はますます強化されてきている。こうした規制によって，身体的さらに心理的に問題が生じるような職場環境の改善が求められている。しかしながら，マネジメントだけが，前向きで活気に満ちた職場を創ることができる──これは簡単ではなく，長い時間がかかる。職務のマイナス面を減らし，プラス面を増進することで，サービス組織は良い従業員を雇用し，リテンシ

ョンすることが容易になる。仕事を心から楽しんでいる従業員は，そうでない従業員よりも顧客に良いサービスを提供できるだろう。

(1) 従業員のリテンションと顧客のリテンション

　ある研究によると，サービス組織単位で調査するとサービス従業員の態度と顧客のサービス・クオリティの知覚とには強い相関があることが見い出されている。[11] ある商業銀行の調査でも，サービスへの強い関心があると従業員たちが回答した支店では，顧客も高いクオリティのサービスを提供されていると回答していた。別の調査では，サービス従業員が自身の提供するサービスのクオリティをどう知覚しているかで，顧客の離反意向が予測できるとされている。この調査では同様に，顧客のサービス・クオリティの知覚に基づいて，サービス従業員の離職率が予測できることも示されている。つまり，顧客が高いクオリティのサービスであると回答している場合は，サービス従業員が離職することはほとんどないようである。あるトラック・リース会社の調査では，従業員の満足が高レベルにあることは，顧客の離反率の低さ，給与に対する従業員の不満の低さと結び付いていることが明らかになっている。[12]

　上記とは逆に，低賃金，退屈・単調な繰り返しの職務で，従業員の訓練もほとんど行われていない場合は，提供されるサービスのクオリティは非常に低く，従業員もどんどん離職してしまう。クオリティの低いサービスは，顧客の高い離反率も生み出し，これがさらに従業員にとっても職場を働き甲斐のないものとしてしまう訳である。こうした状況では，サービス組織は，新しい顧客と新しい従業員を探すことに持てる資源のすべてをいつも費やしている結果となってしまう。これに対して，ロイヤルティの高い従業員は，職務を熟知しており，多くの場合，顧客たちについても良く知っている。長く勤めている従業員ほど，顧客志向であり，知識があり，モティベーションが高く，より良いサービスを提供でき，顧客もずっとサービスを利用してくれるだろう。研究者たちは，顧客リテンションも従業員リテンションも共に経済的価値があることをこれまで示してきた。[13] しかしながら，多くのサービス組織が，従業員の離職率を高くするような人的資源管理を行っており，従業

員の持つ潜在的な価値を減少させてしまっている。

(2) 失敗サイクル，硬直サイクル，成功サイクル

ひどい扱いを受けているサービス従業員は自分たちが扱われているのと同じように顧客を扱うことになるだろう。結局，多くの場合において顧客にもひどいサービスが提供されることになる。サービス従業員の高い離職率は，しばしば「失敗サイクル」に陥ってしまった結果である。また，雇用は確保されているが，従業員個々の創意工夫の余地がほとんどない場合がある。これもやはり望ましい状態とは言えず，「硬直サイクル」に陥ってしまっている。一方，これらの悪循環だけでなく，好循環も存在する。これは，「成功サイクル」と呼ばれている。

失敗サイクル　多くのサービス産業で，生産性の追求があらゆる局面で図られている。解決法の一つは，職務手順を単純化し，ほとんどあるいは全く訓練を要さないほどの反復的作業にしてしまうことである。このような作業をこなせる労働者はいくらでもいるので低賃金で雇うことができる。失敗サイクルは，このようなところから出発する。そこには2つの相互関連するサイクルがある。1つは，従業員に関する失敗サイクルであり，第2は顧客に関する失敗サイクルである（図表16-2参照）。

「従業員の失敗サイクル」は，サービス従業員の低い技能（スキル）レベルに合わせた狭隘な職務設計から始まる。続いて，サービスそのものではなく規則が強調され，サービス・クオリティのコントロールには生産技術が応用される。サービス従業員は，低賃金で雇われ，それに相応しく選抜や訓練にも最小限の努力しか払われない。サービス従業員は，仕事に興味も湧かず，顧客の問題に対応する能力も欠いたまま，不満の気持ちを抱くようになる。サービス提供の態度もいい加減なものとなっていく。こうした失敗のサイクルによって，サービス組織が得るのは，低いサービス・クオリティとサービス従業員の高い離職率である。また，収益性の低さ故に，より低賃金の従業員が雇われ，酬われない環境で働き，失望し離職していく。こうして，従業員の失敗サイクルは繰り返されるのである。

一方，「顧客の失敗サイクル」は，新規顧客を求めるところから始まる。

図表16-2　失敗サイクル

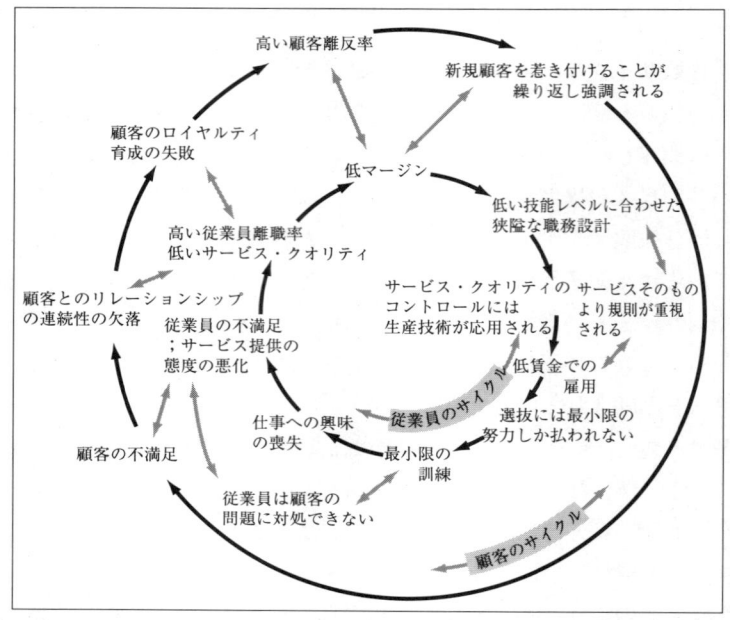

（図中のラベル）
- 高い顧客離反率
- 新規顧客を惹き付けることが繰り返し強調される
- 顧客のロイヤルティ育成の失敗
- 低マージン
- 低い技能レベルに合わせた狭隘な職務設計
- 高い従業員離職率／低いサービス・クオリティ
- サービスそのものより規則が重視される
- 顧客とのリレーションシップの連続性の欠落
- サービス・クオリティのコントロールには生産技術が応用される
- 従業員の不満足；サービス提供の態度の悪化
- 低賃金での雇用
- 従業員のサイクル
- 選抜には最小限の努力しか払われない
- 仕事への興味の喪失
- 顧客の不満足
- 最小限の訓練
- 従業員は顧客の問題に対処できない
- 顧客のサイクル

Leonard A. Schlesinger and James L. Heskett, "Breaking the Cycle of Failure in Services," *Sloan Management Review*, Spring 1991, 17-28. (copyright © 1991 by Sloan Management Review Association ; all rights reserved.)

　新規顧客を何とかして惹き付けることが繰り返し強調される。しかし，そのようにして得られた顧客もサービス従業員の低パフォーマンスに早晩，失望してしまい，従業員がいつも入れ替わるために一貫性がないことにも不満を抱くようになる。顧客はサービス組織に対しロイヤルティを持つ気持ちにはとてもなれず，サービス従業員と同じようにどんどん離反し，入れ替わっていく。こうして，サービス組織は何とか売上を維持しようとしていつでも新規顧客を捜し求めるようになる。また，ロイヤルティの高い顧客が存在せず，いつも新規顧客ばかりであることは，収益性にも悪影響がある。

　失敗サイクルを打ち破れないのは部分的にはそのための投資をしようとしないサービス組織のせいである。心あるマネジャーたちは，低賃金のサービス組織を深い挫折感を抱きながら転々とする放浪者のようなサービス従業員

が社会的にみても相当の数に上っていることを真剣に憂慮している。

一方，失敗サイクルを続けていくことを正当化したり言い訳を繰り返すだけのマネジャーたちも多い。たとえば。

■「最近は良い人材など得られるものではない。」
■「最近の人は，ろくに働きたがらない。」
■「良い人材を雇うとコストがかかる。このコスト増を顧客へ転嫁することなどできない。」
■「どうせすぐ辞めてしまうのだろうから，現場の従業員を教育する価値はない。」
■「高い離職率はこのビジネスでは不可避である。高い離職率を前提にうまくやっていくことを学ぶべきである。」[15]

低賃金，従業員の高離職率，顧客の高離反率の持つ財務上の意味について，余りにも多くのマネジャーが短期的な観点に立っているようである。この観点の問題点は，まず関連コストへの関心の欠落にある。3つの重要なコストがしばしば無視されているだろう。①常に新しい従業員を募集し，採用し，訓練していることである。これらにはすべてコストがかかる（マネジャーがそのために費やしている時間もコストである）。②常に新人の慣れない従業員が従事していることによる低生産性のコストである。加えて，③常に新しい顧客を惹き付ける努力をしているコストである（莫大な広告費をかけたり，プロモーションのための値引きをしている）。同じく無視されている収益には次の2つがある。①顧客が離反しなければ得られたであろう今後の収益。②離反顧客がマイナスの口コミを広めなければ，より多くの人が顧客となってくれたかもしれない。これらの人々から得られたであろう収益。最後に，より数量化するのは困難になるが，サービス従業員の離職後に次の従業員をすぐには探せないかもしれず，その間にサービスが行えなくなるコスト，サービス従業員の経験と知識が離職により失われるコスト（これは顧客についても言える）がある。

硬直サイクル　もう一つの悪しきサイクルは，「硬直サイクル」である（図表16-3参照）。これは，大規模で官僚制的（ビューロクラティック）な組織——典型的には，政府の独占事業組織，産業カルテルないし規制による寡占事業組織がこれに当

図表16-3　硬直サイクル

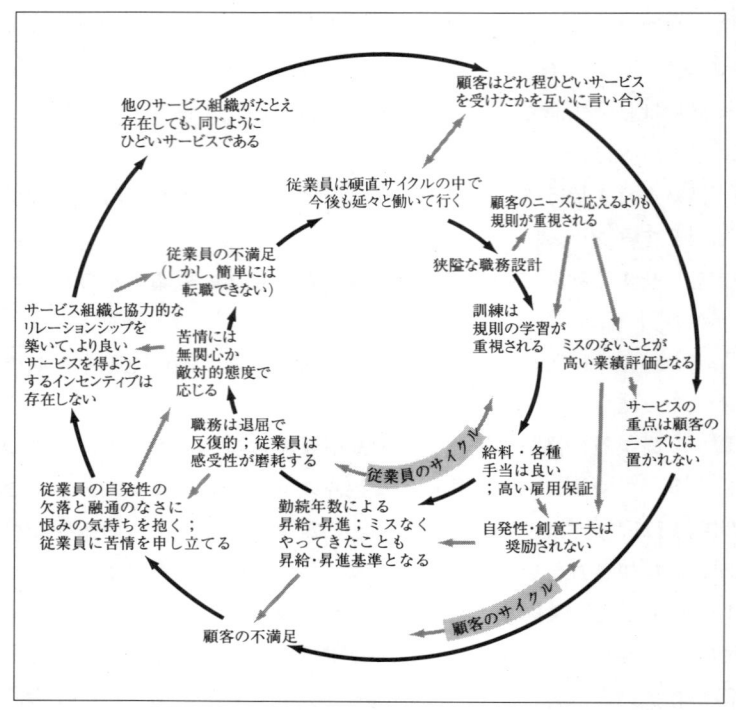

顧客はどれ程ひどいサービスを受けたかを互いに言い合う

他のサービス組織がたとえ存在しても、同じようにひどいサービスである

従業員は硬直サイクルの中で今後も延々と働いて行く

顧客のニーズに応えるよりも規則が重視される

狭隘な職務設計

従業員の不満足（しかし、簡単には転職できない）

サービス組織と協力的なリレーションシップを築いて、より良いサービスを得ようとするインセンティブは存在しない

苦情には無関心か敵対的態度で応じる

訓練は規則の学習が重視される

ミスのないことが高い業績評価となる

職務は退屈で反復的；従業員は感受性が磨耗する

従業員のサイクル

サービスの重点は顧客のニーズには置かれない

従業員の自発性の欠落と融通のなさに恨みの気持ちを抱く；従業員に苦情を申し立てる

勤続年数による昇給・昇進；ミスなくやってきたことも昇給・昇進基準となる

給料・各種手当は良い；高い雇用保証

自発性・創意工夫は奨励されない

顧客のサイクル

顧客の不満足

Christopher H. Lovelock, "Managing Services: The Human Factor," in W. J. Glynn and J. G. Barnes (eds.), *Understanding Services Management* (Chichester, UK: John Wiley & Sons, 1995), 228.

たる――で最もよく見い出されるものである。こうした官僚制的組織では，パフォーマンスを向上させることについてインセンティブがほとんど働かず，マネジメント層も労働組合の反対を恐れ革新的な労働慣行の導入を避けがちである。

　官僚制的組織では，サービス・デリバリーの水準は厳格な規則によって規定され，標準化されたサービス，オペレーションの効率性，従業員の不正や特定の顧客への配慮の排除が志向される。従業員の多くは，リタイアする日まで当該組織でずっと働き続けることになるだろうと予想している。職務の責任範囲は狭く，創意工夫は求められない傾向があり，職務内容は職位・職

第16章 サービス従業員：リクルートからリテンションまで

階によっても細かく決められている。さらに組合の労働規則が職務内容を厳格に縛っている。昇給や昇進は勤続年数に基づいており，高い生産性を達成するとか顧客に優れたサービスを行うことよりも，ミスなく過ごすことが職務遂行上の高評価となる。訓練は，規則や仕事の技術面を学ぶことに重点が置かれ，顧客や同僚との人間的なインタラクションを向上させるような訓練は行われない。従業員の工夫や自発性は最低限しか許されていないため，職務は退屈で，反復的なものになりがちである。しかしながら，失敗サイクルとは対象的に，ほとんどの職務で妥当な給料と各種手当，さらに雇用保証を得られるため，従業員が離職することはほとんどない。この種のサービス組織では，他の領域のサービス組織でも通用し評価されるような従業員技能（スキル）が育たない。それ故，従業員の流動性はますます低くなる。

　顧客はこのようなサービス組織と取引することに苛立ちを感じることになる。官僚制的な硬直性があるからである。サービスの柔軟性はなく，従業員もより良いサービスを提供する努力をしようとはしない。「これは私の仕事ではありませんので…」という態度が蔓延している。こうしたサービス組織が独占状態にあるか，他のサービス組織が同等あるいはさらにひどい状態にあるかして，顧客が当該サービス組織を利用せざるを得ない状態を考えてみよう。いかなることが生じるだろうか。サービス従業員は，「職務上，決められているのだから仕方がない，自分のせいではない。」と感じており，状況を改善する権限も与えられず，なるべく無関心を装い保身に走っている。規則のままに何の配慮も融通もなく行動し，顧客に頭を下げることなど絶対ない。これでは不満足顧客がサービス従業員に敵意すら抱くようになっても不思議ではないだろう。結局のところ，これは延々と続く悪夢のようなサイクルである。提供サービスは劣っており，サービス従業員の態度もひどい。顧客はいつも不満の気持ちを抱いている。サービス従業員に苦情を申し立てたり，他の人にどれほどひどいかを言いふらすだろう。従業員の方も，顧客から苦情や不満を言われてもどうにもならないため，ますます無関心を装い，保身に走るようになる。硬直サイクルでは，顧客にとって，より良いサービス実現のためにサービス組織と協力しようというインセンティブはほとんど存在しない。

成功サイクル　サービス組織の中には，失敗サイクルや硬直サイクルの根底にある仮定を拒絶するものもある。こうしたサービス組織は，財務パフォーマンスを長期的観点で捉えており，サービス従業員に投資して「成功サイクル」を創り出すことで繁栄して行こうとしている（図表16-4参照）。失敗サイクルや硬直サイクルと同じように成功サイクルにも，従業員のサイクル，顧客のサイクルがある。従業員の成功サイクルは，幅広い職務設計で始まる。従業員はサービス・クオリティのコントロールに必要な十分な訓練とエンパワーメントを与えられる。採用方針のはっきりしたリクルートが行われ，十分な訓練と良い賃金が与えられるため，従業員は満足感を持って仕事に取り組み，顧客にも高いクオリティのサービスを提供するようになる。

顧客もまた，従業員離職率が低いことによる継続的なサービス・リレーシ

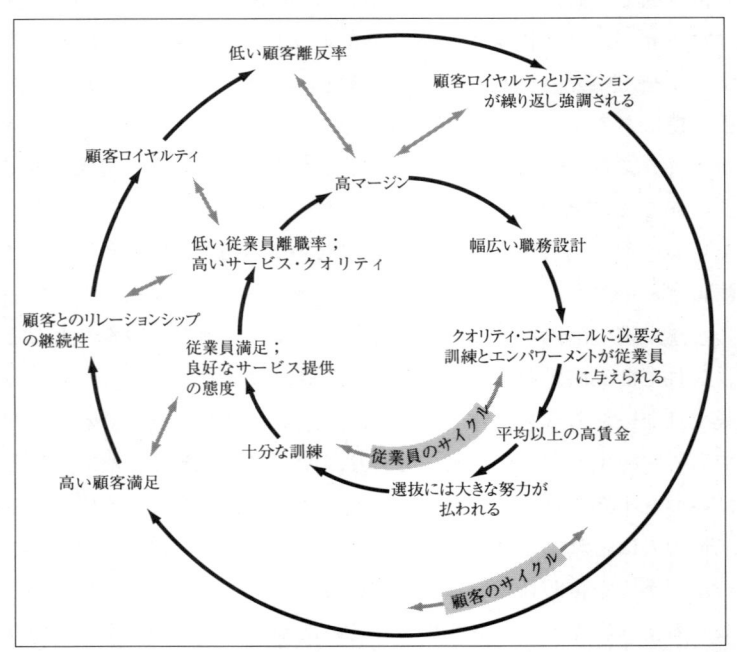

図表16-4　成功サイクル

Leonard A. Schlesinger and James L. Heskett, "Breaking the Cycle of Failure in Services," *Sloan Management Review*, Spring 1991, 17-28. (copyright © 1991 by Sloan Management Review Association: all rights reserved.)

ョンシップを高く評価している。それ故，顧客のロイヤルティも維持される。成功サイクルでは，収益性は高く，その分，サービス組織は，顧客リテンション戦略を通じて，顧客ロイヤルティを強化することにマーケティング努力を集中できる。顧客リテンションの戦略は，新規顧客を惹き付けるための戦略と比較してかなりの低コストで効果が上がるのが通常である。

多くのサービス産業分野で規則緩和がなされ，国営企業の民営化も進んでいる。これらの動きは，硬直サイクルに陥ったサービス組織の救済となっている。アメリカやカナダでは，かつては独占的な地位にあった地域電話会社が，より競争的な環境に置かれるようになっている。多くの国々で，硬直サイクルに陥っていた国営企業——たとえば，BTや英国航空——が，民営化と競争への直面を経て，劇的な企業変革を成し遂げている。職階のスリム化，新しい業績評価基準の導入，大幅な組織構造の変更が行われ，顧客に優れたサービスを提供することができるようになっている。

(3) 労働組合の役割

人的資源管理に関わるさまざまなイノベーションが，十分に効果を発揮するためには，従業員の協力が不可欠であることが多い。労働組合の反対で新しい人的資源管理の取り組みが導入できなかったというのは，サービス業でも製造業でも幅広く見られる言い訳（エクスキューズ）である。マネジャーたちは，労働組合の定めた制限的な労働慣行に対し（声高にではないが）不満を漏らしている。マスコミも労働組合を悪者のように描くことがある。特に，大規模なストライキで大勢の人に迷惑をかけた場合はそうである。組合問題でこれまで大混乱を経験してきたサービス産業の例には，英国，フランス，日本の鉄道，アメリカの航空，アイルランドの銀行，カナダの郵便局が挙げられる。しかしながら，1997年に全米トラック運転手組合がUPSに対しストライキを起こした際に世論調査を行った結果，パートタイム労働者への不当な扱いに対する組合の抗議に対して，顧客も一般大衆も圧倒的多数が同情的であった。

アメリカのマネジャーたちは，組合に関して特に対立的であると言われている。ジェフリー・フェッファー（Jeffrey Pfeffer）は「組合問題と団体交渉は…，普段は分別のある人々が客観的な判断をできなくなるものの一つ

だ。」と苦笑する。彼は、この問題に対しては、「労働組合の影響は、マネジメント側が何をどう対応するかに大きく依存している。」ことを強調しており、マネジメント側が現実的なアプローチで臨むべきと主張している。フェッファーは、労働組合の影響についての（アメリカのさまざまな産業を対象とする）多数の調査をレビューし、労働組合がこれまで、賃金レベルの引き上げ——特に低賃金労働者——、離職率の低下、労働条件の改善、従業員の不平や不満のより良い解決、に貢献してきたことを指摘している。また、労働組合は、生産性にもプラスの影響を与えている——ただし、これは労使双方のリーダーシップ技能が高い場合に限る。フェッファーによると、組合の組織率が高い場合は、①離職率が低く結果としてより経験豊富な従業員が多くなること、②賃金が上がり結果として多くの応募者が集まることにより良い人材を選抜しリクルートできること、を反映して生産性が向上するという。つまり、ここには従業員の「硬直サイクル」ではなく「成功サイクル」が存在していることが明らかである。

　アメリカでは、同一産業内でもサービス組織によって労働組合の組織率に大幅な差異がある。それ故、アメリカは労働組合の影響について比較調査を行う格好の場所である。レバリングとモスコウィッツの *The 100 Best Companies to Work for in America* で挙げられた100社のうち、27社は労働組合の組織率が非常に高くなっている。この中には、サウスウエスト航空や天然ガス配給事業のアラガスコといった成功しているサービス組織が含まれている。最も対照的な状況になっているのは、おそらく航空会社ではないだろうか。アメリカン航空とデルタ航空は、アメリカの航空会社の中で業績が良いとされるが、アメリカン航空は労働組合化されているが、デルタ航空はそうではない。評判の悪かったイースタン航空の崩壊と消滅は、労使間の対立が大きな原因であったとも言われている。一方、サウスウエスト航空は、組合の組織率はほぼ90％であるが、アメリカの航空会社の中で、航行マイル当りコストは最低であり、利益率、運行時間の正確さ、手荷物（バゲージ・ハンドリング）の扱いの良さ、顧客満足度のそれぞれで最高レベルを達成している——顧客満足度は、顧客の苦情の少なさで測定されている。サウスウエスト航空はアメリカの輸送部門で最も苦情の少ない航空会社となっている。サウスウエスト航空の良好な

労使関係は稀有なものであるが、これは同社の会長の地道な努力の結果であることが広く知られている。たとえば、マネジメント側がけっして口出ししない領域の一つとして、職務規則がある。また、サウスウエスト航空の従業員の30％が、同社の株式の10％を保有していることも特筆すべきことである。

労働組合との関係が不信と敵対心に満ち、長期間に渡ってたびたび衝突を繰り返してきたのではないのであれば、サービス組織における労働組合の存在が、そのまま高業績やイノベーションへの障害になる訳ではないと結論づけられるだろう。もちろん、マネジメント側は一方的な命令でさまざま規則を決められる訳ではない。従業員が新しい規則や仕事のやり方を受け入れるためには、労働組合の代表者に良く説明し交渉することが不可欠である（説明と交渉は労働組合化されていないサービス組織でも同じである）。

5　多文化コンテクストにおける人的資源管理

経済のグローバル化の進行と共に、ますます多くのサービス組織が外国で活動するようになっている。他に、観光客やビジネス出張客が増えていることやさまざまな文化的背景を持った多数の移民がアメリカ、カナダ、オーストラリア、ニュージーランド、ヨーロッパ諸国など先進工業国へ流入していることがある。これらは皆、サービス組織にとってプレッシャーとなっている。サービス組織は、より多様な顧客にサービスを提供せねばならなくなっており——顧客はさまざまな文化背景を持っており、期待もさまざまである。また、話す言語も多様である——、採用する従業員もより多様な人々となっている。

多様性の一方で、標準化も図らねばならない。多様性と標準化のバランスを取ることは、社会的規範（ソサイエタル・ノーム）の文化毎の多様性故に単純なタスクではない。たとえば、マクドナルドがモスクワにファースト・フード・レストランをオープンしたとき、従業員は顧客に笑顔で接するよう訓練されたが、こうした習慣はロシアには存在していなかったため、顧客の中には従業員が自分たちを馬鹿にして嗤（わら）っているのではないかと考える者も出る結果となってしまった。

人的資源管理が文化に関わる場合、標準化のうちどの部分が確保され、ど

の部分がより柔軟に扱われるべきかが課題となる。たとえば，英国の公共サービス組織のいくつかでは，従業員に制服・制帽を着用させているが，シーク教徒の従業員には従業員バッジを付けたターバンの着用を積極的に認めてきた。しかし，全員同じ制帽の着用を主張する従業員たちもおり，彼らはシーク教徒の特別扱いには反発している。多文化性(マルチカルチャリズム)は，新しい人的資源管理を要請しているのかもしれない。英語が母国語でない顧客（あるいは従業員）に対応していくには，リクルート基準が変わる必要があるだろう。また，ロール・プレイングや語学の訓練も取り入れることが求められるかもしれない。[18]

6 結　論

　パフォーマンスの高い「人材」を増やすのは，おそらく他のどの経営資源を増やすよりも難しいことだろう。サービス従業員がサービス組織の目標を理解し支持している，職務遂行に必要な技能を持っている，従業員同士チームとしてうまく働くことができる，顧客満足を得ることの重要性を理解している，問題解決を自発的に行う権限と自信を持っている…。これらが確保されていればいるほど，マーケティングやオペレーションはよりうまく行われ，マネジメントもより容易になるだろう。

注　釈

＊削除部分があるために，注釈番号が原注番号と一致しない章もある。

第1部

第1章

1. 国内総生産（GDP）と国民総生産（GNP）は一国の経済活動の指標として共に広く用いられている。両者の違いは単に国際取引の扱いの違いである。アメリカではこの2つの指標には大きな差異はない。これはごくわずかのアメリカ人が海外で働いていることとアメリカ企業の海外所得が外国企業のアメリカ国内所得とほぼ同じ額であることによる。しかし，多くの国民が海外で働くような国（たとえば，パキスタン）や海外からの投資が国内企業による海外投資よりもはるかに多い国（たとえば，カナダ）の場合，GDPとGNPの差異は大きなものとなる。また，統計はそれぞれの国でそれぞれのやり方でデータを集め集計されていることにも留意されたい。
2. James C. Cooper and Kathleen Madigan, "Fragile Markets Are Tying the Fed's Hands," *Business Week*, 4 November 1997, 33.
3. World Bank, *El Mundo del Trabajo en una Ecomonia Integrada* (Washington, D. C.: World Bank, 1995).
4. Javier Reynoso, "Service Competition in Latin America: Managerial and Research Implications Towards the 21st Century," in *Pursuing Service Excellence: Practices and Insights*, ed., E.E. Scheuing, S.W. Brown, B. Edvardsson, and R. Johnston (New York: International Service Quality Association, 1998), 55-60.
5. Regis McKenna, *Real Time* (Boston: Harvard Business School Press, 1997).
6. たとえば情報が重要となるサービスのアウトソーシングについてのクインの議論を参照。James Brian Quinn, *Intelligent Enterprise* (New York: Free Press, 1992), ch. 3, 71-97.
7. Timothy K. Smith, "Why Air Travel Doesn't Work," *Fortune*, 3 April 1995, 42-56 ; Bill Saporito, "Going Nowhere Fast," *Fortune*, 3 April 1995, 58-59.
8. たとえば，以下を参照。Valarie A. Zeithaml, A. Parasuraman, and Leonard L. Berry, *Delivering Quality Service* (New York: Free Press, 1990) および Barbara R. Lewis and Gard O. S. Gabrielsen, "Intra-organizational Aspects of Service Quality Management," *The Service Industries Journal*, April 1998, 64-89.

9. 以下を参照。Christopher H. Lovelock and Charles B. Weinberg, *Public and Nonprofit Marketing*, 2nd ed. (Redwood City, CA: Scientific Press/Boyd and Davis, 1989); and Philip Kotler and Alan Andreasen, *Strategic Marketing for Nonprofit Organizations*, 5th ed. (Upper Saddle River, NJ: Prentice Hall, 1996).
10. Leonard L. Berry, "Service Marketing Is Different," *Business*, May-June, 1980.
11. W. Earl Sasser, Jr., R. Paul Olsen, and D. Daryl Wyckoff, *Management of Service Operations: Text, Case, and Readings* (Boston: Allen & Bacon, 1978).
12. G. Lynn Shostack, "Breaking Free From Product Marketing," *Journal of Marketing*, April 1977.
13. Bonnie Farber Canziani, "Leveraging Customer Competency in Service Firms," *International Journal of Service Industry Management*, 8, no. 1 (1997): 5-25.
14. Gary Knisely, "Greater Marketing Emphasis by Holiday Inns Breaks Mold," *Advertising Age*, 15 January 1979.
15. Curtis P. McLaughlin, "Why Variation Reduction Is Not Everything: A New Paradigm for Service Operations," *International Journal of Service Industry Management*, 7, no. 3 (1996): 17-31.
16. この項は以下に拠っている。Valarie A. Zeithaml, "How Consumer Evaluation Processes Differ between Goods and Services,"in J. H. Donnelly and W. R. George, *Marketing of Services* (Chicago: American Marketing Association, 1981), 186-190.
17. マーケティング意思決定変数の4Ps (product, price, place, promotion) 分類は、マッカーシーにより考案されたものである。E. Jerome McCarthy, *Basic Marketing: A Managerial Approach* (Homewood, IL: Irwin, 1960).
18. 1970年代の後半以降、多くの理論家がサービス・マーケティングの複雑性をうまく覚えやすい形で表現しようと4Psを超えるための努力をしてきた——サービス固有の要素がそれぞれ強調されたり、組み合わされたりした。本書のサービス・マネジメントの8Psモデルは、7要素モデルの枠組みを発展させたものである。7要素モデルは、ブームズとビトナーが提示したもので、元々の4Psに参加者 (participants)、フィジカル・エビデンス (physical evidence)、プロセス (process) を加えたものあった (Bernard H. Booms and Mary Jo Bitner, "Marketing Strategies and Organization Structures for Service Firms, "in J.H. Donnelly and W.R. George, *Marketing of Service* (Chicago: American Marketing Association, 1981) 47-51.)。ブームズはその後、7人の「小人」(小さなボートを担ぎ、うち2人はオールを持っている) のイラスト図を考案したが、これが筆者たちに8人漕ぎボートの構図——8人の漕ぎ手 (8番目は生産性

注　釈　393

とクオリティを担当）と1人のコックス（ボートの方向とスピードを決める）からなる——のヒントを与えることとなった。
19. これについての文献レビューは，以下を参照。Michael D. Hartline and O.C. Ferrell, "The Management of Customer Contact Service Employees", *Journal of Marketing*, 60, no. 4 (October 1996): 52-70.
20. K. Douglas Hoffman and John E.G. Bateson, "Ethical Issues in Service Marketing,", in *Essentials of Service Marketing* (New York: Dryden Press, 1997), 100-120.
21. Siegmund Warburg, cited by Derek Higges, London, September 1997.

第2章

1. Melvin T. Copeland, "The Relation of Consumers' Buying Habits to Marketing Methods," *Harvard Business Review*, 1 (April 1923): 282-289.
2. ここでの各分類は，以下による。Christopher H. Lovelock, "Classifying Services to Gain Strategic Marketing Insights," *Journal of Marketing*, 47 (Summer 1983): 9-20.
3. 情報技術がサービスに与えるインパクトのより詳しい描写については，以下を参照。Frances Cairncross, *The Death of Distance* (Boston: Harvard Business School Press, 1997); Larry Downes and Chunka Mui, *Unleashing the Killer Ape* (Boston: Harvard Business School Press, 1998).

第3章

1. Curtis P. McLaughlin, "Why Variation Reductions Is Not Everything: A New Paradigm for Service Operations," *International Journal of Service Industry Management*, 7, no. 3 (1996): 17-39.
2. Lance A. Bettencourt and Kevin Gwinner, "Customization of the Service Experience: The Role of the Frontline Employee," *International Journal of Service Industry Management*, 7, no. 2 (1996): 2-21.
3. G. Lynn Shostack, "Planning the Service Encounter," in J.A. Czepiel, M.R. Solomon, and C.F. Surprenant (eds.), *The Service Encounter* (Lexington, MA: Lexington Books, 1985), 243-254.
4. Carole F. Surprenant and Michael R. Solomon, "Predictability and Personalization in the Service Encounter," *Journal of Marketing*, 51 (Winter1987): 73-80.
5. Richard B. Chase, "Where Does the Customer Fit in a Service Organization?" *Harvard Business Review*, November-December 1978.
6. Stephen J. Grove, Raymond P. Fisk, and Mary Jo Bitner, "Dramatizing the Service Experience: A Managerial Approach," in T.A. Schwartz, D.E.

Bowen, and S.W. Brown, *Advances in Services Marketing and Management* (Greenwich, CT : JAI Press, 1992), Vol. I , 91-122.
7．ノーマンは，「真実の瞬間」の用語を1978年に始めてスウェーデン語の論文で用いている。英語圏で知られるようになったのは，Richard Normann, *Service Management : Study and Leadership in Service Businesses*, 2nd ed. (Chichester, UK : Wiley, 1991), 16-17 で使われてからである。
8．Jan Carlzon, *Moment of Truth* (Cambridge, MA : Ballinger, 1987), 3.
9．Mary Jo Bitner, Bernard H. Booms, and Mary Stanfield Tetreault, "The Service Encounter : Diagnosing Favorable and Unfavorable Incidents," *Journal of Marketing*, 54 (January 1990) : 71-84.
10．Carlzon, *Moment of Truth*, 59-74.
11．Susan M. Keaveney , "Customer Switching Behavior in Service Industries : An Exploratory Study," *Journal of Marketing*, 59 (April 1995) : 71-82.
12．Mary Jo Bitner, Bernard H. Booms, and Lois A. Mohr, "Critical Service Encounters : The Employee's View ," *Journal of Marketing*, 58 (October1994) : 95-106.
13．Benjamin Schneider and David E. Bowen, *Winning the Service Game* (Boston : Harvard Business School Press,1995), 92.
14．David E. Bowen, "Managing Customers as Human Resources in Service Organizations," *Human Resources Management*, 25, no. 3 (1986) : 371-383.
15．Schneider and Bowen, *Winning the Service Game*, 85.
16．Bonnie Farber Canziani, "Leveraging Customer Competency in Service Firms," *International Journal of Service Industry Management* 8, no. 1 (1997) : 5-25.

第 4 章

1．Lucette Lagnado, "Patients Give Hospitals Poor Scorecards," *The Wall Street Journal*, 28 January 1997, B1.
2．Ronald Lieber, "Now Are You Satisfied? The 1998 American Customer Satisfaction Index," *Fortune*, 16 February 1998, 161-166.
3．レクサスのウェブ・サイト（www.lexus.com）より（1998年1月）。
4．Abraham H. Maslow, *Motivation and Personality* (New York : Harper and Bro., 1954).
5．Stephanie Anderson Forest, Katie Kerwin, and Susan Jackson, "Presents That Won't Fit under the Christmas Tree, " *Business Week*, 1 December 1997, 42.
6．Theodore Levitt, "What's Your Product and What's Your Business ?" in *Marketing for Business Growth* (New York : McGraw-Hill, 1973), 7.

注　釈　395

7. Christopher H. Lovelock, *Product Plus : How Product + Service = Competitive Advantage* (New York : McGraw-Hill, 1994), 29-31.

第 2 部

第 5 章

1. Christopher H. Lovelock, "Federal Express : Quality Improvement Program, Lausanne : IMD case 1990" (distributed by European Case Clearing House).
2. James Brian Quinn, *Intelligent Enterprise* (New York : Free Press, 1992), 325.
3. 以下を参照。Benjamin Schneider and David E. Brown, *Winning the Service Game* (Boston : Harvard Business School Press,1995) ; Valarie A. Zeithaml, Leonard L. Berry, and A. Parasuraman, "The Nature and Determinants of Customer Expectations of Services," *Journal of the Academy of Marketing Science*, 21 (1993).
4. Valarie A. Zeithaml, Leonard L. Berry, and A. Parasuraman, "The Behavioral Consequences of Service Quality," *Journal of Marketing*, 60 (1996) : 35.
5. 以下を参照。Roland T. Rust, Anthony J. Zahorik, and Timothy L. Keiningham, *Service Marketing* (New York : Harper Collins, 1996),229 ; J. Joseph Cronin and Steven A. Taylor, "Measuring Service Quality : A Reexamination and Extension," *Journal of Marketing*, 56 (1992) : 55-68 ; and Richard L. Oliver, "A Conceptual Model of Service Quality and Service Satisfaction : Compatible Goals, Different Concepts," in *Advances in Services Marketing and Management : Research and Practice*, Teresa A. Swartz, David E. Bowen, and Stephen W. Brown, eds. (Greenwich, CT : JAI Press,1993), Vol. 2.
6. 以下の文献による。Valarie A. Zeithaml, Leonard L. Berry, and A. Parasuraman, "Communication and Control Processes in the Delivery of Service Process," *Journal of Marketing*, 52(1988) : 36-58 ; Christopher H. Lovelock, *Product Plus : How Product + Service = Competitive Advantage* (New York : McGraw-Hill, 1994) 112-113 ; and K. Douglas Hoffman and John E.G. Bateson, *Essentials of Service Marketing* (Fort Worth, TX : Dryden Press, 1977), 300-301.
7. Valarie A. Zeithaml, A. Parasuraman, and Leonard L. Berry, *Delivering Quality Service : Balancing Customer Perceptions and Expectations* (New York : Free Press, 1990).
8. A. Parasuraman, Valarie A. Zeithaml, and Leonard L. Berry, "SERVQUAL : A Multiple-Item Scale for Measuring Consumer Perceptions of

Service Quality," *Journal of Retailing*, 64 (1988): 12-40.
9. Leonard L. Berry, *On Great Service : A Framework for Action* (New York : Free Press, 1995), 84.
10. Steven W. Brown, Deborah L. Cowles, and Tracy L. Tuten, "Service Recovery : Its Value and Limitations as a Retail Strategy," *International Journal of Service Industry Management*, 7, no. 5 (1996) : 32-47.
11. Lovelock, *Product Plus*, 217-218 による。
12. たとえば, 以下を参照。Thomas O. Jones and W. Earl Sasser, Jr., "Why Satisfied Customer Defect," *Harvard Business Review*, November-December 1995, 88-99 ; and Zeithaml, Berry, and Parasuraman, "Behavioral Consequences of Service Quality."
13. Jones and Sasser, "Why Satisfied Customer Defect," 96.
14. Philip L. Dawes, Grahame R. Dowling, and Paul G. Patterson, "Criteria Used to Select Management Consultants," *Industrial Marketing Management*, 21 (1992) : 187-193.
15. Roland T. Rust, Anthony J. Zahorik, and Timothy L. Keiningham, "Return on Quality (ROQ) : Making Service Quality Financially Accountable," *Journal of Marketing*, 59 (1995) : 58-70.
16. Berry, *On Great Service*, 33.
17. Emil Becker, "Service Quality Requires Strategy and Tactics," *Marketing News*, 29 January (1996) : 4.
18. Parasuraman, Zeithaml, and Berry, "SERVQUAL".
19. Tibbett Speer, "Nickeloedon Puts Kids Online," *American Demographics*, January 1994, 16-17.
20. James L. Heskett, *Managing in the Service Economy* (New York : Free Press, 1986).
21. この項は以下に依拠している。Eugene W. Anderson, Claes Fornell, and Roland T. Rust, "Customer Satisfaction, Productivity, and Profitability : Differences Between Goods and Services, " *Marketing Science*, 16 (1997) : 131 ; Eugene W. Anderson, Claes Fornell, and Donald R. Lehmann, "Customer Satisfaction, Market Share and Profitability," *Journal of Marketing*, 56 (1994) : 53-66 ; and Lenard Huff, Claes Fornell, and Eugene W. Anderson, "Quality and Productivity : Contradictory and Complimentary," *Quality Management Journal*, 4 (1996) : 22-39.

第 6 章

1. Roger Hallowell, "The Relationships of Customer Satisfaction, Customer Loyalty, and Profitability : An Empirical Study," *International Journal of*

Service Industry Management, 7, no. 4 (1996): 27-42.
2. Paul S. Bender, *Design and Operation of Customer Service Systems* (New York: AMACOM, 1976) による。また,「1人の顧客を失うと,利益を118ドル失うが,1人の顧客の満足を維持するのには20ドルしかかからない」ともいう。
3. Leonard L. Berry and A. Parasuraman, *Marketing Services: Competing through Quality* (New York: Free Press, 1991), 特に第8章 (132-150)。
4. Barbara Bund Jackson, "Build Relationships That Last," *Harvard Business Review*, November-December 1985, 120-128.
5. Theodore Levitt, *The Marketing Imagination*, new expanded ed. (New York: Fres Press, 1986), 121.
6. David H. Maister, *True Professionalism* (New York: The Free Press, 1997).
7. この項は,以下に依拠している。Christopher H. Lovelock, *Product Plus: How Product + Service = Competitive Advantage* (New York: McGraw-Hill, 1994), 第15章。
8. Abbie Hoffman, *Steal This Book* (San Francisco: Grove Press, 1972).
9. Christopher H. Lovelock, *Product Plus*, 236.
10. Frederick F. Reichheld, *The Loyalty Effect* (Boston: Harvard Business School Press, 1996).
11. Frederick F. Reichheld and W. Earl Sasser, Jr., "Zero Defections: Quality Comes to Services," *Harvard Business Review*, October 1990.
12. James L. Heskett, W. Earl Sasser, Jr., and Leonard A. Schlesinger, *The Service Profit Chain* (New York: Free Press, 1997).
13. Reichheld and Sasser, "Zero Defections."
14. Alan W.H. Grant and Leonard A. Schlesinger, "Realize Your Customer's Full Profit Potential," *Harvard Business Review*, 73 (Septmber-October, 1995): 59-75.
15. Gerald R. Dowling and Mark Uncles, "Do Customer Loyalty Programs Really Work?" *Sloan Management Review*, Summer 1997, 71-81.

第7章

1. Technical Assistance Research Programs Institute (TARP), *Consumer Complaint Handling in America: An Update Study*, Part II (Washington, D. C.: TARP and U.S. Office of Consumer Affairs, April 1986).
2. Susan M. Keveancy, "Customer Switching Behavior in Service Industries: An Exploratory Study," *Journal of Marketing*, 59 (April 1995): 71-82.
3. Bernd Stauss, "Global Word of Mouth," *Marketing Management*, Fall 1997, 28-30.
4. TARP, *Consumer Complaint Handling*.

5. Claes Fornell et al., "The American Customer Satisfaction Index : Nature, Purpose, and Findings," *Journal of Marketing*, 60 (October 1996) : 7-18.
6. Ronald B. Lieber and Linda Grant, "Now Are You Satisfied ?" *Fortune*, 16 February 1998, 161-166.
7. Society of Consumer Affairs Professionals (SOCAP), *Study of Consumer Complaint Behaviour in Australia* (Sydney : SOCAP, 1995).
8. Terrence Levesque and Gordon H.G. McDougall, "Customer Dissatisfaction : The Relationship between Types of Problems and Customer Response," *Canadian Journal of Administrative Sciences*, 13, no. 3 (1996) : 264-276.
9. Cathy Goodwin and B.J. Verhage, "Role Perceptions of Services : A Cross-Cultural Comparison with Behavioral Implications," *Journal of Economic Psychology*, 10 (1990) : 543-558.
10. Christopher W. L. Hart, James L. Heskett, and W. Earl Sasser, Jr., "The Profitable Art of Service Recovery," *Harvard Bussiness Review*, July-August 1990, 148-156.
11. Stephen S. Tax, Stephen W. Brown, and Murali Chandrashekaran, "Customer Evaluations of Service Complaint Exercises : Implications for Relationship Marketing," *Journal of Marketing*, 62 (April 1998) : 60-76.
12. TARP, *Consumer Complaint Handling*.
13. Christo Boshoff, "An Experimental Study of Service Recovery Options," *International Journal of Service Industry Management* 8, no. 2 (1997) : 110-130.
14. John Goodmanによる。"Improving Service Doesn't Always Require Big Investment," *The Service Edge*, July-August 1990, 3. に引用された発言。
15. Christopher W.L. Hart, "The Power of Unconditional Service Guarantees," *Harvard Business Review*, July-August 1990, 54-62.
16. プロマスのケースは以下に基づいている。Christopher W. Hart with Elizabeth Long, *Extraordinary Guarantees* (New York : AMACOM, 1997).
17. Christopher W. Hart with Elizabeth Long, *Extraordinary Guarantees*.

第 3 部

第 8 章

1. George S. Day, *Market Driven Strategy* (New York : Free Press, 1990), 164.
2. 以下を参照。R. H. Hayes and S. C. Wheelwright, *Restoring Our Competitive Edge* (New York : Wiley, 1984) ; J. L. Heskett, *Managing in the Service Economy* (Boston : Harvard Business School Press, 1986) ; and J. L. Heskett, W. Earl Sasser, Jr. and C. W. L. Hart, *Service Breakthroughs : Changing the*

注　釈　399

Rules of the Game (New York: Free Press, 1990).
3．Robert Johnston, "Achieving Focus in Service Organizations," *The Service Industries Journal*, 16 (January 1996), 10-20.
4．Leonard L. Berry, *On Great Service : A Framework for Action* (New York : Free Press, 1995), 62-63.
5．Berry, *On Great Service*, 72.
6．Jack Trout, *The New Positioning : The Latest on the World's #1 Business Strategy* (New York: McGraw-Hill, 1997). また，次も参照。　Al Ries and Jack Trout, *Positioning : The Battle for Your Mind*, revised ed. (New York : Warner Books, 1993).
7．Harry Beckwith, *Selling the Invisible* (New York : Warner Books, 1997), 103.
8．Beckwith, *Selling the Invisible*.
9．Laura Koss Feder, "Branding Culture : Nonprofit Turn to Marketing to Improve Image and Bring in the Bucks," *Marketing News*, 1 January 1998, 1.
10．Thomas A. Stewart, "A Satisfied Customer Isn't Enough," *Fortune*, 21 July 1997, 112-113.
11．Donald F. Heaney, "Degrees of Product Innovation," *Journal of Business Strategy*, Spring 1983, 3-14.
12．以下を参照。James Traub, "Drive-Thru U.," *The New Yorker*, 20 and 27 October 1997 ; Joshua Macht, "Virtual You," *Inc. Magazine*, January 1998, 84-87.
13．Chad Rubel, "New Menu for Restaurants : Talking Trees and Blackjack," *Marketing News*, 29 July 1996, 1.
14．Cyndee Miller, "It's Not Take-out ; It's Now 'Home Meal Replacement,'" *Marketing News*, 9 June 1997, 2.
15．リチャード・ノーマンによる。ノーマンはパリを拠点に活躍するコンサルタントで，この用語は，次のカンファレンスのスピーチで使われた。Management del Terzario, organized by Centro di Formazione, Milan, Italy, December 1994.
16．G. Lynn Shostack, "Designing Services That Deliver," *Harvard Business Review*, January-February 1984, 133-139.
17．G. Lynn Shostack, "Service Positioning through Structural Change," *Journal of Marketing*, 51, (January 1987).

第9章

1．G. Lynn Shostack, "Breaking Free from Product Marketing," *Journal of Marketing*, April 1977.

2．Pierre Eiglier and Eric Langeard, "Services as Systems: Marketing Implications," in P. Eiglier, E. Langeard, C. H. Lovelock, J. E. G. Bateson, and R. F Young, *Marketing Consumer Services: New Insights* (Cambridge, MA: Marketing Science Institute, 1977), 83-103. なお，この論文は，初めはフランスで発表されている（Revue Francaise de Gestion, March-April 1977, 72-84.）。

3．「フラワー・オブ・サービス」のコンセプトは，以下で初めて提示された。Christopher H. Lovelock, "Cultivating the Flower of Service: New Ways of Looking at Core and Supplementary Services," in P. Eiglier and E. Langeard (eds.), *Marketing, Operations, and Human Resources: Insights into Services* (Aix-en-Provence: IAE, Universite d'Aix-Marseille III, 1992), 296-316.

4．Karen Schwartz and Ian P. Murphy, "Airline Food Is No Joke," *Marketing News*, 13 October 1997, 1.

5．Lisa Miller and Nancy Keates, "The Bitter Search for the Perfect Brew," *The Wall Street Journal*, 12 September 1997, B12.

6．Schwartz and Murphy, "Airline Food Is No Joke."

7．James C. Anderson and James A. Narus, "Capturing the Value of Supplementary Services," *Harvard Business Review*, January-February 1995, 75-83.

第10章

1．たとえば，以下を参照。Regis McKenna, "Real-Time Marketing," *Harvard Business Review*, July-August 1995, 87-98; Jeffrey F. Rayport and John J. Sviokla, "Exploiting the Virtual Value Chain," *Harvard Business Review*, November-December 1995; and Regis McKenna, *Real Time* (Boston: Harvard Business School Press, 1997).

2．Mary Jo Bitner, "Servicescapes: The Impact of Physical Surroundings on Customers and Employees," *Journal of Marketing*, 56 (April 1992): 57-71.

3．Jose Paulo Vincente, "E-Commerce Shapes U.S. Retail Landscapes," *Yahoo News-Reuters*, 5 February 1998.

4．Jeffrey F. Rayport and John J. Sviokla, "Managing in the Marketspace," *Harvard Business Review*, November-December 1994, 141-150.

第11章

1．Leonard L. Berry and Manjit S. Yadav, "Capture and Communicate Value in the Pricing of Services," *Sloan Management Review*, 37 (Summer 1996): 41-51.

2．Valarie A. Zeithaml, "Consumer Perceptions of Price, Quality, and Value: A Means-End Model and Synthesis of Evidence," *Journal of Marketing*, 52 (July 1988): 2-21.

注　釈　401

3. この分野での文献レビューと研究成果については，以下を参照。Injazz J. Chen, Atul Gupta, and Walter Rom, "A Study of Price and Quality in Service Operations," *International Journal of Service Industry Management*, 5, no. 2 (1994) : 23-33.
4. Christopher H. Lovelock and Charles B. Weinberg, *Public and Nonprofit Marketing*, 2nd ed. (Redwood City, CA : Scientific Press/Boyd and Davis, 1989), 256.
5. Hermann Simon, "Pricing Opportunities and How to Exploit Them," *Sloan Management Review*, 33 (Winter 1992) : 71-84.
6. Berry and Yadav, "Capture and Communicate Value."
7. Frederick F. Reichheld, *The Loyalty Effect* (Boston : Harvard Business School Press, 1996), 82-84.

第12章

1. William R. George and Leonard L. Berry, "Guidelines for the Advertising of Services," *Business Horizons*, July-August 1981.
2. Louis Fabien, "Making Promises : The Power of Engagement," *Journal of Services Marketing*, 11, no. 3 (1997) : 206-214.
3. Stephen J. Grove, Gregory M. Pickett, and David N. Laband, "An Empirical Examination of Factual Information Content among Service Advertisements," *The Service Industries Journal*, 15 (April 1995) : 216-233.
4. Ken Peattie and Sue Peattie, "Sales Promotion—A Missed Opportunity for Service Marketers," *International Journal of Service Industry Management*, 5, no. 1 (1995) : 6-21.
5. Paul W. Farris and John A. Quelch, "In Defense of Price Promotion," *Sloan Management Review*, Fall 1987, 63-69.
6. Christopher H. Lovelock and John A. Quelch, "Consumer Promotions in Services Marketing," *Business Horizons*, May-June 1983.
7. Mary Jo Bitner, "Servicescapes : The Impact of Physical Surroundings on Customers and Employees," *Journal of Marketing*, 56 (April 1992) : 57-71.
8. J. William Gurley, "How the Web Will Warp Advertising," *Fortune*, 9 November 1998, 199-120.
9. Kenneth Leung, "Keep This in Mind about Internet Marketing," *Marketing News*, 23 June 1997, 7.
10. J. D. Mosley-Matchett, "Include the Internet in Marketing Mix," *Marketing News*, 24 November 1997, 6.
11. Marshall Rice, "What Makes Users Revisit a Web Site ?" *Marketing News*, 17 March 1997, 12.

12. J. D. Mosley-Machett, "Remember : It's the World Wide Web," *Marketing News*, 20 January 1997, 16.
13. Sharon McDonnell, "For Older Sites, Time for Makeover," *New York Times Cybertimes*, 12 January 1997.
14. Patrick M. Reilly, "Booksellers Prepare to Do Battle in Cyberspace," *The Wall Street Journal*, 28 January 1997.
15. Kelly Shermach, "Marketers Assess Internet Efforts," *Marketing News*, 23 October 1995, 40.

第4部

第13章

1. Stephen J. Grove and Raymond P. Fisk, "The Dramaturgy of Services Exchange : An Analytical Framework for Services Marketing," in *Emerging Perspectives on Services Marketing*, L.L. Berry, G. L. Shostack, and G. D. Upah, eds. (Chicago : American Marketing Association, 1983), 45-49.
2. Grove and Fisk, "The Dramaturgy of Services Exchange."
3. Michael R. Solomon, Carol Suprenant, John A. Czepiel, and Evelyn G. Gutman, "A Role Theory Perspective on Dyadic Interactions : The Service Encounter," *Journal of Marketing* (Winter 1985) : 99-111.
4. 以下を参照。Solomon, Suprenant, Czepiel, and Gutman, "A Role Theory Perspective on Dyadic Interactions : The Service Encounter." ; P. Abelson, "Script Processing in Attitude Formation and Decision-Making," in *Cognitive and Social Behavior*, J. S. Carrol and J. W. Payne, eds. (Hillsdale, NJ : Erlbaum, 1976), 33-45 ; and Ronald H. Humphrey and Blake E. Ashforth, "Cognitive Scripts and Prototypes in Service Encounters," in *Advances in Service Marketing and Management* (Greenwich, CT : JAI Press, 1994), 175-199.
5. Christopher H. Lovelock, *Product Plus : How Product + Service = Competitive Advantage* (New York : McGraw-Hill, 1994), 160-176.
6. たとえば，以下を参照。Eric J. Arnould and Linda L. Price, "River Magic : Extraordinary Experience and the Extended Service Encounter," *Journal of Consumer Research*, 20 June 1993) : 24-25 ; "Collaring the Cheshire Cat : Studying Customers' Services Experience through Metaphors," *The Service Industries Journal*, 16 (October 1996) : 421-442 ; and Nick Johns and Phil Tyas, "Customer Perceptions of Service Operations : Gestalt, Incident or Mythology ?" *The Service Industries Journal*, 17 (July 1997) : 474-488.
7. "How Marriott Makes a Great First Impression," *The Service Edge*, 6 (May 1993) : 5.

8. Jerry Wind, Paul E. Green, Douglas Shifflet, and Marsha Scarbrough, "Courtyard by Marriott: Designing a Hotel Facility with Consumer-based Marketing Models," *Interfaces*, January-February 1989, 25-47.

第14章

1. 以下に依拠している。James A. Fitzsimmons and M. J. Fitzsimmons, *Service Management for Competitive Advantage* (New York: McGraw-Hill, 1994); W. Earl Sasser, Jr., "Match Supply and Demand in Service Industries," *Harvard Business Review*, November-December 1976.
2. この項は以下に依拠している。Christopher H. Lovelock, "Strategies for Managing Capacity-constrained Service Organisations," *Service Industries Journal*, November 1984.

第15章

1. Malcolm Galdwell, "The Bottom Line for Lots of Time Spent in America," *Washington Post*, February 1993.
2. Dave Wielenga, "Not So Fine Lines," *Los Angeles Times*, 28 November 1997, E1.
3. Richard Saltus, "Lines Lines Lines Lines… the Experts Are Trying to Ease the Wait," *Boston Globe*, 5 October 1992, 39, 42.
4. この項は一部を以下に依拠している。James A. Fitzsimmons and Mona J., Fitzsimmons, *Service Management for Competitive Advantage* (New York: McGraw-Hill, 1994), 264-290; David H. Maister, "Note on the Management of Queues" 9-680-053, Harvard Business School Case Services, 1979, rev. February 1984.
5. Jay R. Chernow, "Measuring the Values of Travel Time Savings," *Journal of Consumer Research*, 7 (March 1981): 360-371. なお，*Journal of Consumer Research* のこの号は「時間の消費」がテーマになっている。
6. David H. Maister, "The Psychology of Waiting Lines," in J. A. Czepiel, M. R. Solomon, and C. F Surprenant, *The Service Encounter* (Lexington, MA: Lexington Books/D.C. Heath, 1986), 113-123.
7. M. M. Davis and J. Heineke, "Understanding the Roles of the Customer and the Operation for Better Queue Management," *International Journal of Operations & Production Management*, 14, no. 5, 1994: 21-34.
8. Peter Jones and Emma Peppiatt, "Managing Perceptions of Waiting Times in Service Queues," *International Journal of Service Industry Management*, 7, no. 5, 1996: 47-61.
9. Karen L. Katz, Blaire M. Larson and Richard C. Larson, "Prescription for

the Waiting-in-Line Blues : Entertain, Enlighten, and Engage," *Sloan Management Review*, Winter 1991, 44-53.
10. Michael K. Hui and David K. Tse, "What to Tell Customers in Waits of Different Lengths : An Integrative Model of Service Evaluation," *Journal of Marketing*, 80, no. 2 (April 1996) : 81-90.
11. Sheryl E. Kimes, "Yield Management : A Tool for Capacity-constrained Service Firms," *Journal of Operations Management*, 8, no. 4 (October 1989) : 348-363.

第16章

1. Hal E. Rosenbluth, *The Customer Comes Second* (New York : William Morrow, 1992), 25.
2. David E. Bowen and Benjamin Schneider, "Boundary-spanning Role Employees and the Service Encounter : Some Guidelines for Management and Research," in J. A. Czepiel, M. R. Solomon, and C. F. Surprenant, *The Service Encounter* (Lexington, MA : Lexington Books, 1985), 127-148.
3. David A. Tansik, "Managing Human Resource Issues for High Contact Service Personnel," in D. E. Bowen, R. B. Chase, and T. G. Cummings, *Service Management Effectiveness* (San Francisco : Jossey-Bass, 1990), 152-76.
4. Arlie R. Hochschild, *The Managed Heart : Commercialization of Human Feeling* (Berkeley : University of California Press, 1983).
5. Blake E. Ashforth and Ronald W. Humphrey, "Emotional Labor in Service Roles : The Influence of Identity," *Academy of Management Review*, 18, no. 1 (1993) : 88-115.
6. この節は以下に依拠している。David E. Bowen and Edward E. Lawler III, "The Empowerment of Service Workers : What, Why, How and When," *Sloan Management Review*, Spring 1992, 32-39.
7. Robert Levering and Milton Moskowitz, *The 100 Best Companies to Work for in America* (New York : Currency/Doubleday, 1993).
8. Bill Fromm and Leonard A. Schlesinger, *The Real Heroes of Business* (New York : Currency/Doubleday, 1994), 315-316.
9. Rajendra Sisodra, "Expert Marketing with Expert Systems," *Marketing Management*, Spring 1992, 32-47.
10. Thomas H. Davenport, *Process Innovation : Reengineering Work through Information Technology* (Boston : Harvard Business School Press, 1993).
11. Benjamin Schneider and David E. Bowen, *Winning the Service Game* (Boston : Harvard Business School Press, 1995).
12. Benjamin Schneider, "HRM-A Service Perspective : Towards a Customer-

focused HRM?" *International Journal of Service Industry Management*, 5, no. 1 (1994), 64-76.

13. James L. Heskett, W. Earl Sasser, Jr., and Leonard A. Schlesinger, *The Service Profit Chain* (New York: The Free Press, 1997). Frederick F. Reichheld, *The Loyalty Effect* (Boston: Harvard Business School Press, 1996), Chap. 4 and 5.
14. 失敗サイクルおよび成功サイクルという語は以下から引用した。Leonard A. Schlesinger and James L. Heskett, "Breaking the Cycle of Failure in Services," *Sloan Management Review*, Spring 1991, 17-28. 硬直サイクルという語は以下から引用した。 Christopher H. Lovelock, "Managing Services: The Human Factor," in W. J. Glynn and J. G. Barnes (eds.), *Understanding Services Management* (Chichester, UK: John Wiley & Sons, 1995), 228.
15. Schlesinger and Heskett, "Breaking the Cycle of Failure in Services."
16. Jeffrey Pfeffer, *Competitive Advantage Through People* (Boston: Harvard Business School Press, 1994), 160-163.
17. Levering and Moskowitz, *The 100 Best Companies to Work for in America*.
18. Christopher H. Lovelock, *Product Plus: How Product + Service = Competitive Advantage* (New York: McGraw-Hill, 1994), chap. 19.

《用語集》

* すべてサービス・マーケティングのコンテクストでの定義・説明である。
* 本文中の欄外（頁下）に定義・説明をされている用語を50音順に集めてある。
* 英略語項目等も便宜上，読みに合わせ該当箇所に入れてある。
* 〔　〕内は本文中の該当頁である。

あ

ISSO (ideal service scenario)：サービス・エンカウンターにおいて，顧客の期待にすべての次元で応えるかあるいは超えるようなパフォーマンス状況。〔307〕

アウトプット (outputs)：サービス・デリバリー・プロセスの最終アウトカム。顧客は最終アウトカムを受け取り，評価する。〔127〕

イネーブルメント (enablement)：自信を持って判断し，効果的に動けるようサービス従業員に必要な技能，ツール，資源を与えること。〔372〕

イールド (yield)：販売に供される供給能力1単位当たりの平均収入額。〔360〕

イールド・マネジメント (yield management)：供給能力の販売から得られる収入額を最大にするための諸方策。典型的には数学的モデルを基礎に置いている。〔360〕

インターナル・コミュニケーション (internal communications)：サービス組織において，マネジメント側が従業員に対して行うすべての形態のコミュニケーションを指す。〔277〕

インターナル・サービス (internal service)：企業・組織の最終アウトプットの産出を促進したり，最終アウトプットに価値を付加するサービス要素。〔6〕

イントラネット (intranet)：企業の社員だけに限定された企業内ネットワーク。ウェブ・サイト形式の情報ベースに簡単にアクセスできる。〔245〕

インプット (inputs)：サービスを創り出すのに必要なすべての資源（労働，原材料，エネルギー，資本）を指す。〔127〕

エキスパート・システム (expert system)：専門家の推論を再現するインタラクティブなコンピュータ・システム。データから結論を導き，問題を解決し，利用者にカスタマイズされた助言を行うことができる。〔377〕

エクストラネット (extranet)：企業と主要取引先企業とを結ぶ，安全なイントラネット近似のネットワーク。〔245〕

遠隔的な取引 (arm's length transactions)：郵便やテレコム技術を用いることによって，顧客とサービス提供側が対面する必要性を最小限にしている取引。〔228〕

エンパワーメント (empowerment)：サービス従業員に権限を委譲すること。従

業員に上司の指示をいちいち仰がなくとも，サービス上の問題の解決法を自ら見つけ出したり，顧客のニーズや要望に応える適切な意思決定を行うことのできる権限を与える。〔371〕

OTSU (opportunity to screw up)：サービス・エンカウンターにおいて，顧客の期待の最低レベルを下回ることにより，顧客を失望させるパフォーマンス状況。〔307〕

か

価格弾力性 (price elasticity)：価格の変化が需要を反対方向に変化させる程度を指す（価格の変化が需要をほとんどあるいは全く変化させないときは，需要は価格に対して非弾力的である）。〔260〕

拡張プロダクト (augmented product)：コア・プロダクト（物財ないしサービス）に，顧客にとって付加価値となる追加的な要素を加えたもの。〔203〕

下限サービス (adequate service)：顧客が不満足をかろうじて感じないで受入れられるぎりぎりの最低限度のサービス。〔105〕

カスタマイゼーション (customization)：個々の顧客の固有のニーズや選好に合わせて，サービスの特性をあつらえること。〔36〕

価値 (value)：特定のアクションないし対象物がある時点における個人のニーズに関して持つ価値を指す。〔28〕

価値に基づく価格設定 (value-based pricing)：顧客は，自身が受け取ると考える価値に対して支払いをする。このことを基準にして行う価格設定。〔259〕

感情労働 (emotional labor)：サービス提供という仕事は，サービス従業員がその場に相応しいさまざまな感情（しばしば本当に抱いている感情とは異なるが）を表現することで成り立っていることを指す。〔369〕

機会費用 (opportunity cost)：別の選択肢をとれば，得られたかもしれない価値や収入，ベネフィットを指す。〔361〕

期間限定の値引き (short-term discounts)：特定の期間内の購買について特別に値引きをすること。〔289〕

技術 (technology)：実用的な目的を達成するために，手順，素材，設備，施設に対し，科学的に設計されたシステムを適用すること。〔52〕

期待 (expectations)：顧客がサービス・エクスペリエンスのクオリティを判断するのに用いる内的基準。〔104〕

ギフト・プレミアム (gift premiums)：特定の条件下で——典型的には特定の場所や時間において——サービスを購入すると提供される贈り物や景品類。〔290〕

希望サービス (desired service)：サービス・クオリティについて要望されるレベルのサービス。顧客は本来このレベルのサービスを受けることが可能であるしまた受けるべきとも考えている。〔105〕

強化型の補足的サービス (enhancing supplementary service)：顧客に追加的価

値を与える補足的サービス。〔205〕
供給能力 (productive capacity)：サービス組織がサービスを創造し顧客に提供する際に用いることのできる施設，設備，労働力，インフラストラクチャー，その他の資産の数量・容量・能力等を指す。〔327〕
供給能力の過剰 (excess capacity)：サービス組織のサービス供給能力が，最適レベル以下で稼働していること。〔325〕
競争に基づく価格設定 (competition-based pricing)：競合者によって設定されている価格を基にして行う価格設定。〔258〕
行列 (queue)：待ち行列。人，乗り物，他の物理的な存在，あるいは無形物が，サービスの順番を待ってつくる列を指す。〔346〕
行列の並び方 (queue configuration)：どのように並び，待ち，サービスを受けるかの方法を指す。〔348〕
均一価格設定 (flat-rate pricing)：サービス・デリバリーに先立ち，すべて込みの均一固定価格を設定すること。〔263〕
クオリティ (quality)：あるサービスが，顧客のニーズ，ウォンツ，期待に合致することで，顧客をどの程度満足させるか。クオリティはこの満足の度合いを指す。〔25〕
クオリティ・ギャップ (quality gap)：サービス組織のサービス・パフォーマンスと顧客の抱く期待との食い違い。〔109〕
苦情 (complaint)：不満足の公式の表明。サービス・エクスペリエンスのあらゆる側面で生じ得る。〔162〕
苦情ログ (complaint log)：サービス組織が受け取った顧客からの苦情の詳細な記録。〔171〕
口コミ (word of mouth)：ある人（通常は，現在あるいは過去において顧客だった人）がサービスについての肯定的ないし否定的なコメントを別の人に対し行うこと。〔284〕
クーポン (coupons)：プロダクトの利用や購入を値引きしたり，無料にすることを約束するもの。通常は，印刷物。〔289〕
クリティカルな出来事 (critical incidents)：顧客，サービス組織のいずれかあるいは双方の満足・不満足をとりわけ決定づけるような顧客とサービス組織間の特定のエンカウンターを指す。〔70〕
経験属性 (experience attributes)：顧客がサービス・デリバリーによってのみ評価できるプロダクトの特性。〔81〕
懸賞によるプロモーション (prize promotions)：賞品の当るくじなどを顧客に提供すること。〔290〕
コア・プロダクト (core product)：特定の顧客ニーズに向けてサービス組織が供給する中心的ベネフィット。〔93〕
交換 (exchange)：別の価値あるものと引き換えに，価値あるものを与えたり受け

用語集 409

取ったりする行為を指す。〔28〕

広告 (advertising)：マーケターが，ターゲット・オーディエンスに告知したり，教育したり，説得するために行うあらゆる非人的コミュニケーションを指す。〔285〕

購買後ステージ (postpurchase stage)：サービスの購買プロセスの最終ステージ。顧客はサービス・クオリティを評価し，サービス・エクスペリエンスについての満足・不満足を評価する。〔91〕

購買プロセス (purchase process)：顧客が，サービスを選び，消費し，評価する際に，通過する各ステージからなる。〔87〕

購買前ステージ (prepurchase stage)：サービスの購買プロセスの第1ステージ。顧客は代替案を明確化し，それぞれのベネフィットとリスクを評価し，その後に購買決定を行う。〔88〕

小売引力モデル (retail gravity model)：小売施設の立地選択に関する数学的モデル。ターゲット地域について小売引力の中心地を算出し，顧客が最もアクセスしやすいように小売施設を配置することに関わる。〔227〕

顧客コンタクトのレベル (levels of customer contact)：顧客がサービス組織の各要素と直接にインタラクトする程度を指す。〔58〕

顧客サービス (customer service)：販売活動には必ずしも直接に従事していないサービス従業員が補足的サービス要素を提供すること。〔283〕

顧客ポートフォリオ (customer portfolio)：サービス組織の持つ顧客リレーションシップ群の規模と構成内容。〔148〕

顧客満足 (customer satisfaction)：特定のサービス・パフォーマンスに対する顧客の短期的かつ情緒的な反応。〔109〕

コストに基づく価格設定 (cost-based pricing)：サービスを生産，デリバリー，マーケティングする総コストを基にして行う価格設定。〔258〕

個別価格設定 (unbundled pricing)：コア・プロダクトについて基本価格を設定し，補足的サービス要素については顧客が選べるようにしてそれぞれに追加料金を設定すること。〔268〕

コーポレート・デザイン (corporate design)：特徴ある色使い，シンボル，字体，レイアウトを定め，サービス組織の有形要素に対し，統一的かつ一貫性をもって適用すること。これにより，サービス組織に容易に認識できるアイデンティティが付与される。〔291〕

コンサルティング (consultation)：サービスに価値を付加する補足的サービス要素の一つ。アドバイス，コンサルティング，トレーニングを求めている顧客に適切な対処をすることで，顧客のサービス・エクスペリエンスから得られるベネフィットを最大化する。〔213〕

コントロール・チャート (control charts)：サービス・パフォーマンスの特定の変数があらかじめ決められた基準に対してどのように動くか，数量的な変化

をグラフ化した図。〔114〕

さ

在庫 (inventory)：物財の製造においては，後日の販売や使用のために生産され，貯蔵される物理的なアウトプットを指す。サービスにおいては，未だ予約されていない将来時点のアウトプットを指す。たとえば，ある特定の日に未だ予約が入っていないホテルの部屋は，ホテル業における在庫となる。〔324〕

最大供給能力 (maximum capacity)：サービス組織がある時点において，顧客の需要に応じることのできる最大限のサービス供給能力を指す。〔326〕

最適供給能力 (optimum capacity)：サービス・クオリティを低下させない限界域としてのサービス供給能力を指す。サービス組織が最適供給能力を超えて，より多くの顧客へサービス提供を行おうとすると，途端にサービス・クオリティの低下が知覚され始める。〔326〕

サイバースペース (cyberspace)：電子的な取引やコミュニケーションが行われるが，はっきりとした物理的な場所は存在しない状態を描写する用語。〔243〕

サインアップ・リベート (sign-up rebate)：メンバーシップ・サービスに加わるための入会金や登録料を無料にしたり，値引きをしたりすること。〔289〕

SERVQUAL：標準化された21の尺度からなる。サービスの重要なクオリティ次元について期待と知覚とを測定する。〔123〕

サービス (service)：顧客にベネフィットを与える行為やパフォーマンス。サービスの受け手に対し——あるいは受け手に成り代わり——望ましい変化をもたらすことで実現される。〔4〕

サービス・エンカウンター (service encounter)：顧客と当該サービスとの直接のインタラクションが行われるひと区切り毎の時間単位を指す。〔58〕

サービス・エンカウンター・ステージ (service encounter stage)：サービスの購買プロセスの第2ステージ。顧客とサービス組織とのインタラクションにおいて，サービス・デリバリーが行われる。〔90〕

サービス・オファリング (service offering)：顧客に価値を与えるためにサービス・エクスペリエンスに盛り込まれる要素すべてを指す。〔92〕

サービス・オペレーション (service operations)：トータル・サービス・システムの一部。インプットが処理され，サービス・プロダクトの各要素が生み出される。〔61〕

サービス・ギャランティー (service guarantee)：サービス・デリバリーが事前に定められた基準を満たさない場合，顧客に何らかの補償を得る権利を約束すること。〔176〕

サービス・クオリティ (service quality)：あるサービス組織のサービス・デリバリーについて顧客が長期的な認識に基づいて下す評価。〔109〕

サービス・クオリティ情報システム (service quality information system)：サー

ビスの継続的調査システム。顧客の満足，期待，クオリティの知覚について，マネジャーに有用でタイムリーなデータを供給する。〔122〕

サービス集中 (service focus)：提供するサービスの数が多いか少ないかによる集中の度合い。〔186〕

サービススケープ (servicescape)：サービスがデリバリーされる物理的環境のデザインによって人の五感が受ける印象のこと。〔229〕

サービス・セクター (service sector)：一国の経済のうちサービスにより構成される部分。サービスには公共機関や非営利組織によって提供されているものも含め，あらゆる種類のサービスが入る。〔4〕

サービス・デリバリー (service delivery)：トータル・サービス・システムの一部。サービス・プロダクトの各要素の最終「組み立て」がなされ，プロダクトが顧客にデリバリーされる。サービス・デリバリーには，サービス・オペレーションの有形要素も含まれる。〔61〕

サービスの価格とその他のコスト (price and other costs of service)：顧客がサービスの購買・消費に際し支出する金銭，時間，労力を指す。〔26〕

サービスの感覚的コスト (sensory costs of service)：サービス・デリバリー・プロセスにおいて顧客が五感を通して感じるマイナスの感覚。〔254〕

サービスの時間的コスト (time costs of service)：サービス・デリバリー・プロセスの全局面において顧客が費やす時間を指す。〔253〕

サービスの失敗 (service failure)：顧客が，当該サービス・デリバリーは1つないし複数の側面で自身の期待を満たすものではなかったと認識すること。〔163〕

サービスの身体的コスト (physical costs of service)：サービス・デリバリー・プロセスにおいて顧客の身体に生じる望まれない結果を指す。〔253〕

サービスの心理的コスト (psychological costs of service)：サービス・デリバリー・プロセスにおいて顧客が経験する望まれない精神的或いは感情的な状態を指す。〔253〕

サービス・ファクトリー (service factory)：サービス・オペレーションが行われる物理的な場所。〔41〕

サービス・プレビュー (service preview)：サービスがどのようなものであるかを示すデモンストレーション。これにより，サービス・デリバリーにおいて果たすべき役割について顧客にエデュケーションを与えている。〔73〕

サービス・マーケティング (service marketing)：トータル・サービス・システムの一部。サービス組織は広告から支払請求まで，顧客とさまざまな形でコンタクトを持つ。サービス・マーケティングには，デリバリー時になされるコンタクトも含まれる。〔61〕

サービス・リカバリー (service recovery)：サービスの失敗が起きてしまったときに，サービス組織が問題を正すとともに顧客の愛顧心を維持するための体

系的な取り組みを行うこと。〔173〕

サービス・リーダーシップ (service leadership)：サービス組織が，サービスのイノベーションと差別化において傑出しているという評判を確立し，維持すること。これにより，選択した市場において競争優位を構築する。〔185〕

CIT (critical incident technique)：生起したクリティカルな出来事を集め，分析し，カテゴリー化する方法論を指す。〔70〕

CCP (customer contact personnel)：個々の顧客と対面的にあるいは郵便や電話を用いて直接にインタラクションを行うサービス従業員。〔56〕

ジェイカスタマー (jaycustomer)：思慮に欠け，問題行動をとる顧客。サービス組織，従業員，他の顧客たちにとって問題を引き起こす。〔141〕

事後の待ち時間 (postprocess waiting time)：サービス・デリバリーが行われた後の待ち時間を指す。〔353〕

市場集中 (market focus)：サービスを提供する市場セグメントの数が多いか少ないかによる集中の度合い。〔185〕

市場スペース (marketspace)：サービス組織と顧客が電子的に取引を行う仮想的な場所を指す。これは，電話やインターネット接続によって可能となる。〔244〕

市場プレイス (marketplace)：サービス組織と顧客が取引を行う物理的な場所を指す。〔244〕

事前の待ち時間 (preprocess waiting time)：サービス・デリバリーが始まる前の待ち時間を指す。〔353〕

持続可能な競争優位 (sustainable competitive advantage)：かなりの長期に渡って，競合者によって奪取されたり矮小化されることのない市場ポジション。〔188〕

支払い (payment)：迅速な支払いのための簡便な手順を提供することによって購入を促す補足的サービス要素。〔212〕

集中 (focus)：ある特定の市場セグメントに対して絞り込んだ狭いプロダクト・ミックスの供給を行うこと。〔185〕

受注 (order taking)：申し込み，注文，予約に対する迅速で正確な手続きによって，購入を促す補足的サービス要素。〔208〕

需要サイクル (demand cycle)：あるサービスに対する需要レベルが，予測可能な上下を繰り返すときの周期を指す。〔332〕

需要対応 (chase demand)：需要レベルに合致するように供給能力のレベルを調整すること。〔330〕

需要の過剰 (excess demand)：ある時点におけるサービスの需要が，サービス組織のサービス供給能力を上回ること。〔325〕

純価値 (net value)：知覚された全ベネフィット（総価値）から知覚された全コストを引いたもの。〔256〕

消費者余剰 (consumer surplus)：プロダクトの金銭的価値についての顧客の知覚と実際に支払われる価格との差。〔256〕

情報 (information)：サービス・デリバリーの前後，あるいはデリバリー中に，サービスの特性とパフォーマンスについて，顧客に知らせることによって購入および利用を促進するような補足的サービス要素。〔207〕

情報に基づくサービス (information-based services)：主たる価値が顧客にデータを伝達することから得られるサービスを指す（メンタルな刺激を与えるサービス，情報を対象とするサービスの双方を含む）。〔52〕

情報を対象とするサービス (information processing services)：顧客の財産に対する無形の行為が行われるサービス。〔41〕

所有物を対象とするサービス (possession processing services)：顧客の所有する物財や他の物理的所有物に対する有形の行為が行われるサービス。〔40〕

真実の瞬間 (moment of truth)：サービス・デリバリーにおいて，顧客がサービス従業員ないしセルフ・サービス機械・装置とインタラクトしている時点をさす。真実の瞬間の結果がサービス・クオリティの知覚を左右する。〔67〕

人的コミュニケーション (personal communications)：マーケターと顧客との直接コミュニケーション。対面，電話，eメールによるコミュニケーションを含む。双方向の対話が可能である。〔281〕

人的資源管理 (HRM: human resource management)：職務設計と従業員の募集，選抜，訓練，保持に関わる諸タスクについての管理。従業員に関わるその他の活動の計画化や管理も含まれる。〔367〕

人的販売 (personal selling)：サービス従業員と顧客との間の双方向コミュニケーション。顧客の購買プロセスに直接の影響を与えることが意図されている。〔282〕

人的要素 (people)：サービス生産に関わる従業員（としばしば他の顧客）を指す。〔25〕

信頼属性 (credence attributes)：購買や消費の後ですら，顧客が評価できないプロダクトの特性。〔81〕

スクリプト (scripts)：各人のサービス・エクスペリエンスや他者とのコミュニケーションを通して学習された行動の流れ。〔304〕

請求 (billing)：顧客の支払いについての明快・適時・正確で適切な文書・書類の提示によって購入を促す補足的サービス要素。支払い方法についての情報提供も含まれる。〔210〕

生産性 (productivity)：サービス・インプットをいかに効率的に，顧客に価値のあるアウトプットへと転換するかを指す。〔25〕

セグメント (segment)：市場セグメント。同じ特性，ニーズ，購買行動，消費パターンを持つ顕在顧客と潜在顧客の集まり。〔134〕

セット価格設定 (bundled pricing)：コア・プロダクトと補足的サービス要素とを

一つのパッケージとして単一の価格を設定すること。〔268〕

セールス・プロモーション (SP:sales promotion)：顧客ないし中間業者に提供され，サービスの購買を促す短期的インセンティブを指す。〔288〕

促進型の補足的サービス (facilitating supplementary service)：コア・プロダクトの利用を促進し，あるいはコア・プロダクトのデリバリーに必要となる補足的サービス。〔205〕

た

ダイレクト・マーケティング (direct marketing)：サービス組織がターゲット顧客に対し，郵便，電話，ファックス，eメールによって行うワンウェイ・コミュニケーション。〔285〕

ターゲット・セグメント (target segment)：ニーズや他の特性が当該サービス組織の目標と能力に良く合致する市場セグメントが選ばれる。選ばれたセグメントをターゲット・セグメントという。〔134〕

探索属性 (search attributes)：顧客が購買に先立ち容易に評価できるプロダクトの特性。〔80〕

知覚マップ (perceptual map)：顧客が互いに競合するサービス群をどのように知覚しているかを表す図。〔191〕

テクノグラフィックス (technographics)：マーケット・セグメンテーションの新しい変数。新技術を使う意思と能力の程度に基づき市場を分割するセグメンテーション変数。〔187〕

デリバリー・チャネル (delivery channels)：サービス組織が（しばしば中間業者を介して）顧客に一つないしそれ以上のプロダクト要素をデリバリーする手段を指す。〔226〕

デリバリー中の待ち時間 (in-process waiting time)：サービス・デリバリーが行われている間の待ち時間を指す。〔353〕

店頭ディスプレイ (retail displays)：小売店舗のショー・ウインドーや他の場所における，商品，サービス・エクスペリエンス，ベネフィットについてのプレゼンテーション。〔286〕

統合的サービス・マネジメント (integrated service management)：マーケティング，オペレーション，人的資源活動の3者の総合的計画を立て，実行すること。サービス組織の成功には不可欠である。〔23〕

取引 (transactions)：二者の間で価値の交換が行われる事象。〔149〕

取り止め (balking)：待ち時間が長そうなので，顧客が行列に並ばないことを決めること。〔348〕

な

内部顧客 (internal customer)：サービス組織の他の従業員や部署から，職務遂行

に必要なインプットとしてサービスを提供されている従業員を指す。〔367〕
ニーズ (needs)：潜在意識ないし意識の深い部分で感じられる欲望。長期に渡る自己の存在とアイデンティティに関わるものである。〔86〕
24/7サービス (24/7 service)：1日24時間，週7日間，年中無休でサービスを提供すること。〔234〕
値引き (discounting)：本来の水準以下に価格を引き下げること。〔268〕
望まれぬ需要 (undesirable demand)：サービス組織の掲げる使命，何が重要かの価値基準，供給能力と背反するサービス需要。〔334〕

は

ハイ・コンタクト・サービス (high-contact services)：顧客とサービス従業員，サービス施設・設備との間で緊密なコンタクトが行われるサービスを指す。〔58〕
場所と時間 (place and time)：サービスを顧客にいつ，どこで，どのような方法で，デリバリーするか。これらのマネジメントに関わる決定。〔24〕
バックステージ活動 (backstage activities)：サービス・オペレーションのうち，通常のサービス・デリバリーにおいては，顧客の目には触れることのない部分のすべてを指す。〔97〕
パブリック・リレーションズ (PR:public relations)：サービス組織と提供サービスについて肯定的な関心を高めるさまざまな努力を指す。メディアへの話題提供や記者会見，サービスの発表会を行う，第三者機関・組織の行う有意義な活動を支援する，といった方法を通じて行われる。〔287〕
パレート分析 (Pareto analysis)：生じている問題と考えられる原因ファクターについて，問題のうちどれだけの割合が，どのファクターによってそれぞれ生じているのかを分析する手法。〔117〕
ビジネス倫理 (business ethics)：ビジネスの世界において，行動をガイドする道徳的な原則を指す。〔30〕
非人的コミュニケーション (impersonal communications)：ターゲット・オーディエンスに向けた一方向のコミュニケーション。広告やPRが含まれる。オーディエンスとメッセージ源との人的・直接的接触はない。〔281〕
人を対象とするサービス (people processing services)：人の身体に対する有形の行為が行われるサービス。〔39〕
標準化 (standardization)：サービス・オペレーションとデリバリーにおいて，変動を削減すること。〔36〕
フィジカル・エビデンス (physical evidence)：サービス・クオリティの証拠となる視覚または他の感覚で感知できる手がかりを指す。〔26〕
フィッシュボーン・ダイアグラム (fishbone diagram)：チャートに基づく手法。原因・結果チャートとして知られる。特定の問題がさまざまな原因カテゴリ

一に分けて図示される。〔115〕

複雑性 (complexity)：サービス・プロセスを完了させるために必要なステップの数。〔200〕

物財 (goods)：所有ないし利用により顧客にベネフィットを与える物理的対象物。〔17〕

フランチャイジング (franchising)：ブランド化されたサービスを厳密に定められた手順に従って生産し販売することについて，独立事業者へライセンス供与を行うこと。〔11〕

ブランド (brand)：名称，フレーズ，デザイン，シンボルおよびこれらの組み合わせであって，サービス組織の提供するサービスを明示し，競合者のサービスと差別化するものをいう。〔193〕

ブループリント (blueprint)：フローチャートを精緻にしたもの。サービスの生産およびデリバリーに含まれる各活動と各活動間の結び付きを明示する。〔199〕

プロセス (process)：サービスのオペレーション方法ないしアクション手順を指す。通常は定められた順序で各ステップが進行することが要求される。〔24〕

プロダクト (product)：企業により生み出されたコア・アウトプット（サービスと製造された物財の双方を含む）。〔16〕

プロダクトの属性 (product attributes)：顧客によって評価され得る物財ないしサービスの（有形・無形に関わりなく）すべての特性を指す。〔80〕

プロダクト要素 (product elements)：顧客にとっての価値を生み出すサービス・パフォーマンスの構成要素すべてを指す。〔23〕

フローチャート (flowchart)：顧客へのサービス・デリバリーに関わる各ステップを視覚的に表現する方法。〔96〕

プロモーションとエデュケーション (promotion and education)：特定のサービスないしサービス組織に対する顧客の選好を構築することを目的とする，コミュニケーション活動とインセンティブのすべてを指す。〔25〕

フロントステージ活動 (front-stage activities)：サービス・オペレーションのうち，顧客によって直接に体験される部分のすべてを指す。〔97〕

分子モデル (molecular model)：サービス・オファリングの構造を説明するために物質の構造式のアナロジーを用いたモデル。〔203〕

ベネフィット (benefit)：サービスや物財の使用・利用により顧客が得る利益・利得。〔4〕

ベネフィットに基づく価格設定 (benefit-driven pricing)：顧客が当該サービスの利用の際に求めているベネフィットを基にして行う価格設定。〔262〕

変動性 (variability)：サービス生産プロセスにおいてインプットとアウトプットがいつでも同じものになるとは限らないこと。〔20〕

変動幅 (divergence)：サービス・プロセスのステップを実行するときに許容される変化の幅。〔200〕

保管・保護 (safekeeping)：サービスに価値を付加する補足的サービス要素の一つ。サービス・デリバリー施設では，顧客の持ち物や顧客がそこで購入した物品の安全を確保することが求められる。〔216〕

ポジショニング (positioning)：マーケティング・ツールの一つ。競合プロダクトとの関係で，明確で際立った望ましいイメージをターゲット顧客の心に創り上げること。〔139〕

ホスピタリティ (hospitality)：サービスに価値を付加する補足的サービス要素の一つ。顧客をゲストとして扱い，サービス組織とのインタラクションの間中，顧客のニーズに対応したきめ細かい行き届いた快適さを提供する。〔215〕

補足的サービス要素 (supplementary service elements)：サービス組織が供給する追加的ベネフィット。補足的サービス要素によって，コア・プロダクトに価値を追加し，さらにコア・プロダクトを差別化する。〔93〕

ボトルネック (bottleneck)：サービス・デリバリー・プロセスにおける隘路・停滞・混雑・輻輳ポイントを指す。〔318〕

ま

マーケット・セグメンテーション (market segmentation)：ある市場をさまざまなグループに分割するプロセス。グループ内の顧客すべてが他のグループの顧客とは区別される特性を持っている。〔134〕

マーケティング・コミュニケーション・ミックス (marketing communications mix)：有料・無料を問わず，マーケターが利用可能なすべてのコミュニケーション・チャネルを指す。〔281〕

マス・カスタマイゼーション (mass customization)：顧客毎のプロダクト要素を持つサービスを比較的低価格で多くの顧客に提供すること。〔134〕

マネジメントの参加モデル (involvement model of management)：従業員は自己決定の能力を持っており，——適切に訓練され，動機づけられ，必要な情報を与えられれば——サービスのオペレーションとデリバリーについて優れた意思決定を行うことができる，と仮定するマネジメント・モデル。〔372〕

マネジメントの統制モデル (control model of management)：明確に規定された役割，トップ・ダウンの統制システム，ピラミッド型の組織構造，全知の存在としてのマネジメント層の仮定，で特徴づけられるマネジメント・モデル。〔372〕

ミディアム・コンタクト・サービス (medium-contact services)：顧客とサービス・オペレーションの各要素との間で，限定的なコンタクトが行われるサービスを指す。〔59〕

見本配布 (sampling)：顧客に無料でサービスの試用をさせること。ただし，試用期間（時間）は短く限定される。〔288〕

民営化 (privatization)：政府が所有する組織を投資家が所有する会社にすること。

〔9〕

無形性 (intangibility)：サービスの持つ明白な性質の一つ。サービスそのものは物財のように触れたり，つかんだりすることは不可能である。〔35〕

無形の (intangible)：体験はできるが，触ったり保存できないこと。〔18〕

メンタルな刺激を与えるサービス (mental stimulus processing services)：人の心・精神・頭脳に対する無形の行為が行われるサービス。〔41〕

メンバーシップ・リレーションシップ (membership relationship)：サービス組織と顧客との公式的なリレーションシップ。匿名のものではない。双方に特別なベネフィットをもたらすことがある。〔150〕

や

役割 (role)：特定の状況やコンテクストにおける行動を導く社会的手がかりの組み合わせ。〔304〕

役割の調和 (role congruence)：サービス・エンカウンターにおいて，顧客とサービス従業員の双方が定められた役割を果たすこと。〔304〕

有形の (tangible)：触れること，持つこと，あるいは物理的に保存ができること。〔35〕

容認範囲 (zone of tolerance)：サービス・デリバリーにおける変動を顧客がそのまま受け入れる範囲。〔107〕

予測サービス (predicted service)：サービス組織が実際にデリバリーすると顧客が考えるレベルのサービス・クオリティを指す。〔107〕

予約 (reservation)：顧客に対し，特定の時間や場所で指定のサービスを提供する約束をすること。〔357〕

ら

リエンジニアリング (reengineering)：コスト，クオリティ，スピード，顧客のサービス・エクスペリエンスといった領域において，劇的なパフォーマンス向上を生み出すために，サービス・プロセスを分析し，再デザインすること。〔316〕

離脱 (reneging)：「予想より待ち時間が長い」あるいは「これ以上並び続けるのは苦痛である」という理由で，顧客が自分の番が来る前に行列を離脱すること。〔350〕

リターン・オン・クオリティ (ROQ: return on quality)：サービス・クオリティの向上に投資することで得られる財務上のリターン。〔122〕

離反 (defection)：現在のサービス組織から競合サービス組織へロイヤルティを移行するという顧客の決定。〔153〕

リポジショニング (repositioning)：競合サービス群との関係で，サービス組織が顧客の心に保持しているポジションを変化させること。〔190〕

用 語 集　419

リレーションシップ・マーケティング (relationship marketing)：組織と顧客間に長期的なリンクを構策することを目的とする諸活動。このリンクは，組織と顧客の双方にベネフィットをもたらし，コスト面でも有効なものでなければならない。〔137〕

例外への対処 (exceptions)：サービスに価値を付加する補足的サービス要素の一つ。特別な注文に応じる，問題を解決する，苦情や提案に対応する，サービスの失敗に対する補償を行う，などが含まれる。〔218〕

ロイヤルティ (loyalty)：ある期間に渡って，特定のサービス組織を顧客が自発的に選択し愛顧し続けること。〔153〕

ロー・コンタクト・サービス (low-contact services)：顧客とサービス・オペレーションの各要素との間で，最小限のコンタクトが行われるサービス，あるいは全く直接のコンタクトの行われないサービスを指す。〔60〕

ロス・リーダー (loss leaders)：顧客を惹き付けるためにコスト以下の価格で提供されるサービスを指す。惹き付けられた顧客が，通常の価格で提供される他のサービスをも購入してくれることが期待されている。〔258〕

わ

（項目なし）

監訳者あとがき

本書は，Christopher H. Lovelock, Lauren K. Wright による *Principles of Service Marketing and Management* (Prentice-Hall, 1999) の翻訳である。

著者の一人，クリストファー・ラブロック氏は，研究，教育，コンサルティングの各領域で幅広い活躍をしている第一線の研究者である。とりわけ，サービス・マーケティングの分野ではすでに確固たる地位を築いて久しい。この分野では，本書の他にもいくつかの著作があり，*Service Marketing* はすでに4版を重ね (*Service Marketing : People, Technology, Strategy*, 4th ed., Prentice-Hall, 2000), *Product Plus : How Product + Service = Competitive Advantage* (McGraw-Hill, 1994) も世に問うている。また，公共組織・非営利組織のマーケティングにおいても，代表的な研究者の一人であり，こちらの分野でも幅広い活躍をしている。

サービス・マーケティング分野でのラブロック氏の存在は大きなものである。わが国においても，サービス・マーケティングやサービス・マネジメント研究には避けて通ることのできない研究者として，その業績が参照や引用の対象として頻繁に登場している。しかし，これほどの研究上の影響力と知名度にも拘わらず，その著作はまとまった邦訳の形ではこれまで紹介がなかったものと思われる。ただし，公共組織・非営利組織のマーケティングの分野については，大著，Christopher H. Lovelock and Charles B. Weinberg, *Public&Nonprofit Marketing*, 2nd ed. (Scientific Press/Boyd and Davis, 1989) の翻訳が本書と同じく白桃書房より出版されている（渡辺好章・梅沢昌太郎監訳『公共・非営利組織のマーケティング』白桃書房，1991年）。

本書は，第1章での記述にもあるようにサービスという対象の特性故に，マーケティング分野にとどまらず，オペレーションや人的資源管理にまで視野と領域が拡がるものとなっている。この点でもう一人の著者，ローレン・ライト氏の果たした役割は大きなものであり，これら3分野での統合的サービス・マネジメントの構築が志向されていることが，（原著タイトルからも

伺えるように）本書の最大の特徴ともなっている。

　本書の構成は，4部16章となっている。第1部では，サービスの総論とサービス・マーケティングの理論枠組みを提供し，第2部では理論枠組みの各論的深耕が図られる。第3部はサービス・マーケティング・ミックスの各論を提供する。これはマーケティング・ミックスの伝統的な枠組みに沿った構成となっている。第4部は，視野と領域の拡大が前面に出ている部分である。サービス・マーケティングとオペレーション，人的資源管理との統合が図られる。上記の4部構成で全体として，サービス研究の議論を包括する総論と各論とを兼ね備えた優れた理論書となっている。

　本書の翻訳にあたっては，まず，第1部・第2部（第1章～第7章）を小宮路雅博，第3部（第8章～第12章）を高畑泰，第4部（第13章～第16章）を藤井大拙，が担当し訳出を行っている。この後で，全訳稿を集め，監訳者として小宮路が原文にあたりながら再度全体に手を入れ，統一化を図った。この作業の中で，日本語としての調子も改めて整えた。訳文調ではなく，読みやすさの観点から推敲を重ねた。監訳者として訳出と統一化・推敲には工夫を加えつつ細心の注意を払ったつもりである。思わぬ誤りがあれば，読者のご指摘・ご叱正を待つ次第である。

　なお，原著者側の要請により，原著のいくつかの図表および図版類を削除していること，また，原著末のケース集および各章の短いコラム類も（いくつかの例外を除き）紙幅の関係から残念ながら割愛したことをお断りしておく。この他，わが国の読者に全く馴染みのないサービス組織の例示・逸話や彼我の生活習慣ないしビジネス慣行における差異が濃厚で，バックグラウンドの説明抜きでそのままに訳出しても理解を混乱させるような記述部分も削除している。

　白桃書房編集部の田村和弘氏には，翻訳の企画段階からさまざま助言を頂いた。辛抱強く翻訳作業を励まして頂いたことを感謝したい。本書の出版を支えてくれた他の多くの方々にもこの場を借りて感謝の意を表したい。

2002年2月

　　　　　　　　　　　　　　　　　　　　　　監訳者　小宮路　雅博

《監訳者紹介》

小宮路　雅博（こみやじ　まさひろ）
成城大学経済学部教授。著書に『徹底マスター　マーケティング用語』（2006年白桃書房），訳書に『イメージとレピュテーションの戦略管理』（イーラーン・トレーニング・カンパニー著，2009年白桃書房），『リレーションシップ・マネジメント――ビジネス・マーケットにおける関係性管理と戦略――』（D. フォード/IMP グループ著，2001年白桃書房）がある。

《訳者紹介》

高畑　泰（たかはた　ゆたか）
早稲田大学大学院商学研究科博士後期課程単位取得。現在，神奈川大学経済学部講師。

藤井　大拙（ふじい　だいせつ）
麗澤大学国際経済研究科博士課程単位取得。現在，公益財団法人モラロジー研究所勤務。

■サービス・マーケティング原理（げんり）　〈検印省略〉

■発行日――2002年7月26日　初版第1刷発行
　　　　　2012年7月26日　初版第11刷発行

■監訳者――小宮路雅博（こみやじまさひろ）
■発行者――大矢栄一郎
■発行所――株式会社　白桃書房

〒101-0021　東京都千代田区外神田5-1-15
☎03-3836-4781　📠03-3836-9370　振替00100-4-20192
http://www.hakutou.co.jp/

■印刷・製本――藤原印刷

© Masahiro Komiyaji 2002　Printed in Japan
ISBN978-4-561-65127-7　C3063

本書の全部または一部を無断で複写複製（コピー）することは著作権法上での例外を除き，禁じられています。
落丁本・乱丁本はおとりかえいたします。

D.フォード/IMPグループ【著】小宮路雅博【訳】
リレーションシップ・マネジメント
ビジネス・マーケットにおける関係性管理と戦略

IMPグループ（欧州で活躍の研究者集団）の初の邦訳。ビジネス・リレーションシップの一般分析枠組みを構築し，戦略やマネジメント，R&D論にまで考察を進め，総論と各論とを兼ね備えた優れた理論書である。

ISBN978-4-561-62121-8　C3063　A5判　330頁　本体3800円

株式会社
白桃書房

（表示価格には別途消費税がかかります）

イーラーン・トレーニング・カンパニー【著】小宮路雅博【訳】
イメージとレピュテーションの戦略管理

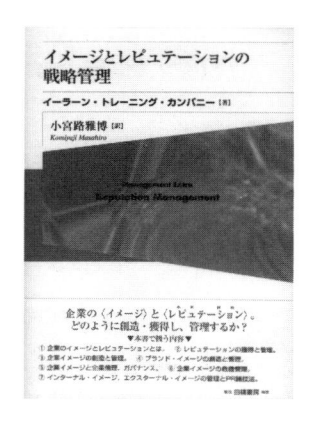

企業のイメージとレピュテーションをどのように創造・獲得し，管理するか？ 本書は企業のイメージとレピュテーションの獲得・創造とその管理を，企業倫理やガバナンス，危機管理等から捉えて解説。またPRの諸技法も紹介。

ISBN978-4-561-63184-2　C3063　A5判　144頁　本体2381円

株式会社
白桃書房

（表示価格には別途消費税がかかります）

小宮路雅博【著】
徹底マスターマーケティング用語

本書は，マーケティングの基礎概念や理論を理解しながら，必要な用語をきちんと押さえるために生まれた問題集である。基礎からMBAレベルまで通用する 500 問 1300 用語をそろえ，徹底的にマスターできる。

ISBN978-4-561-65154-3　C3063　B5 判　210 頁　本体 1905 円

株式会社
白桃書房

（表示価格には別途消費税がかかります）